KB071481

NLP II
넥스트 제너레이션
── 주관적 경험 구조의 확장

NLP II The Next Generation–Enriching the Study
of the Structure of Subjective Experience

Robert Dilts · Judith DeLozier · Deborah Bacon Dilts 공저

전경숙 · 이찬종 · 이재연 · 권익철 · 김마리아
박재진 · 안성자 · 장경생 · 조석제 · 한혜영 공역

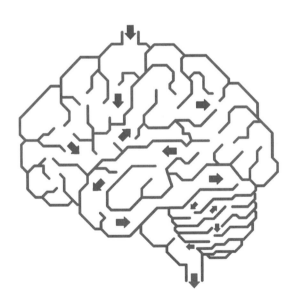

학지사

역자 서문

2015년 7월 미국 캘리포니아대학교 산타크루즈 캠퍼스에서의 NLPU(NLP University) 국제공인 NLP 트레이너 과정에서 번역은 시작되었다. 이 과정에 한국 NLP아카데미에서 후원하는 11기생 12명의 훈련생 중 10명의 한국 NLP전문가들이 『NLP II 넥스트 제너레이션: 주관적 경험 구조의 확장』을 번역하기로 결정하였다.

NLP의 주요 전제 중에 "지도는 영토가 아니다"라는 전제가 있다. 이 전제처럼 실제의 언어와 여러 명의 역자의 눈으로 보는 세상은 제각기였다. 그 여러 다른 차원의 소리를 하나의 소리로 만들어 가는 과정은 쉽지 않았다. 제각기 다른 사람들이 모여 하나의 위대한 작품을 만들어 가는 과정은 결국 NLP가 현재의 NLP가 되기까지의 과정을 체험하는 시간이었다. '생성적 협력'의 과정을 통해 또 하나의 새로운 창조물인 바로 『NLP II 넥스트 제너레이션: 주관적 경험 구조의 확장』의 번역서가 나오게 되었다.

『NLP II 넥스트 제너레이션』은 NLP I의 연장으로 인간의 삶의 질과 관계된 주관적 경험 구조 확장의 우수성 개발 방법과 기술들을 과학적으로 명료하게 제시하고 있다.

『NLP II 넥스트 제너레이션』은 NLP의 시작부터 제3세대에 이르는 전 과정을 정리한 교과서이다. 현재 NLP는 전 세계의 각 분야에서 활용되고 있다. 이 책은 NLP의 교과서와 지침서로서 NLP의 기준과 원칙이 되며, 또한 차세대 NLP가 나아가야 할 방향을 제시하는 네비게이터이다.

지구촌의 이 세상이 필요한 주제가 바로 이 책의 부제인 "주관적 경험 구조의 확장"이다. 각각의 개인이 가지고 있는 제한된 주관적 언어의 세상을 뛰어넘어 서로에게 이익이 되고, 서로에게 도움이 되는 그런 세상을 위해 필요한 것은 우리의 언어, 즉 주관적 언어의 세상을 확장하여 그 세상을 바라볼 수 있을 때, 그리고 그 세상을 바라보는 세상을 넘어, 몸으로 그 세상을 적극적으로 상상할 때 그 세상이 바로 오늘이 된다.

번역하는 과정에서 역자들의 삶에는 큰 변화가 있으며, 놀랄 만한 성장이 있었다. NLP의 원칙이 결국 역자들의 삶을 역동적이고 창조적인 방향으로 이끌어 새로운 성과물을 만들었다. 이 책은 단순히 NLP를 가르치는 교과서 수준을 뛰어넘어 독자들의 삶을 변화시키고 변혁시키는 생명의 씨앗이 될 것이다.

책이 출판되기까지 이 책의 가치를 알아주신 학지사와 학지사 편집부에게 감사드린다.

2019년
역자 일동

저자 서문

『NLP I』(1980)의 결론에서 우리 저자들(딜츠, 그린더, 밴들러와 디로지어)은 NLP의 소개에 제시된 개념, 원칙, 차이에 대한 보다 더 구체적인 적용을 『NLP II』에서 제시하겠다고 약속했다. 우리는 두 번째 책에서 "당신의 일과 일상생활에 신경언어프로그래밍을 적용하는 방식을 좀 더 자세히 제시한다."라고 말하고 싶다.

그러나 여러 가지 이유로 『NLP II』는 출간되지 못했다. 저자들 모두가 바쁘기도 했고 우리가 쓰기로 약속했던 것을 열심히 발전시키고 경험하는 데 매진했기 때문이다. 시간이 흐르면서 우리 모두는 각자 다른 방향으로 흘러갔다. 우리는 초기에 그랬던 것처럼 같은 방향 안에서 함께하지는 못했고 『NLP II』를 저술하기 위한 작업은 "혼잡한 상태에서 길을 잃었다."

또 다른 요인으로는 NLP 분야가 너무나도 빨리 변화해서 NLP의 역사와 잠재력의 가장 큰 특징이라고 생각하는 특정 그룹의 과정을 선택하는 데 어려움이 있었다. 새로운 도전과 기회는 이 분야의 중요한 기반에 필적하는 혁신적인 자원과 해결책을 찾도록 우리를 고취시켰다.

『NLP I』의 원저자 네 명이 세계를 누비며 NLP를 가르치고, NLP가 변화와 발전을 계속하는 동안 우리(로버트와 주디스)는 서로 가깝게 지내며 업무 관계를 유지하였고 매년 산타크루즈 캘리포니아대학교의 NLP University의 여름 기숙 프로그램으로 마무리를 했다.

해를 거듭하면서 우리는 몇 년 전에 했던『NLP II』에 대한 비전과 약속에 대해 자주 고민하게 되었다. NLP 분야에 있는 사람들 역시 "『NLP II』는요?"라며 계속 질문하였다. 때로는 다른 방식으로 그 약속을 지키려고도 했다. 우리는 4년에 걸쳐서 쓴『체계적 NLP와 NLP 뉴 코딩의 백과사전(Encyclopedia of Systemic NLP and NLP New Coding)』에서 풍부하고 다양한 NLP의 모델과 적용을 다루었고 NLP의 매력적인 분야의 지적인 역사에 대해 경의를 표했다. 여기에서 우리는 밴들러, 그린더와 함께 산타크루즈의 소그룹 모임에서 NLP를 연구하고 발전시킨 모든 NLP 학생의 정신을 지키려고 노력했다.

4년 전, 우리는 드디어 2권에 대한 약속을 마무리할 시간임을 결정했다. 우리의 관점에서 분명히 말하고 싶었던 새로운 무언가가 있었다. 이 책『NLP II: 넥스트 제너레이션(NLP II: The Next Generation)』이 바로 그 결정의 결과물이다.

이 책은 지난 몇 년 동안 많은 변화를 겪었다. 5리듬®의 동작 강사이자 심리치료사, 정신종합요법 트레이너이며 통역가인 드보라의 에너지와 지원이 없었다면 이 책은 존재하지 못했을 것이다. 드보라는 마지막 장에 제시된 여러 가지 새로운 발전에 중요한 기여를 하였다.

NLP와 드보라의 관계는 1994년에 그녀가 존 그린더의 통역자로 프랑스 파리에서 불어 통역을 할 때부터 시작되었고, 그녀는 1980년대 초부터 미국 주재원으로 파리에서 살고 있었다. 그때부터 드보라는 데이비드 고든, 찰스 포크너, 린 콘웰, 로버트 맥도널드, 로버트와 주디스 같은 많은 NLP 트레이너들을 위해 통역하였다.

2005년 이후 드보라와 로버트는 5리듬®과 NLP의 원칙 같은 신체 중심의 변형 실습에 드보라의 전문성을 접목하여 프로그램을 발전시켜 오고 있다(로버트와 드보라는 2008년에 결혼했다). 그들은 주디스와 함께 캘리포니아대학교 산타크루즈 캠퍼스에서뿐만 아니라 전 세계의 워크숍과 세미나에서 이러한 새로운 발전을 적용하였다.

우리 세 사람(로버트, 주디스, 드보라)의 협력은 열정, 창조 그리고 통합으로 말할 수 있다. 우리의 이러한 자질이 독자 여러분에게 NLP의 깊이와 풍부함, 잠재력에 대한 새로운 이해를 제공하게 될 것이다.

2010년 8월
캘리포니아 산타크루즈에서
로버트 딜츠
주디스 디로지어
드보라 베이컨 딜츠

차 례

서장
새로운 세대의 NLP

- NLP의 배경과 개관
- NLP의 발전
- 이 책의 구조

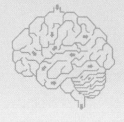

NLP의
배경과 개관

   이 책은 신경언어프로그래밍의 중요하고 새로운 발전에 대해 다루고 있다. **신경-언어프로그래밍**(Neuro-Linguistic Programming: NLP)은 인간 행동을 이해하기 위한 접근이며 그 접근으로부터 비롯된 명백한 기술이자 기법이다. 1970년대에 리처드 밴들러(Richard Bandler)와 존 그린더(John Grinder)에 의해 창시된 NLP는 신경체계(신경)와 언어 구조(언어) 간의 상호작용에서 만들어진 패턴이나 '프로그래밍' 그리고 신체와 행동 간의 영향을 검토한다. NLP의 관점에서 이러한 상호작용은 효과적인 행동이나 비효과적인 행동을 만들기도 하며, 이것은 모든 인간의 우수성과 병리 과정에서 다뤄진다.

   밴들러와 그린더는 신경-언어프로그래밍을 '주관적인 경험의 구조에 대한 연구'로 정의했다. '연구'라는 용어는 계속 진행 중인 조사와 탐구를 의미한다. NLP 분야에서 이것은 주로 행동 모델링의 과정을 통해 나타난다. NLP의 많은 방법과 기법은 심리치료, 비즈니스, 예술, 과학, 법, 교육 등을 포함하여 다양한 분야의 탁월한 전문가들의 우수성을 관찰하는 데서 비롯되었다. 이러한 연구 방식의 목적은 상중하의 결과에 대한 차이를 만드는 차이점이 무엇인지 발견하는 것이다.

   '구조'의 개념은 내용과는 반대로 과정을 강조하는 개념이다. 즉, NLP의 모델링 과정은 사람들이 무엇을 하고 있는가를 설명하기보다는 사람들이 어떻게 하는가를 밝히는 데 초점을 두고 있다. NLP는 사람들이 어떤 결정을 하고, 무엇을 배우며, 무엇을 만드는지에 세세한 관심을 두기보다 오히려 사람들이 어떻게 결정하고 배우며 만드는가에 대한 과정에 집중한다. 사실 NLP 공동 창시자인 존 그린더는 "당신은 어떻게 그것을 아는가?" 또는 "당신은 어떻게 그것을 하는가?"의 질문을 통해 NLP의 기법과 형식이 만들어졌다고 주장한다. NLP의 차이는 사람들이 하는 행동의 내용을 넘어서서 그러한 행동 이면에 있는 보이지 않는 힘 그리고 효과적으로 수행하게 하거나 그것을 방해하는 생각, 신념, 감정의 구조를 보게 한다. NLP는 사고, 동기, 행동의 중요한 '패턴'을 독자적으로 확인할 수 있는 적절한 일련의 절차와 특징이 있으며, 그로 인해 실용적인 검증이 가능하다.

　　NLP 모델링 과정에서의 핵심은 '객관적 실제'와는 반대인 주관적인 경험(예: 사고, 신념, 감정, 내적 표상 등)의 구조를 강조한다. NLP의 기본은 "지도는 영토가 아니다."라는 전제이다. 다시 말하면, 우리의 내적 지도와 우리가 살아가는 세상 모델은 (한 도시의 지도가 실제 도시가 아니며 음식 메뉴가 실제 음식이 아닌 것처럼) 그들이 묘사하는 세상과는 필연적으로 다르다는 것이다. 우리의 신경계와 언어 패턴을 통해 생성되는 내적 표상은 본질적으로 원래 반영하려고 했던 '실제'에 대한 일반화, 삭제, 왜곡을 포함한다. 그러나 우리가 살고 있는 세상을 우리가 어떻게 경험하고 반응하는가를 결정하는 것은 이러한 내적 지도와 모델이다.

　　주관적인 경험 구조에 대한 연구는 외부의 '실제'에 대한 이론과 생각으로부터 나온다기보다는 우리의 개인적이고 진행 중인 **감각 경험**(우리가 실제로 무엇을 어떻게 보고, 듣고, 느끼고, 냄새 맡고, 맛보는가)에 토대를 두고 있다. 예를 들면, 영적 경험의 탐색에서 NLP는 이론, 철학 또는 영성에 대한 신념체계를 제시하는 데 집중하지 않는다. 오히려 NLP는 우리가 우리 자신을 넘어서 무언가의 부분이 되는 것을 어떻게 경험하는가 그리고 그러한 방식으로 경험한 결과는 무엇인가처럼 영성에 대한 사람들의 **주관적인 경험**의 구조를 살펴보는 데 관심이 있다.

　　NLP 모델링 과정은 다음의 중요한 질문과 관련이 있다. 사람들은 어떻게 주관적인 경험에 영향을 줄 수 있는가? 주관적인 경험을 어떻게 사용할 수 있는가? 어떻게 주관적인 경험을 더 많이 혹은 더 적게 만들 수 있는가? 어떤 형태의 과정이 주관적인 경험을 강화하거나 방해하는가?

　　요약하면, NLP는 다음과 같은 인간 행동 연구에 대한 접근을 제공한다.

역자 서문

2015년 7월 미국 캘리포니아대학교 산타크루즈 캠퍼스에서의 NLPU(NLP University) 국제공인 NLP 트레이너 과정에서 번역은 시작되었다. 이 과정에 한국 NLP아카데미에서 후원하는 11기생 12명의 훈련생 중 10명의 한국 NLP전문가들이 『NLPⅡ 넥스트 제너레이션: 주관적 경험 구조의 확장』을 번역하기로 결정하였다.

NLP의 주요 전제 중에 "지도는 영토가 아니다"라는 전제가 있다. 이 전제처럼 실제의 언어와 여러 명의 역자의 눈으로 보는 세상은 제각기였다. 그 여러 다른 차원의 소리를 하나의 소리로 만들어 가는 과정은 쉽지 않았다. 제각기 다른 사람들이 모여 하나의 위대한 작품을 만들어 가는 과정은 결국 NLP가 현재의 NLP가 되기까지의 과정을 체험하는 시간이었다. '생성적 협력'의 과정을 통해 또 하나의 새로운 창조물인 바로 『NLPⅡ 넥스트 제너레이션: 주관적 경험 구조의 확장』의 번역서가 나오게 되었다.

『NLPⅡ 넥스트 제너레이션』은 NLPⅠ의 연장으로 인간의 삶의 질과 관계된 주관적 경험 구조 확장의 우수성 개발 방법과 기술들을 과학적으로 명료하게 제시하고 있다.

『NLPⅡ 넥스트 제너레이션』은 NLP의 시작부터 제3세대에 이르는 전 과정을 정리한 교과서이다. 현재 NLP는 전 세계의 각 분야에서 활용되고 있다. 이 책은 NLP의 교과서와 지침서로서 NLP의 기준과 원칙이 되며, 또한 차세대 NLP가 나아가야 할 방향을 제시하는 네비게이터이다.

지구촌의 이 세상이 필요한 주제가 바로 이 책의 부제인 "주관적 경험 구조의 확장"이다. 각각의 개인이 가지고 있는 제한된 주관적 언어의 세상을 뛰어넘어 서로에게 이익이 되고, 서로에게 도움이 되는 그런 세상을 위해 필요한 것은 우리의 언어, 즉 주관적 언어의 세상을 확장하여 그 세상을 바라볼 수 있을 때, 그리고 그 세상을 바라보는 세상을 넘어, 몸으로 그 세상을 적극적으로 상상할 때 그 세상이 바로 오늘이 된다.

번역하는 과정에서 역자들의 삶에는 큰 변화가 있으며, 놀랄 만한 성장이 있었다. NLP의 원칙이 결국 역자들의 삶을 역동적이고 창조적인 방향으로 이끌어 새로운 성과물을 만들었다. 이 책은 단순히 NLP를 가르치는 교과서 수준을 뛰어넘어 독자들의 삶을 변화시키고 변혁시키는 생명의 씨앗이 될 것이다.

책이 출판되기까지 이 책의 가치를 알아주신 학지사와 학지사 편집부에게 감사드린다.

2019년
역자 일동

NLPII
넥스트 제너레이션

—— 주관적 경험 구조의 확장

NLPII The Next Generation–Enriching the Study of the Structure of Subjective Experience

Robert Dilts · Judith DeLozier · Deborah Bacon Dilts 공저
전경숙 · 이찬종 · 이재연 · 권익철 · 김마리아
박재진 · 안성자 · 장경생 · 조석제 · 한혜영 공역

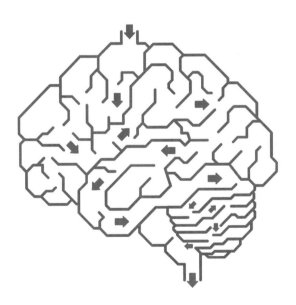

학지사

우리 세 사람(로버트, 주디스, 드보라)의 협력은 열정, 창조 그리고 통합으로 말할
수 있다. 우리의 이러한 자질이 독자 여러분에게 NLP의 깊이와 풍부함, 잠재력에
대한 새로운 이해를 제공하게 될 것이다.

2010년 8월
캘리포니아 산티크루즈에서
로버트 딜츠
주디스 디로지어
드보라 베이컨 딜츠

저자 서문

『NLP I』(1980)의 결론에서 우리 저자들(딜츠, 그린더, 밴들러와 디로지어)은 NLP의 소개에 제시된 개념, 원칙, 차이에 대한 보다 더 구체적인 적용을 『NLP II』에서 제시하겠다고 약속했다. 우리는 두 번째 책에서 "당신의 일과 일상생활에 신경언어프로그래밍을 적용하는 방식을 좀 더 자세히 제시한다."라고 말하고 싶다.

그러나 여러 가지 이유로 『NLP II』는 출간되지 못했다. 저자들 모두가 바쁘기도 했고 우리가 쓰기로 약속했던 것을 열심히 발전시키고 경험하는 데 매진했기 때문이다. 시간이 흐르면서 우리 모두는 각자 다른 방향으로 흘러갔다. 우리는 초기에 그랬던 것처럼 같은 방향 안에서 함께하지는 못했고 『NLP II』를 저술하기 위한 작업은 "혼잡한 상태에서 길을 잃었다."

또 다른 요인으로는 NLP 분야가 너무나도 빨리 변화해서 NLP의 역사와 잠재력의 가장 큰 특징이라고 생각하는 특정 그룹의 과정을 선택하는 데 어려움이 있었다. 새로운 도전과 기회는 이 분야의 중요한 기반에 필적하는 혁신적인 자원과 해결책을 찾도록 우리를 고취시켰다.

『NLP I』의 원저자 네 명이 세계를 누비며 NLP를 가르치고, NLP가 변화와 발전을 계속하는 동안 우리(로버트와 주디스)는 서로 가깝게 지내며 업무 관계를 유지하였고 매년 산타크루즈 캘리포니아대학교의 NLP University의 여름 기숙 프로그램으로 마무리를 했다.

해를 거듭하면서 우리는 몇 년 전에 했던 『NLP II』에 대한 비전과 약속에 대해 자주 고민하게 되었다. NLP 분야에 있는 사람들 역시 "『NLP II』는요?"라며 계속 질문하였다. 때로는 다른 방식으로 그 약속을 지키려고도 했다. 우리는 4년에 걸쳐서 쓴 『체계적 NLP와 NLP 뉴 코딩의 백과사전(Encyclopedia of Systemic NLP and NLP New Coding)』에서 풍부하고 다양한 NLP의 모델과 적용을 다루었고 NLP의 매력적인 분야의 지적인 역사에 대해 경의를 표했다. 여기에서 우리는 밴들러, 그린더와 함께 산타크루즈의 소그룹 모임에서 NLP를 연구하고 발전시킨 모든 NLP 학생의 정신을 지키려고 노력했다.

4년 전, 우리는 드디어 2권에 대한 약속을 마무리할 시간임을 결정했다. 우리의 관점에서 분명히 말하고 싶었던 새로운 무언가가 있었다. 이 책 『NLP II: 넥스트 제너레이션(NLP II: The Next Generation)』이 바로 그 결정의 결과물이다.

이 책은 지난 몇 년 동안 많은 변화를 겪었다. 5리듬®의 동작 강사이자 심리치료사, 정신종합요법 트레이너이며 통역가인 드보라의 에너지와 지원이 없었다면 이 책은 존재하지 못했을 것이다. 드보라는 마지막 장에 제시된 여러 가지 새로운 발전에 중요한 기여를 하였다.

NLP와 드보라의 관계는 1994년에 그녀가 존 그린더의 통역자로 프랑스 파리에서 불어 통역을 할 때부터 시작되었고, 그녀는 1980년대 초부터 미국 주재원으로 파리에서 살고 있었다. 그때부터 드보라는 데이비드 고든, 찰스 포크너, 린 콘웰, 로버트 맥도널드, 로버트와 주디스 같은 많은 NLP 트레이너들을 위해 통역하였다.

2005년 이후 드보라와 로버트는 5리듬®과 NLP의 원칙 같은 신체 중심의 변형 실습에 드보라의 전문성을 접목하여 프로그램을 발전시켜 오고 있다(로버트와 드보라는 2008년에 결혼했다). 그들은 주디스와 함께 캘리포니아대학교 산타크루즈 캠퍼스에서뿐만 아니라 전 세계의 워크숍과 세미나에서 이러한 새로운 발전을 적용하였다.

차 례

Chapter 02

신체 마인드   173

Chapter 03

장 마인드   259

NLP의 배경과 개관

　이 책은 신경언어프로그래밍의 중요하고 새로운 발전에 대해 다루고 있다. **신경-언어프로그래밍**(Neuro-Linguistic Programming: NLP)은 인간 행동을 이해하기 위한 접근이며 그 접근으로부터 비롯된 명백한 기술이자 기법이다. 1970년대에 리처드 밴들러(Richard Bandler)와 존 그린더(John Grinder)에 의해 창시된 NLP는 신경체계(신경)와 언어 구조(언어) 간의 상호작용에서 만들어진 패턴이나 '프로그래밍' 그리고 신체와 행동 간의 영향을 검토한다. NLP의 관점에서 이러한 상호작용은 효과적인 행동이나 비효과적인 행동을 만들기도 하며, 이것은 모든 인간의 우수성과 병리 과정에서 다뤄진다.

　밴들러와 그린더는 신경-언어프로그래밍을 '주관적인 경험의 구조에 대한 **연구**'로 정의했다. '연구'라는 용어는 계속 진행 중인 조사와 탐구를 의미한다. NLP 분야에서 이것은 주로 행동 모델링의 과정을 통해 나타난다. NLP의 많은 방법과 기법은 심리치료, 비즈니스, 예술, 과학, 법, 교육 등을 포함하여 다양한 분야의 탁월한 전문가들의 우수성을 관찰하는 데서 비롯되었다. 이러한 연구 방식의 목적은 상중하의 결과에 대한 차이를 만드는 차이점이 무엇인지 발견하는 것이다.

　'구조'의 개념은 내용과는 반대로 과정을 강조하는 개념이다. 즉, NLP의 모델링 과정은 사람들이 무엇을 하고 있는가를 설명하기보다는 사람들이 어떻게 하는가를 밝히는 데 초점을 두고 있다. NLP는 사람들이 어떤 결정을 하고, 무엇을 배우며, 무엇을 만드는지에 세세한 관심을 두기보다 오히려 사람들이 어떻게 결정하고 배우며 만드는가에 대한 과정에 집중한다. 사실 NLP 공동 창시자인 존 그린더는 "당신은 어떻게 그것을 아는가?" 또는 "당신은 어떻게 그것을 하는가?"의 질문을 통해 NLP의 기법과 형식이 만들어졌다고 주장한다. NLP의 차이는 사람들이 하는 행동의 내용을 넘어서서 그러한 행동 이면에 있는 보이지 않는 힘 그리고 효과적으로 수행하게 하거나 그것을 방해하는 생각, 신념, 감정의 구조를 보게 한다. NLP는 사고, 동기, 행동의 중요한 '패턴'을 독자적으로 확인할 수 있는 적설한 일련의 절차와 특징이 있으며, 그로 인해 실용적인 검증이 가능하다.

NLP 모델링 과정에서의 핵심은 **'객관적 실제'**와는 반대인 주관적인 경험(예: 사고, 신념, 감정, 내적 표상 등)의 구조를 강조한다. NLP의 기본은 "지도는 영토가 아니다."라는 전제이다. 다시 말하면, 우리의 내적 지도와 우리가 살아가는 세상 모델은 (한 도시의 지도가 실제 도시가 아니며 음식 메뉴가 실제 음식이 아닌 것처럼) 그들이 묘사하는 세상과는 필연적으로 다르다는 것이다. 우리의 신경계와 언어 패턴을 통해 생성되는 내적 표상은 본질적으로 원래 반영하려고 했던 '실제'에 대한 일반화, 삭제, 왜곡을 포함한다. 그러나 우리가 살고 있는 세상을 우리가 어떻게 경험하고 반응하는가를 결정하는 것은 이러한 내적 지도와 모델이다.

주관적인 경험 구조에 대한 연구는 외부의 '실제'에 대한 이론과 생각으로부터 나온다기보다는 우리의 개인적이고 진행 중인 **감각 경험**(우리가 실제로 무엇을 어떻게 보고, 듣고, 느끼고, 냄새 맡고, 맛보는가)에 토대를 두고 있다. 예를 들면, 영적 경험의 탐색에서 NLP는 이론, 철학 또는 영성에 대한 신념체계를 제시하는 데 집중하지 않는다. 오히려 NLP는 우리가 우리 자신을 넘어서 무언가의 부분이 되는 것을 어떻게 경험하는가 그리고 그러한 방식으로 경험한 결과는 무엇인가처럼 영성에 대한 사람들의 **주관적인 경험**의 구조를 살펴보는 데 관심이 있다.

NLP 모델링 과정은 다음의 중요한 질문과 관련이 있다. 사람들은 어떻게 주관적인 경험에 영향을 줄 수 있는가? 주관적인 경험을 어떻게 사용할 수 있는가? 어떻게 주관적인 경험을 더 많이 혹은 더 적게 만들 수 있는가? 어떤 형태의 과정이 주관적인 경험을 강화하거나 방해하는가?

요약하면, NLP는 다음과 같은 인간 행동 연구에 대한 접근을 제공한다.

- NLP의 배경과 개관
- NLP의 발전
- 이 책의 구조

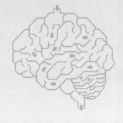

정한 유형의 문제를 지닌 사람에게 이러한 특정한 접근을 사용한다면 어떤 결과가 올까요?"라고 질문했다. 에릭슨은 변함없이 "모르겠습니다."라고 대답했다. 우리는 "이 문제를 설명하기 위해 이러한 과정을 사용할 것입니까?"라고 질문했다. 에릭슨은 다시 "모르겠습니다."라고 말했다. 우리는 결국 노트에 "그는 모른다. 그는 모른다. 그는 모른다."라고 적었다.

에릭슨이 회피하려고 한 것은 아니었다. 그가 많은 신념과 가정에서 행동하지 않았다는 것이다. 각각의 상황은 그에게 있어 모두 독특하다. 각각의 사람은 '난 하나뿐인 존재'였고 그들과 에릭슨의 관계 역시 유일했다. 그래서 특정한 결과의 가능성에 대해 질문했을 때 에릭슨은 항상 "모르겠습니다."라고 말한 것이다. 그리고 그는 **"그러나 저는 무엇이 가능한지를 발견하는 데 많은 관심이 있습니다."**라고 덧붙였다.

호기심과 결합된 알지 못함의 자세는 생성적 변화에서의 핵심이다.

밴들러와 그린더에 의해 NLP가 처음으로 만들어진 산타크루즈의 캘리포니아대학교에는 프랭크 배런(Frank Baron)이라는 심리학 교수가 있었다. 배런은 창의적인 천재들을 연구하는 데 열정을 쏟았다. 결국 그는 지금까지 그가 배운 것을 세 가지 근본적인 특성으로 통합하였다. 창의적 천재들의 특성은 다음과 같다.

- 불확실성에 대한 편안함
- 반대나 모순처럼 보이는 것을 유지할 수 있음
- 끈기

에릭슨과 같이 창의적인 사람들은 시간보다 앞서 대답을 알 필요가 없다. 불확실함을 참아낼 수 있을 뿐만 아니라 '알지 못함'조차 즐긴다.

또한 창의적인 사람들은 다른 관점과 복합적인 현실을 유지할 수 있다. 덴마크의 위대한 물리학자 닐 보어(Nils Bohr)는 표면 진실과 심층 진실의 두 가지 유형의 진실이 있음을 언급하였다. 보어에 따르면 "표면 진실에서의 반대는 실패다. 심층 진실에서의 반대는 또한 진실이다." 보어는 광자와 전자 같은 물리적 실재의 가장 근본적인 단위에 모순이 존재한다는 사실을 지적하였다. 광자와 전자는 때로는 파동

에너지처럼 행동하며, 어떤 경우에는 작은 특정 물질처럼 행동한다.

그러한 심층 진실은 우리의 주관적인 경험에 기반을 둔다. 우리가 누군가를 아름답다고 경험하는 사실은 동시에 그들이 추하게 될 수 있음을 의미한다. 기쁨은 슬픔 없이 오지 않는다. 당신에게 일어났던 최악의 것은 당신에게 일어난 최상의 것이 될 수 있다. 빛이 있는 곳에 그림자도 존재한다.

한 사람이 '옳다' 그리고 다른 사람이 '틀리다'가 아니라 겉보기에 상반되어 보이는 실재들을 알아차리는 능력은 일반성의 필수적 양상이다. 그레고리 베이트슨은 "지혜는 어떤 것을 변화시키려는 의도 없이 우리의 차이를 진실로 직면하고 함께할 때 비롯된다."라고 언급하였다. 우리가 다른 관점을 호기심으로 유지할 수 있을 때 종종 새롭고 놀라운 해결책이 나타난다.

이것은 **지속성**의 자질이 중요함을 나타낸다. 창의적인 천재들은 불확실성과 딜레마에 직면하더라도 포기하지 않는다. 그들은 가능성과 지속적인 발견을 찾는 데 관심이 있다.

밀턴 에릭슨은 여러 가지 방식으로 이러한 자질을 요약하였다. 그는 자신의 삶을 통해 몸소 그러한 자질을 보여 주었다. 17세 때 그는 심각한 소아마비에 걸렸다. 이 병으로 그는 거의 움직일 수 없는 상황에 이르게 되었다. 그는 의사가 그의 어머니에게 더 이상 움직일 수 없다고 말하는 것을 우연히 듣게 되었다. 이후 그는 사람들이 어머니에게 자신이 다음 날 아침까지 살 수 없을 것이라고 말하는 것을 우연히 듣게 되었다. 에릭슨은 누군가가 어머니에게 자신에 대해 이렇게 말하는 것이 끔찍한 일이라고 생각했다. 그래서 그는 자신이 할 수 있는 것이 무엇인지를 찾기 위한 여행을 시작했다. 그는 신체의 어떤 부분을 움직일 수 있는지를 발견하기 위해 모든 에너지를 쏟았다. 그는 마침내 눈꺼풀 중 한쪽을 약간 움직일 수 있음을 알게 되었다. 그래서 어머니가 왔을 때 어머니의 주의를 끌기 위해 눈꺼풀을 움직이려고 애썼다. 몇 시간 동안 이렇게 하면서 그는 어머니에게 신호체계를 작동시키려고 노력했다. 많은 시간과 노력 후에 마침내 그는 이해시키려고 마음먹었던 것을 어머니에게 전달하는 데 성공하였다. 그는 어머니가 자신의 침대를 창가로 옮겨 주기를 원했고, 다음 날 태양이 떠오르는 것을 볼 수 있었다.

에릭슨은 이것과 동일한 형태의 지속성을 내담자와의 작업에 가져왔다. 그는 상황이 아무리 도전적으로 보일지라도 가능한 것을 발견하기 위해 포기하지 않았다. 또한 그는 어떤 것도 불가능하다고 생각하지 않았다.

초보자의 마음(알지 못함), 호기심, 지속성의 결합은 NLP 3세대 임상의 핵심이다. 다음 장에서 우리는 이러한 모든 능력이 어떻게 우리 삶에서 의미 있는 차이를 만들 수 있는가를 알게 될 것이고, 우리는 다른 사람들의 삶에서 차이를 만들도록 도울 것이다.

이 책의 구조

우리는 이 책에서 NLP 3세대로의 여행을 네 부분으로 구성하였다.

먼저 **인지 마인드**로 시작하면서 신경언어프로그래밍의 토대와 시간 지각, 시간선, 지각적 입장, 신경논리적 수준들과 베이트슨의 학습 수준 그리고 S.C.O.R.E. 모델, 메타프로그램 패턴과 NLP를 위한 통합장이론(SOAR 모델)과 함께 지난 30년간의 의미 있는 발전을 살펴보려고 한다.

그리고 나서 **신체 마인드**에 중점을 두고 신경위장학(복부의 뇌), 신경심장학(심장 속의 뇌)처럼 뇌를 넘어 신경계의 기능에 대한 최근 연구에 대해 살펴볼 것이다. 이 장에서는 호흡, 척추, 신체의 자세, 발, 바이오피드백, 신체 구문론과 가브리엘 로스(Gabrielle Roth)의 5리듬을 활용해서 신체의 지혜에 접속할 수 있는 다양한 연습을 제시할 것이다.

제3장에서는 **장 마인드**와 거울 뉴런, 인간 에너지 장에서의 신경학적이고 생리적인 근거에 대해 다룰 것이다. 우리는 '세컨드 스킨' 만들기, '생성 영역' 개발하기, 생성적 협력 장려하기, 그레고리 베이트슨이 '전체 마인드'라고 언급한 것에 접근하기처럼 장 현상을 활용하기 위한 구성과 실제를 제공한다.

우리는 특히 발전하고 있는 코칭의 영역 안에서 **차세대 NLP를 적용**하는 혁신적인 방법을 살펴보는 것으로 마무리할 것이다. 우리는 '내부게임', 현존의 힘, COACH 상태(우리가 자기 자신의 최상의 상태를 유지하고 접근할 수 있다는 우수성의 내적 영역)라고 부르는 것과 관련된 원리와 과정을 다룬다. 차세대 NLP 기법은 힘든 감정 안아주기, 신념의 장벽과 신념의 다리 작업하기, 원형 에너지의 영향 탐색하기 그리고 전이의 원형 통합하기를 포함한다.

우리는 당신이 이 책에서 제공하는 신경언어프로그래밍의 영역을 발전시키는 풍부하고 고무적인 지도를 찾길 희망한다. NLP는 항상 지도가 영토가 아님을 가르치며, 이것은 NLP 영토 중 단지 하나의 지도임을 염두에 두기를 바란다.

밴들러와 그린더는 그들이 말한 모든 것이 '거짓말'이었음을 청중에게 이야기하면서 초기의 세미나를 시작하곤 했다. 어떤 지도도 전체 영토를 정확하게 다룰 수 없기 때문에 그들이 말한 어떤 것도 사실이 아니었다. 따라서 그것은 선택의 문제였다. 유일한 질문은 그것이 '유용한' 거짓말인가 아닌가이다. 만약 당신이 원칙과 방법이 '마치' 차이를 만드는 것처럼 행동한다면 그것이 당신의 삶에 긍정적으로 가져다주는 것은 무엇인가?

우리는 여러분이 이러한 태도로 이 책에 다가가기를 부탁한다. 만일 이 책에서 제공하는 지도, 모델 그리고 실습이 도움이 된다면 그것들을 사용하라! 만일 그렇지 않다면 적어도 당신의 개인적인 여정을 위한 새로운 방향을 알려 주고 당신에게 무엇이 작동되고 작동되지 않는가가 분명해지도록 도움을 줄 것이다.

우리가 여기에 제시하는 것들이 사람의 경험을 풍부하게 하는 더 큰 알아차림을 갖게 하고 당신 스스로와 당신 주변의 다른 사람들, 환경, 믿기 어려운 삶의 신비에 대한 완전한 연결을 가져다주기를 희망한다.

당신의 여정을 즐기라!

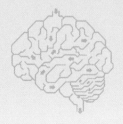

우리의 **인지 마인드**는 본질적으로 우리 뇌 안에 있는 마음이다. 이것은 우리의 지적 능력과 이유에 대한 수용력의 원천이 되며 인간의 전형적인 특징 중 하나다. 인지 마인드는 NLP의 가장 중심이 되며 모든 발달의 성공적인 생성에 근원을 제공한다.

인지(cognition)는 '아는 것'으로 정의할 수 있다. 라틴어 *co* + *gnoscere*로부터 유래된 이 단어는 '알게 되는 것'을 의미한다. 인지과학과 인지심리학은 지식과 '아는 것'에 관련된 활동을 배우는 학문이다. 이러한 활동은 집중, 창조, 기억, 인식, 문제 해결하기, 사고하기, 언어의 사용을 포함한다.

인지 마인드에 대한 연구의 기원은 그리스 철학자인 아리스토텔레스(BC 385~322)로 거슬러 올라간다. 그의 논문 「정신론(On the Psyche)」(또는 「영혼론(On the Soul)」)에서 그는 감각인식과 마음의 표상을 '정신'의 특징으로 구분하여 정의했다. 정신에 대한 아리스토텔레스의 생각은 다섯 가지 감각의 구분에서부터 시간 인식, 기억, 언어 처리, 상상, 문제 해결하기까지를 아우르는 다양한 인지적 문제를 정서로 다룬다. 그는 '상식'이나 우리가 흔히 '마음'이라 부르는 감각에서 오는 정보를 바탕으로 동물이 세상에 대한 내적 지도를 만든다고 주장한다. 그는 다음과 같이 말했다.

(1) 감각이 결여되면 아무도 배우거나 이해할 수 없으며, (2) 마음이 능동적으로 어떤 것을 인식할 때 그것은 반드시 이미지와 함께 인식된다. ……생각할 때 영혼의 이미지는 마치 인식의 내용처럼 전달된다. ……마치 그것이 보이는 것처럼 무엇이 존재하는지를 참조하여 무엇이 오는지를 계산하고 고려하며 그것이 공표될 때, 감각에서는 대상이 기쁜지 고통스러운지 이러한 상황은 피해야 하는지 추구해야 하는지를 표현한다.

정신의 기초와 연합 법칙으로서 감각 인식에 대한 아리스토텔레스의 강조는 18~19세기의 몇몇 철학자에 의해 인지 마인드의 연구에 대한 기초로 되살아났으며, 윌리엄 제임스(William James)의 현대 인지심리학의 시작에서 마침내 성문화되었다. 제임스의 저서『심리학의 원리(Principles of Psychology)』(1890)에서는 오늘날의 인지심리학과 여전히 관련이 있는 놀라운 주제들에 대해 다루며 뇌 반구의 서로 다른 기능, 주요 표상체계, 마음 시간신, 행동적 접근단서까지도 포함한다.

그러나 제임스와 초기의 다른 인지심리학자들의 방식은 주로 내성적이었으며 몇 개의 임상 적용만을 제공했다. 때문에 프로이트(Freud)의 분석심리학과 행동주의는 1960년대 후반까지 대부분의 응용심리학과 심리치료의 중심으로 여겨졌다.

1960년대 환각제의 출현과 개인 컴퓨터 같은 지적인 테크놀로지의 출현은 더 높은 인지적 기능의 영향에 대한 실용적인 관심을 고조시켰다. 이후 인지중심치료의 출현, 지능 검사의 정보처리 분석, 성격의 인지이론은 인지심리학의 영향이 증가했음을 보여 주는 증거다.

뇌와 컴퓨터 간의 분석은 인지 마인드 연구에 (또한 특정한 NLP 분야에) 큰 영향을 미쳤다. 대부분의 인지이론에 따르면 감각으로 알게 된 정보들은 분석되고 저장되며 다시 암호화되고 차후에 다양한 방식으로 사용된다. 이러한 활동을 **정보처리**라고 하지만 의식이 효과적으로 기능하는 데 반드시 필요한 것은 아니다. '부호화' '정보 저장과 인출' '프로그래밍' 등의 개념은 인지적 모델에서 자주 등장하며 마음은 뇌와 신경계 내에서 작동하는 신경언어프로그램 체계의 필수적인 산물로 간주된다.

뇌

　　뇌는 일반적으로 인간의 신경계의 가운데 있는 '바이오컴퓨터'라고 할 수 있으며 우리의 인지 마인드와 가장 많은 관련이 있는 신경계의 한 부분이다. 인간의 뇌는 500~1000억 개가량의 뉴런을 포함하고 있다고 추정된다. 뇌 피질은 언어, 문제 해결, 상상과 같은 고차원적 인지적 기능뿐만 아니라 '마음'과 '의식'이 자리하는 곳

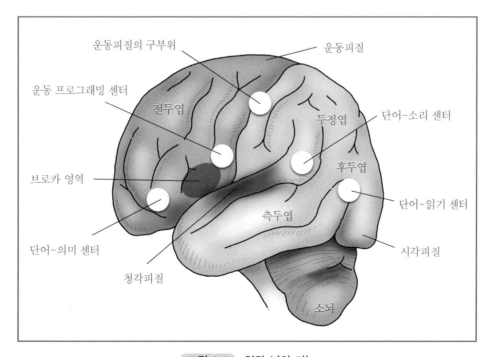

그림 1-1   인간 뇌의 기능

으로 여겨진다. 이는 대략 10억 개 정도의 상호작용하는 뉴런에 의해 만들어진다. 이러한 세포들은 1,000조 개만큼의 많은 시냅스 연결을 통해 서로 신호를 주고받는다.

뇌는 신체의 행동과 반응을 감시하고 통제한다. 감각 정보를 지속적으로 받아들이고 데이터를 신속하게 분석하고 반응하며 신체 활동과 기능을 통제한다. 뇌간은 호흡, 심장박동과 의식적인 뇌 기능과는 독립적인 다른 자동적 과정을 통제한다. 신피질은 높은 수준의 사고, 학습, 기억의 중심이 된다. 소뇌는 신체의 균형, 자세와 운동의 협응을 책임진다.

뇌의 반구

피질은 두 개의 반구로 나뉜다. 오른손잡이나 왼손잡이나 대부분은 좌반구가 신체 오른쪽의 의식적인 활동을 통제하고 논리와 언어 같은 선형적인 프로세스를 담당하는 것으로 간주된다. 우반구는 신체 왼쪽의 인지적인 영향을 제어하고 인지와 합성처럼 더 동시적이고 공간적인 부분을 담당한다.

각기 다른 작업을 할 때는 좌뇌와 우뇌의 다른 결합과 활동 수준을 필요로 한다. 수학 문제를 푸는 것은 좌뇌의 활동을 좀 더 필요로 하는 경향이 있다. 공간에서 3차원의 물체를 회전하는 것을 시각화하는 것은 우뇌의 활동을 더 필요로 할 것이다. 창의성은 두 반구의 조합된 역할을 필요로 한다.

감각 표상체계

뇌는 머리와 몸 전체에 분포되어 있는 특수 수용기와 감각기관의 기능에 의해 외부세계 및 다른 신체와 상호작용한다. 감각은 우리 자신과 우리를 둘러싼 세상에 대한 인지적 모델을 세우기 위한 기본 정보를 제공한다.

「영혼론」에서 아리스토텔레스는 감각을 시각, 청각, 촉각, 후각, 미각의 기본적인 다섯 가지 감각으로 분류했다. 아리스토텔레스의 다섯 가지 감각은 NLP의 모든 세대가 언급하는 시각(visual), 청각(auditory), 신체감각(kinesthetic), 후각(olfactory), 미각(gustatory)의 다섯 가지 '표상체계'와 완전히 일치한다. 아리스토텔레스에 따르면 다섯 가지 감각은 외부 세상에 대해 "시각적으로 흰색과 검은색, 청각적으로 높고 낮은 억양, 미각적으로 쓰고 달달한 것 …… 촉각적으로 뜨겁거나 찬 것, 건조하거나 습한 것, 딱딱하거나 부드러운 것 등"과 같은 독특한 특징과 성격의 정보를 마음에 제공한다.

이러한 특징은 각 표상체계의 하위 구성 요소이기 때문에 NLP에서 이야기하는 '종속모형'과 일치한다. 종속모형은 각각의 다섯 가지 주요한 감각 양상을 나타내는 특정한 인지적 자질이다. 시각 양상을 예로 들면 색깔, 밝기, 모양, 깊이 등의 상태를 인식할 수 있다. 청각 양상은 소리의 크기, 음도, 빠르기 등을 알 수 있고, 운동감각 체계는 압력, 온도, 질감 등을 인식한다. 아리스토텔레스와 NLP는 모두 인지 마인드의 근본적인 신경 구성 단위가 되는 이러한 차이를 고려한다. 어떤 면에서 이

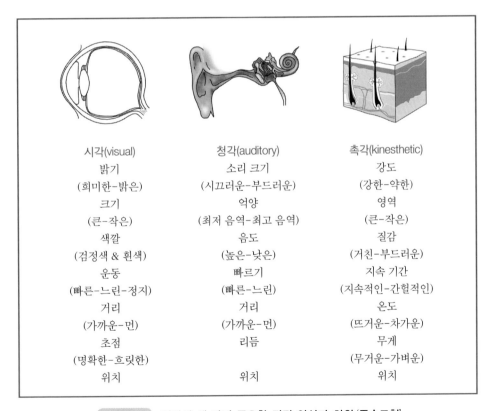

시각(visual)
밝기
(희미한-밝은)
크기
(큰-작은)
색깔
(검정색 & 흰색)
운동
(빠른-느린-정지)
거리
(가까운-먼)
초점
(명확한-흐릿한)
위치

청각(auditory)
소리 크기
(시끄러운-부드러운)
억양
(최저 음역-최고 음역)
음도
(높은-낮은)
빠르기
(빠른-느린)
거리
(가까운-먼)
리듬

위치

촉각(kinesthetic)
강도
(강한-약한)
영역
(큰-작은)
질감
(거친-부드러운)
지속 기간
(지속적인-간헐적인)
온도
(뜨거운-차가운)
무게
(무거운-가벼운)
위치

그림 1-2 인간의 세 가지 주요한 감각 양상과 하위 '종속모형'

것은 우리의 정신적 프로그래밍의 기본적인 '기계코드'로 간주될 수 있다.

인지 마인드의 인지적 기능에 관해 NLP는 우리가 세상의 정신적 모델을 구축하는 것으로부터 일차적인 표상체계를 형성하기 위한 시각, 청각, 촉각을 고려한다. 반면, 후각과 미각(냄새 맡기와 맛보기)은 다른 동물에게는 중요한 역할을 하지만 인간의 인지 양상, 특히 복잡하고 인지적인 직업에서는 그렇게 중요하지 않다.

'표상체계'가 내포하는 것은 좀 더 단순한 정보 채널이다. 특정한 감각 양식과 관련된 전체 처리체계로 입력, 처리, 저장, 인출, 출력을 포함한다. 영국의 유명한 생리학자이자 신경학 연구로 노벨상을 수상한 찰스 스콧 셰링턴(Charles Scott Sherrington)은 **"뇌는 '원격 수용' 기관으로 구성되며 발달된 신경체계의 한 부분이다."**라고 지적했다.

청각기관은 귀지만 귀로 전달된 진동은 처리되고 저장되며 '이해되기'(표상되기) 위해 대뇌 측두엽(귀 위에 있는 뇌의 측면)으로 전달되어야 한다. 단어를 인식하고 의미를 부여하기 위해서는 다른 감각 표상과 연결되어야 한다. 청각 표상체계의 출력 채널은 후두와 입을 포함한다.

마찬가지로 시각 영역인 눈도 '시력'을 담당하는 감각기관이지만 눈으로부터 온 시각적 신호는 대뇌피질의 뒷부분인 후두엽에서 처리되고 저장(혹은 '표상')된다. 또한 근육 내에 있는 피부와 자기수용 감각은 촉각과 감각의 기관이다. 그러나 '감정'과 내적 상태로 의미를 주기 위해 신체로부터 오는 메시지는 대뇌피질의 상위 부분 근처에서 변환된다. 신체감각의 표상체계 출력은 제스처와 신체의 움직임, 심장, 위 등과 같은 내부 장기의 반응이다.

접근단서

우리가 컴퓨터를 작동하기 위해 키보드, 마우스, 모뎀을 사용하는 것과 마찬가지로 인간의 바이오컴퓨터를 작동시키기 위해서는 필요한 신체적 메커니즘이 있다. 감각 정보를 기록하고 그것을 분석하고 저장하고 재부호화해서 다양한 방법으로 사용하기 위해서는 우리의 생리학적·신경학적인 기제가 감각 정보로 적절히 향하게끔 적응시켜야 한다. 이것을 NLP에서 '접근단서'라고 알려진 미세한 행동으로 안다. 접근단서는 한 개인이 사고하기 위해 사용하는 표상체계를 유발하고 거기에 반영한다. 전형적인 접근단서의 유형은 **눈 움직임, 목소리 억양과 빠르기, 몸의 자세와 제스처, 호흡 패턴**을 포함한다.

생각을 할 때 우리는 호흡 속도, 비언어적으로 '끙끙대거나 신음하기', 얼굴 표정, 손가락 튕기기, 머리 긁적이기 등과 같이 여러 가지 다양한 표상의 특정한 유형을 신호하거나 유발한다. 그중 몇 개는 개인적 특수성이 있어 특정 개인에게 '측정'될 필요가 있는 경우도 있다. 그러나 대부분의 이러한 단서는 특정한 감각 처리와 연관되어 있다.

미세 행동인 '접근단서'의 개념은 미국의 심리학자 윌리엄 제임스의 저서 『심리학의 원리(Principles of Psychology)』(1890)에서 처음 언급되었다. 제임스는 몇 가지 형태의 작은 행동을 관찰하는 것은 항상 다음과 같은 생각을 수반한다고 말했다.

> 특정한 감각 영역에 속해 있는 생각이나 감정을 살펴보면, 움직임은 감각기관의 적응이며 그것이 일어나는 동시에 느껴진다. 예를 들어, 나는 안구의 압력, 수렴, 확산, 순응의 변동하는 느낌 없이는 시각적인 관점에서 생각할 수 없다. ……내가 기억을 떠올리거나 깊이 생각하려고 할 때…… 이 움직임은 외부 세상으로부터 떨어져 있는 것 같은 느낌이 든다. 내가 감지할 수 있는 한 이러한 느낌은 실제로 안구가 바깥쪽으로 그리고 위쪽으로 움직이기 때문이다.

제임스가 묘사하는 것은 NLP에서 시각적 눈동자 접근단서(시각화를 위해 눈이 좌우로 움직이는 것)로 잘 알려져 있다. 제임스는 모든 정신적 처리가 이렇게 미세한 작은 신체적 변화에 의해 일어나고 표현된다고 가정했다. 그는 그것이 반영되는 과정처럼 신체적으로 미세한 단서가 일관된 패턴을 만들고 인간 의식의 독립적인 내용을 형성한다고 기록했다.

> 조정의 특징은 매우 적고 끊임없이 반복되고 나머지 마인드의 큰 변동 가운데서도 지속적이며 의식 이전에 다양한 것을 발전시키거나 억제하는 것 외에는 전체적으

로 중요하지도 않고 흥미롭지도 않은 최소한의 반사작용이다.

이는 아마 NLP에서 '접근단서'의 의미를 설명한 것 중 가장 멋진 정의일 것이다. 이러한 '반사작용'을 읽는 것을 배움으로써 우리는 인식할 수 있고 스스로와 타인의 사고 패턴에 영향을 줄 수도 있다. NLP는 의사소통과 변화에 대한 접근단서의 실용적인 응용을 위한 많은 기법을 개발해 왔다. NLP에 포함된 일반적인 접근단서는 다음과 같다.

- **시각**: 머리와 눈이 위로 향하고, 눈짓하고, 가쁘고 얕게 숨을 쉬고, 눈을 가늘게 뜨고, 목소리는 고음이며 빠르다.
- **청각**: 고개와 눈이 옆으로 향하고, 귀로 가리키고, 복식호흡을 하고, 눈썹을 찡 그리고, 목소리의 억양과 빠르기를 변화시킨다.
- **촉각**: 고개와 눈은 아래로 향하게 하고, 몸짓하고, 깊은 복식호흡을 하고, 느린 속도로 깊은 숨소리가 섞인 목소리로 말한다.

언어

  인간 뇌의 유일한 특징 중 하나이자 인지 마인드의 주요한 구성 요소는 언어적인 능력이다. 어떤 면에서 언어는 우리의 다른 감각 표상과 함께 움직이는 결합이라 말할 수 있다.

  영어로 'language'(언어)는 '혀'라는 의미를 가진 라틴어 *lingua*에서 왔다. 이 용어는 시간이 지남에 따라 의사소통과 부호화의 많은 양상을 아우르며 확장되어 왔다. 웹스터 사전은 언어를 "사고를 전달하거나 의사소통하는 어떤 수단, 특히 인간의 말, 목소리로 사고를 표현하는 것, 소리나 생각의 표현, 목과 입의 기관으로 조음되는 것"이라고 정의한다. 웹스터 사전에 따르면 다음과 같다.

  언어는 사고를 표상하는 것으로서 소리의 구술발화로 구성된다. 두 명 이상의 사람들이 같은 사고를 같은 소리로 습관적으로 발화할 때 한 사람의 소리 표현은 다른 사람의 사고와 의사소통한다. 이는 언어의 주요한 의미가 되며, 언어의 사용은 청각기관을 통해 한 사람과 다른 사람의 생각을 서로 소통하는 것이다. 소리의 조음은 단어로 이루어진 글자, 기호, 부호에 의해 시각적으로 표현된다.

  따라서 언어는 우리의 감각 경험과 사고를 부호화하고 의사소통하는 중요한 측면이라 할 수 있다. 또한 경험의 표상이자 그것을 의사소통하는 수단이 된다. 언어는 신경언어프로그래밍의 핵심이다. NLP는 언어가 우리의 인지적 프로그래밍과 다른 신경계의 기능에 미치는 영향을 연구한다. 더불어 우리의 정신적 프로그래밍과 신경계 모형 방식을 연구하며 이것은 우리의 언어와 언어 패턴에 반영된다.

말을 하는 것은 인류의 유일한 특징이며 다른 생명체와 인간을 구분하는 하나의 핵심 요소다. 예를 들어, 지그문트 프로이트(Sigmund Freud)는 말이 인간 의식의 기본적인 수단이며 그렇기에 특별한 힘을 지니고 있다고 믿었다. 그는 다음과 같이 말했다.

> 말과 마법은 처음엔 하나였고 같은 의미였다. 그래서 오늘날의 말은 심지어 더 마법적인 힘을 가지고 있다. 우리는 다른 사람에게 말로 엄청난 행복을 가져다주기도 하고 완전한 절망을 주기도 한다. 선생님은 말로 학생에게 지식을 전달하고, 웅변가는 말로 청중을 휩쓸어서 청중의 판단과 결정에 영향을 준다. 말은 감정을 외부로 불러일으키며 보편적인 의미로 같은 인간에게 영향을 준다.

언어의 중요성에 대해 강조한 프로이트는 신경언어프로그래밍(Neuro-Linguistic Programming: NLP)의 핵심 원리에 반향을 일으켰다. NLP의 본질은 우리의 신경계('neuro')의 기능이 언어('linguistic') 능력과 긴밀하게 엮여 있다는 것이다. 우리가 행동을 조직화하고 안내하는 전략('programs')은 신경학과 언어의 패턴으로 이루어져 있다. NLP의 첫 번째 저서인 『마법의 구조(The Structure of Magic)』(1975)에서 NLP의 공동 창시자인 리처드 밴들러(Richard Bandler)와 존 그린더(John Grinder)는 프로이트가 언급한 언어의 '마법' 뒤에 숨겨진 원리를 정의하려고 노력했다.

> 인류의 긍정적이고 부정적인 모든 성취는 언어의 사용으로 가능했다. 인간으로서 우리는 두 가지 방법으로 언어를 사용한다. 우리는 먼저 경험을 표상하기 위해 언어를 사용한다. 우리는 이러한 활동을 추론하기, 사고하기, 상상하기, 리허설하기라고 한다. 우리가 표상체계로 언어를 사용할 때, 우리는 경험의 모델을 만든다. 우리가 언어의 표상적 사용으로 만들어 낸 세상에 대한 이러한 모델은 세상에 대한 우리의 인식에 기초한다. 또한 인식은 부분적으로 우리의 모델이나 표상에 의해 결정된다. ……두 번째로 우리는 세상에 대한 우리의 모델이나 표상을 다른 사람과 의사소통하

기 위해서 언어를 사용한다. 의사소통하기 위해서 언어를 사용할 때 이것을 이야기
하기, 토론하기, 쓰기, 강연하기, 노래하기라고 일컫는다.

밴들러와 그린더에 따르면 언어는 의사소통하는 것뿐만 아니라 표상 혹은 우리
의 경험 모델을 창조하는 수단이 된다. 아리스토텔레스는 말과 정신적 경험의 관계
를 다음과 같이 기술했다.

> 구어는 정신적 경험의 상징이며, 문어는 구어의 상징이다. 모든 인간이 똑같이 쓰
> 지 않는 것처럼 모든 인간이 똑같이 말하는 것은 아니지만 직접적으로 상징화된 정
> 신적 경험은 모두에게 동일하며, 우리의 경험은 이미지가 된다.

'정신적 경험'이 말로 '상징화'된다는 아리스토텔레스의 주장은 문어와 정신적·
언어적 **심층구조**의 변형인 **표층구조**라는 NLP 개념으로 반향된다. 결과적으로 말은
정신적 경험을 반영하고 형성할 수 있다. 이렇게 말은 사고와 의식적 혹은 무의식
적 정신 과정을 위한 강력한 도구를 만들어 낸다. 개인에 의해 사용되는 구체적인
말 저변의 심층구조에 접근함으로써 우리는 한 사람의 언어 패턴을 통해 반영되는
정신적 작동의 처리 수준을 확인하고 영향을 미칠 수 있다.

이런 식으로 생각해 볼 때 언어는 단지 '부수적인 현상'이나 우리의 정신적 경험
에 대해 의사소통하기 위한 자의적인 기호가 아니라 정신적 경험의 핵심 **부분**이 된
다는 것을 알 수 있다. 밴들러와 그린더는 다음과 같이 언급했다.

> 언어 표상체계를 생성하는 신경계는 인간이 시각, 촉각 등 세상에 대한 일상의 다
> 른 모델을 만들어 내는 것과 동일하다. ……구조의 동일한 원리들이 이러한 각각의
> 신경계에도 작동된다.

이런 방식이라면 우리의 언어체계 구조를 다른 지각체계의 구조와 유사한 것으
로 볼 수 있다. 그러므로 언어의 구조와 원리는 어떤 식으로든 인식의 구조와 원리

를 반영한다. 그러나 '개념을 형성하는' 전략은 용어나 단어의 특정 내용보다 언어의 '구조원리'(구문론 또는 문법)에서 비롯된다.

그러므로 언어는 다른 표상체계의 경험과 행동에 필적할 만하며, 심지어는 대체할 수도 있다. 이것의 중요한 결과는 무언가에 '대해 말하기'가 우리의 인식을 단순히 반영하는 것 이상을 할 수 있다는 것이며, 다시 말해 우리의 인식을 실질적으로 생성하거나 변화시킬 수 있음을 의미한다. 이것은 변화와 치유 과정에서 언어에 대한 잠재적이고 심층적이며 특별한 역할을 내포한다.

NLP는 '4축'으로서의 언어의 개념화와 함께 시작한다. 즉, 단어 혹은 '표층구조'(A_d)는 일련의 저장된 감각표상인 시각, 청각, 촉각, 후각과 같은 네 개의 기본 감각에서 파생된 '심층구조'의 기호 또는 부호다. 경험에 관한 언어의 기본 관계는 $A_d\langle A_t, V, K, O\rangle$로 표상된다. 여기에서 언어의 표층구조($A_d$)는 $\langle A_t, V, K, O\rangle$로 표상되는 감각적 심층구조를 작동시키며 또 그 심층구조로부터 파생된다. 그러므로 언어는 경험의 다른 측면을 조직화하고 구조화하는 '작동자'다.

이러한 관계는 언어에 '메타모델'이라는 특별한 역할을 부여한다. 메타모델은 인간의 정신 모델 중 하나로 다른 동물들에게는 없는 모델이다. 메타모델은 세상 경험과의 관계에서 특별한 선택과 유연성을 우리에게 허용하는데, 이러한 메타모델을 구축하는 것이 인간이 갖고 있는 능력이다.

언어와 관련하여 NLP의 핵심은 언어의 특정 내용보다는 언어의 패턴, 과정 및 형태에 있다. 즉, NLP는 명사화, 감각에 기초한 술부, 모호성, 내포된 명령 등과 같은 특정 단어의 분류를 명시화한다. 이러한 단어 분류들은 세상에 대한 우리의 경험과 지도에서 삭제, 왜곡 및 일반화되어 있는 부분을 반영한다. 특정 내용보다는 세상 인식에 보다 큰 영향을 미치는 것이 신념, 전제, 가정과 같은 높은 수준의 과정인데 앞서 언급한 종

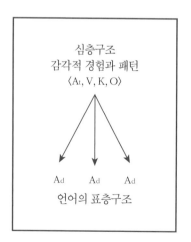

그림 1-3 언어적 '표층구조'는 감각적 경험들의 '심층구조'를 작동시키는 동시에 심층구조로부터 파생된다.

류의 언어 형태 패턴은 신념, 전제, 가정보다 높은 수준의 과정을 반영한다.

　NLP는 세상에 대한 모델을 형성하고 소통하는 핵심 요소로서 비언어적인 측면 또한 강조한다. 가령, 신체 구문론(제2장 참조)에서는 동작과 몸짓 등 비언어적 패턴이 내면의 경험과 표상을 어떻게 형성하고 반영하는지를 탐구한다.

『NLP Ⅰ』 이후 신경언어프로그래밍의 다섯 가지 주요 발전

인지 마인드에 대해 지금까지 논의한 내용을 요약해 보면 NLP는 인간의 마음을 주로 우리 신경계의 산물로 본다. 대뇌피질 및 다른 뇌 구조들로 구성된 반구체 안에서 그리고 신체, 특히 감각 표상체계에 관여하는 부분 전역에 뻗어 있는 신경구조들 안에서 복잡하게 상호작용하는 수많은 신경계를 통해 우리의 인지 마인드는 표현되고 표상화된다. NLP는 인간 경험과 지능의 근본적인 자원이 되는 언어 행태와 내적 프로그램의 다른 수준의 구조를 가지고 행동을 관찰한다. 이러한 프로그램은 서로 간에 그리고 행동적 · 언어적 표층구조와 함께 연결되는 정신적 심층구조를 통해 변형 경로를 만든다.

초기 NLP 기법의 대부분은 다음과 같은 표상체계, 하위양식, 접근단서와 언어 패턴의 차별화 작업에 거의 의존했다.

- 메타모델(및 정밀모델) 언어 패턴
- 지각적 전략의 도출 및 활용
- 시각적 스쿼시
- 스위시 패턴(The Swish Pattern)
- V-K 관조 기법
- 새로운 행동 생성자 전략
- 은유와 최면 언어 패턴의 '밀턴 모델'

이러한 기본 구조와 차별화를 시작으로 NLP는 시초 이후 수년 동안 수많은 기법과 적용 사례를 연구하고 개발했으며 너무 많아 이 책에서 모두 다루기에는 한계가 있다.

또한 지난 30년에 걸쳐 NLP에 등장한 중요한 새로운 모델과 탁월함은 이러한 기본 패턴에서 파생되었다. 이 장에서는 차세대 NLP의 가장 대표적이고 중요한 다섯 가지 새로운 발달에 대해 요약하고 검토하고자 한다. 그것은 다음과 같다.

- 시간 지각 및 시간선
- 지각적 입장
- 신경논리적 수준
- S.C.O.R.E. 모델
- 메타프로그램 패턴

시간 지각

시간 지각은 우리가 계획하고 문제를 해결하는 방식에 영향을 미치는 중요한 현실감각 요소다. 시간 지각은 우리가 대적해야 하는 제약에 접근하는 방식을 결정한다.

그러나 우리의 시간 지각은 대부분 지각적 구성개념이다. 우리의 신체는 항상 현재에 존재한다. 우리의 정신은 과거와 미래를 넘나들 수 있는 반면 우리의 몸은 항상 '지금 여기'에 머무르고 주로 현재 순간을 인식하는 경향이 있다. 가령, 우리는 현재 순간에 지속적으로 숨을 쉬어야 한다. 한 시간 전에 우리가 쉬었던 숨은 더 이상 우리의 생명을 유지시키지 못한다.

시간을 넘나드는 우리의 지각적 마인드의 능력은 지략 또는 고통의 근간일 수 있다. 이는 시간과 우리의 관계 그리고 그 관계를 인지하는 질에 따라 달라진다. NLP는 사람들이 주관적으로 시간을 표상하는 방식과 사건을 인지하고 의미를 부여하는 방식에 시간이 어떻게 영향을 미치는가에 관해 많은 연구를 실시했다(Andreas & Andreas, 1987; Bandler, 1988, 1993; Dilts, 1987, 1990; James & Woodsmall, 1987). 사람들이 과거와 미래를 표상하는 방법과 '시간'에 따라 사건을 나열하는 방법은 그들의 생각, 감정 및 계획에 큰 영향을 미칠 수 있다.

잠시 여러분이 '시간'을 어떻게 주관적으로 지각하고 있는지 살펴보자. ① 어제, ② 지난주, ③ 1년 전에 일어났던 일을 생각해 보자. 하루 전에 일어난 일과 1년 전에 일어난 일을 어떻게 인지하고 있는가? 여러 사건 사이에서 시간의 '거리'를 어떻게 나타낼 수 있는가?

이번에는 시계를 보고 몇 시인지 표시해 보자. 시계에서 시선을 돌렸다가 2시간 30분이 경과했을 때 다시 시계를 쳐다보라. 많은 시간이 흘렀다는 것을 어떻게 얘기할 수 있는가? 앞의 질문들에 나온 사건들 사이의 관계를 고려할 때와 다르게 경험하는가?

'지금'에 대해 생각해 보자. 그것이 '지금'인지 어떻게 아는가? '지금'이 얼마나 충분한가? '지금'에 대해 생각할 때 충분한가 혹은 부족한가? 시간에 대해 생각할 때 "과거"는 어느 방향이고 "미래"는 어느 방향인가? 예를 들어, 과거는 여러분의 뒤쪽이나 왼쪽 혹은 다른 방향인가?

다른 사람에게 이와 같은 질문을 해 보라. 그의 대답이 여러분의 대답과 어떻게 유사한지 혹은 어떻게 다른지 살펴보라. 여러분은 자신이 얼마나 많이 다른지 그 자체로 놀랄 것이다.

시간 지각을 구성하는 흔한 방법은 인과관계에 있는 과거, 현재, 미래를 표상하는 지점들로 구성된 시간**선**을 사용하는 것이다. 전자의 방법과 마찬가지로 중요한 두 번째 방법은 시간선에 나타난 여러 사건의 거리감, 장소 혹은 관계를 표상하는 **시간틀**(장기, 중기, 단기)이다.

시간선 개념의 근원

시간의 주관적인 양상에 대해 연구했던 초창기 사람들 중 하나는 아리스토텔레스였다. 그는 자신의 저서 『물리학(Physics)』에서 다소 유머러스하게 시간의 객관적 실재에 대한 질문을 던졌다.

다음의 고려사항들은 [시간]이 전혀 존재하지 않거나 겨우 존재하거나 혹은 불분명한 방식으로 존재한다는 데 대해 의문을 불러일으킬 수 있다. 시간의 한 부분은 지금껏 존재해 온 동시에 지금은 존재하지 않는 것이고 나머지 부분은 미래에 존재하겠지만 동시에 지금은 존재하지 않는 것이다. 그러나 무한한 시간과 여러분이 취하고 싶은 어떤 시간, 이 두 시간은 모두 위의 것들로 구성되어 있다. 이는 존재하지 않는 것들로 구성된 것이 현실에서 공유될 수 없다는 것을 자연스럽게 제시한다.

그러나 시간의 객관적 실존성에 대해 의문이 들 수는 있지만 시간을 중심으로 우리 삶과 인식을 구조화하고 있다는 사실은 여전히 남아 있다. 시간에 따라 사건을 구성하고 배치하는 방식은 인식된 결과에 많은 영향을 미칠 수 있다.

시간에 대한 우리의 주관적인 경험을 이해하기 위해 아리스토텔레스는 다음과 같이 주장했다.

> 우리는 '이전'과 '이후'로 시간을 표시하는 움직임이 나타날 때 비로소 시간을 감지하며, 시간이 경과했다고 말하는 것은 행동 안에서 '이전'과 '이후'를 지각했을 때에만 해당한다. 이제 우리는 A와 B가 다르고 제3의 어떤 것이 A와 B의 중간에 있다고 판단하는 방식으로 시간을 표시한다. 양 끝을 중간과는 다른 것이라고 생각하고 '현재'가 이전과 이후로 두 개라고 생각하는 경우에 시간이 존재한다고 말한다. ……'현재'에 구속되는 것으로 시간을 고려하며…… 시간은 '이전'과 '이후'와 관련된 많은 움직임이다. ……관련성은 시간의 길이를 연결하는 동시에 종료시키기도 하는 지점에 있다. 다시 말해, 그 지점은 어떤 시간의 길이의 시작이자 다른 시간의 끝이다.

현재 혹은 '지금'이 과거(A)의 '이후'이고 미래(B)의 '이전'처럼 사건을 수량화하기 위해 '지점'과 '길이'로 시간을 인식하는 것은 과학자들과 설계자들이 이전부터 계속해서 사용해 왔던 방법이다. 사실 '시간선'은 서양 사회에서 시간에 대해 인식하는 주된 방식이었다.

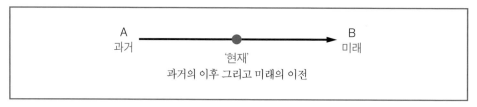

그림 1-4 아리스토텔레스의 관점에서 우리는 시간을 일직선상에서 움직이는 지점으로 지각한다.

'선형' 시간 개념 확장하기

아리스토텔레스는 시간을 지각하고 측정하는 선형적 방법이 유일한 방법이며 그가 '역학적 원인'이라고 부르는 것과 관련하여 주된 가치를 지니고 있다고 지속적으로 주장했다. 그는 생물학적이고 정신적인 현상에 대한 시간의 영향력을 다른 방식으로 고려했다.

흔히 인간사가 원(circle)을 형성한다고들 말한다. 존재하다가 사라지는 자연적 흐름을 갖는 모든 것에는 원이 있다고들 한다. 모든 다른 것들이 시간에 의해 구별되고 주기(cycle)를 형성하듯이 끝나고 시작되며, 심지어 시간 자체를 원으로 여기기 때문이다. ……그러므로 존재하는 것들이 원을 형성한다고 말하는 것은 시간의 원(a circle of time)이 있다고 말하는 것이고 원형의 움직임에 의해 측정된다고 말하는 것이다.

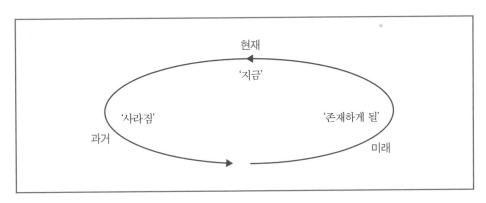

그림 1-5 '원형' 혹은 주기적 시간선

아리스토텔레스는 기계적 과정과 연관된 시간이 고전적인 '시간선'으로 표시될 수 있음을 제안했다. 그러나 '존재하다가 사라지는 자연스러운 움직임'과 관련된 더 유기적인 과정의 시간은 원과 '주기'의 형태로 가장 잘 나타낼 수 있다.

이와 같이 시간을 지각하는 다른 방식은 상황의 다른 양상과 다른 방식에 우리의 관심을 집중시키는 경향이 있다. 주기의 개념으로 시간을 보는 것은 우리 주변의 세상에서 일어나는 사건의 의미를 선형적으로 지각하는 것과는 다르게 인식하고 측정하게 할 것이다.

시간을 선형적이기보다는 주기적인 것으로 주로 인식하는 발리 사람들과 같은 문화도 존재한다. 그들에게 시간은 2일, 7일, 72일, 72년 등의 중첩되는 주기로 간다. 그들은 이러한 주기의 한 지점 혹은 여러 주기의 교차점을 기반으로 두고 사회적 상호관계, 의식, 문화 행사들을 결정하고 계획한다. 그로 인해 그들의 '현실'은 대부분의 서양인과는 매우 다르다.

서양에서는 시간을 선형적인 시간 개념으로 가정하고 순간, 초, 시, 주 등의 별개의 단위로 설명한다. 별개의 또는 선형적 방식으로 시간 현상을 인지하지 않는 문화에서 '시간'에 대한 경험은 '지금'과 '항상'이 동시에 발생하는 것으로 인식할 수 있다. '과거'와 '미래'는 현재로부터 점점 더 멀어지는 선상의 부분이 아니라 오히려 진행 중인 경험을 알려 주고 영향을 미치는 지식을 포함하는 시간틀이다.

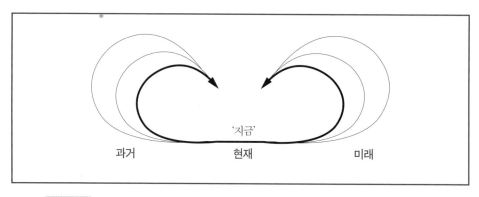

그림 1-6   '시간'을 선형적으로 지각하지 않는 문화에서는 '과거'와 '미래'가 진행 중인 경험을 알려 주고 영향을 미치는 지식의 틀이다.

윌리엄 제임스의 '구슬을 꿴 실'

1800년대 후반에 위대한 심리학자 윌리엄 제임스는 그의 기본서 『심리학의 원리(Principles of Psychology)』(1890, pp. 369-420)에서 시간 지각을 공격하였다. 제임스는 시간 지각을 그가 '의식의 흐름'이라고 명명한 우리의 알아차림과 연관시켰다.

그는 '의식의 구성'을 "감각과 이미지, 모든 별개의 것……과 같은 구슬을 꿴 실"에 비유하였다. 이런 관점에서 본다면 시간 지각은 구슬을 꿴 실 사이에서 의식의 위치 기능이 될 것이다. 제임스는 다음과 같이 덧붙였다.

> 어떤 것을 '과거'라고 생각하는 것은 이러한 질에 영향을 미치는 것으로 보이는 현재에서 그 가운데 혹은 그 방향으로 생각하는 것이다.

구슬을 꿴 실에 대한 비유에서 중요한 특징은 이 실을 조작할 수 있다는 점이다. 여러 구슬은 각각 말리거나 비틀어지면서 각자 다른 관계를 가질 수 있다. 이 실을 특정 방식으로 구부림으로써 '과거'의 구슬들을 '현재'의 구슬과 아주 가까운 위치에 둘 수 있다.

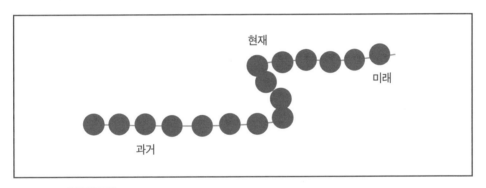

그림 1-7   윌리엄 제임스의 '구슬처럼' 감각을 꿴 실로서의 시간 지각 개념

제임스가 시간 지각의 주요 특징이 '방향'이라고 언급한 것도 그것이 우리 자신의 시간 지각과 연관된 사건들을 상기시킨다는 점에서 역시 중요하다. 제임스는 다음과 같이 설명했다. "시간 지각의 구성단위는 앞쪽의 끝과 뒤쪽의 끝처럼 뱃머리와 배 뒷부분까지다." 그렇다면 시간 지각은 인식의 흐름 위를 떠도는 배와 같다고 할 수 있다. '앞쪽을 향하는 끝'의 앞은 '미래'이다. '뒤쪽을 향한 끝'의 뒷자리에 있는 것이 과거다. 거리가 멀어지면서 무언가가 희미해지는 정도는 과거나 미래와 얼마

나 멀리 떨어져 있는지를 나타낸다. 제임스는 이것을 다음과 같이 묘사했다.

> 카메라 화면에 광활한 풍경을 투영시키는 것과 마찬가지로 현재 의식에 과거 대상을 투사하는 것이다.

'풍경'이나 '흐름'이라는 개념이 제시하는 것처럼 제임스가 아리스토텔레스의 시간 개념에 추가한 것은 시간 지각과 관련하여 스스로 이동하거나 입장을 변경하는 능력이다. 이런 식으로 시간은 단 하나의 의미만 지니는 것은 아니다. 오히려 시간 지각과 관련된 입장과 관점이 사건의 관계와 의미를 결정한다고 할 수 있다.

변화를 위한 도구로서의 시간선

시간 지각을 치료 목적으로 처음 사용한 것은 지그문트 프로이트로 거슬러 올라간다. 프로이트는 그의 정신분석 치료의 중요한 부분으로서 시간 지각을 변환시킬 수 있는 사람들의 능력을 통합시켰다. 사람들이 심리학적 징후를 경험하는 경우 종종 시간을 '역행'하면서 삶의 초기 경험을 상기시키는 것으로 보인다는 사실을 발견했다. 그러나 프로이트는 환자가 분석을 통한 관점 안에 이러한 과거 사건을 둘 수 있고 다른 삶의 사건과 '시간 관계'를 인식할 수 있다면 환자는 자신의 증상에 안도한다는 것을 알아차렸다.

명확히 말해서 '시간'에 대한 우리의 지각은 경험에 의미를 부여하는 방식에 영향을 미친다는 것이다. 우리 대부분은 특정 순간에 어떤 것이 매우 중요해 보이는 경험을 한 적이 있다. 그러나 좀 더 큰 시간틀의 측면에서 고려해 보면 "그때 왜 거기에 그렇게 빠져 있었을까?"라며 의문을 갖는다.

'내재시간'과 '통과시간'

NLP 모형에서 프로이트의 관찰은 어떤 것을 '내재시간' 혹은 '통과시간'이라고 인지하는지와 같이 시간 지각과 연관되어 갖게 될 수 있는 두 가지의 기본적인 관점과 관련이 있다. '내재시간'과 '통과시간'이라는 시간선 개념은 소위 '메타프로그램' 패턴이 출현했던 1979년 NLP에서 처음으로 개발되었다. '내재시간'에 발생한 사건을 지각하는 것은 자신의 눈, 귀, 몸을 통해 보고 듣고 느낌으로써 펼쳐진 사건과 관련된 유리한 지점을 차지하는 것이다. 이러한 지각적 입장에서 '현재'는 지금의 물리적 입장을 의미하고, '미래'는 자신의 앞으로까지 연장되어 있는 선으로 대변되며, 과거는 뒤쪽으로 연결되어 있다. 그러므로 미래를 향해 걸어가면서 과거는 뒤에 남겨지는 형태다. 그러나 방향을 바꿔 과거로 되돌아 걸어갈 수 있다. 어떤 사건으로 되돌아가거나 '역행'하기 위해 이런 식으로 '내재시간'에서 그 사건을 경험하게 된다.

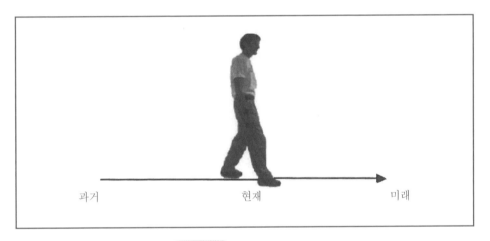

과거　　　　　현재　　　　　미래

그림 1-8　'내재시간' 시간선

　'통과시간'에서 사건을 지각할 때는 관찰되는 것이 무엇이든 그것과 떨어져서 일련의 사건 외부에 있는 중요한 지점에 위치한다. 이 관점에서는 시간선이 전형적인 것으로 간주되어 '과거'와 '미래'가 왼쪽과 오른쪽으로 뻗어 있는 상태가 된다. '현재'는 그 중간 어디쯤에 위치한다(아리스토텔레스의 선 분할 관점과 유사하다). 사건과 그에 수반되는 영향을 묘사하고 영향을 다른 경험과의 시간적 관계 내로 통합하기 위해 '통과시간'으로 그러한 사건과 영향을 지각할 필요가 있다.

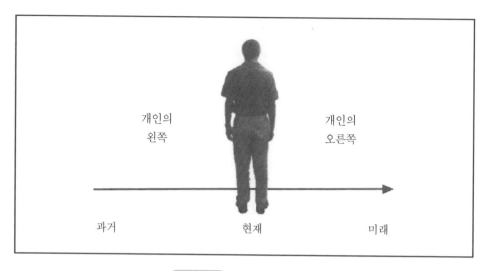

개인의
왼쪽

개인의
오른쪽

과거   현재   미래

그림 1-9 '통과시간' 시간선

(시각적으로 혹은 실질적인 물리적 공간의 사용을 통하여 표상될 수도 있는) 이러한 두 가지 관점은 동일한 사건에 대해 서로 다른 인식을 생성한다. '통과시간' 관점은 정량적 분석에는 효과적이지만 분리되어 있기 때문에 보다 수동적이다. '내재시간' 관점은 보다 능동적이면서도 분리되어 있지 않지만 '전체를 보는 시야 상실'의 위험이 좀 더 크다.

수많은 정신적이고 감정적인 증상은 좀 더 먼 '통과시간' 관찰자 관점을 가정하지 않고 과거 경험에 대한 '내재시간'으로 역행한 결과다. 그 결과 사람은 삶의 초기에 자신이 행동한 것처럼 현재에서 무의식적으로 반응한다. 예를 들어, 특정 상황에서 여러 사람 앞에서 연설하는 것을 극도로 두려워하는 사람은 어린 시절 학교 친구들이나 또래 앞에서 놀림을 받거나 창피를 당한 시간이 있었음을 발견할 수도 있다. 성인이 되어서도 유사한 상황에 처하게 되면 정신적으로는 의식하지 못하나 감정적으로는 느낄 수 있는 어린 시절의 상황으로 되돌아가 연상될 수 있다.

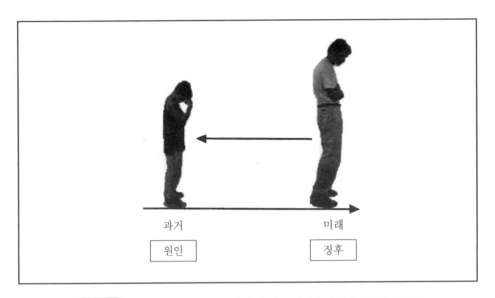

과거　　　　　　　　미래

원인　　　　　　　　징후

그림 1-10　현재의 징후는 종종 과거 사건으로 '내재시간'에 역행한 결과다.

종종 역행하거나 연상된 '내재시간' 관점을 좀 더 분리되고 광범위한 '통과시간' 관점으로 전환시킴으로써 그러한 느낌은 사라질 수 있다. 이렇게 하면 자신이 어떻게, 왜 그런 반응을 했는지 이해하게 되므로 이 상황이 더 이상 비이성적이고 끔찍하게 보이지 않게 된다. 이러한 새로운 관점은 개인의 반응 안에서 변화를 자동적으로 만들어 낼 수 있으며, 이것은 프로이트가 명명한 '개입수정'으로 이어진다.

수많은 NLP의 방법은 정신적 또는 신체적 시간선을 사용하면서 시간을 지각하는 두 가지 방법을 통합한다. 가령, 개인사 변환에서 감정적 증상은 일차적으로 '내재시간'에서 감지되어 원래 기인한 상황까지 연결된다. 그다음 사건에 대한 보다 광범위한 관점을 얻기 위해 그러한 경험을 '통과시간' 관점으로 본다. 마침내 사건의 새로운 관점을 만들고 사건의 감정적 결과를 바꾸면서 '내재시간'에서 본래 사건까지로 자원들을 다시 불러들인다.

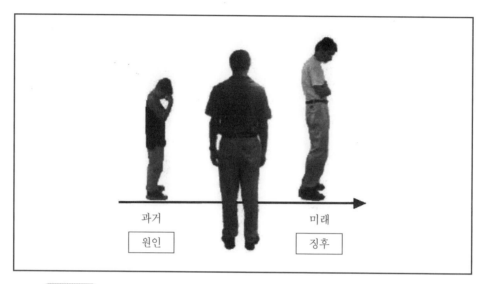

그림 1-11 '통과시간' 관점에서 과거와 현재의 경험을 '시간 관계'로 살펴보는 것은 사건의 감정적 영향을 변화시킨다.

시간틀

시간선이 일련의 사건들을 하나의 경로로 배열하는 것을 돕는다면, 시간틀은 사건이 우리에게 어떻게 영향을 줄 것인가를 좀 더 강력하게 결정한다. 시간틀은 배열보다는 거리와 보다 연관되어 있다. 가령, 먼 과거와 관련된 특정 업무나 관계를 지각하는 것은 현재 진행 중인 상황, 가까운 미래 혹은 먼 미래와 관련하여 지각하는 것과는 다른 의미와 관점을 부여한다.

특정 관계나 업무의 '상태'에 대한 한 개인의 평가는 평가 시 사용하는 시간틀에 따라 달라진다. 예를 들어, 회의나 실습에 10분이라는 시간틀을 설정하는 것은 회의에서 성취할 수 있는 것들에 상당한 영향을 미친다. 이것은 사람들이 어디에 집중할 것인지, 소통하기 위해서는 어떤 주제와 문제들이 적절한지와 그들이 발휘할 노력의 종류와 정도를 결정한다. 동일한 회의나 실습에 1시간이나 3시간의 시간틀을 설정한다면 이와는 또 다른 역동을 만들어 낼 것이다. 사람들은 시간틀이 짧을수록 과업에 집중하는 경향이 있고, 시간틀이 길수록 사람들은 관계를 발달시키는 데 중점을 둘 가능성을 열어 둔다. 만약 회의 시간이 15분으로 제한된 경우 그 회의는 개방적이고 탐구적인 브레인스토밍 시간보다는 업무 중심적인 시간으로 해석될 것이다.

모든 지각적 구분과 마찬가지로 시간틀은 이 틀과 관련된 패턴, 특히 언어적, 감각적, 신체적 패턴을 지니고 있다. 동사의 시제는 시간틀을 언어적으로 명확히 암호화하는 것이다. 예를 들면, **과거**와 관련된 시간틀은 '보았다' '느꼈다' '했다' '말했다' 등의 과거시제로 표현된다. 지각적으로 과거는 특별한 기억들로 구성되어 있으며, 생리학적으로 '우뇌' 처리(전형적으로 오른손잡이 사람에게 왼쪽으로 향하는 눈의 움직임과 동작으로 특징짓는)와 연관되어 있다. 기억은 일반적으로 특정 사건에 '연관'된 복합감각 표상들이다.

현재의 시간틀은 지각적으로 현재 진행 중인 감각적 경험에 고정되고 '나는 본다' '느낀다' '한다' 등의 현재시제 언어로 표현된다. 현재는 즉각적인 감각 경험과 관련된 경향이 있으며, 현재 시간틀과 관련된 생리학적 특징은 현재 진행 중인 환경 자극(계속되는 눈 맞춤, 환경 자극과 연관된 눈과 귀의 조정 등과 같은)에 적극적이고 반응적이다.

미래의 시간틀은 상상, 기대 및 환상에 대한 기능이다. 언어학적으로 미래 시간틀은 '볼 것이다' '할 것이다' '말할 것이다' 등의 미래시제로 표현된다. 생리학적으로 환상과 상상으로 구성된 미래 시나리오는 '좌뇌' 처리(전형적으로 오른손잡이 사람에게 오른손으로 향하는 눈의 움직임과 눈짓으로 특징짓는)와 연관되어 있다. 미래에 대한 정신적 구성은 현재나 과거와 관련된 표상과 비교했을 때 좀 더 빈번히 '분리된다'.

과거나 미래와 관련된 경험을 더 멀리 지각할수록 내적 표상과 수반되는 생리학적 측면도 더 분리된다. 또한 과거와 '결부시켜' 경험을 체험하거나 미래와 결부시켜 '마치' 지금 일어난 것처럼 행동하는 것도 가능하다. 이런 식으로 과거 혹은 미래를 모두 '현재'에서 경험할 수 있으며 그렇게 함으로써 생리학과 내적 표상들은 더 연합되고 풍부해질 것이다.

과거와 관련된 보다 긴 시간틀을 기억하는 것은 장기간의 행동 패턴을 확인하게 하며, 이는 결과적으로 현재에 보다 나은 예측된 행동을 만든다. 더 장기적인 미래에 대한 잠재적 결과를 계획하는 것은 현재에서 특정 행동을 만드는 결과를 계산하게 한다. 더 먼 거리로 과거와 미래를 보는 것이 가능할수록 보다 현명하고 보다 영리하게 행동할 수 있다.

　NLP는 시간 지각에 관한 수많은 주제를 관리하고 조정하기 위해 광범위한 기술을 개발했다. 다음의 연습은 1990년대 초에 장기적이고 즉각적인 시간 지각의 통합에 대한 개인적인 참조 경험(reference experience)을 생성하기 위한 수단으로 로버트 딜츠(Robert Dilts)와 테드 엡스타인(Todd Epstein)이 개발한 것이다.

연습: 시간틀 통합하기

1. 파트너와 함께 서로 팔이 닿을 수 있는 거리에서 얼굴을 쳐다보고 서 있거나 앉는다.
2. 서로의 얼굴을 바라보면서 지금 이 순간의 당신 자신을 경험한다(바로 지금 현재 작동하는 상태에서 당신이 무엇을 보고, 듣고, 느끼고, 맛보고, 냄새 맡는지를 완전하게 인지한다).
3. 당신 자신이 완전하게 현재를 경험할 수 있게 되면 오른손을 뻗어 당신 앞에 있는 사람의 오른손을 잡는다.
4. 손을 놓고 눈을 감은 다음 심호흡을 하고 돌아선다.
5. 파트너의 얼굴을 다시 쳐다보면서 바로 지금 순간부터 이 행동의 전후 상황까지 요일, 주, 달, 년의 시간틀에 이르기까지, 당신이 지금 속해 있는 인생의 수준까지, 당신의 전체 인생까지, 당신의 전체 인생보다 더 큰 시간틀까지, 당신의 과거와 미래까지 확장하여 영원의 순간까지 자신의 지각을 확장시킨다.
6. **영속**이나 불멸에 접근하는 시간의 감각을 경험할 수 있을 때 왼손을 뻗어 당신 앞에 있는 사람의 왼손을 잡는다.
7. 손을 놓고 눈을 감은 다음 심호흡을 하고 돌아선다.
8. 파트너의 얼굴을 다시 쳐다본다. 서로의 눈을 쳐다보면서 동시에 함께 호흡을

한 다음 양손을 뻗어 동시에 상대의 양손을 잡는다.

이 과정에서 손을 잡는 것은 앵커링의 한 형태로 사용된다. 장시간 및 즉각적 시간 인식에 대한 앵커(anchor)가 이루어지는 동시에 지각의 두 가지 방식을 통합적 방식으로 경험할 수 있는 신경학적 상태가 만들어지도록 작동된다. 이것은 종종 수많은 사람이 변화된 (최면 상태와 같은) 의식 상태와 '정신적' 경험의 수준으로 연합되는 심오한 상태를 만든다.

정신적 경험은 선형적 시간 측면에서는 거의 암호화되지 않는다. 사실 정신적 경험은 일반적으로 '지금'과 '영원'이라는 감각을 통합한 결과인 '무한함'의 감각을 갖는 것처럼 크게 변경된 시간 지각으로 특징짓는다. 로버트 딜츠와 로버트 맥도널드(Robert McDonald)는 이 과정을 하나의 도구로 변형시켜 왔다. 이 도구는 그들이 만든 **정신의 도구**(Tools of the Spirit) 프로그램에서 사람들이 정신적 인식 감각에 접근하도록 돕는다.

정신적 및 신체적 '시간선'은 치료, 사업 및 개인적 성장에서 가장 흔히 사용되는 NLP 도구 중 하나가 되었다. 시간 지각을 통한 작업은 개인사 변환(Change Personal History), 재각인(Reimprinting), 변형어원 탐색(Transderivational Search), 미래 보정(Future Pacing), 현재 상태에서 바라는 상태로의 경로를 정의하고 관리하기 위한 모든 방법과 전략적 계획 같은 NLP 과정의 핵심이다.

지각적 입장

 '참조색인' '메타 입장'과 그레고리 베이트슨(Gregory Bateson)의 '이중' '삼중' 묘사의 초기 NLP 개념의 연장선으로서 **지각적 입장**(perceptual positions)의 개념은 본래 존 그린더와 주디스 디로지어(Judith DeLozier)(1987)에 의해 형성되었다.

 '지각적 입장'은 본질적으로 사람들이 상황이나 관계를 지각하는 특정 관점이나 시야를 말한다. NLP New Coding은 특정 경험을 지각할 때 취하는 기본적인 세 가지 입장을 정의했다. **1차 입장**은 '1인칭' 관점에서 자신의 눈으로 상황을 경험하는 것이다. **2차 입장**은 '다른 사람의 입장'에 있다고 가정하고 상황을 경험하는 것이다. **3차 입장**은 뒤로 물러서서 '관찰자'의 관점에서 우리 자신과 타인 사이의 관계를 지각하는 것이다. 나중에 추가된 **4차 입장**은 전반적인 체계나 '관계장(relational field)'에 대한 감각(집합적 '우리'라는 감각)을 설명하는 용어로 다른 세 가지 입장을 종합한 것에서 파생되었다.

 다양한 지각적 입장의 기본은 관계 경험이 항상 의사소통의 순환 안에 한 명 이상의 개인을 포함한다는 사실에서 비롯된다. 의사소통의 순환과 그 순환 안에서 발생하는 사건의 변화를 이해하는 능력은 의사소통을 개선하고 생태학적 결과를 만들어 내는 강력한 도구다. 의사소통의 순환 안에서 참가자들이 동의하지 않을 때조차도 그들이 관계 안에서 상호작용하여 지각적 입장으로 바뀔 때 관계는 향상되고 미래 화합의 가능성이 생성된다. 어느 때건 의사소통의 순환 속에서 발생하는 최소 세 가지의 다른 지각적 입장이 있기 때문에 이러한 지각적 입장의 전환을 '3중 기술'이라고 일컬으며, 이 세 가지는 나/나 자신(1차 입장), 상대(2차 입장) 그리고 이 둘 사이의 상호작용의 목격자(3차 입장)다.

디로지어와 그린더의 공식에서 가장 유용한 양상 중 하나는 사람들이 각각의 입장에 들어가서 경험할 수 있고 특정한 언어 패턴, 생리학, 내적 표상(NLP의 세 가지 주요 작동자)과 연결될 수 있는 작동 과정을 제공한다는 점이다. 이러한 패턴은 다음의 묘사로 요약된다.

1차 입장은 당신의 물리적 공간에서 습관적인 자세로 서 있는 당신 자신을 의미한다. 1차 입장에 완전히 들어가서 당신의 감정, 관점, 생각을 언급할 때는 '내가' '나' '나 자신이'라는 단어를 사용할 것이다. 1차 입장에서 당신은 관점의 경험 안에서 당신을 둘러싸고 있고 당신 안에서 일어나는 모든 것을 보고, 듣고, 느끼고, 맛보고, 냄새 맡는 식으로 자신의 관점에서 의사소통하는 경험을 하게 된다. 만일 당신이 진정 1차 입장에 있다면 당신 자신을 보는 것이 아니라 당신 스스로가 되는 것이다. 당신 자신의 눈, 귀 등을 통해 세상을 바라보는 것이다. 당신의 몸과 세상의 지도가 완전하게 연결될 것이다.

2차 입장은 상호작용 안에서 상대방의 관점을 추정할 수 있는 상태다. (만일 한 명 이상의 상대가 상호작용 안에 존재하는 경우 다양한 '2차 입장'이 존재할 수 있다.) 당신이 마치 그 사람인 것처럼 상대의 지각적 입장으로 전환되어 그 사람의 자세와 세계관을 가지고 일시적으로 정보를 수집하는 입장이다. 당신은 의사소통의 순환이 그 사람의 관점에서 온 것처럼, 예를 들면 '그 사람의 신발로 1마일을 걷고' '책상 건너편에 앉은' 것처럼 보고, 듣고, 느끼고, 맛보고, 냄새를 맡는다. 2차 입장에서 당신은 상대방의 눈, 생각, 느낌, 신념 등을 통해 세상을 경험할 것이다. 이 입장에서 당신은 자신과 분리되고 상대방과 결합될 것이다. 당신의 '1차 입장'에 대해 '2인칭' 언어를 사용한 ('나' 혹은 '내가'의 반대인) '당신'으로 언급할 것이다. 상대의 입장을 일시적으로 취하는 것은 의사소통의 순환에서 당신 입장으로 있는 것이 어느 정도 실제적인지를 평가하는 멋진 방식이다. (상대방의 관점에서 보는 것을 멈췄을 때 완전하고 확실하게 당신의 의사소통에서 당신을 도와줄 정보를 가지고 당신 자신으로 되돌아가는 것을 확실히 하는 것이 중요하다.)

3차 입장 혹은 '관찰자' 입장은 당신이 상호작용 안의 참가자가 아니라 목격자로서 정보를 수집하기 위해 의사소통의 순환 밖에 당신을 잠시 두는 것이다. 당신의 입장은 대칭적이며 여유롭다. 이 입장에서 당신은 관심은 있지만 중립적인 관찰자의 입장으로 의사소통의 순환을 보고, 듣고, 느끼고, 맛보고, 냄새 맡을 것이다. (당신처럼 보이고 들리고 행동하는 사람을 포함하여) 당신이 관찰하는 사람에 대해 언급할 때는 '그녀' '그'와 같은 '3인칭' 화법을 사용할 것이다. 당신은 상호작용에서 분리될 것이며 '메타'* 입장의 형태에 존재하게 될 것이다. 이 입장은 의사소통의 순환 안에서 행동의 균형에 대한 가치 있는 정보를 당신에게 줄 것이다. 이러한 관점에서 수집된 정보는 2차 입장 안에서 수집한 정보를 가지고 당신의 1차 입장으로 되돌아가 이를 사용할 수 있게 하며, 의사소통의 순환 안에서 당신의 상태, 상호작용, 관계의 질을 개선하는 데 도움을 줄 수 있다.

4차 입장은 다른 세 가지 관점의 통합으로 '전체 체계가 존재하는' 감각을 생성한다. 이것은 집합체의 부분이 되는 경험을 만들고 체계나 관계 그 자체에 대한 규명에 관여한다. 4차 입장 안에서 당신은 특정 상호작용과 관련되어 있는 전체 체계 혹은 '장'과 연결되며 마음 안의 전체 체계에 가장 집중하는 상황을 경험하게 된다. 4차 입장은 '우리' 입장이며, '우리' '우리를' 등의 1인칭 복수형을 사용하는 특징이 있다. 4차 입장은 지혜와 생태학의 본질적 구성요소다.

지각적 입장의 초기 그룹(1차 입장: 자기 자신, 2차 입장: 상대, 3차 입장: 관찰자)에

---

* 로버트 딜츠와 테드 엡스타인(1990, 1991, 1995 & 1996)은 3차 입장, 메타 입장 및 관찰자 입장 사이에는 미묘하지만 중요한 차이가 있다고 제안했다. 그들은 '순수한' 3차 입장은 의사소통 순환 밖에서의 관점으로 이전 1차 입장 및 2차 입장에 연계성으로 수집한 신념과 가정에 대한 지식을 통합한다. 메타 입장은 자신의 1차 입장에 국한하여 수집된 신념과 가정에 대한 지식을 가지고 의사소통 순환 밖에 처한 관점이다. 관찰자 입장은 관찰자가 1차 및 2차 입장에 대한 신념과 가정을 고의로 유보하는 의사소통 순환 외부에서의 관점이다. (물론, 3차 입장도 역시 '분리되어 있는' 무감각한 관점과는 구분되어야 한다.)

는 4차 입장이 포함되어 있지 않음에도 4차 입장은 중요한 근간이 되는 역할을 한다. 이 입장은 효과적인 리더십, 팀 구축, 집단 정신의 발전에 필수적이다. 이 용어가 내포하는 것처럼 4차 입장은 다른 세 가지의 지각적 입장을 전제로 하며 아우른다. 4차 입장을 달성할 수 없는 사람들은 집단이나 공동체의 구성원으로서 자신을 경험하는 것이 어렵다고 느낀다.

　4차 입장에서의 경험은 집단이나 체계의 구성원 모두를 화합하고 연결하는 보다 심층적인 공통 요인과 특징을 찾는 것에서부터 시작한다. 이것은 '집단 마인드(group mind)'의 기본이다. 4차 입장의 관점에 도달하는 능력은 집단에 대한 관리를 보다 용이하게 하고 비전을 제시하는 리더십의 핵심이 된다. 유능한 리더는 자신이 영향을 미치는 전체 체계를 알아볼 수 있는 사람이다.

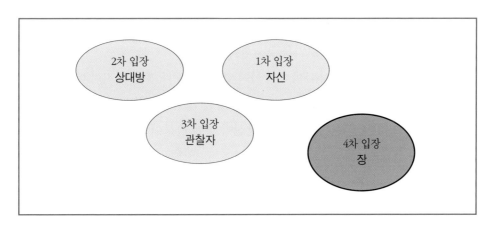

그림 1-12　상이한 지각적 입장들의 물리적 배치

기본적인 지각적 입장의 연습

1. 당신이 멘토나 롤모델이라고 생각하는 사람과 맺고 있는 관계에 대해 생각한다.

2. 그 사람이 바로 지금 여기에 있고 당신이 그를 쳐다보고 있다고 상상하면서

입장에 완전히 몰입한다. 1인칭 화법을 사용하여 그 사람과 그 사람에 대한 당신 자신의 개인적 느낌을 설명한다.

3. 이제 '그 사람의 입장'이 되어 2차 입장으로 이동한다. 이 순간 당신이 그 사람인 것처럼 그 사람의 관점, 신념 및 가정을 생각한다. 그 사람의 관점에서 2인칭 화법을 사용하여 1차 입장에 있는 당신에 대해 설명하고, 1차 입장의 당신을 언급할 때 2인칭 화법을 사용하여 그 사람에 대한 당신의 느낌을 묘사하라.

4. 이제 3차 입장으로 이동하여 당신과 그 사람이 서로 상호작용하는 영화를 보는 것처럼 당신 자신과 그 사람의 관계를 바라본다(3차 입장). 당신 자신과 그 사람의 관점, 신념, 가정 및 감정에 대해 경험한 것을 기억해 둔다. 이러한 관점에 대한 또 다른 응용은 ① 당신의 1차 입장 관점에서 갖는 신념과 가정에 대해 당신이 아는 것에만 집중하기 혹은 ② 마치 '영화' 속의 어느 누구도 전혀 알지 못하는 것처럼 보기를 포함한다.

5. 4차 입장으로 이동하여(나머지 세 가지 입장의 밖이나 혹은 그 사이 어딘가로) 마치 그 자체가 실체인 것처럼 이 관계의 장을 느낀다. 만일 당신 중 한 부분이 '수소'이고 다른 부분이 '산소'라면 당신이 함께 만들어 내는 '물'은 무엇인가?

이러한 각각의 지각적 입장이 관계에 대한 어떤 다른 느낌을 주는지 살펴보자.

'3중 기술' 연습하기

지각적 입장을 위해 보다 나은 감각을 개발하는 한 가지 방법은 '기질 형용사'를 연구하는 것이다. 그레고리 베이트슨은 관계의 기본적인 특성들을 암호화하는 단어로 기질 형용사를 정의하였다. 기질 형용사의 중요한 특징은 관계의 한 부분을 정의함으로써 해당 관계의 다른 부분을 필연적으로 암시한다는 점이다. 예를 들어, '피해를 입힌'이라는 형용사는 가해자를 암시한다. '방어적'이라는 형용사는 일종의 공격 행동이 존재함을 암시한다. 예를 들면, 함께 의사소통하기 어렵거나 최선의 것을 끌어내지 못하고 어떤 식으로든 가로막혔다는 느낌이 들어 창조적이거나 생산적이지 않은 상황을 떠올려 보자. 이제 당신이 영화관에 있다고 상상해 보자. 그들이 하는 방식대로 움직이는 화면 속의 사람을 보면서 그 사람의 행동을 묘사하는 단어를 기질 형용사와 기술 어구로 생각해 보자. 이 사람이 어떻게 행동하는가에 대한 일련의 정보가 주어진다면 이것이 그들을 묘사하는 당신의 방식이 된다. 당신은 그 사람을 '제멋대로' 혹은 '공격적'으로 묘사할 수 있다.

이제 심호흡을 하고 그 사람이 있는 화면 위에 있는 당신 자신을 본다. 이제 당신은 3차 입장에서 중립적 관찰자로 보고 듣는다. 당신이 행동하는 방식을 관찰한다. 당신의 행동을 묘사하기 위해 당신이 사용하는 단어는 무엇인가? 예를 들어, 상대방이 '제멋대로'라면 당신은 아마도 '내성적'일 것이다. 또 상대방이 '공격적'이라면 당신은 '방어적'으로 묘사될 것이다.

춤추는 당신의 모습을 보기 시작한다. 그들에 의해 춤추는 것은 어떠한 재미도 없고 당신 또한 그러할 것이다. 이것이 상호작용의 큰 조각에 이르는 체계에 대한 것이다. 그렇게 되면 당신은 한 발 물러서서 "오, 이제 내가 이 사람과 어떻게 춤추고 있는지 알았어요."라고 말할 수 있으며 춤을 바꾸기 위해 당신이 내린 선택이 무엇인지 깨닫게 된다. 이 입장에서 당신은 "내가 새로운 관점을 가지고 다시 관계로 들어갈 때 정보는 상호작용의 질에 어떤 차이를 만드는가?"라는 질문을 할 수 있다. 만약 체계의 한 부분이 움직인다면 전체 체계 또한 움직인다.

복합적인 지각적 입장 혹은 '3중 기술(triple description)'을 경험하는 또 다른 방식은 창의성에 있으며, 이것은 재미있고 흥미롭다. 삶에서 당신을 진정으로 감동시켰던 예술작품을 생각해 보자. 그것은 당신이 쳐다보고 그저 "오, 멋진데."라고 말할 수 있는 것이 아니다. 오히려 영혼 깊숙한 곳에서 느껴지는 하나의 예술작품이라고 할 수 있다. 이것은 보는 이의 지각적 입장에서 예술을 감상하는 입장에 있는 것이다. 또한 당신은 음악의 일부를 듣고 춤을 감상하는 데도 이렇게 할 수 있다.

이제 이 작품을 만든 예술가의 입장에 서 보자. 2차 입장으로 이동하는 것은 우리 안의 신경을 자극할 수 있는 방법이다. 당신이 이러한 지각적 입장을 취할 때 당신 안의 유사한 신경에 접근하기 위해 화가, 조각가, 작곡가에게 내포된 근육 움직

임을 사용하기 시작한다. 그것은 거기에 있지만 단지 오랜 시간 동안 당신 스스로
활성화시키지 못했을 뿐이다. 그다음 당신은 뒤로 물러서서 "예술작품을 감상하는
사람과 창조하는 사람의 차이는 무엇인가?"라고 질문할 수 있다. 각각의 두 입장에
있을 때 당신은 다른 신념을 가지고 있었는가? 예술가 입장과 감상자 입장에 있을
때 당신의 창의적 능력에 대해 다른 신념을 가졌는가?

3차 지각적 입장은 예술 그 자체가 되는 것일 수 있다. 대부분의 사람은 그들이
예술작품이 될 때 단지 '된다는 것'에 대한 깊은 감각을 갖게 된다고 보고했다.

지각적 입장은 일련의 다른 가능성의 전체를 촉발한다. 3중 기술에 대한 아이디
어는 이러한 다양한 관점의 춤 밖에서 지혜가 펼쳐지게 할 것이다. 나의 개인적인
지도에서 당신의 개인적인 지도에 대한 이해와 관계의 객관적 입장으로의 움직임
을 진정으로 고려하는 것은 우리에게 지혜의 토대를 준다. 이러한 각각의 입장으로
명확하고 빠르게 이동하는 능력은 강력한 도구가 될 수 있다.

지각적 입장을 취하는 메타지도화

메타지도화(Meta Mapping)의 목적은 문제적 상호작용을 만들어 내거나 유지하
는 의사소통 순환의 특성을 규명하고 바꾸고자 하는 사람에게 도움을 주는 것이다.
타인과의 의사소통에서 어려움을 경험할 때 우리는 종종 우리 자신의 관점에 사로
잡히게 된다. 메타지도는 그러한 관점을 인지하는 데서 시작되지만 우리에게 다른
관점에서 상호작용을 보는 기회를 제공한다. 더불어 상황에 영향을 미치는 '보이지
않는'(내부적이거나 물리적인 것이 아닌) 것을 규명하게 하며 우리로 하여금 우리의
어려움을 가중시킬지도 모르는 방식을 보고 수정하게 한다.

메타지도의 기본 단계는 다음과 같다. ① 어렵거나 도전적인 의사소통 상황을 구
분한다. ② 자기 자신과 상호작용 내의 다른 사람, 자신의 내부 관찰자 사이에서 일
어나는 역동을 지도화한다. ③ 다른 사람의 관점을 취하고 그의 관점에서 상황을
본다. ④ 문제에 기여할지도 모르는 상호작용 안의 심리적이고 신체적인 패턴을 검
토하면서 '메타 입장'을 수립한다. ⑤ 좀 더 편안하고 생성적인 상호작용을 만들 수

있는 의사소통, 태도, 가정 안에서 가능한 변화를 살펴본다.

또한 어려운 만남이나 상호작용을 살펴보고 대비하기 위한 유용한 전략을 제공하는 메타지도는 코칭이나 컨설팅 기술로도 사용될 수 있다. 메타지도의 여러 세분화된 단계들은 회사와 조직 내의 유능한 리더의 모델링에서 비롯되었다. 모델링 과정의 부분으로서 리더는 도전적이고 예측 불가능하며 상호작용의 상황에 처해 있다. 리더들은 그들이 도전적인 상황에 처할 때 심리적으로 어떻게 준비하는가에 대한 질문을 받는다. 그에 대한 공통된 대답은 다음과 같다.

> 저는 이 상황과 관련된 사람들에 대해 생각해 보고 그들이 취한 행동이 문제를 야기할 가능성에 대해 상상해 봅니다. 그런 다음 저는 제 자신을 보면서 내가 할 수 있는 것을 보고 그것이 편안하게 느껴지는지 아닌지를 보려고 노력합니다. 또한 상대방의 관점에서 상황을 보려고 애쓰며 그들의 행동 이면에 어떤 동기가 있는지 살펴봅니다. 그리고 저는 회사의 관점에서 모든 사람을 위해 이 상황을 다루기 위한 최선의 방법이 무엇인지를 보려고 합니다. 저는 '작업'을 마친 후 마지막으로 제가 있기 원하는 내면의 상태가 무엇인지 그리고 어떤 상태가 나를 좀 더 창조적이고 적절하게 반응하도록 돕는지에 대해 생각합니다. 제가 잘못된 상태에 있다면 어떤 일이 발생하든 제대로 반응할 수 없다는 것을 알게 되었습니다. 하지만 제가 올바른 상태에 있다면 준비하지 못한 상황이 발생할 때조차도 많은 영감을 얻을 수 있었습니다.

메타지도 연습

다음은 메타지도의 응용으로 유능한 리더의 전략을 기반으로 하며 도전적인 리더십 상황을 반영하고 계획할 수 있는 전략으로 활용될 수 있다.

1. 특정한 조력자가 포함되어 있고, 당신이 처해 있거나 그럴 것이라고 예상되는 도전적인 상황을 생각해 보자.
2. 당신의 조력자가 바로 지금 여기에 있고 당신의 눈을 통해 바라본다고 상상하

면서 당신을 1차 입장에 온전히 둔다.

3. 이제 조력자의 '입장'에서 그의 눈을 통해 당신을 본다고 상상해 보자. 마치 당신이 그 순간만큼은 그 사람인 것처럼 조력자의 관점, 신념, 가정을 추측해 보자.

4. 이제 당신은 조력자와 함께 나른 리더의 비디오를 보는 관찰자인 것처럼 당신과 조력자 사이의 관계를 바라본다. 그 사람들이 서로 주고받는 (의도적이든 의도적이지 않든) 메시지와 메타 메시지의 유형에 주목한다.

5. 마지막으로 전체 체계의 관점을 가지고 체계의 최대 관심 속에 있는 것이 무엇인지를 고려해 보자.

6. 이제 당신 자신의 1차 입장 관점으로 되돌아온다. 다른 지각적 입장을 취하는 것이 당신의 상호작용의 경험을 어떻게 바꾸는가를 살펴보자. 당신과 당신의 조력자 혹은 상황에 대해 새롭게 인식한 것은 무엇인가? 이러한 상황에서 가장 적절한 리더로서 당신이 취할 수 있는 행동과 자질은 무엇인가? 당신이 리더로서의 행동과 자질을 가장 잘 발휘하도록 돕는 내적 상태와 태도는 무엇인가?

지각적 입장이 발전된 이후 이러한 입장들은 수많은 NLP 기법의 주요 부분으로 통합되었다. 다양한 관점을 취할 수 있는 능력은 리더십, 교수, 치료, 지혜를 위한 필수 기술이다. 재각인, 메타 미러, 메타지도, 지각적 입장 배열(코니레 안드리아스의 핵심 전환 작업에서 발췌), 갈등 통합을 위한 다양한 NLP 기법의 사용, 중재 및 협상 등은 변화를 만들고, 원하는 결과를 성취하기 위한 주요 양식으로서 지각적 입장을 사용한다.

변화와
상호작용의 수준

지난 30년간 NLP의 또 다른 중요한 발전은 변화와 상호작용의 다른 수준에 대한 것이다. NLP에서의 **변화와 상호작용의 수준**에 대한 개념은 몇몇의 과정과 현상이 다른 과정과 현상 간의 **관계**와 상호작용에 의해 창조된다는 사실을 참조한다. 어떠한 활동의 체계는 다른 체계 안에 내재된 하위 체계이며, 이것은 또한 또 다른 체계 안에 내재되어 있다. 체계 간의 이러한 관계 유형은 과정의 다른 수준들을 만들어 낸다. 우리 뇌의 구조, 언어, 사회적 체계는 자연스러운 위계 구조나 과정의 수준을 형성한다. 예를 들어, 회사의 '수익성'은 회사가 사용하는 기계나 회사가 제공하는 서비스와는 다른 수준의 것이다. 수익성을 지배하는 규칙은 기계를 가동하거나 서비스를 제공하는 것과는 다르지만 이러한 모든 것이 함께 작동하여 사업이라는 단일 체계를 구성한다.

또 다른 예를 들자면, 아이디어는 그것을 생성하는 뇌 속의 뉴런과는 다른 수준의 것이다. 마찬가지로 아이디어를 표현할 때 사용하는 언어는 아이디어 자체와는 다른 과정의 수준에 해당한다. 아이디어가 어떻게 상호작용하는지를 지배하는 규칙은 뉴런이 어떻게 작동하는지 또는 아이디어를 표현하기 위해 단어를 어떻게 조합시키는가를 지배하는 규칙과는 다른 체계의 것이다. 그러나 이것은 모두 인간의 마음 체계의 주요 부분이며, 함께 모여 있지 않다면 존재하지 않는다.

신경논리적 수준으로 알려져 있는 변화와 상호작용의 수준에 대한 NLP 개념은 개인이나 집단의 행동과 상호작용에 영향을 미치는 과정의 수준 위계를 언급한다. 이것은 (내림차순으로) ① 정체성, ② 신념과 가치, ③ 능력, ④ 행동, ⑤ 환경을 포함한다. '정신적'으로 언급되는 여섯 번째 수준은 다양한 정체성을 포괄하는 일종의 '관계 장(relational field)'으로 정의할 수 있다. 관계 장은 개인의 정체성을 벗어나 보다 큰 체계의 구성원이 되는 감각을 형성한다.

그림 1-13 아이디어는 그것을 생성하는 뇌 속의 특정 뉴런과는 다른 수준의 것이다.

베이트슨의 논리적 형태와 학습 수준의 위계

신경논리적 수준의 NLP 모형은 그레고리 베이트슨의 논리적 형태와 학습 수준의 위계에서 영감을 받았다. 베이트슨은 학습, 변화, 의사소통 과정에서 정보와 지식 분류에 자연스러운 위계가 있다는 것을 지적했다. 위계 안의 각 수준의 기능은 하위 수준의 정보를 조직화하며, 위계의 한 수준에 있는 어떤 것을 변화시키는 규칙은 다른 수준의 것을 바꾸는 것과는 다르다. 보다 낮은 수준의 것을 변화시키는 것은 보다 높은 수준에 영향을 미칠 수 있지만 반드시 그렇게 되는 것은 아니다. 그러나 보다 높은 수준의 변화를 지지하기 위해 상위 수준의 어떤 것을 변화시키는 것은 보다 낮은 수준의 것에 필연적으로 영향을 미치게 된다.

'위계(hierarchy)'라는 개념은 본래 종교적 용어로서 14세기 영어로 거슬러 올라간다. 이 단어는 기본적으로 '천사의 영역'과 같은 '성스러운 것들의 서열이나 체계'를 의미한다. 후에 이 용어는 '각각은 바로 위의 상급자에게 종속되며 순위나 서열로 조직화된 성직자들의 지배 본체'를 설명하기 위해 사용되었다. 이 용어는 '강력한, 초자연적인, 신성한'의 의미를 가진 그리스어 *bieros*와 '시작'을 의미하는 *arcbe*에서 유래되었다. 이것은 성스럽거나 강력한 것의 원천 혹은 시작과 가깝다는 의미를 내포한다. 또한 인간의 '가치 서열'이나 기계의 '응답 체계'처럼 일련의 순위나 등급을 지칭하는 것으로 '계급'이라는 용어의 사용을 이끌었다. 여기에는 위계의 상위에 있는 요소가 '1순위'가 되거나 낮은 수준의 것보다 '더 중요한' 것이라는 의미가 내포되어 있다.

'위계'는 현대적으로 요소들의 임의적인 서열 매기기 그 이상의 의미를 갖고 사용되고 있다. 예를 들어, 과학과 수학에서는 '체계 안의 사람이나 사물의 서열화된 집단'으로 사용된다. 일반적으로 이러한 집단화는 나무 구조가 뒤집힌 것처럼 "가장 위에는 소수의 것 또는 하나가 있고 그 아래에는 서로 다른 몇 가지가 위치"한다. 컴퓨터 공학을 예로 들면, 디렉토리 위계와 같으며 여기에는 각각의 디렉토리는 파일이나 다른 디렉토리, 위계적 네트워크나 개체 지향 프로그래밍의 등급 위계를 포함할 것이다.

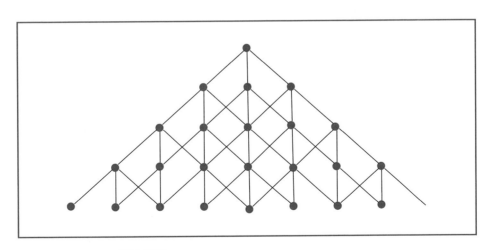

그림 1-14 위계구조는 때때로 '나무 구조'로 표시된다.

러셀의 논리적 형태

베이트슨은 의사소통과 학습 분류의 상이한 위계 구조 개념을 버트런드 러셀 (Bertrand Russell)이 그의 저서 『마음과 자연(Mind and Nature)』(1979)에서 '마인드'의 '가장 중요한' 기준이라고 언급한 논리적 형태의 수학 이론에서 도입하였다. 논리적 형태 이론에서는 집단은 그 자체의 구성원이 될 수 없다고 주장한다. 베이트슨은 다음과 같이 덧붙였다(*Steps to an Ecology of Mind*, p. 202).

> 우리의 접근은 버트런드 러셀이 논리적 형태 이론이라고 언급한 의사소통 이론의 일부에 기반을 둔다. 이 이론의 중심 논제는 집단과 구성원 간에는 불연속이 존재한 다는 점이다. 집단은 그 자체의 구성원이 될 수 없으며 구성원들 중 어떤 사람도 그 집단이 될 수 없다. 집단에 사용되는 용어는 구성원에게 사용되는 용어와는 다른 논 리적 형태인 다른 수준의 추상적 개념이기 때문이다.

예를 들어, 짝수의 구성원들로 구성된 **집단**은 그 자체로 **짝수**가 될 수는 없다. 이 와 마찬가지로 고양이들로 구성된 집단은 특정 고양이 한 마리가 아니다. 마찬가지 로 물리적 개체인 '고양이'는 고양이들로 구성된 집단과 동일한 것으로 취급할 수 없다. (고양이 집단은 우유와 고양이 모래를 필요로 하지 않지만 이 집단의 구성원들은 이 를 자주 필요로 한다.) 심지어 '모든 단어들로 구성된 집단'이라는 명칭도 단어들로 구성되어 있지만 분명히 말하자면 모든 단어로 구성된 집단은 아니다. 다시 말해서 논리적 형태라는 개념은 특정 '지도'와 그 지도가 관련된 '영토'를 구분한다. 즉, 정 신적 '형태'와 그것의 '내용'을 구분하는 것이다.

베이트슨이 '논리적 형태'라는 개념을 공식적으로 처음 도입한 것은 자신의 논문 「놀이와 환상 이론(A Theory of Play and Fantasy)」(1954)에서였다. 이 논문에서 베이 트슨은 '놀이'가 행동과 메시지의 상이한 **논리적 형태**를 구분하는 데 관여한다고 주 장했다. 베이트슨은 동물과 인간이 '놀이'를 할 때 종종 공격성, 성적 취향, (동물들 이 '싸우는 놀이'를 하고 아이들이 '의사' 놀이를 하는 것처럼) 삶의 좀 더 '진지한' 면과 관련된 동일한 행동을 보이는 경우가 많다고 언급했다. 그러나 동물과 인간은 대부

분의 경우 놀이 행동이라는 것이 다른 종류 또는 다른 분류의 행동이고 '실질적인
것이 아님'을 인지할 수 있다. 베이트슨에 따르면 행동의 분류를 구분한다는 것은
다른 종류의 메시지를 요구하는 것이다. 베이트슨은 이 메시지를 다른 메시지에 대
한 메시지인 '메타 메시지'라고 언급했으며, 이것은 특정한 의사소통의 내용과는 다
른 '논리적 형태'를 지닌다고 주장했다. 그는 (일반적으로 비언어적 의사소통으로 이루
어지는) 이러한 '보다 높은 수준'의 메시지가 사람이나 동물에게 있어 모두 효과적
으로 소통하고 상호작용하는 데 매우 중요하다고 믿었다.

　예를 들어, 동물들은 그들이 하려는 것이 실제가 아니라는 것을 나타내기 위해
꼬리를 흔들거나, 몸을 이완시키거나, 위아래로 점프하거나, 어떤 다른 행동을 함
으로써 '이것은 놀이'라는 메시지를 전달한다. 동물들이 무는 것도 놀이이지 실제로
무는 일은 아니다. 인간에 대한 연구 또한 동물과 매우 동일한 방식으로 놀이라는
것을 다른 사람에게 알려 주는 특별한 메시지를 사용하는 것으로 나타났다. 인간은
"이건 그냥 게임이야."라고 말하거나 웃거나 윙크하거나 쿡 찌르거나 다른 어조의
목소리를 사용하거나 의도를 보여 주기 위해 특이한 뭔가를 하는 식으로 사실상 언
어적 '메타 커뮤니케이션'을 한다.

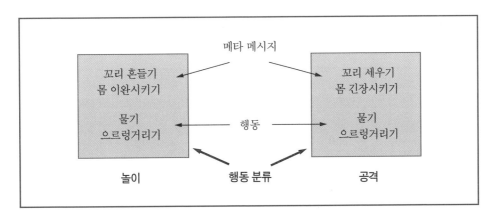

그림 1-15　동일한 행동(으르렁거리기)이 두 개의 다른 분류(놀이 혹은 공격)의 구성요소가 될
수 있다. 다른 행동들은 특정한 행동 표현이 어느 범주에 속하는지를 나타내는 메타 메시지로 역
할한다.

베이트슨은 많은 문제와 갈등이 이러한 메타 메시지를 혼동하거나 잘못 해석해서 나타나는 결과라고 주장했다. 문화적 배경이 다른 사람들이 서로의 의사소통에서 비언어적 미묘함을 해석할 때 경험하는 어려움이 좋은 예다.

사실 베이트슨은 논리적 형태의 개념을 심각한 심리적 문제와 정신적 질병의 몇 가지 증상을 설명할 때 적용했다. 그의 저서 『정신분열증의 역학(Epidemiology of Schizophrenia)』(1955)에서 베이트슨은 메타 메시지를 정확하게 인식하고 해석하는 능력이 없으며 행동에 대한 다른 분류나 논리적 형태를 구별하는 능력이 없는 것이 정신병이나 '미친' 행동으로 보이는 많은 사례의 근간이 된다고 주장했다. 베이트슨은 병원에 있는 약국을 찾아온 젊은 정신질환자를 사례로 들었다. 카운터에 있던 간호사가 "도와드릴까요?"라고 묻자 환자는 그 말이 치료인지, 성희롱인지, 잘못 찾아왔다는 경고인지, 진짜 물어보는 것인지 등 그 여부를 구분할 수 없었다.

베이트슨은 사람이 그런 구분을 할 수 없을 땐 상황에 부적절한 방식으로 빈번히 행동하게 된다고 주장했다. 그는 이 경우를 '지역코드'와 '지역 전화번호'만으로 '국가코드'를 구분할 수 없는 전화 교환 체계에 비유했다. 이로 인해 전화 교환 체계는 전화번호를 도시코드로 할당했다. 결과적으로 전화를 거는 사람은 종종 '잘못된 번호'로 걸게 되었다. 모든 번호(내용)가 정확한데도 불구하고 번호의 분류(형태)가 혼동되면 문제가 발생한다.

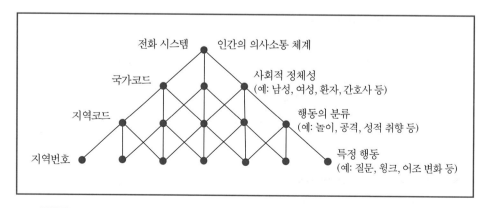

그림 1-16 베이트슨은 인간의 의사소통의 논리적 형태에 대한 위계를 전화 교환 체계의 상이한 번호 분류 체계에 비유했다.

코집스키의 추상적 개념의 위계

베이트슨의 논리적 형태의 분류체계는 다양한 '추상적 개념의 위계' 간 구분의 중요성을 강조했던 일반 의미론 창시자인 알프레드 코집스키(Alfred Korzybski)에 의해서도 일부 영향을 받았다. 여기에는 우리가 보는 것(우리의 내적 표상)과 외부 자극 그 자체 간의 차이 그리고 언어적 지도와 그것이 묘사하고자 하는 내적 표상 간의 차이를 포함한다. 내적 표상은 그것이 표상하는 외부의 실재보다 더 추상적이지만 더 포괄적이다. 마찬가지로 언어적 기술은 그것이 의미하는 내적 표상보다 더 추상적이며 잠재적으로 더 포괄적이다.

코집스키에 따르면 추상적 개념의 위계 구분은 ① 경험에 대한 설명, ② 추론(우리의 경험과 경험에 대한 묘사에서 도출된 결론) 간의 구별을 포함하고 설명에 대한 설명, 다른 추론에 근거한 추론, 감정에 대한 감정(다른 느낌에 대한 느낌)의 구별을 포함하며 한 사람의 추상적 개념과 또 다른 사람의 추상적 개념의 구별 등을 포함한다.

베이트슨은 동물과 인간의 배움과 변화에 대한 여러 상이한 수준을 규명하기 위해 '추상적 개념의 위계' 개념을 위계 분류와 결합시켰고, 각각의 수준은 하위 수준을 종합하고 통합하여 결과적으로 개인에게 보다 큰 영향을 미친다. 그는 『학습과 의사소통의 논리적 범주(The Logical Categories of Learning and Communication)』(1964)에서 의사소통뿐 아니라 학습의 여러 다른 유형과 현상을 설명하기 위해 논리적 형태 개념을 확장시켰다. 그는 모든 변화 과정에서 고려해야 하는 학습의 기본적인 유형과 수준을 정의했다. '1차 학습'은 자극 반응 유형의 조건화이며, '2차 학습' 또는 이중학습은 자극이 발생하는 더 큰 맥락을 인지함으로써 의미를 정확하게 해석하기 위한 배움이다. 2차 학습 현상의 가장 기본적인 예는 학습이 설정되거나 실험실의 동물들이 동일한 행동 분류로 나뉘는 새로운 과업을 학습하는 데 점점 더 빨라지는 것처럼 동물이 '시험에 능통'해질 때다. 이것은 분리된 단일 행동보다 행동의 **분류**를 학습하게 한다.

회피 조건화에 훈련된 동물들은 점점 더 빠르게 여러 종류의 회피 행동을 학습할 수 있다. 그러나 이 동물은 '반응적으로' 조건화된 행동(예: 종소리에 침을 흘리는)

을 배우는 데에는 그러한 행동 분류에서 조건화된 동물보다 더 느릴 것이다. 다시 말해, 이들은 전기 충격이 있을지도 모르는 물체를 구분하고 다가가지 않는 방법은 빠르게 학습하지만 종소리에 침을 흘리는 것을 학습하는 속도는 느릴 것이다. 반면, 파블로프(Pavlov)의 조건화에 길든 동물은 새로운 소리와 색에 침을 흘리는 것은 빠르게 학습하지만 전기가 통하는 사물을 피하는 것을 학습하는 속도는 느릴 것이다.

베이트슨은 조건화 절차의 패턴이나 규칙을 학습하는 이러한 능력은 학습의 상이한 '논리적 형태'이며, 이것은 특히 분리된 행동을 학습하는 데 사용된 동일한 단순 자극-반응-강화 순서에 의거하여 기능하는 것은 아니라고 지적했다. 그것은 상이한 '추상적 개념의 위계'였다. 베이트슨은 쥐에 대한 '탐색' 강화(배우기 위한 학습의 의미)가 특정 물체를 '시험'하는 것에 대한 강화(탐색의 학습 내용)와는 다른 성격이라고 주지한 바 있다. 그는 다음과 같이 보고했다(*Steps to an Ecology of Mind*, p. 282).

> ……쥐가 특정 낯선 사물을 살펴볼 때 당신은 쥐를 (정적 또는 부적으로) 강화할 수 있으며, 쥐는 적절히 물체에 다가가거나 피하는 법을 배울 것이다. 그러나 탐구의 진정한 목적은 어떤 사물에 접근하거나 회피해야 하는지에 대한 정보를 얻는 것이다. 그러므로 주어진 물체가 위험하다는 것을 아는 것은 정보를 확보하는 데 성공한 것이다. 이렇게 성공을 거둔 쥐는 이후 다른 낯선 사물을 탐색하는 것에도 주저하지 않는다.

낯선 사물을 탐구하는 종합적인 목적은 이 사물이 위험한지 아닌지 여부를 알기 위한 것이다. 그러므로 쥐가 어떤 특정 사물에 접근하여 벌을 받는다고 해서 다른 안전한 것을 찾지 않는 것은 아니다.

어떤 대상이 위험한지 안전한지를 파악하고 회피하거나 접근하기 위해 이 대상을 '탐색'하는 것은 추상적 개념의 다른 수준이며 안전하지 않은 것으로 파악된 물체를 회피하는 것과는 다른 위계의 학습 분류다. 탐색하고 식별하는 방법을 학습하고 창조하는 능력은 이러한 능력을 구성하는 특정한 행동보다 높은 학습 수준이며 변화의 역동과 규칙은 이러한 높은 수준에서 차이가 있다.

또 다른 예로 우리가 학습한 것을 일반화하는 능력은 1차 학습과는 다른 방식으로 기능한다. 글 쓰는 것을 배운 경험을 생각해 보자. 종이에 각 문자의 모양을 그려 넣을 때 필요한 특정 손가락, 손, 팔의 움직임을 부지런히 익히기 위해 대부분의 사람은 양손 중 한 손을 사용하여 쓰는 것을 배웠다. 그러나 완전히 익히고 나면 이러한 기본 패턴은 신체의 다른 부분과 다른 환경적 맥락으로 보다 빠르게 변환될 수 있다. 예를 들어, 우리 각자는 모래사장 위에 엄지발가락으로 'A'로 인식될 수 있는 문자를 그릴 수 있다. 심지어 팔꿈치를 이용해서 벽에 똑같은 문자의 형태를 남길 수 있으며, 입에 연필을 물고 캔버스 위에 이 문자의 복사판을 잘 알아볼 수 있을 정도로 쓸 수 있다.

인상적인 것은 우리가 발, 발가락, 팔꿈치, 목을 움직일 때 사용하는 뼈와 근육의 특정 세트와 관계는 우리의 손과 손가락과는 상당한 차이가 있지만 우리는 신체의 한 부분을 사용하여 우리가 배운 것을 다양한 것으로 전환시킬 수 있다는 점이다. 이것이야말로 자극-반응 조건화와는 완전히 다른 수준의 학습이다.

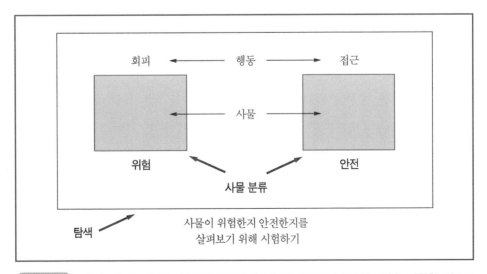

그림 1-17　베이트슨에 따르면, 사물이 안전한지 아닌지 여부를 탐색하는 것은 위험한 것으로 파악된 사물을 피하는 것이나 안전한 것으로 파악된 사물에 접근하는 것과는 다른 학습 수준이다.

학습 수준

베이트슨은 논리적 형태 이론과 상이한 추상적 위계 개념을 적용하여(*Steps to an Ecology of Mind*, p. 293) 학습의 여러 수준을 정의하였다. 각각은 그것이 작동하는 더 낮은 학습 수준 안에서 수정하는, 변화와 개선을 만들어 낸다.

- **0차 학습**(zero learning): 옳든 그르든 수정 사항에 해당되지 않는 반응의 특이성이 특징이다(예: 특정 환경에서 특정 행동을 하는 것-RD).
- **1차 학습**: 일련의 대안 내에서 선택의 오류를 수정함으로써 반응의 특이성을 바꾸는 것이다.
- **2차 학습**: 1차 학습의 과정에 대한 변화다. 예를 들어, 선택이 이루어지는 일련의 대안을 수정하는 변화 또는 순서가 끊어지는 방식을 바꾸는 것이다.
- **3차 학습**: 2차 학습 과정의 변화다. 예를 들어, 선택이 이루어지는 일련의 대안들의 체계를 수정하는 것이다.

앞에서 설명한 베이트슨의 전화 체계 비유를 사용하면 **0차 학습**은 올바른 사람에게 전화가 성공적으로 걸리는지 아닌지와는 관계없이 항상 동일한 번호로 전화를 거는 자동다이얼과 같다. **1차 학습**은 지역번호를 수정하는 변화라고 볼 수 있다(특정 행동의 표현을 전환하는 것). **2차 학습**은 지역코드를 수정하는 변화다('안전'하고 '놀 만한' 것에서 '위험'하고 '보호해야' 하는 것으로 대상이나 행동의 분류를 바꾸는 것). **3차 학습**은 국가코드(보다 큰 분류 체계)를 수정하는 변화다.

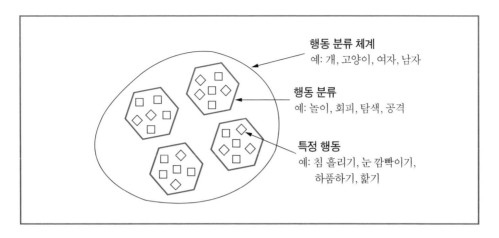

행동 분류 체계
예: 개, 고양이, 여자, 남자

행동 분류
예: 놀이, 회피, 탐색, 공격

특정 행동
예: 침 흘리기, 눈 깜빡이기,
하품하기, 핥기

그림 1-18 상이한 학습 수준은 상이한 행동 분류의 변화와 관련이 있다.

또한 베이트슨은 이러한 세 가지 학습 수준을 넘어 종의 개별적인 구성원은 불가능하지만 집단이나 종 전체가 집단적으로 행동할 때는 가능하다고 믿는 학습 수준인 **4차 학습**의 가능성을 암시했다. 4차 학습은 현재의 행동 분류의 체계에는 적합하지 않은 완전히 새로운 행동 수립을 포함한다. 이 4차 학습은 완전히 새로운 원형이나 행동 체계를 만들어 내는 것과 관련된 실로 혁신적인 학습 유형이 될 것이다.

우리 조상들이 두 발로 서서 처음으로 말을 했을 때 기존의 대안 중에서 선택한 것도 아니었고 이미 존재하는 다른 종이나 생물체를 모델링한 것도 아니었다. 그들은 지구상에서 우리 역할에 변혁을 일으킨 완전히 새로운 것으로 시작했다.

어떻게 이러한 다른 수준이 작동하는가에 대한 예로써 파블로프와 개의 상황을 고려해 보자. 파블로프는 개에게 먹이를 줄 때 반복적으로 종을 울려 종소리에 개가 침을 흘리도록 조건화할 수 있음을 발견했다. 개는 먹이와 종소리를 연관시키는 방법을 학습했다. 곧 파블로프가 해야 하는 일은 종을 울리는 것이 되었고 먹이가 없을 때조차도 개들은 종소리에 자극을 받아 침을 흘리기 시작했다.

베이트슨의 학습 수준 모델에 의하면 먹이가 주어질 때 침을 흘린 개의 첫 행동은 **0차 학습**의 예다. 이것은 사전에 프로그램화된 본능적인 반응으로 유전적으로 물려받은 것이며, 이것이 사라지는 것은 불가능하진 않지만 어려운 일이다.

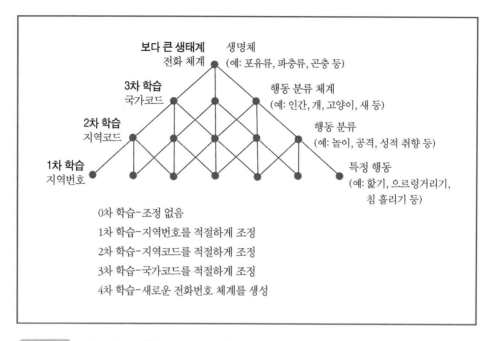

보다 큰 생태계
전화 체계

생명체
(예: 포유류, 파충류, 곤충 등)

3차 학습
국가코드

행동 분류 체계
(예: 인간, 개, 고양이, 새 등)

2차 학습
지역코드

행동 분류
(예: 놀이, 공격, 성적 취향 등)

1차 학습
지역번호

특정 행동
(예: 핥기, 으르렁거리기,
침 흘리기 등)

0차 학습-조정 없음
1차 학습-지역번호를 적절하게 조정
2차 학습-지역코드를 적절하게 조정
3차 학습-국가코드를 적절하게 조정
4차 학습-새로운 전화번호 체계를 생성

그림 1-19   베이트슨의 학습 수준들에 대한 비유는 원하는 사람에게 성공적으로 전화를 걸기 위해 전화번호의 여러 다른 부분을 조정한다는 것이다.

음식을 보고 냄새를 맡아 침을 흘리는 반응을 종소리로 연장하는 것을 배우는 것은 **1차 학습**의 예다. 반복과 강화를 통해 개는 (하품하기, 핥기, 눈 깜박이기 등의 다른 반응과는 대조적으로) 침 흘리기라는 특정 반응을 특정 소리의 자극과 연관시키는 방법을 학습한다.

2차 학습은 "선택이 이루어지는 **일련의** 대안들 내에서의 변화"와 관련되어 있다. 개가 종소리에 침 흘리는 것을 학습하고 나서 종소리가 들릴 때 (단순히 침의 양이 늘거나 줄어드는 문제가 아니라) 완전히 다른 것(짖거나 도망가는 것과 같은)으로 반응을 바꾸는 것을 의미한다. 침을 흘리는 것은 일련의 '먹는' 행동의 일부다. 다른 대안으로는 '놀기' '회피' '탐색' '공격' 등이 있다. 이 수준에서 전환을 만드는 것은 분명 1차 학습보다 훨씬 더 복잡한 것이다.

3차 학습에서는 심지어 더 큰 변화가 나타난다. 베이트슨은 이를 "선택이 이루어지는 일련의 대안 체계 안에서의 변화"라고 말했다. 예를 들어, 개는 일련의 대안 중 하나의 '체계'다. 다른 동물들(고양이, 새, 인간, 늑대 등)은 다른 체계를 구성한다. 3차 학습을 성취하기 위해 파블로프의 개는 종이 울리면 '개와 같은' 행동에서 갑자기 '고양이 같은' 행동(야옹 하고 울기, 나무 오르기 등)으로 전환해야 한다. 이것은 분명 매우 어려운 것이며 베이트슨은 (개, 고양이, 새와 같은 다른 동물을 흉내 내는 것이 인간 아이들에게는 자연스럽고 일반적인 놀이지만) 이 과정이 대부분의 성인에게는 실질적으로 불가능하다고 지적했다.

4차 학습은 새로운 종의 발달 혹은 기존의 종 안에서의 유의미한 진화(날개가 커지거나 뇌가 크게 진화하는 것처럼)와 관련이 있다. 이러한 변화는 완전히 새롭고 전례 없는 행동을 갑자기 가능하게 한다.

그러므로 베이트슨의 기본 틀에서 단순히 기계적인 반응은 '0차 학습'의 사례라고 할 수 있다. **0차 학습** 과정에는 변하지 않고 고정된 것으로 보이는 습관이나 중독, 다른 패턴들도 포함될 수 있다. 0차 학습은 수많은 사람과 조직에서의 일에 대한 공통적인 상태다. 우리 행동의 대부분은 무의식과 각인된 습관에서 비롯되므로 세상에 맞춰 변화시키기 위해 적응하고 조정하는 것은 쉽지 않다. 이것은 종종 정체, 저항, 현실 안주, 비효율로 이어진다.

행동 조건화, 정신운동성 학습, 프로세스 리엔지니어링, 점진적 품질 개선은 사람과 조직 내의 특정 행동과 관련된 '수정 변화' 작용이라고 할 수 있으며 이것이 **1차 학습**이다. 1차 학습은 본질적으로 이미 수립되어 있는 행동 절차와 패턴을 업데이트하고 개선하는 행동 유연성에 관한 것이다. 1차 학습은 사람들의 행동, 내적 경험, 사고 과정에 대한 인지라고 할 수 있는 '메타 인지'를 보다 잘 발달시킬 수 있게 하는 데 최적화되어 있다. 이것은 기본적인 코칭과 대조 분석과 같은 기술을 가르치고 피드백을 제공하는 식으로 이루어진다.

정책, 가치 및 우선순위와 같이 보다 높은 수준의 과정을 변화시키는 것은 전체적인 일련의 대안들을 다루는 작동과 관련되어 있으며 이것이 **2차 학습**이다. 예를 들면, 한 회사가 '제품 중심'에서 좀 더 '서비스 중심'으로 바꾸기로 결정했다면 절차와 행동의 전 부분에 걸친 대규모의 변화가 요구될 것이며, 이는 다른 회사에서 본뜬 새로운 일련의 행동과 절차의 수립을 암시하는 것일 수도 있다.

2차 학습 수준에서의 변화에 대한 또 다른 예는 탐색 행동에서 회피로, 또는 공격성에서 탐험이나 놀이로 갑자기 전환되는 것이다. 이러한 즉각적이고도 극적인 전환이 일어나려면 신념과 가치관의 변화가 필요하다. 예를 들어, 어떤 상황이 '위험'하다고 믿는다면 '놀이'의 행동보다는 '회피'의 행동을 선택할 가능성이 높다. 반면, 상황이 '안전'하다고 믿는다면 '싸움'이나 '도주'의 범주 안에서 행동하는 것을 선택하지는 않을 것이다.

2001년 9월 11일의 항공기 납치사건 이후 항공기 여행을 선택하는 사람들의 수가 급격히 줄어든 것이 이를 잘 설명하는 예다. 그것은 비싼 항공료나 형편없는 서비스로 인한 점진적인 변화가 아니었다. (만약 그렇다면 1차 학습의 사례가 되었을 것이다.) 오히려 비행기를 타는 것이 더 이상 '안전'하지 않다는 신념이 가져온 즉각적이고 강력한 변화였다. 2차 학습의 영향력은 분명 1차 학습보다 훨씬 즉각적이고 광범위하다.

인간에게 있어 2차 학습의 전환은 자신으로부터 분리하여 맥락 안에서 자신의 행동을 생각하고 다른 '일련의 대안들'과 비교하여 생각하는 '메타 포지션'을 취하는 능력에 의해 지원된다. 이것이 멘토링의 주된 목표 중 하나다.

'각인'과 성격 발달은 대안 행동들의 전체적인 '체계'에서 변화를 이루는 것과 좀 더 관련이 있으며 이것이 **3차 학습**이다. 이러한 '체계'를 전환하는 것은 본질적으로 정체성 수준에서의 변화를 수반한다. 그것은 우리의 현재 역할 외의 가능성이나 '일련'의 대안들의 범주 밖에 있는 가능성들을 포함하기 위해 행동 범위를 확장하는 것을 포함한다. 예를 들어, 인터넷과 '신경제(new economy)'는 많은 기업이 익숙한 방법이나 편안한 것을 넘어서 완전히 새로운 경영과 마케팅 접근방식을 펼치게끔 했다.

다른 사람들을 모델링하고 벤치마킹하며 '2차 입장'을 취하는 것은 3차 학습의 과정을 지원하는 방법들이다. 그것은 현재의 자아감과 정체감의 한계점 및 임계점을 뛰어넘을 수 있게 한다. 베이트슨은 "사람이 3차 학습을 성취하는 정도에서…… 그 사람 '자체'는 무관할 것이다."라고 언급했다. 베이트슨은 3차 학습 단계에서의 변화가 상당히 어려우며 "일부 사람과 포유류에게 이 단계의 실행을 요구하는 것은 때때로 병리적"이라고 단언했다.

　천재의 행동은 우리 주변의 세계를 이해하고 상호작용하는 방식에 혁신을 이끄는 (전례 없이 새롭고 변형적인) **4차 학습**의 특성을 가지고 있다. 실리콘밸리의 기술 사업가들의 세계에서 사람들은 종종 '진화적' 기술과 '혁신적' 기술을 구분 짓는다. 진화적 기술은 이미 존재하는 것을 현저히 개선시키고 그 기능이나 특성을 일부 중요한 방식으로 확장하거나 다른 기술에 접목시키는 것이다. 혁신적 기술은 새로운 산업을 창조하거나 변화시키고 사람들이 일하는 방식이나 소통하는 방식을 변형시키는 것이다. 인쇄기, 자동차, 비행기, 라디오, 텔레비전, 개인용 컴퓨터, 인터넷과 같은 것들이 혁신적 기술로 간주된다.

　베이트슨이 제시한 것처럼 4차 학습을 구성하는 통찰력과 깨달음은 개인을 넘어 우리 주변의 더 큰 체계 혹은 베이트슨이 '더 큰 마음' 혹은 '연결시키는 패턴'이라고 언급한 '장'에 어떤 영감이나 계시의 형태로 나타날 가능성이 크다.

　4차 학습에 접근하는 것은 우리의 무의식적 마음과 강력히 연결되어야 하며, 어떤 판단이나 해석 없이 모든 가능성을 열어 두고 중심 잡는 것을 포함하는 '알지 못함' '의식의 각성(uptime)' '적극적 꿈꾸기(active dreaming)'의 상태에서 파생된다. 이 특별한 상태는 우리 주변의 더 큰 '장' 혹은 '마음'에 존재하는 가능성을 무의식적으로 활용할 수 있는 경험을 제공한다(3장 장 마인드 참조).

　우리는 베이트슨의 학습 단계를 다음과 같이 요약할 수 있다.

- **0차 학습**은 **변화가 없다**. 그것은 개인, 그룹 또는 조직이 틀에 박힌 것처럼 또는 '상자 안에 갇힌' 반복된 행동을 하는 것이다. 예를 들면, 습관 저항성, 무력함이다.

- **1차 학습**은 단계적이고 **점진적인 변화**다. 이것은 행동의 유연성과 스트레칭을 통해 수정하고 적응하는 것을 포함한다. 이러한 수정이 개인, 그룹 또는 조직의 능력을 확장시키는 데는 도움이 될 수도 있지만 그들은 여전히 '상자 안'에 있다. 예를 들면, 새로운 절차와 능력을 수립하고 다듬는 것이다.

- **2차 학습**은 급진적이고 **불연속적인 변화**다. 이것은 완전히 다른 범주나 행동의

분류에 대한 반응의 즉각적인 변화를 포함한다. 이는 근본적으로 한 유형의 '상자'에서 다른 상자로 바꾸는 것이다. 예를 들면, 정책, 가치관 혹은 우선순위를 변경하는 것이다.

- **3차 학습**은 **진화적 변화**다. 이것은 개인, 그룹 또는 조직의 현재 정체성의 경계를 뛰어넘어 핵심적인 변화를 하는 것이 특징이다. 그들은 '상자' 밖에 있을 뿐만 아니라 '건물' 밖에 있다고 할 수 있다. 예를 들면, 역할, 브랜드 또는 징체성의 전환이다.

- **4차 학습**은 **혁신적 변화**다. 이것은 어떤 것을 완전히 새롭고, 독창적이며, 변형적인 것으로 각성시키는 것을 의미한다. 4차 학습의 단계에서는 개인, 그룹 또는 조직이 상자와 건물 밖에 있고 새로운 세계에 있다. 예를 들면, 이전에 알려지지 않은 미지의 가능성에 대해 문을 여는 완전히 새로운 대응이나 기술 또는 능력을 말한다.

컴퓨터에 비유하자면 컴퓨터에 저장되어 있는 데이터는 0차 학습과 같다. 이것은 그대로 그 자리에서 변경되지 않으며 컴퓨터에서 무슨 프로그램이 실행되든 계속해서 반복적으로 사용된다. 그 데이터에 대한 맞춤법 검사 프로그램을 실행하는 것은 1차 학습과 같다. 맞춤법 검사 프로그램이 특정 데이터 집합을 수정한다.

그러나 만일 검사해야 하는 데이터가 문자가 아니라 숫자와 재무 수치를 업데이트 하는 것이라면 아무리 맞춤법 검사 프로그램을 실행시켜도 적절한 교정을 할 수 없을 것이다. 대신 사용자는 스프레드시트나 일종의 회계 소프트웨어로 전환해야 한다. 하나의 프로그램의 '상자 밖'으로 나와 다른 것으로 바꾸는 것은 2차 학습과 같다.

때때로 사용하고 있는 컴퓨터가 필요한 프로그램을 실행시킬 수 없게 되어 컴퓨터를 아예 교체해야 한다거나 운영체제를 바꿔야 하는 경우도 있다. 이것은 3차 학습과 같다.

실리콘 마이크로칩 대신 DNA 분자와 효소로 구성된 분자 컴퓨팅 기계와 같은 완전히 새로운 장치를 개발하는 것은 4차 학습과 같다.

NLP의
신경논리적 수준 모델

NLP의 신경논리적 수준 모델(Dilts, 1989, 1990, 1993, 2000, 2003)은 베이트슨의 이론을 적용한 것이다. 이 모델에 따르면 베이트슨이 정의한 것에 상응하는 여러 가지 다양한 수준이 있다. 그것은 우리의 관계와 세상의 상호작용을 형성하고 영향을 미친다.

영성	비전 & 목적	누구를 위해? 무엇을 위해?
① 나는 누구인가-정체성	사명	누구인가?
② 나의 신념 체계-가치와 의미	승인 & 동기부여	왜?
③ 나의 능력-전략과 상태	지도 & 계획	어떻게?
④ 내가 하는 것 혹은 해 왔던 것 　 - 구체적인 행동	실행 & 반응	무엇을?
⑤ 나의 환경-외부 상황	제약 & 기회	어디에서? 언제?

우리의 관계와 상호작용에 영향을 미치는 가장 기본적인 차원은 공유 **환경**이다. 예를 들면, 체계 또는 조직 내의 운영 및 관계가 **언제, 어디**에서 발생하는지와 같은 것들이다. 환경적 요소들은 사람들이 행동하는 상황과 제약 조건을 결정한다. 예를 들면, 조직의 환경은 그 작업의 지리적 위치나 '근무지'임을 규정짓는 건물과 시설, 사무실 및 공장 설계 등과 같은 것들이다. 이러한 환경적 요소들이 조직 내의 사람들에게 미치는 영향 외에도 조직 내에서 사람들이 환경에 미치는 영향과 그들이 환경에 가져온 생산물과 창작물이 무엇인지 점검할 수 있다.

또 다른 차원에서 우리는 그룹이나 개인의 특정 **행동** 및 활동을 검토할 수 있다 (예를 들면, 개인 또는 조직이 환경 내에서 무엇을 하는가). 업무, 상호작용 또는 의사소통의 특정 패턴은 **무엇**인가? 조직적인 수준에서 행동은 일반적인 절차의 측면으로 규정될 수 있다. 개인적 차원에서 행동은 특정한 업무 관행, 일하는 습관 또는 일과 관련된 활동의 형태로 나타난다.

과정의 또 다른 수준은 조직이나 개인이 그들의 환경 안에서 행동을 선택하고 지시하는 전략, 기술 그리고 **능력**을 포함한다. 예를 들면, 그들이 특정 상황에서 행동을 **어떻게** 유도하고 이끌어 낼 것인지를 말한다. 개인에게 있어 능력은 특정한 행동이나 업무의 수행 능력을 촉진시키는 학습 능력, 기억력, 의사결정력 그리고 창조성과 같은 인지적 전략과 기술을 포함한다. 조직적 수준에서 능력은 구성원 사이의 의사소통, 혁신, 계획 및 의사결정을 돕는 데 사용할 수 있는 공공 기반 시설과 관련이 있다.

이러한 과정의 다른 수준들은 환경에서 행동 목표를 달성하는 데 사용되는 전략과 능력의 상위 개념인 동기와 가이드라인을 제공하는 **가치관**이나 **신념**에 의해 형성된다. 사람들이 특정한 시간과 장소에서 왜 그들이 하던 방식대로 어떤 것들을 하는지를 말한다. 우리의 가치관과 신념은 특정 능력과 행동을 돕거나 저해하는 강화(**동기부여**와 **승인**) 작용을 한다. 가치관과 신념은 사건이 의미를 부여받고 판단과 문화의 핵심이 되는 방식을 결정한다.

가치관과 신념은 개인이나 조직의 **정체성**을 뒷받침한다. 다시 말해, 왜, 어떻게, 무엇을, 어디에서, 언제의 뒤에 있는 **누구**에 해당하는 부분이다. 정체성 수준의 과정은 비전과 그들이 구성원이 되는 더 큰 체계에 대한 사람들의 역할과 사명감을 포함한다. 정체성은 자아와 영혼이라는 상호보완적인 두 가지 측면으로 구성되어 있다고 볼 수 있다. **자아**는 생존, 인정, 포부에 중점을 둔다. **영혼**은 목적, 공헌, 사명을 지향한다. 이 두 가지 힘이 조화를 이룰 때 카리스마, 열정 그리고 존재감은 자연스럽게 드러난다.

일반적으로 사명은 더 큰 체계 내에서 다른 사람들과 관련해 특정 역할을 맡은 사람들이 수행하는 임무의 측면으로 정의된다. 특정 정체성이나 역할은 역할 내에서 개인들이 지켜야 할 우선순위를 결정하는 몇 가지 핵심 가치와 신념으로 표현된다. 이것은 특정한 가치관과 신념을 드러내는 데 요구되는 더 광범위한 기술과 능력에 의해 지원된다. 효과적인 능력은 여러 특정한 환경적 상황과 조건에 대한 가치를 표현하고 적용하는 보다 폭넓은 행동 및 활동을 만들어 낸다.

영성 차원이라고 말할 수 있는 또 다른 차원이 있다. 이 차원은 사람들이 속해 있고 참여하고 있는 보다 넓은 체계에 대한 사람들의 인식과 관련이 있다. 우리는 이 차원을 '초월적 사명(trans-mission)'이라고 말할 수 있다. 이러한 인식은 행동, 능력, 신념, 역할 정체성에 대한 비전과 의미, 목적을 제공함으로써 자신의 행동이 **누구**를 위해, **무엇**을 위해 움직이는지에 대한 감각과 연관된다.

이러한 수준들이 서로 상호작용하는 방식은 베이트슨의 학습 단계와 직접적으로 유사하다.

- 특정한 환경 자극에 대한 특정한 행동적 반응은 본질적으로 반사 작용이거나 습관이다. (0차 학습)
- 특정 목표에 도달하기 위한 행동의 교정은 환경적인 자극을 초월하는 내면의 심상 지도, 계획 또는 전략과 같은 것으로 행동을 연결시키는 것을 포함한다. 이것은 특정 능력에 대한 훈련이나 새로운 능력을 개발하는 것이다. (1차 학습)
- 능력의 발달은 신념과 가치관에 의해 촉진되고 형성되는데 이것은 우리의 심상 지도, 행동 및 환경의 양상을 분류하고 구분하며 감정이나 다른 동기부여 구조에 그것을 연결하는 기능을 한다. (2차 학습)
- 신념과 가치관의 변화는 그들이 전달하기 위해 확립해 왔던 신념과 가치관(정체성)을 뛰어넘어 체계에 연결하는 것을 포함한다. (3차 학습)
- 체계를 벗어나 더 큰 '체계의 체계'(예: '장' 또는 '영')를 연결하는 것은 특정 체계나 정체성 그 자체 안에서의 변화가 필수적이다. (4차 학습)

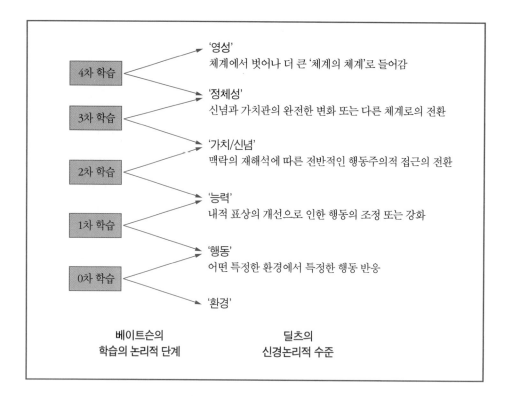

그림 1-20 베이트슨의 학습 단계와 딜츠의 신경논리적 수준의 관계

위계의 각 수준은 하위 수준에서의 경험이나 현상의 그룹화와 관련이 있다. 하나의 정체성은 신념과 가치관의 특정 그룹에 의해 형성되고 반영된다. 각각의 신념과 가치관은 결과적으로 능력의 특정 그룹과 관련이 있다. 능력은 행동의 특정 그룹과 관련이 있고, 행동은 궁극적으로 특정 환경 조건의 집단과 관련이 있다.

따라서 수준의 체계는 뒤집어진 나무 구조로 나타낼 수 있다.

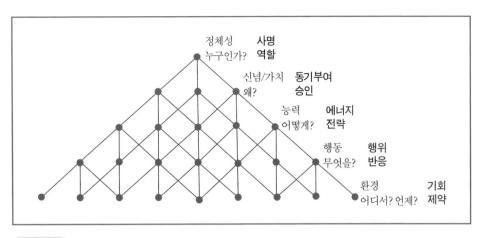

그림 1-21   신경논리적 수준들은 뒤집어진 '나무 구조'의 형태로 일련의 순서화된 그룹으로 표현된다.

우리가 '영'과 장의 차원에 도달하면 나무 구조를 뒤집어서 나무의 가지들처럼 그 위로 확장시킬 수도 있다. 이것은 연속적으로 더 큰 체계와 우리가 일부가 되는 '장'을 설명한다.

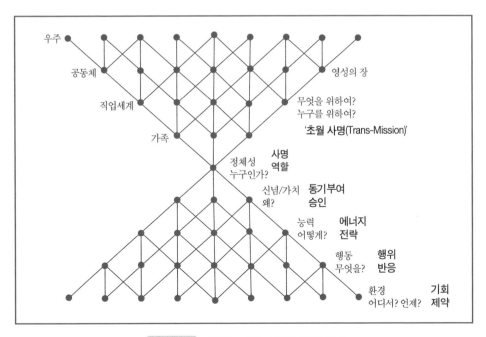

그림 1-22   신경논리적 수준의 전체 체계

집합론

일련의 순서화된 그룹들로 구성된 위계 구조로서 신경논리적 수준의 관점은 집합론과 버트런드 러셀의 논리적 유형 이론의 원래 개념을 상기시킨다. **집합론**은 어떤 개체 또는 현상의 모든 집단이 일종의 '집합'으로 설명된다는 가정에 근거를 둔 수학의 한 분야다. 예를 들면, 짝수, 자동차, 갈색 머리를 가진 사람들, 색깔, 행동, NLP 프랙티셔너, 아이디어, 기타 '집합들' 등의 '집합'에 관한 것이다. 집합론은 그런 집합들 사이에 존재하는 관계에 대한 연구다. 집합론은 19세기 게오르크 칸토(Georg Cantor)의 연구와 함께 시작되었으나 근간은 아리스토텔레스와 플라톤으로 거슬러 올라간다. 집합론은 논리, 컴퓨터 과학 그리고 기타 수학 분야에 대한 적용 외에도 심리학적이고 행동적인 과정의 연구에 중요한 의미를 지니고 있다.

집합론에 따르면 어떤 현상이나 현상의 그룹은 결국 일종의 집합 또는 집합의 집합이고, 더 큰 집합에 속할 수 있다. 집합은 두 가지 기본 방법 중 하나로 명시될 수 있다. 원소나열법(roster method) 또는 목록법(tabulation method)은 집합의 모든 원소들을 단순히 나열하는 것이다. 서술법(descriptive method) 또는 조건 제시법(set-builder notation)은 어떤 것들이 원하는 집합에 속하는지 아닌지를 결정하는 규칙을 제공한다(아리스토텔레스가 만든 삼단논법과 유사함).

집합론의 핵심 원리 중 하나는 특정 집합이 수많은 '부분집합'으로 이루어질 수 있다는 점이다. 공식적으로 말하자면 "집합 A의 모든 원소가 집합 B의 원소라면 집합 A는 집합 B의 부분집합이다."라는 원리다. 따라서 집합 A(감자의 집합)의 모든 구성원이 집합 B(채소의 집합)에도 속한다면 집합 A(감자)는 B(채소)의 부분집합이다.

마찬가지로 집합 A가 오일 페인트를 혼합하는 것과 관련된 모든 행동으로 구성되어 있고, 집합 B가 붓을 사용하여 캔버스에 그림을 그리는 것과 관련된 행동으로 구성되어 있으며, 집합 A와 집합 B의 모든 행동이 집합 C(그림 그리기)에 포함된다면 A와 B는 C의 부분집합이다.

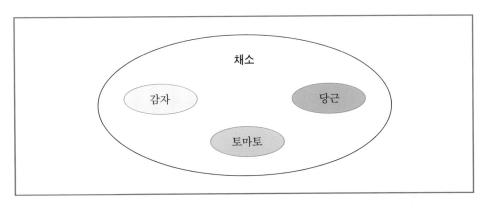

그림 1-23 집합은 다른 '부분집합'으로 구성될 수 있다.

이러한 원리의 결과로 집합은 일련의 정렬된 그룹의 집합과 부분집합으로 조직화할 수 있다. 이것은 신경논리적 수준 모델의 이면에 있는 핵심 개념 중 하나다. 모델에 따르면 과정의 각 단계는 부분집합의 연속적인 그룹으로 하위 단계의 요소들을 포함한다. 예를 들면, 다음과 같다.

① 특정 행동은 환경의 특정 개체들의 집합에 적용된다.

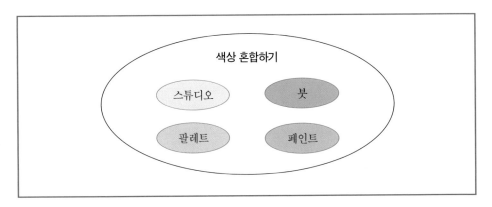

그림 1-24 환경적 요소들의 부분집합에 연결된 행동들

② 능력은 특정 행동 집합(및 해당 환경이나 환경의 일부)의 조정을 포함한다.

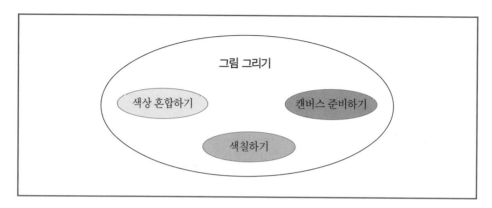

그림 1-25 능력은 특정 행동의 부분집합들로 구성되어 있다.

③ 신념과 가치관은 일련의 능력(및 능력에 포함되는 행동)들과 관련이 있다.

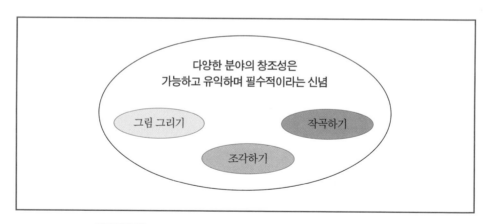

그림 1-26 특정 능력들의 부분집합들과 관련된 신념과 가치관

④ 정체성은 일련의 신념과 가치관(그리고 거기에 포함된 능력, 행동 및 환경)을 포
   함한다.

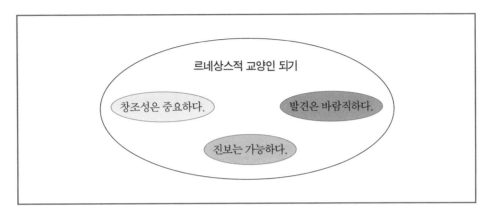

그림 1-27 특정 정체성은 신념과 가치관의 부분집합들과 그에 상응하는 능력과 행동으로 구성
되어 있다.

⑤ 영성은 일련의 정체성이 통합된 사명과 목적의 형태로 경험한다.

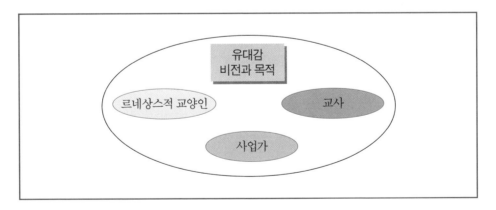

그림 1-28 비전과 목적은 정체성의 부분집합들을 통합한다.

작동 위계로서의 신경논리적 수준

물론 베이트슨의 학습 단계와 NLP 신경논리적 수준은 논리적 내포에 근거한 집합의 단순한 '청킹업(chunking up, 상위개념으로 올라가는 것)' 그 이상이다. 각 수준은 하위 수준의 관계와 활동을 작동하고 통합함으로써 기능한다. 어떠한 특정 수준에서의 변화나 활동의 부리 또한 상위 난계에 영향을 미칠 것이다.

1976년 11월에 기록된 논문(*Roots of NLP*, 1983년에 출간)에서 공동 저자인 로버트 딜츠는 논리적 유형과 논리적 수준을 구분하려고 했다. 딜츠는 논리적 유형이 집합의 구성원 위계를 기반으로 하는 분류와 관련된 위계 구조라고 주장했다. **논리적 수준**은 하위 단계의 요소를 선택하고 조직화하는 수준의 활동에서 기능과 관련된 위계 구조다. 다음의 예를 고려해 보자.

- 자동차의 속도는 시간과 관련해 거리를 변화시키는 기능을 한다(**환경**).
- 자동차의 가속 페달이나 브레이크를 밟는 것은 속도를 바꾸는 **행동**이다.
- 제한속도를 유지하는 **능력**은 발을 사용하는 방식을 규제하기 위해 심상 지도와 우리의 지각을 통합하는 기능이다.
- 제한 속도를 준수하는 것은 법에 **가치**를 두고 지키지 못하였을 경우에 따르는 **행동의** 결과를 감수한다는 신념의 결과다. 만약 제한 속도에 가치를 두지 않는다면 속도를 지킬 능력이 있더라도 지키지 않을 것이다.
- '모범 운전자'(**정체성**)가 되는 것은 이전의 수준 전부를 조정하는 기능이다.
- 새로운 형태의 운송 수단(비행기, 헬리콥터, 우주 왕복선 등)을 만드는 것은 운전자와 기술자의 더 큰 체계에서 비전과 목적을 공유하고 공동 행동을 하는 결과다(**장**).
- 피아노의 건반과 그것이 만들어 내는 소리 그리고 악보의 음표는 **환경**이다.
- 손가락으로 피아노 건반을 치는 것은 **행동**이다.
- 음악을 연주하는 것(음표를 읽고 올바른 순서로 음을 내기 위해 손가락을 조정하는 것)이나 음악을 창작하는 것은 **능력**이다.

- 음악을 감상하고, 해석하며, 선택하는 것과 악보를 읽고 연주하는 법을 배우기 위해 필요한 동기를 유지하는 것은 **신념**과 **가치관**의 작용이다.
- '음악가'의 **정체성**을 갖는 것은 이 모든 수준의 결합이다.
- 새로운 스타일의 음악(클래식 재즈, 로큰롤 등)을 만들어 내는 것은 많은 음악가들 사이에서 함께 생성적인 협력을 하는 데서 비롯된다(장).

이것은 비록 두 가지가 일부 속성을 공유한다 하더라도 단순한 논리적 내포라기보다 근본적으로 다른 유형의 조직이라는 것을 시사한다. 이러한 유형의 위계 구조에서, 한 수준에서의 행위는 하위 수준에서의 행위를 구성한다. 이것이 공식적으로 가장 쉽게 설명된 것이다.

예를 들어, 우리는 f(x)에서 x는 환경의 일부이며 f는 거기에 작용하는 특정 **행동**, 알고리즘이나 프로그램인 것처럼 어떤 특정한 행동을 수학 함수와 비슷한 과정으로 설명할 수 있다. 구체적인 예를 들자면 x는 피아노 건반의 키가 될 수 있다. 함수 f는 '손가락으로 키를 누르는 것'이 될 수 있다. 우리의 모든 행동은 어떤 방식으로든 환경과 상호작용하는 것을 필요로 한다. 피아노를 연주하고, 자동차를 운전하고, 산에서 스키를 타고 내려오고, 자전거를 타고, 다른 사람과 말하는 등의 행동은 모두 환경의 특정 부분과 상호작용하는 것을 필요로 한다.

능력은 행동을 조정하고 행동에 따라 작동하는 과정이다. 피아노 건반이나 컴퓨터 키보드를 누를 수 있는 것과 모차르트를 연주하거나 셰익스피어의 희곡을 쓸 수 있는 것은 별개의 것이다. 이 관계는 수학적으로 f′(f(x))로 표시하는데 f′는 f(x)라고 정의된 과정을 연산하는 함수다. 보다 직접적으로 표현하기 위해 우리는 그 관계를 (능력(행동(환경)))으로 나타낼 수 있다. 여기에서 능력은 환경의 일부에서 **작동하는** 행동에 **작동하는** 함수를 의미한다.

능력 수준의 또 다른 공식적인 개념은 f(y, x)로 y는 행동, x가 환경의 일부, f는 그 둘을 조정하는 프로그램 또는 함수다.

이 묘사를 확장해 보면 신념과 가치관은 능력에 따라 작용하는 함수라고 할 수 있으며 f″(f′(f(x)))와 정체성은 신념과 가치관에 따라 작동한다. 전체적인 작동 위계 구조는 다음과 같이 표현할 수 있다.

장 (정체성 (가치/신념 (능력 (행동 (환경))))).

베이트슨의 학습 단계를 통한 행동 패턴 업데이트하기

다음에 제시되는 서식은 오래되었거나 비효율적인 행동 패턴을 확인하고 업데이트하는 데 도움이 되도록 그레고리 베이트슨의 논리적 학습 단계와 신경논리적 수준의 일부를 적용한 것이다. 이것은 0차 학습에서 4차 학습으로까지 체계적으로 가는 것을 포함한다.

1, 2, 3차 학습은 4차 학습의 가능성에 도달하도록 도와주는 사다리와 같다. 이 과정은 4차 학습의 능력을 지지하는 각 수준에 의해 생성되는 통찰력과 지식을 기반으로 각 학습 수준을 성공적으로 수행하는 데 필요한 관점을 조정하고 바꿀 수 있도록 돕는 접근과 지지의 다양한 유형을 입증한다.

이러한 과정은 다음의 단계로 이루어진다.

1. 효과가 없는데도 계속해서 예전의 행동 패턴에 빠지게 되는 문제 상황이나 관계에 대해 생각해 보자(0차 학습). 그 경험을 떠올려 보며 그 당시에 어땠는지를 내부적으로 '되살려' 보자. 그 상황에서 당신의 행동적 반응을 보여 주거나 역할극을 함으로써 습관이나 패턴의 구조를 확인한다(예를 들면, 비난하기, 항복하기, 긴장해서 얼어붙기, 위축되기, 자신을 감추기 등). 당신이 이것을 어떻게 행동하는지 인지하자. 특히 자세, 움직임, 몸의 긴장감, 호흡 등에 주의를 기울인다.

2. 그 상황에서 한걸음 물러서서 이러한 행동 패턴을 곰곰이 생각해 보자. 그 상황에 대해 몸과 마음이 어떻게 반응하는지 알아차린다. 자신의 행동을 어떻게 조정하고 적응시킬 수 있을지 탐색한다(1차 학습). 자신이 하는 현재 행동에 어떻게 변화를 줄 수 있는지 살펴보고 몇 가지 가능성에 대해 역할극을 한다(예를 들면, 과장하기, 약화시키기, 바꾸기 등).

3. 그 상황으로부터 뒤로 좀 더 물러나서 '관찰자' 위치로 이동하고 문제 상황에

있는 '스스로를 지켜보는' 입장이 되어 본다.

① 지금까지 이 상황을 어떻게 분류 또는 구분해 왔는지에 주목한다(예를 들면, 위험하게, 심각하게, 다급하게, 위협적으로 등). 그 상황에 가지고 있는 신념은 무엇인가?

② 당신이 전혀 다르게 그리고 훨씬 더 자원을 활용하는 방식(예를 들면, 침착하고 수용적이며, 열려 있고, 중심 잡혀 있는 등)으로 대응하고 행동할 수 있었던 또 다른 상황과 시간을 생각해 보자(2차 학습). 다른 유형의 행동을 할 수 있었던 상황으로 연결한다.

③ 문제 상황에 대한 '신념의 다리'를 만든다. 다른 상황 안에서 자원이 풍부한 상태로 행동하게끔 한 신념은 무엇인가? 문제 상황에서 새로운 유형의 행동을 지지하기 위해 필요한 신념은 무엇인가?

④ 문제 상황에 다시 들어가 당신이 원래 이 신념을 가지고 있었던 것'처럼', 그리고 그것과 연결된 다른 유형의 행동이 있었던 것'처럼' 행동해 본다. 무엇이 달라지는가?

4. 다시 물러나서 자신의 밖에서 스스로에 대해 되돌아보고 삶에서 그동안 활용할 수 있었던 행동의 범위를 반영해 보자. 자신의 것이 아닌 행동 범주(정체성)에서 완전히 다른 체계의 가능성을 고려해 보자(3차 학습).

① 그 상황에서 당신과는 완전히 다른 전략을 가진 사람, 동물 또는 어떤 존재를 찾아보자. 행동 체계를 위한 롤모델을 정하고 완전하게 '그 사람의 입장'이 되어 보자(2차 입장). [필요하다면 그 모델의 지각적 위치로 들어가기 위한 '신념의 다리'를 만들라(예를 들면, 완전히 다른 사람의 입장이 되는 데 필요한 신념은 무엇인가?)].

② 롤모델의 관점에서, 그 모델로서 당신을 위한 은유는 무엇인가? 그 모델로서 당신의 '소명'은 무엇인가? 당신이 누구인가에 대한 인식을 확장하도록 도와줬던 인생의 후원자를 생각해 보고 문제 상황으로 다시 돌아가 당신이 다른 사람인 것'처럼' 대응하고 당신이 만든 소명과 은유를 적용하는 것을 상상한다.

5. 3차 학습의 위치를 뛰어넘어 돌아간다. 어떤 판단이나 해석 없이 모든 가능성에 대해 열려 있고 중심 잡혀 있는 '알지 못함'의 상태로 들어간다. 그레고리 베이트슨의 '연결 패턴'과 '전체 마인드' 그리고 아인슈타인(Einstein)의 '신의 생각'과 '우주'에 자신을 열어 두자. 무엇이 가능한지를 보도록 시야를 넓히게끔 일깨워 준 사람을 떠올려 보자. 이 상태에 대한 앵커나 상징을 만든다. 이 앵커나 상징을 사용하여 상태를 유지하고 각 학습 단계들을 거슬러 올라간 후 문제 상황으로 돌아와 자연스럽게 행동한다. 행동 유형들의 현재 체계에 적합하지 않은 행동은 무엇인가?(4차 학습)

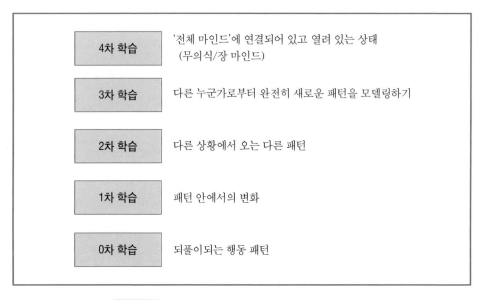

그림 1-29 학습 단계를 통한 행동 패턴 업데이트하기

케스틀러의 홀라키(Holarchies)

베이트슨은 일생 동안 논리적 유형 이론을 행동의 다양한 측면과 생물학에 보다 일반적으로 적용했다. 그에게 논리적 유형은 단순한 수학 이론이 아니라 '자연의 법칙'이었다.

그는 조직이 세포의 집단으로 구성되어 있다고 주장했다(예를 들면, 이것은 각각의 세포와는 다른 논리적 유형이고 뇌의 특성은 뇌세포와 동일하지 않다). 이 둘은 간접 피드백을 통해 서로 영향을 준다(뇌 전체의 연결과 기능은 단일 뇌세포에 영향을 미칠 수 있으며, 단일 뇌세포의 활동은 뇌의 전반적인 기능에 기여한다). 실제로 세포는 뇌 구조의 나머지 부분을 통해 세포 자체에 영향을 준다고 말할 수 있다.

'위계적'이라는 것 외에도 이런 분류의 차원은 '홀라키적(holarchical)'이라고 할 수 있다. 아서 케스틀러(Arthur Koestler)는 홀라키(holarchy)라는 용어를 물리적 체계와 사회적 체계 내에서 통합의 근본적 차원을 묘사하기 위해 사용했다.『창조 행위(The Act of Creation)』(1964, p. 287)에서 케스틀러는 다음과 같이 설명했다.

> 살아 있는 유기체 또는 사회적 신체는 소립자나 소립자 과정의 응집체가 아니다. 이것은 반자율적인 부분적 전체, 부분적 전체의 부분 등으로 구성된 위계 구조다. 따라서 위계의 모든 수준에서 기능적 단위는 아래로 보면 전체적으로, 위로 보면 부분적으로 작동하는 것과 같은 양면성을 갖는다.

그래서 하위 수준의 부분들을 더 큰 전체로 통합한 어떤 것도 상위 수준에서는 부분이 된다. 예를 들면, 물은 수소와 산소의 결합으로 생성된 고유 물질이다. 그러나 물 자체는 오렌지주스부터 바다와 인체에 이르기까지 수많은 다른 존재들의 부분이 될 수 있다. 따라서 물은 전체이자 다른 더 큰 전체의 부분이다.

『모든 것의 역사(A Brief History of Everything)』(1996)에서, 변혁적 스승이자 작가인 켄 윌버(Ken Wilber)는 이 관계에 대해 다음과 같이 설명했다.

> 아서 케스틀러는 그 자체가 전체인 동시에 다른 전체의 부분인 독립체를 언급하기 위해 '홀론(holon)'이라는 용어를 만들었다. 그리고 실질적으로 존재하는 사물들과 과정들을 자세히 살펴보면 이것은 단지 전체일 뿐 아니라 다른 어떤 것의 부분이 된다는 점이 곧 명백해진다. 이것은 전체이면서 부분이고 홀론이다. 예를 들어, 하나의 온전한 원자는 하나의 온전한 분자의 부분이고 온전한 분자는 온전한 세포의 부분이

며 온전한 세포는 온전한 유기체의 부분이다. 이러한 각각의 독립체는 전체도 아니고 부분도 아니며, 전체이면서 부분인 홀론이다.

윌버에 의하면 각각의 새로운 전체는 그 하위 수준의 부분들을 초월하면서 포함한다. 홀라키에서는 어떤 체계의 하위 수준이 그것의 상위 수준에 존재하지 않는다면 이것은 완전히 표현될 수 없다는 것이 중요하다. 하위 수준은 모든 상위 수준의 필수적인 구성 요소다. 예를 들면, 인간의 심장은 판막과 혈관과 근육의 전체 체계이고 더 큰 체계인 인체의 한 부분이기도 하다. 심장은 인체의 모든 다른 하위 체계(눈, 위, 신장, 자율신경계 등)에 직접적 또는 간접적으로 영향을 주고받는다. 마찬가지로 인체 자체는 더 큰 체계인 가족, 지역사회, 환경 등의 하위 체계다. 하위 체계들은 또한 다른 하위 체계들로 구성되어 있고 물질계의 기본 형태인 분자, 원자, 아원자(sub-atomic) 미립자들의 체계로 나아간다.

NLP의 기본 전제 중 하나는 우리의 마음, 몸, 사회 및 우주가 서로 상호작용하고 영향을 주는 하위 체계 및 복잡한 생태계를 형성한다는 것이다. 이 체계의 어떤 부분을 나머지 체계로부터 완전히 분리시키는 것은 불가능하다.

비유적으로, 영어 알파벳 26개 문자는 'home'이라는 단어가 없어도 존재하지만, 'home'이라는 단어는 알파벳 없이 존재할 수 없다. 그러나 'home'이라는 단어는 알파벳 글자의 상위 수준에 있다. 왜냐하면 'home'은 알파벳의 글자들을 조직화한 것이고 알파벳 그 자체 이상을 가리키거나 의미하기 때문이다. 마찬가지로 문장은 단어들보다 상위 수준에 있고, 문단은 문장의 상위 수준에 있으며, 장(chapter)은 문단의 상위 수준에 있다. 각 상위 수준은 이미 형성된 이전의 구조 그 이상을 아우르기 때문에 더 큰 전체를 형성한다.

베이트슨의 단계들과 그리고 결과적으로 NLP 신경논리적 수준들은 공통적으로 이러한 속성을 가지고 있다. 각각의 수준은 하위 수준의 부분들 간의 관계로 이루어져 있고 보다 포괄적인 구조를 만들기 위해 그 부분들을 초월한다(수소와 산소 원자가 물 분자를 형성하는 방식과 유사하다). 이런 방식으로 그것은 '위계적'일 뿐만 아니라 '홀라키적'이다.

그림 1-30 우리의 우주는 그 자체가 연속적으로 더 큰 체계 안의 하위 체계가 되는
체계의 생태로 이루어져 있다.

신경논리적 수준과 신경계

NLP의 관점에서 보면, 학습, 변화 또는 상호작용의 각 단계는 어떤 형태의 '신경 언어프로그래밍'의 기능이어야 한다. NLP 신경논리적 수준 모델의 목적 중 하나는 베이트슨의 분류 및 학습 단계를 신경체계와 연결시키는 것이다. '신경논리적 수준'의 개념은 각기 다른 수준의 과정은 여러 유형의 신경조직의 기능이며 신경 '회로'의 더 깊은 관여를 지속적으로 동원한다고 제안한다.

베이트슨(Steps to an Ecology of Mind, pp. 249-250)은 학습의 다양한 단계에 의해 형성된 위계 구조가 "어쩌면 우리가 종뇌화된 뇌(telencephalized brain)에서 발견하고자 기대하는 회로 구조의 위계 구조"에 부합한다고 주장하면서 "우리는 [학습의 다양한 차원]과 동일한 신경생리학적 구조의 분류나 위계 구조를 기대해야 한다."라고 주장했다. '신경논리적 수준'의 개념은 다양한 '논리적 수준'이 여러 유형의 신경조직의 기능이며 신경 '회로'의 더 깊은 관여를 지속적으로 동원한다고 제안한다. 예를 들어, 한 사람이 사명과 정체성 차원에서 도전을 받을 때 동원되는 신경학적 차원은 자신의 손을 움직이는 데 필요한 신경학적 차원보다 훨씬 심층적이다.

환경을 경험하기 위해 사람은 수동적으로 자신의 감각기관을 조정할 수 있다. 특정 환경에 행동을 가지고 오기 위해서는 자신의 신경체계를 더 많이 동원할 필요가 있다. 춤을 추거나 차를 운전하는 것처럼 복잡한 순서의 행동을 조직화하기 위해서는 더 많은 신경체계를 활용해야 한다. 능력, 행동 그리고 환경에 대한 신념과 가치관을 형성하고 나타내는 것은 신경학('심장'과 '소화기관'에 관련된 것들을 포함)의 더욱 깊은 관여를 필요로 한다. 자아감은 다른 모든 차원의 신경체계가 총동원될 때 발생한다. 일반적으로 보다 상위 차원의 과정은 신경체계의 더 깊은 관여를 이끌어 낸다.

특정 **환경**은 개인이나 집단을 둘러싸고 있는 외부 환경, 날씨 상황, 음식, 소음 수준 등과 같은 요소들로 이루어져 있다. 신경학적으로 환경에 대한 우리의 인식은 감각기관과 말초신경계로부터 오는 정보와 관련이 있다. 예를 들어, 어떤 특정한 환경을 인식하기 위해 사람은 자신의 눈으로 사물을 보고, 귀로 의미 있는 소리를 듣고, 코로 냄새를 맡고, 피부를 통해 공기의 온도를 느낀다. 또한 균형을 유지하고, 빛과 소리의 강도 변화에 대응하며, 온도 변화에 적응하기 위해 수많은 미묘한 무의식적 조정을 한다. 따라서 말초신경계는 본질적으로 환경과 관련된 정보를 뇌와 주고받는다. 그것은 감각을 만들고 순수한 반사 반응을 일으킨다.

행동은 우리 주변의 사람들과 환경과 상호작용하는 특정한 신체적 행동 및 반응과 관련이 있다. 신경학적으로 우리의 외부 행동은 운동 체계[추체계(pyramidal system)와 소뇌]에 대한 활동의 결과다. 비반사적인 행동은 감각기관보다 깊은 신경 체계인 정신운동 체계가 포함된다. 정신운동 체계는 우리의 신체적 행동과 의식적인 움직임을 조정한다.

능력은 특정 행동을 이끌어 내기 위해 사람들이 만든 심리적 전략 및 지도와 관련이 있다. 어떤 행동은 환경의 자극에 대한 단순한 반사 반응인 데 비해 대부분의 행동은 그렇지 않다. 우리의 여러 행동은 '심상 지도'와 우리 마음에서 일어나는 다른 내적 과정에서 나온다. 이것은 근접 환경(immediate environment)에 대한 인식을 초월하는 수준의 경험이다. 예를 들어, 당신은 당신이 있는 특정 공간과 관계없는 것에 대한 그림을 만들 수 있다. 당신은 몇 년 전의 대화나 사건을 기억할 수도 있으며 지금부터 몇 년 후에 일어날지도 모르는 일들을 상상할 수 있다. 가이드 역할을 할 내적 지도, 계획 또는 전략적이지 않은 행동들은 무릎 반사 반응이나 습관, 의식과 같은 것이다. 능력 차원에서 우리는 보다 넓은 외부 상황에 대한 행동의 분류를 선택하고 변경하며 적용할 수 있다. 따라서 '능력'은 여러 조건의 상황에서 무엇을 **어떻게** 해야 하는가를 아는 것처럼 행동 유형 전체를 완전히 숙달하는 것을 포함한다.

이것은 감각 신경, 운동 신경 그리고 대뇌 피질 간의 관계의 결과로서 우리의 뇌 구조 안에서 일어난다. 뇌의 피질(또는 회백질)에서 감각 정보는 심상 지도의 형태로 표현되거나 다른 심리적 표상과 결합되거나 상상 안에서 결합되며 적절한 행동과 반응으로 연결된다. 예를 들어, 원숭이의 뇌 연구는 원숭이들이 운동 피질이 손상되거나 제거되더라도 전과 같이 어떤 특정 행동을 수행할 수 있다는 것을 보여 준다. 원숭이들이 잃은 것은 보다 크고 더 조직화된 활동에서 행동들을 서로 통합하는 능력이다.

능력을 개발하는 것은 신경논리적 수준에서 인지적으로 가장 강력한 집중력을 요한다. 이러한 유형의 과정은 일반적으로 반의식적 상태에서의 미세한 움직임, 또는 '접근단서(accessing cues)'(눈동자 움직임, 호흡수 변화, 약간의 자세 조정, 목소리 톤 변화 등)를 수반한다.

가치관과 신념은 자기 자신, 다른 사람들 그리고 우리를 둘러싼 세상에 대한 근본적인 판단이나 평가와 관련이 있다. 이들은 사건이 의미를 부여받는 방식을 결정하며 동기와 문화의 핵심에 있다. 우리의 신념과 가치관은 특정 능력과 행동을 지원하거나 저해하는 강화(**동기부여와 허가**) 작용을 한다. 신념과 가치관은 '**왜?**'라는 질문과 관련이 있다.

신경학적으로 신념은 중뇌의 변연계와 시상하부와 관련이 있다. 변연계는 감정 및 장기 기억과 연관되어 있다. 변연계가 여러 면에서 뇌 피질보다 더 '초기' 구조이지만, 피질의 정보를 통합하고 (심장 박동수, 체온, 동공 확장 등과 같은 기본 신체 기능을 통제하는) **자율신경계**를 조절한다. 신념은 뇌의 심층부에서 만들어지기 때문에 우리의 많은 무의식적 반응의 원인이 되는 신체의 기본적 생리 기능에 변화를 일으킨다. 사실 우리가 무언가를 정말로 믿고 있다는 것을 아는 방법 중 하나는 '심장의 두근거림' '핏대를 올림' '피부의 따끔거림'(일반적으로, 우리가 자발적으로 만들어 낼 수 없는 모든 작용)과 같은 생리학적 반응이 일어나는가를 보는 것이다. 거짓말탐지기가 사람들이 '거짓말'을 하는지 안 하는지를 감지하는 원리도 이것이다. 사람들은 자신이 말하는 것을 믿고 있을 때와 자기 마음과 일치하지 않거나 진실하지 않을 때 다른 신체 반응을 보인다.

신념과 심층적인 생리 기능의 밀접한 관계는 건강과 치유 분야에 강력한 영향을 미칠 가능성을 야기한다(플라세보 효과의 경우와 같음). 신념에 의해 만들어진 기대감은 우리의 더 깊은 신경에 영향을 미치며, 또한 극적인 생리학적 효과를 일으킬 수 있다. 이것은 한 아이를 입양한 여성의 사례에서 잘 나타난다. 그녀는 '엄마'란 자신의 아이에게 젖을 먹이는 존재라 믿었기 때문에 실제로 젖을 분비하기 시작했고, 입양한 아이에게 모유 수유를 할 만큼 충분한 젖을 만들어 냈다!

정체성의 차원은 우리가 **누구**인가의 감각과 관계가 있다. 그것은 하나의 체계 안에서 우리의 신념, 능력, 행동을 조직화하는 정체성에 대한 우리의 인식이다. 또한 정체성에 대한 감각은 우리의 '역할' '목적' 그리고 '사명'에 대한 감각을 결정하고, 우리가 일부가 되는 더 큰 체계와 관련해 우리 자신에 대한 인식과도 관련이 있다. 신경학에서 우리의 정체성은 신경계 전체와 연관될 수 있으며, 망상체(reticular formation)와 같은 뇌심부 구조를 포함한다. 망상체는 뇌간의 심층부에 있는 수많은 세포들의 집합체다. 여기에서 비롯된 섬유는 시상핵을 거쳐 피질의 연합 영역을 투사한다. 망상체는 각성 상태를 조절하는데, 중뇌 차원에서 망상체가 파괴되면 혼수 상태에 이르게 된다. (반면 피질의 넓은 영역은 의식을 잃지 않고도 파괴될 수 있다.)

또한 정체성은 생리학적으로 면역계, 내분비계 그리고 다른 심오한 생명 유지 기능과 관련이 있다. 따라서 정체성의 변화나 변형은 사람의 생리 기능에 엄청나고 즉각적인 영향을 줄 수 있다. 다중인격자들에 관한 의학 연구는(Putnam, 1984) 한 개인이 하나의 정체성에서 다른 정체성으로 전환할 때 극적이고 주목할 만한 변화가 일어날 수 있다는 것을 보여 준다. 예를 들어, 서로 다른 성격의 뇌파 패턴은 일반적으로 완전히 다르다. 어떤 다중인격자들은 각각의 정체성에 따라 시력이 변하기 때문에 여러 개의 안경을 가지고 다닌다. 또 어떤 사람들은 하나의 인격에서는 알레르기가 있고 다른 인격에서는 알레르기가 없다. 서로 다른 정체성에서의 생리학적 변화 중 가장 흥미로운 사례 중 하나는 당뇨로 병원에 입원한 한 여성이다. 그녀는 "당뇨병이 아닌 인격이 지배적일 땐 이상 증상을 전혀 보이지 않아 의사를 당혹스럽게 했다……"(Goleman, 1985).

영성 차원의 경험은 자신을 초월한 아주 깊은 차원의 어떤 것의 일부가 되는 감각과 관련이 있다. 그것은 그레고리 베이트슨이 커다란 전체에 모든 것을 '연결시키는 패턴'이라고 언급한 인식이다. 개인으로서 우리는 더 큰 체계의 하위 체계다. 이 차원에서의 경험은 삶에 대한 우리의 목적의식과 사명감과 관련이 있다. 이것은 '누구를 위해' '무엇을 위해'와 같은 질문을 하는 것으로 시작된다. 이것은 베이트슨이 4차 학습을 언급했을 때 가장 잘 나타나는 차원이다.

신경학적으로 영성 차원의 과정은 우리 자신과 다른 사람들의 신경 체계 간의 '관계의 장'과 관련이 있으며 더 크고 집단적인 신경 체계를 형성한다. 이 상호작용의 장의 결과는 때로 집단 '심리', 집단 '정신' 또는 집단 '의식'이라고 불린다. 또한 이 장은 다른 창조물과 생명체, 심지어 환경의 '신경 체계' 또는 정보처리 네트워크를 포함한다.

요약하자면 신경논리적 수준은 다음과 같은 신경생리학직 회로의 '위계 구조'로 이루어져 있다.

① 영성: **장** - 개별 신경 체계들이 결합하며 보다 큰 체계를 형성한다.

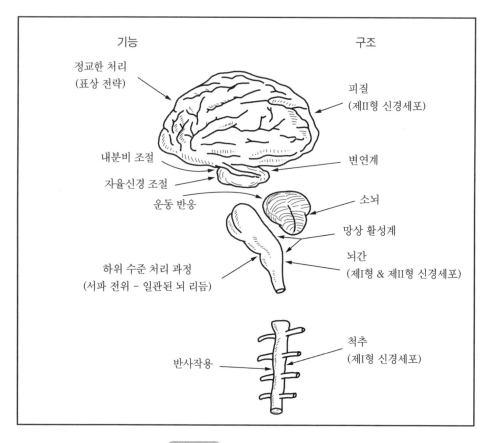

그림 1-31 신경계의 계층 구조

② 정체성: **전체로서의 신경 체계** – 심층적인 생명 유지 기능(예: 면역 체계, 내분비계와 망상계)

③ 신념과 가치관: **변연계와 자율신경계**(예: 심장 박동수, 동공 확장 등) – 무의식적 반응

④ 능력: **피질 체계** – 반의식적 반응(안구 움직임, 자세 등)

⑤ 행동: **운동 체계[추체(pyramidal)와 소뇌]** – 의식적 반응

⑥ 환경: **말초신경계** – 감각과 반사 반응

신경논리적 수준과 언어

주요한 NLP의 모든 모델과 특징이 그러하듯이 신경논리적 수준은 단지 신경학적인 것만은 아니다. 이것은 우리의 직관적인 언어 사용에서 나타나는 언어적인 요소를 가지고 있다. 다음의 문장들을 비교해 보자.

- 당신의 환경에서 그 사물은 위험하다.
- 특정 상황에서 당신의 행동은 위험하다.
- 효과적인 판단을 내리지 못하는 당신의 무능함은 위험하다.
- 당신의 신념과 가치관은 위험하다.
- 당신은 위험한 사람이다.

각각의 문장에 내려진 판단은 무엇인가가 '위험'하다는 점이다. 그러나 직관적으로 대부분의 사람은 각 문장에 암시된 '공간' 또는 '영역'에 대한 표현이 점차 커지고 있으며, 정서적인 감정 또한 커지는 것을 느낀다. 당신은 '위험한 사람'이라고 말하는 것과 당신이 만든 어떤 특정한 행동적 반응이 위험하다고 말하는 것은 다르다.

직접 경험해 보자. 누군가가 당신에게 다음과 같이 말하는 것을 상상해 보자.

- 당신의 **주변 환경**은 (시시하다/추하다/특별하다/아름답다).

- 특정 상황에서 당신이 **행동**하는 방식은 (시시하다/추하다/특별하다/아름답다).
- 당신은 정말 (시시하게 될/추하게 될/특별하게 될/아름답게 될) **능력**을 가지고 있다/가지고 있지 않다.
- 당신이 **믿는 것과 가치 있게** 생각하는 것은 (시시하다/추하다/특별하다/아름답다).
- **당신**은 (시시하다/추하다/특별하다/아름답다).

다시 말하지만 각 문장에서 주장하는 평가는 같은 것임에 주목하자. 바뀐 것은 문장이 언급하는 차원이다.

다양한 논리적 수준에서의 진술의 예
다음의 문장들은 각각의 신경논리적 수준에 직접적으로 관련된 언어 표현의 다른 예를 제시한다.

다음의 문장은 받아쓰기 시험을 망친 학생에 대한 각기 다른 수준의 반응을 나타낸다.

- 정체성: 너는 멍청한/학습장애가 있는 사람이야.
- 신념: 만약 네가 글자를 잘 모른다면 학교 공부를 잘할 수 없어.
- 능력: 너는 맞춤법에 맞게 쓰는 것을 잘 못해.
- 구체적 행동: 너는 이번 시험을 망쳤어.
- 환경: 교실의 소음이 시험 보는 것을 어렵게 만들었어.

다음의 문장은 음주 문제가 있는 사람에 대한 각기 다른 수준의 반응을 나타낸다.

- 정체성: 나는 알코올중독자고 앞으로도 계속 알코올중독자일 거야.
- 신념: 안정을 찾고 정상으로 되려면 술을 마셔야 해.

- 능력: 나는 음주를 조절할 수 없는 것 같아.
- 구체적 행동: 나는 그 파티에서 술을 너무 많이 마셨어.
- 환경: 나는 친구들과 어울릴 때 술을 한두 잔 마시는 걸 좋아해.

다음의 문장은 암에 걸렸다는 것을 알게 된 사람에 대한 각기 다른 수준의 반응을 나타낸다.

- 정체성: 나는 암 환자야.
- 신념: 불가피한 것을 받아들이지 않는 것은 헛된 희망이야.
- 능력: 나는 잘 지낼 능력이 없어.
- 구체적 행동: 나는 종양이 있어.
- 환경: 암이 나를 공격하고 있어.

다음의 문장은 건강을 목표로 살아가는 사람에 대한 각기 다른 수준의 반응을 나타낸다.

- 정체성: 나는 건강한 사람이야.
- 신념: 내가 건강하면 다른 사람들을 도울 수 있어.
- 능력: 나는 내 건강에 영향을 미치는 방법을 알고 있어.
- 구체적 행동: 나는 때때로 건강하게 활동할 수 있어.
- 환경: 그 약이 나를 치료했어.

다양한 신경논리적 수준과 관련된 언어 패턴

다음은 경험에 따른 다양한 신경논리적 수준과 관련된 몇 가지 언어 패턴이다.

- **환경 차원**의 언어는 외부 상황에서 구체적으로 관찰할 수 있는 특징이나 세부 사항을 말한다. 예를 들면, 하얀 종이, 높은 벽, 큰 방 등이다. 환경 차원의 경

험은 일반적이지만 상세한 감각 기반의 묘사가 특징이다.

> 예: 나는 과즙이 많은 빨간 사과를 맛보았다. 나는 빠른 속도로 달려 가는 베이지색 자동차를 보았다. 나는 수신기에서 높은 음조의 톤을 들었다. 그 스펀지는 차갑고 축축하고 부드러웠다 등.

• **행동 차원**의 언어는 특정 행동과 관찰 가능한 행위들을 말한다. 예를 들면, '하다' '행농하다' '걷다' '말하나' 등이다. 행동 차원의 경험은 상대적으로 구체적이며, 감각 기반의 능동 동사와 부사(특정 동사)로 표현된다.

> 예: 그는 길을 걷고 있었다. 그녀는 나에게 윙크했다. 그들은 모두 일어섰다. 그는 여동생을 밀었다 등.

• **능력 차원**은 '알다' '어떻게' '나는 할 수 있다' '생각하다' 등과 같은 단어로 나타난다. 능력 차원의 과정은 메타 모델에서 일반적으로 불특정한 동사로 알려진 것(창조, 소통, 사고하는 것 등)을 통해 가장 잘 표현된다.

> 예: 당신이 무슨 말을 하는지 알고 있다. 나는 그 의미를 파악할 수 있다. 그녀는 비행기를 조종하고, 자동차를 운전하고, 악기를 연주하고, 의자를 만드는 능력이 있다 등.

• **신념과 가치관 차원**의 언어는 종종 판단, 규칙 및 인과관계의 형태로 표현된다. 예를 들면, '만약…… 그러면…….' '……해야 한다.' '우리는 ……해야 한다.' 등이다. 신념과 가치관 차원의 언어는 능력 차원의 언어보다 더 포괄적이고 일반화된 언어를 포함하며 '수행자 상실'(좋은, 나쁜, 윤리적인, 긍정적인, 비우호적인 등), '명사화'(성공, 사랑, 수용, 성취, 권력 등), '원인 및 결과' 진술(만들다, 강요하다, 일으키다 등), '양상 연산자'(should, have to, must, ought 등) 및 '보편 양화사'(항상, 결코, 늘, 아무도, 모두 등)의 판단 단어에 반영된다.

> 예: 어떤 것도 그만큼 좋은 것은 없을 것이다. 품행이 바른 아이들은 얌전히 있어야 한다. 연습은 완벽을 만든다. 우리는 모든 것을 시도했지만 아무것도 효과가 없었다 등.

• **정체성 차원**의 표현은 '나는 ……이다.' 또는 '그는 ……이다.' 또는 '당신은 ……이다.'와 같은 언어와 관련이 있다. 정체성 차원의 묘사는 포괄적인 일반화가

특징이다. 그것은 반드시 고도로 암호화되어 있으며, 어떤 면에서는 매우 추상적이다. 정체성을 반영하는 표상은 종종 상징적이고 은유적인 언어로 표현된다. 역설적으로 사람들은 실제로 상징과 유추로 말하기보다 감각에 기반을 둔 묘사를 함으로써 자기 자신을 덜 드러낸다. 예를 들어, 자신을 "검정색 청바지를 입고, 나무 의자에 앉아, 휴대용 컴퓨터에 타이핑을 하고, 차를 마시는 백인 남자"라고 말한다면 '나'에 대해 거의 밝히지 않은 것이다. 반면에 나 자신을 "새로운 영역을 탐구하기를 좋아하는 개척자이지만 너무 오래 하다 보면 지루해하는 사람"이라고 말한다면 완전히 정확하게 설명되지는 않았지만 내가 누구인지 그리고 무엇이 '나를 움직이는지'에 대해 더 많은 설명을 했다.

　　예: 나는 등대와 같은 사람이다. 그는 웅어리진 사람이다. 그들은 동물이다. 그녀는 햇살과 같다 등.

• **영성 차원**의 언어는 예수님의 비유에서와 같이 상징이나 은유의 형태다. 그레고리 베이트슨에 따르면 신성한 언어는 필연적으로 비문자적 언어다. '신성한' 것과 '의미 있는' 것은 일반적으로 사건의 문자적인 해석에 있는 것이 아니라 그것의 심층 구조 속에 있다.

베이트슨은 인구 조사를 하기 위해 베들레헴으로 가던 마리아와 요셉에 관한 특정 영국 찬송가의 예를 들었다. 마리아는 '임신 중'이었고 여행에 지쳐 있었다. 그녀는 남편에게 피곤하고 배고프다며 불평하기 시작했다. 그래서 그들은 당나귀를 길 한쪽에 멈춰 세웠다. 긴 여행으로 조금 짜증이 난 마리아는 요셉에게 "배가 고파요. 먹을 것을 좀 갖다주세요."라고 말했다. 마찬가지로 지치고 짜증이 난 요셉은 가던 길을 멈춘 것이 유쾌하지 않았다. 그는 "당신을 임신시킨 사람에게 먹을 것을 가져다 달라고 하세요."라고 대답했다. 그러자 곧 근처의 체리 나무의 가지가 구부러져 마리아에게 체리를 제공한다.

만약 당신이 "잠깐만요, 1세기에 팔레스타인에는 체리 나무가 없었는데요."라고 말한다면 베이트슨은 당신이 그 이야기의 목적을 놓친 것이라고 언급한다. 그 이야기를 문자 그대로 받아들이면 더 깊은 의미를 빼앗길 수 있다. 문자적인 해석은 이야기의 의도를 흐린다. 다시 말하자면, 예수님께서 씨 뿌리는 자에 관해 말씀하셨을 때 정말로 원예에 대한 강의를 하려는 것이 아니었다. 오히려 그 이야기에는 상징적인 특성이 있었다.

질문의 수준

신경논리적 수준의 자연스러운 위계 구조가 언어에 직관적으로 나타나는 부분은 우리의 가장 근본적인 질문들 안에 있다. 우리의 삶을 조직하기 위해 사용하는 여섯 가지 'W' 질문(육하원칙)을 생각해 보자.

어디서(where), 언제(when), 무엇을(what), 어떻게(how, 'w'가 뒤쪽에 있는 질문), 왜(why), 누가(who)

- 환경: 어디서? 언제?
- 행동: 무엇을?
- 능력: 어떻게?
- 신념과 가치관: 왜?
- 정체성: 누가?

영성과 목적의 차원은 **"누구를 위하여?"**와 **"무엇을 위하여?"**라는 질문으로 나타난다.

우리가 대화에 더 깊숙이 들어갈 때 우리는 직관적으로 다양한 신경논리적 수준의 위로 이동한다. 만약 어린아이에게 맞춤법 단어 목록(**무엇**)을 주고 주말에 그 단어들에 대한 시험을 본다고 말한다면(**어디서, 언제**), 아이는 "이 모든 단어들의 맞춤법을 어떻게 다 기억하죠?"라는 타당한 질문을 할 수 있다. 만일 그 아이에게 눈을 위로 그리고 왼쪽으로 움직여서 마음의 눈에 각 단어의 심상 이미지를 만들어 보라고 이야기한다면('어떻게'라는 질문에 대한 대답), 아이는 "그것이 단어를 기억하는 데 **왜** 도움이 되나요?"라고 질문할 수 있다. 나는 맞춤법에 맞춰 글쓰는 능력은 단어가 어떻게 보이는지를 기억하는 결과이며, 이 과정은 단어의 이미지가 마음에 새겨지도록 하는 데 도움이 될 것이라는 나의 신념을 설명함으로써 질문에 답할 수 있다. 그러면 아이는 정체성 차원으로 넘어가서 "그렇게 하면 맞춤법을 바르게 쓰는 사람이 되나요?"라고 질문할 것이다.

동일한 직관적 패턴이 다음의 상호작용에서 설명되어 있다.

의사: 다음주 수요일 오후에 제 진료실에서 45분 정도 스케줄을 잡아 두는 것이 좋겠네요.

환자: 네. 무슨 일인가요?

의사: 포도당 내성 검사를 해야 할 것 같습니다.

환자: 어떻게 진행되나요?

의사: 콜라와 같이 단 액체를 마시고 혈액을 채취해서 당을 얼마나 잘 처리하는지 알아볼 것입니다.

환자: 제가 왜 이 검사를 받아야 하는 거죠?

의사: 마지막 혈액검사 결과 정상 혈당치보다 높게 나왔고 임신성 당뇨병의 징조일 수 있다고 판단됩니다.

환자: 제가 당뇨병이라고 생각하시는 건가요?

의사: 반드시 그런 것은 아닙니다. 많은 여성이 임신 중에 혈당 수치가 정상보다 높아집니다.

관리자: 화요일 오후에 시간 되시면 제 사무실에서 만날 수 있을까요?

동업자: 네. 무슨 일로 만나는 건가요?

관리자: 다음주에 있을 발표를 준비하기 위해 모였으면 합니다.

동업자: 구체적으로 어떻게 '준비'하고 싶은가요?

관리자: 우리가 발표할 정보의 순서를 검토하고 시각 자료를 만들 필요가 있는지도 알아보면 좋겠다고 생각했습니다.

동업자: 왜요? 사람들이 우리의 핵심을 이해하기 어려울 거라고 생각하나요?

관리자: 글쎄요. 저는 핵심 아이디어를 다양한 방식으로 표현하는 것이 좋다고 생

각합니다.

동업자: 알겠습니다. 제가 공동 개발자의 역할을 하기를 원하나요? 아니면 '비평가'의 입장에 서기를 원하나요?

관리자: 청중의 입장이 되어서 그들 중 한 사람으로서 이 발표를 보시는 것이 좋을 것 같습니다.

더 깊이 있는 주제에 대한 논의는 결국 우리의 삶이 누구와 무엇을 섬기는지와 같은 '영성' 차원의 질문에 도달하게 한다. 이 차원의 언어는 삶과 죽음의 문제에 필수적이다. 예를 들어, 유명한 게티즈버그 연설에서 에이브러햄 링컨의 언어는 거의 전적으로 이런 질문들을 향해 있었다. 그는 "이 나라를 살리기 위해 목숨을 바친 사람들에게 마지막 안식처로 그 싸움터의 일부를 헌납하고자 우리가 여기 모인 것입니다."라고 선언했다. 링컨은 분명하게 "누구를 위하여" 그리고 "무엇을 위하여" 모였는지 밝혔다. 이 깊은 신경논리적 수준에 대한 강조는 링컨이 결론을 말할 때 더욱 명확해진다. "우리 앞에 남겨진 대업에 우리는 우리의 신명을 다 바쳐야 할 것입니다. 우리는 그들의 명예로운 죽음을 통해 더 큰 힘을 얻어 그들이 마지막 신명을 다 바쳐 지키고자 했던 대업에 더욱 헌신하고 그들의 죽음이 헛되지 않게 하겠다고 엄숙하게 다짐해야 할 것입니다. 그리고 국민의, 국민에 의한, 국민을 위한 정부가 이 지상에서 결코 사라지지 않게 해야 할 것입니다."

수준과 비언어적 메타 메시지

특정 메시지가 전달되는 수준은 다른 비언어적인 메타 메시지로도 전달될 수 있다. 예를 들어, 목소리 강세의 변화를 나타내는 고딕체로 표시된 다음의 단어에서 메시지의 함축적 의미의 차이를 생각해 보자.

"당신은 **그것을** 여기에서 하지 말아야 합니다."

"당신은 그것을 여기에서 **하지 말아야 합니다.**"

"**당신은** 그것을 여기에서 하지 말아야 합니다."

강세가 어디에 배치되어 있는가를 바탕으로 메시지는 특정한 수준의 강조와 관련해 다른 함축적 의미를 갖는다. 당신은(정체성) 그것을(행동) 여기에서(환경) 하지 말아야(신념/가치관) 합니다(능력). 메시지가 해석되는 방식과 메시지가 적절하게 해석될지의 여부를 결정하는 것은 종종 이러한 메타 메시지의 존재 또는 결핍이다. 예를 들어, 권위자가 "**당신**은 규칙을 존중하지 않고 있습니다."라고 말한다면 이것은 정체성의 메시지로 여길 가능성이 훨씬 높다. 만일 그 사람이 "당신은 **규칙**을 존중하지 않고 있습니다."라고 말한다면 이것은 행동의 차원만큼 개인의 정체성을 강조하는 것은 아니다.

논리적 수준을 변화시키기 위해 언어를 사용함으로써 경험을 언어적으로 재구성하기

다양한 신경논리적 수준과 관련된 언어를 사용하여 곤경에 처한 상태에서 벗어나도록 돕고 그들의 경험을 재구성하도록 하는 강력한 방법은 하나의 논리 차원에서 다른 논리 차원으로 특성이나 경험을 재분류하는 것을 포함한다(예: 개인의 정체성을 능력이나 행동으로부터 분리하는 것). 부정적인 정체성 판단은 자신의 정체성에 대한 진술로 특정 행동을 해석하거나 특정한 행동 결과를 만들어 내는 능력이 부족한 데서 오는 결과다. 부정적인 정체성 판단을 사람의 행동이나 능력에 대한 진술로 바꾸는 것은 정신적으로나 감정적으로 그 사람에게 미치는 영향을 확연히 줄일 수 있다.

한 예로 사람은 암에 걸리면 우울해질 수 있고 자신을 '암의 희생자'로 여길 수 있다. 이것은 '당신은 **암의 희생자**가 아닙니다(A = 정체성). 당신은 **마음-몸의 연결을 충분히 활용할 수 있는 능력**을 아직 개발하지 않은 정상적인 사람입니다(B = 능력).'로 '재구성'할 수 있다. 또한 그 사람이 자신과 질병에 대한 관계를 전환시키고 다른 가능성을 열어 치유 과정의 한 참가자로서 자신을 바라보는 데 도움이 될 수 있다.

동일한 유형의 재구성으로는 '나는 실패자야.'와 같은 신념에 적용될 수 있다. 여기에는 "당신은 실패자라기보다 성공하기 위해 필요한 모든 요소를 아직 다 숙달하지 못했을 뿐이에요."라고 말할 수 있다. 다시 말하지만 이것은 제한된 정체성 차원의 판단을 보다 능동적이고 해결 가능한 구조로 되돌려 놓는 것이다.

어떤 것을 다른 논리적 차원으로 분류하는 것은 그것의 의미와 영향을 바꾼다.

이러한 유형의 재구성은 다음과 같은 단계를 사용함으로써 설계할 수 있다.

- 부정적인 정체성 판단을 확인한다(**A−**):

  나는 ＿＿＿＿＿＿＿＿ 이다. (예: "나는 <u>다른 사람들에게 짐이</u> 된다.")

- 정체성 판단에 암시된 현재 상태나 원하는 상태와 연결되어 있는 특정 능력 또는 는 행동을 확인한다(**B**):

  ＿＿＿＿＿＿＿＿ 하는 능력(예: "<u>스스로 문제를 해결할 수 있는 능력</u>")

- 부정적인 정체성 판단을 능력이나 행동으로 대체한다.

  아마도 그것은 **당신이** ＿＿＿＿＿＿＿＿는 것은 아니다(부정적 정체성−예: '다른 사람에게 짐이 됨'), 당신은 **아직** ＿＿＿＿＿＿＿＿하는 능력을 가지고 있지 않을 뿐이다(특정 능력 또는 행동−예: "스스로 문제 해결").

억양이나 강세나 다른 비언어적 메타 메시지(위 예문에서 굵은 글씨의 단어로 표시)는 논리적 차원의 전환을 강조하는 데 사용될 수 있다.

S.C.O.R.E. 모델

S.C.O.R.E. 모델은 문제를 정의하고 개입을 설계하는 데 직관적으로 사용되는 기법을 설명하기 위해 1987년에 로버트 딜츠와 테드 엡스타인에 의해 개발되었다. 이것은 NLP 적용을 이끄는 슈퍼비전 세미나에서 비롯되었다. 딜츠와 엡스타인은 그들의 뛰어난 NLP 학생들과는 달리 이 모델이 문제에 접근하는 방식을 체계적으로 조직화한다는 것을 깨달았으며, 어떤 면에서 이것은 좀 더 효율적이고 효과적으로 문제의 근원에 도달하게끔 했다. 두 사람은 직관적이지만 체계적으로 하는 것이 기존의 NLP 기법이나 모델에 의해 정확히 설명되지 않았다는 사실에 주목했다.

문제해결에 대한 전통적인 NLP 접근은, ① 현재 상태 또는 '문제 상태'를 정의하고, ② 원하는 상태 또는 목표를 설정하며, ③ 문제 상태를 해결하고 원하는 상태에 도달할 수 있도록 돕는 해결책이나 절차의 단계를 확인하고 실행하는 것에서 비롯되었다. 딜츠와 엡스타인은 그들이 정보 수집 과정에서 문제해결의 다양한 요소를 지속적으로 더 작은 조각들로 나누고 있다는 것을 발견했다. 예를 들어, '문제 상태'를 정의할 때 그들은 문제를 특징짓는 '증상'과 그 증상의 '원인'을 지속적으로 구분했다. 원하는 상태와 목표를 설정하기 위해 원하는 상태를 나타내는 특정한 행동적 '결과(outcome)'와 그 결과의 예상되는 결과인 장기적인 '효과'(대체로 행동 차원은 아님)를 구분하는 것이 중요하다는 것을 발견했다. 더욱이 딜츠와 엡스타인은 깊은 '자원'으로부터 기법을 분리하는 것이 중요하다는 것을 지적했으며, 이러한 기법이 문제를 변형하고 원하는 목표를 달성하는 해결책에 도달하기 위한 수단으로 동원되고 활성화된다는 데 주목했다.

'S.C.O.R.E.'는 딜츠와 엡스타인에 의해 만들어진 추가적인 구분을 나타내며, 증상(Symptoms), 원인(Causes), 결과(Outcomes), 자원(Resources), 효과(Effects)를 대표한다. 이 모델에 따르면 이러한 요소는 변화나 치유 과정에서 설명될 필요가 있는 최소한의 정보를 나타낸다.

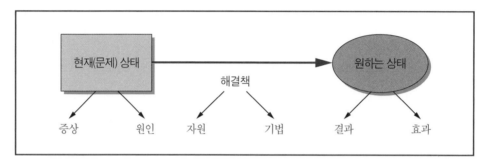

그림 1-32 S.C.O.R.E. 모델은 기존 NLP의 '현재 상태-원하는 상태'의 문제 해결 모델에 추가적인 구분을 만든 것이다.

흥미로운 점은 *score*라는 단어가 영어로 여러 가지 함축적인 의미를 갖는다는 것이다. 이 단어는 '표시(notch)' 또는 '절단(cut)'을 뜻하는 고대 노르웨이의 단어 *skor*에서 파생되었다. 메리암 웹스터 사전에서는 'score'를 '출발점이나 결승점으로 사용되는 표시' 또는 '점수를 기록하기 위해 사용되는 표시'로 정의한다. 예를 들어, 게임이나 운동 경기에서 점수가 기록될 때 이것은 상호작용의 현재 위치를 추적하는 의미로 사용된다[예를 들어, '현재 상태 파이어리츠(Pirates)'-0, '원하는 상태 데어데블스(Daredevils)'-4].

그래서 'score'는 어떤 사건이나 상호작용의 진척을 따라가는 의미로도 쓰인다. 예를 들어, '뮤지컬 score'는 영화나 연극 작품의 음악에 대한 설명을 의미한다. 춤의 'score'는 특별한 안무 대본으로 만들어진 춤 구성에 대한 설명이다. 이 용어는 심지어 '극명하게 불가피한 상황에 대한 사실'의 의미로 사용되기도 한다. 예를 들어, 특정 상황과 관련된 모든 사안을 이해할 때 'score를 안다.'라고 말한다.

'score'는 (게임이나 시험에 대한) 결과 표현, (품질에 대한) 우수성처럼 절대적으로 점수를 획득하거나 기준과 비교할 때도 사용된다. 'score'는 성취 행위 자체를 나타내기 위해 사용될 수도 있다. 예를 들어, 'score'는 점수를 얻는 다양한 게임이나 시합에서 골, 득점, 터치다운에 사용되는 용어다. 그것은 원하는 무언가를 얻는 일반적인 성공을 나타내는 데도 사용된다.

NLP의 S.C.O.R.E. 모델은 이러한 모든 함축적 의미를 어느 정도 포함한다. 사실 정보를 수집하고 그 정보를 S.C.O.R.E.로 구성하는 궁극적인 목적은 현재 상태에서 원하는 상태로의 경로를 '이야기하는 것'이다. 연극 작품의 score와 마찬가지로 문제에 대한 S.C.O.R.E.의 각 부분은 의미 있는 전체의 유형으로 '서로 잘 들어맞아야' 한다. 따라서 S.C.O.R.E. 모델은 분석적인 분류 목록 그 이상이다. 그것은 특정 문제를 해결하는 데 필요한 '변화의 이야기'에 대한 감각을 얻는 데 필요한 최소한의 정보를 명확히 한다.

S.C.O.R.E. 알기

S.C.O.R.E.의 탁월함을 더 잘 이해하기 위해서는 다음과 같은 질문을 생각해 보자. 문제가 무엇인가? 무엇이 문제를 만드는가? 성공적으로 문제를 해결하기 위해 문제에 대해 정의해야 하는 중요한 요소는 무엇인가?

먼저 **결과**가 없더라도 아무런 문제가 없다는 것을 아는 것이 중요하다. 만일 당신이 지금 있는 곳이 아닌 다른 어떤 곳에도 가길 원하지 않더라도 아무런 문제가 없다. 사실 때로는 목표를 세우는 과정이 문제를 만든다. '문제'는 현재 상태와 원하는 상태의 차이이자 원하는 상태에 도달하기 위해 다루어야 할 이슈들이다.

목표를 이끌어 낼 수 있는 질문들은 다음을 포함한다. **구체적으로 당신의 목표는 무엇인가? 무엇을 더 원하는가? 원하는 것을 얻을 수 있다면 무엇인가?**

원하는 상태로 이동하는 과정에서 **증상**은 목표에 이르기까지 제약, 저항, 방해의 형태로 나타난다. 증상은 일반적으로 문제의 가장 명백한 양상이다. 신체적 증상은 종종 통증, 연약함, 또는 움직임 부족으로 나타난다. 심리적 증상은 내적 갈등과 정서적인 어려움의 형태로 일어난다. 회사나 비즈니스에서의 일반적인 증상은 이윤, 동기 부여 또는 생산성의 저하일 수 있다.

증상은 다음과 같은 질문을 통해 이끌어 낼 수 있다. **문제가 무엇인가? 무엇이 잘못되었는가 또는 무엇이 문제를 유발하는가? 바꾸고 싶은 것은 무엇인가? 당신이 원하는 것을 얻지 못하거나, 당신이 원하는 대로 되는 것을 가로막는 것은 무엇인가?**

물론 효과적인 문제해결은 일련의 증상 또는 특징 증상의 보다 심층적인 **원인**을 찾아내고 해결하는 것이다. 증상만 치료하는 것은 일시적으로 고통을 줄이는 것이다. 원인은 그 순간에 분명히 드러나고 있는 증상보다 덜 분명하고 광범위하며 보다 체계적이다. 예를 들어, 신체적 고통은 원활하지 못한 순환이나 바이러스 감염 또는 내부 상처와 같은 보이지 않은 요인에 의해 유발될 수도 있다. 정서적인 어려움은 제한된 신념(사고 바이러스), 억제된 기억, 또는 심상 지도와 표상에 대한 왜곡의 결과일 수 있다. 이윤이나 생산성의 저하는 경쟁, 조직, 리더십, 시장 변화, 기술 변화, 의사소통 수단 또는 그 외의 것들과 관련된 결과일 수 있다. 원인으로 파악된 것이 해결책을 찾는 지점이 된다.

아리스토텔레스는 이것을 지속시키는 네 가지 유형의 원인이 있다고 주장했다. **선행**(antecedent) (역사적) 원인은 과거에 뿌리를 둔 일련의 사건들과 관련이 있다. **제약**(constraining) 원인은 '지금 여기'에서 발생하는 기회나 경계의 기능이다. **목적**(final) 원인은 예상되는 미래의 결과와 현재 행위의 목표와 관련이 있다. **형식적**(formal) 원인은 진행 중인 사건을 인식하고 청킹하며 필터링하는 방식과 관련이 있다. 증상의 원인을 찾기 위해서는 철저한 조사를 통해 이들 중 몇 가지를 점검하는 것이 중요하다.

특정 증상의 또 다른 중요한 '원인'의 유형은 증상의 잠재적인 긍정적 목적 혹은 2차적 이득과 관련이 있다. 예컨대, 분노와 같은 감정 증상의 '원인'은 자신을 보호하거나 경계를 설정하는 역할을 한다. 신체적 증상도 때로는 보살핌이나 관심 혹은 좋은 '핑계' 역할을 한다는 점에서 '2차적 이득'이 발생한다. 동기 부족은 스트레스와 실패를 피하기 위한 하나의 방법일 수도 있다. 이는 문제해결자가 자주 간과하는 잠재적 원인들의 주요 영역이다.

　요약하자면, 다음과 같은 질문을 던짐으로써 원인들을 탐구하고 또 발견할 수 있을 것이다. 이 증상은 어디에서 왔는가? 이 증상을 유발하는 것은 무엇인가? 증상이 시작되기 바로 직전 혹은 시작된 그 시점에 무슨 일이 벌어지고 있었는가? 무엇이 증상을 계속 유지시키고 있는가? 이 증상을 바꾸지 못하게 당신을 방해하는 것은 무엇인가? 증상 뒤의 긍정적 의도가 있다면 그것은 무엇이며, 무슨 목적으로 증상이 발현된 것인가? 이 증상으로 인해 나타난 혹은 나타날 수 있는 어떤 긍정적인 결과가 있는가?

　특정 목표 혹은 결과를 성취하면서 나타나기를 원하는 **효과** 역시 문제 영역을 정의하는 중요한 요인이다. 특정 결과는 일반적으로 장기 효과로 가는 하나의 단계다(NLP에서 특정 결과는 때로 '메타 결과'라고 언급되는 것). 때때로 결과에 도달하는 방식은 사실 장기 목표에 도달하는 것을 저해할 수 있기 때문에 한 문제에 대한 해결책과 장기적으로 바라던 효과가 합치하는 것이 중요하다. 예를 들면, '전투는 이겼지만 전쟁에서는 지는 것'이 가능하다는 얘기다.

　효과와 관련 있는 질문들은 다음과 같다. **결과를 얻은 후에는 무슨 일이 발생할까? 목표를 성취하면 무슨 일이 벌어질까? 결과를 도출한 이후에 당신은 무엇을 할 것이고, 당신에게는 그다음에 무슨 일이 벌어질까?**

　따라서 전반적인 '문제 영역'은 목표나 결과, 그 결과를 성취하는 데 방해가 되는 증상들, 증상의 원인, 결과에 도달한 후 장기적으로 바라왔던 효과 간의 관계에 의해 정의된다. 특정 증상을 효과적으로 해결할 **자원**을 찾기 위해서는 증상의 원인과 결과 및 궁극적으로 도달해야 하는 원하는 효과에 대해 알고 있어야 한다. 이때 문제 상태를 해결하기 위해 필요한 자원들은 그 결과에 도달하는 데 필요한 자원들과 다를 수 있다(예: '두통'을 없애기 위해 아스피린을 먹지만 '원기 회복'을 위해서는 침대에 누워 쉬어야 한다). 또 어떤 경우에는 하나의 자원이 전체 문제 상황을 효과적으로 해결하기도 한다. 그러나 어쨌든 ① 증상과 증상의 원인을 다루고, ② 원하는 결과와 효과를 달성하는 데 도움이 되는 자원들을 탐색하는 것이 유용하다.

　자원을 확인하기 위해서는 다음과 같은 질문이 필요하다. **결과에 도달하기(문제를 해결하기) 위해 당신이 가진 것**(행동, 상태, 능력, 신념, 지원 등)**은 무엇인가? 예전에 이와 비슷한 결과에 도달할(혹은 비슷한 문제를 해결할) 수 있었는가? 그때 무엇을 했는가? 전에 이와 같**

은 결과에 도달한(혹은 해결한) 사람을 알고 있는가? 그 사람은 무엇을 했는가? 이미 결과에 도달했고(문제를 풀었다면), 돌이켜 봤을 때 이를 위해 당신은 무엇을 했다고 생각하는가? 그 문제의 긍정적인 의도나 결과를 그대로 유지하면서, 동시에 원하는 상태에 도달하기 위해 당신은 어떤 선택을 할 수 있는가?

기법은 증상, 원인, 결과의 특정 집합에 맞는 특정 자원을 확인하고, 가져오며, 적용하기 위한 순차적 구조들이다. 기법은 자원 안에 있는 것도 아니며 자원 그 자체도 아니다. 기법은 다른 S.C.O.R.E. 요소들에 의해 정의된 전체 체계를 다루는 데 적합한 자원들을 가져오고 적용하는 범위에 한해서만 효과가 있을 뿐이다.

문제 상황이 얼마나 특정적인지 혹은 일반적인지에 따라 특정 기법 및 자원들은 즉각적인 결과를 낼 수도 있고 결과에 도달하는 과정에서 중재 역할만 할 수도 있다. 일부 해결책은 수개월 혹은 수년에 걸쳐 적용되는 다양한 자원을 필요로 할 수도 있다. 증상, 결과, 원인 및 잠재적인 효과를 정의하는 과정은 계속 진행되는 과정이다.

정리하면, S.C.O.R.E. 모델에 따른 효과적인 문제 해결 능력은 다음 요소들 간의 관계를 정립하면서 '문제 영역'을 정의하고 잠재적인 '해결 영역'을 확인하는 것과 관련이 있다.

1. **증상**: 일반적으로 현재 문제 혹은 문제 상태에서 가장 눈에 띄는 의식적인 측면.
2. **원인**: 증상을 만들어 내고 유지시키는 기저에 깔린 요인들. 원인이 만들어 내는 증상보다는 보통 덜 명료하다.
3. **결과**: 증상을 대신하게 될 특정 상태 혹은 행동들.
4. **자원**: 증상의 원인을 제거하고 원하는 결과에 도달하게 하며 이를 유지시키는 기저의 요인들(기술, 도구, 신념 등). 6단계 리프레임, 개인사 전환, 앵커링 등과 같은 기법은 특정 자원을 적용하기 위한 체계다.
5. **효과**: 특정 결과를 성취했을 때의 장기적인 결과. 일반적으로 특정 결과들은 장기 효과에 도달하기 위한 디딤돌 역할을 한다.

① 긍정적인 효과는 처음부터 특정 결과를 만들어 갈 수 있는 이유이자 동기가 되곤 한다.
② 부정적인 효과는 저항 또는 생태학적 문제들을 유발할 수 있다.

기본적인 S.C.O.R.E. 질문

특정 문제와 관련하여 S.C.O.R.E.를 정의하기 위해 사용되는 기본 질문은 다음과 같다.

1. 이 문제에서 '**증상**'은 무엇인가?
2. 이 문제에 대한 증상의 '**원인**'은 무엇인가?
3. 원하는 '**결과**' 혹은 목표는 무엇인가?
4. 그러한 목표 달성의 장기적 '**효과**'는 무엇인가?
5. 그 원인을 해결하는 데 어떤 '**자원**'이 도움이 될 것인가?
6. 그 결과를 달성하는 데 어떤 '**자원**'이 도움이 될 것인가?

S.C.O.R.E. 모델 적용하기

S.C.O.R.E. 모델의 분류를 개념화하고 사용해 보는 효과적인 방법 중 하나는 이 모델의 요소를 시간선 위에 구성해 보는 것이다. 일반적으로 증상은 지금 혹은 현재 경험하는 것이거나 가까운 과거에서 경험했던 것이다. 그러한 증상의 원인은 증상에 선행하는 것이 일반적이다. 증상의 원인은 증상 바로 직전이나 잠재적으로 훨씬 앞과 같이 증상보다 먼저 나타난다. 결과는 당신이 증상 대신 나타나길 원하는 것이기 때문에 증상과 같은 시간틀 위에 나타난다. 따라서 증상이 현재 존재한다면 결과도 현재에 있거나 매우 가까운 미래에 있을 것이다. 효과는 결과의 장기적 발현이다. 효과는 단기적 미래부터 장기적 미래까지 존재할 수 있다. 한편, 자원은 언제든 나타날 수 있다. 방금 막 당신에게 발생한 것일 수도 있고, 오래전에 발생했던

것일 수도 있으며, 혹은 미래에 발생할 것이라고 당신이 상상한 어떤 것일 수도 있다. 창의적인 문제 해결에서는 '만약 그렇다면?'이라고 질문하고 '마치 그러한 것처럼' 행동하는 것으로부터 많은 자원을 얻을 수 있다.

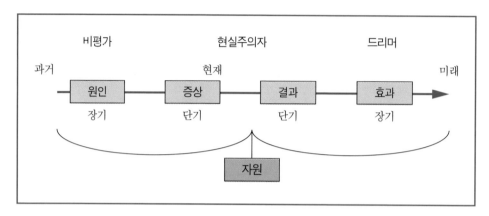

그림 1-33 시간선에서의 S.C.O.R.E. 배치

효과는 특정 결과들을 만들어 내는 거시적 목표이다. 어떤 결과의 효과가 어떨지, 어떻게 될 것인지 혹은 어때야 하는지에 대해 우리가 언제나 알 수 있는 것은 아니다. 때로는 먼저 자원을 적용해 보고 결과를 도출해 본 이후에야 그 효과를 탐색하게 될 수도 있다.*

---

* 역자 주: 디즈니 상상하기(Disney Imagineering) 전략 측면에서, 단기 및 장기 미래는 '드리머 (dreamer)'의 영역이고, 증상과 결과에 대한 지속적 표출은 '현실주의자(realist)'의 영역이며, 과거 의 원인과 문제들은 '비평가(critic)'의 영역이다.

'메타프로그램' 패턴

메타프로그램은 1970년대 후반 NLP의 한 부분으로 나타났다. 이 프로그램들은 NLP 2세대와 관련된 주요 발달 중 하나다. 사람들이 (광학 홀로그램에서의 참조파와 같은) 심리 프로그래밍에서 '일관성'을 지키는 방법으로 리처드 밴들러는 다수의 패턴을 처음으로 제시하였다. 이러한 패턴 및 기타 패턴에 관한 추가 연구는 레슬리 카메론 밴들러(Leslie Cameron-Bandler)를 중심으로 데이비드 고든(David Gordon), 로버트 딜츠 및 매리베스 메이어스 앤더슨(Maribeth Meyers-Anderson)에 의해 진행되었다. 그 명칭이 의미하듯이 '**메타**'프로그램들은 다른 프로그램에 관한 것이다. 이 프로그램들은 다른 사고 과정을 지도하고 지휘한다. 구체적으로 이 프로그램들은 특정 개인, 그룹 혹은 문화의 전략 혹은 사고 스타일에 나타나는 일반적이거나 전형적인 패턴들을 정의한다.

상당수의 메타프로그램 패턴과 현 NLP 종속모형 기법은 인지 전략의 기능을 더욱더 잘 이해하고자 하는 시도에서 탄생했다. 특히 그들의 전략에 맞는 동일한 인지 구조를 가진 개인들이 때때로 너무나도 다양한 결과를 내는 이유를 설명하기 위한 방편으로 개발되었다. 예를 들면, 두 사람이 구조에 맞는 결정 전략을 공유할 수 있는데, 이는 V^c(시각 구성) → K^i(내부 촉각)(결정을 내리기 위해 구성된 이미지에서 느낌을 이끌어 내는 것)이다. 그러나 한 사람은 "여러 대안을 그려 보고 나에게 가장 맞는다고 느껴지는 것을 선택한다."고 말하는 반면, 다른 한 사람은 "여러 가지 대안을 그려 보면 그 많은 대안에 압도당하고 혼란스럽다."라고 불평할 수도 있다. 메타프로그램의 개념은 그러한 다양한 반응 간의 차이가 무엇 때문인지를 발견하고자 하는 시도에서 탄생한 것이다. 전략의 일반적인 표상 구조는 본질적으로 같기 때문에 그 차이는 전략(혹은 내부 프로그램)의 외부 패턴들 혹은 그 전략의 메타 패턴인 '메타프로그램'에서 비롯된다.

메타프로그램 패턴과 종속모형은 경험 및 특정한 인지 전략이 대표하는 정보 간 관계 및 특성을 결정짓는다. 이들은 특정 이미지의 경험적 실체, 단어들의 집합 혹은 감정 상태와 연관된 특징을 다룬다. 이들 패턴 및 모형은 어떻게 경험이 대표되고 분류되며 개입되는지에 영향을 미친다. 또한 이들은 우리의 경험에 대한 또 다른 필터로 작동하며 우리의 관심을 어디에 둘지를 겨냥한다.

메타프로그램들은 (종속 모형들과는 대조적으로) 사고에 대한 구체적인 전략보다는 더욱 추상적인 방식을, 사고 과정의 세부사항보다는 특정 문제에 대한 일반적인 접근방식을 정의한다. 메타프로그램 패턴은 '문제 영역'의 다른 방식에 대한 묘사 또는 접근할 수 있는 문제 영역의 요소에 대한 설명이다.

다른 NLP 차이들과 함께 어떤 상황의 내용이나 맥락과는 관계없이 한 상황에 동일한 메타프로그램 패턴을 적용해 볼 수 있다. 또한 이것은 '전부 차이 남 혹은 전혀 차이 없음'이 아니라 다른 비율로 함께 나타날 수 있다.

메타프로그램 패턴의 개관

문제나 목표에 접근하는 데 있어 무엇인가 **긍정적인** 쪽으로 **나아가는** 것과 무엇인가 **부정적인** 쪽에서 **멀어지는** 것 혹은 이 두 가지 조합이 강조될 수 있다. 긍정적인 쪽으로 접근하는 것은 원하는 비전, 결과와 꿈을 성취하는 것을 추구하고 기업가 정신과 '**주도성**'을 키우는 경향이 있다. 부정적인 것을 피하는 것은 잠재적인 실수나 문제들을 우회하거나 계획, 결정 및 문제 해결에 있어 좀 더 조심스럽고 보수적이며 '**반응적**'인 접근방식을 수반한다. 그러나 무조건 긍정적인 쪽으로만 '나아가는' 사람들은 안일하며 잠재적으로 위험한 결정을 내릴 수도 있다. 또한 부정적인 것을 '피하려고만' 하는 사람들은 지나치게 비관론적이거나 '편집증적'일 수 있다. 좋은 결정과 계획은 이 두 가지가 적절히 조화되었을 때 가능하다.

청크 크기의 메타프로그램 패턴은 문제나 문제 영역을 분석하는 개인이나 그룹에 대한 구체성 또는 일반성의 수준과 관련이 있다. 상황은 **세세함**(정보의 미시적 청크)과 **일반성**(정보의 거시적 청크)의 다양한 범주로 분석될 수 있을 것이다. 다시 한번 강조하지만 세세한 부분에 지나치게 초점을 맞추면 '큰 그림'을 놓칠 수 있다. 마찬가지로 일반성을 너무 강조하면 개별적인 단계들을 볼 수 없기 때문에 무엇인가를 '끝까지 해내는' 능력을 손상시키고 약화시킨다.

목표나 문제 상황을 장기, 중기 혹은 단기적 결과들처럼 다른 **시간틀**과 관련하여 연구해 볼 수도 있다. 하나의 문제나 결과가 고려되는 이 시간틀은 그 문제나 결과에 접근하고 이를 해석하는 방식에 큰 영향을 미칠 수 있다. 예컨대, **단기적** 성공에 너무 많은 강조점을 두게 되면 **장기적**인 생태 문제를 유발할 수 있다(예를 들면, '전투는 이겼지만 전쟁은 지는' 식). 반면에 단기적·중기적 요구 및 도전을 간과하면 장기적 목표의 성공을 위협할 수 있다("쇠사슬 중 하나라도 약한 부분이 있으면 전체가 약해진다.").

결과 및 문제들은 또한 **과거**, **현재**, **미래**와 관련하여 정의될 수 있다. 때때로 사람들은 최근에 발생해서 아직 기억 속에 생생한 성공한 사례들을 반복하려고 하고 실패한 사례는 피하려고 시도한다. 또한 어떤 사람들은 좀 더 먼 미래의 결과나 문제를 성취하거나 피하려고 한다. 몇몇은 미래보다는 과거를 보면서 해결책을 찾는 경향이 있다. 구소련의 미하일 고르바초프(Mikhail Gorbachev)와 1990년대 초 구소련 연방의 분열 전에 그를 전복시키려고 시도했던 사람들 간의 차이가 좋은 예다. 한쪽은 미래를 대비하려고 한 반면, 다른 쪽은 과거를 보존하려고 하였다.

통제 소재는 또 다른 중요한 메타프로그램 패턴이다. **내부의 참조경험**은 행동의 주요 원천으로서 그러한 행동의 성공을 평가하기 위해 자기 내면의 감정, 표상 및 기준을 사용하는 과정을 일컫는 NLP 용어다. 내부의 참조경험은 **외부의 참조경험**과는 대조되는데, 후자의 경우는 특정 행위 혹은 결정과 관련된 통제 소재 혹은 성공의 증거가 개인 **외부**에 놓여 있기 때문이다. 예를 들어, 내부의 참조경험을 바탕으로 직업을 선택하는 것은 자신의 필요와 욕구를 결정하고, 그러한 필요와 관심에 그 직업이 얼마나 잘 맞는지를 바탕으로 선택하는 것을 포함한다. 외부의 참조경험을 바탕으로 한 직업 선택은 다른 사람을 기쁘게 하는 선택을 하거나 어쩔 수 없이 그 선택밖에 할 수 없기 때문에 하는 것이다. 따라서 무언가를 '원해서' 한다면 그것은 내부 참조경험에 더 가까운 것이다. 한편 무언가를 '해야 하므로' 하거나 혹은 누군가가 '해야 한다'고 말했기 때문에 하는 것은 외부의 참조경험에 더 가깝다. 성공적인 증거 및 증거 절차들은 일반적으로 내부와 외부의 참조경험 기준을 모두 포함하는 조합이다.

　목표를 달성하거나 문제를 피하는 것과 관련된 성공은 현재 상태와 목표 상태 간의 **매칭**(유사점을 찾는 것) 혹은 **미스매칭**(차이점을 찾는 것) 중 하나를 통해 평가할 수 있다. 매칭은 무엇이 성취되었는지에 관심을 둔다. 미스매칭은 무엇이 없는지를 강조한다. 매칭은 합치와 합의를 지지하며, 미스매칭은 다양성과 혁신을 장려할 수 있다. 그러나 과도한 매칭은 진정성이 없고 다른 사람들의 의견에 너무 쉽게 흔들리는 사람으로 보이게 할 수 있다. 또한 과도한 미스매칭은 다른 사람들과 잘 지내지 못하며 지나치게 비판적인 사람으로 보이게 할 수 있다.

　업무의 성취 혹은 '힘' 또는 '소속'과 관련해 관계에 대한 이슈를 생각해 볼 수도 있다. 혹은 관계에 대한 강조는 문화 및 성별 간 차이점을 이해하는 중요한 분류가 될 수 있다. 예컨대, 남성은 보다 업무 지향적으로 여겨지는 반면 여성은 관계에 좀 더 관심을 두는 것처럼 보인다. 업무 및 관계에서 초점의 균형에 관한 질문은 그룹이나 팀과 일하는 데 핵심이 되는 경우가 많다. 과업을 성취하는 데에는 목표, 과정 혹은 대안 중 어느 하나가 강조될 것이다(이는 그 자체로 혹은 그 안에서 문제 해결 혹은 계획에 대한 접근법이 크게 달라지는 결과를 초래할 수 있다. 과정 중심적 전략은 '책을 따라 하는 것'을 강조하지만, 대안 중심적 접근은 가능한 한 많은 응용의 가능성을 찾아내는 것을 수반할 것이다). 관계와 관련된 문제에는 다양한 범주에서의 자신, 타인 혹은 더 큰 체계(기업, 시장 등)에 중점을 두는 것으로 접근할 수 있다.

　비전, 행동, 논리 혹은 **정서**의 다양한 조합이 문제 접근 전략에서 강조될 수 있다. 이러한 인지 전략 중 하나를 특히 강조하는 것은 집단이나 문화 수준에서의 일반적인 **사고방식**을 만들어 낼 수 있다. 비전, 행동, 논리와 정서는 특정 인지 전략의 요소들을 좀 더 일반적으로 표현한 것이다. 예를 들면, 시각화, 동작화, 언어화, 느낌과 같다. 사고방식은 '주요한' 혹은 '가장 가치 있는' 표상체계의 NLP 개념과 유사하다.

주요 메타프로그램 패턴의 요약

1. 문제에 대한 접근
    1) 긍정적인 방향으로 나아감
    2) 부정적인 것을 피함

2. 시간틀
    1) 단기 – 장기
    2) 과거 – 현재 – 미래

3. 청크 크기
    1) 큰 덩어리– 일반적인 것
    2) 작은 덩어리– 세세한 것

4. 통제 소재
    1) 내부 혹은 '자신'의 참조경험– 주도적
    2) 외부 혹은 '타인'의 참조경험 – 반응적

5. 비교 방법
    1) 매칭(유사점) – 통일
    2) 미스매칭(차이점) – 직면

6. 문제 해결에 대한 접근
    1) 과업(성취)
        (1) 선택– 목표
        (2) 과정– 작동
    2) 관계(힘, 소속)
        (1) 자신 – **나의, 내가, 나를**
        (2) 타인 – **당신의, 그 사람의, 그들의**
        (3) 맥락 – **우리, 그 회사, 그 사람**

7. 사고방식

   1) 비전

   2) 행동

   3) 논리

   4) 정서

 기준의 위계와 논리적 수준의 초점 또한 메타프로그램의 특징으로 고려될 수 있다. **기준의 위계**는 한 개인이 하나의 결과 혹은 문제에 부여하는 우선순위의 순서다. 기준의 위계는 사람들이 다양한 행위 및 경험에 부여하는 중요성 혹은 의미의 정도와 관련이 있다. 기준이란 본질적으로는 행동을 위해 동기를 부여해 주는 가치다. 예를 들면, 성취, 힘, 생존, 효율성, 만장일치, 이익, 성장, 생산성, 소속, 질, 생태 등이 있다. 이와 같은 기준들은 다른 메타프로그램 패턴에 관한 많은 것을 결정짓고 보여 줄 수 있다. 기준의 위계 서열의 가장 높은 자리에 '성취'를 둔 사람은 가장 소중히 여기는 가치를 '소속'이라고 둔 사람보다 업무 지향적일 가능성이 훨씬 높다. 마찬가지로 '힘'에 초점을 두고 있는 사람은 '합의' 등을 강조하는 사람보다 훨씬 더 주도적이고 내부 참조일 가능성이 높다.

 논리적 수준의 초점은 일반적으로 원하는 상태로 문제를 해결하거나 계획하는 동안 관심을 두는 사람이나 집단과 관련이 있다. 강조점은 환경(어디서, 언제), 행동(무엇을), 능력(어떻게), 신념과 가치(왜), 정체성(누가) 혹은 체계(다른 누구와, 누구를 위하여) 중 어느 하나에 자리할 수 있다. 논리적 수준의 초점은 다른 메타프로그램 패턴이 적용될 수 있는 행동의 범위를 결정짓는다. 환경에서 무언가를 피하는 것은 정체성 수준에서 무언가가 되기를 피하는 것과는 다르다. 미스매칭 '행동'은 미스매칭 신념이나 가치와는 다르다. 한 수준에서는 회피하거나 미스매칭하거나 내부 참조경험을 하지만, 다른 수준에서는 접근하고 매치하고 외부 참조경험을 하는 것이 가능하다. 사실 논리적 수준의 초점을 살펴보는 것은 기본적인 메타프로그램 패턴을 확인하는 데 있어 명백한 불일치나 역설로 보이는 것을 구분하는 데 도움이 된다(한 수준에서는 무언가를 '접근'할 수 있고, 다른 수준에서는 무언가를 '피할' 수 있는 것).

메타프로그램 클러스터와 집단 과정

다양한 문제 해결 방식이나 접근 방법은 메타프로그램 패턴에 있는 다양한 비율의 각기 다른 클러스터와 시퀀스들로 특징지어진다. 어떤 사람은 80퍼센트는 관계에, 20퍼센트는 과업에 초점을 두고 문제에 접근함과 동시에 70퍼센트는 장기적으로, 30퍼센트는 단기적으로 고려할 수 있다. 또 어떤 사람은 90퍼센트를 과업에 초점을 맞추고 대부분 단기적 측면에서 생각할 수도 있다.

메타프로그램 패턴의 서로 다른 클러스터들은 분명 문제 영역의 서로 다른 영역들을 포함한다. 따라서 '옳거나' '그른' 메타프로그램은 존재하지 않는다. 오히려 문제 해결에 대한 효과성은 문제를 적절히 다루거나 목표를 달성하는 데 필요한 조건을 확보하기 위해 프로그램을 응용하는 능력과 관련이 있다. 디즈니 상상하기 전략(드리머, 현실주의자, 비평가)의 서로 다른 단계들을 예로 들자면 메타프로그램 패턴들의 특정 클러스터들을 특성화할 수 있다.

표 1-1 메타프로그램 패턴의 각기 다른 클러스터들은 서로 결합하여 다양한 사고 스타일을 만들어 낸다.

사고 방식	드리머	현실주의자	비평가
초점의 수준	무엇을	어떻게	왜
선호 표상	비전	행동	논리
접근법	긍정으로 나아감	긍정으로 나아감	부정을 피함
시간틀	장기	단기	장/단기
시간 지향	미래	현재	과거/미래
참조경험	내부-자기 자신	외부-환경	외부-타인
비교 방법	매칭	매칭	미스매칭

여러 활동 유형에는 다양한 유형의 태도와 접근법이 필요하다. 어떤 활동에는 미시적 청크와 세부사항에 집중할 수 있는 능력이 요구되거나 강조된다. 또 다른 활동에는 큰 그림을 볼 수 있는 능력이 요구된다. 그룹이나 팀의 계획 혹은 문제 해

결 사이클의 다양한 단계는 각기 다른 사고방식을 필요로 할 수도 있다. 따라서 메타프로그램 패턴들의 특정 태도 혹은 클러스터들은 한 그룹의 과정에 있는 다양한 단계에서 어느 정도는 모두 유익하다. 과정보다 결과를 더욱 강조하는 것은 한 그룹의 기능을 도울 수도 있고 제약할 수도 있다. 어떤 단계에서는 만장일치가 필요한 반면, 어떤 단계에서는 전체적인 시각에서 서로 다른 점들을 인정하는 것 역시 중요하다.

서로 다른 사고방식과 접근법들은 다양한 종류의 과업에 다양한 가치를 지닐 것이다. 브레인스토밍 시간을 예로 들면, 이 경우에는 큰 그림을 보고 장기적인 측면에서 생각을 주도해 가는 것이 좋다. 한편, 계획과 절차를 개발하기 위해서는 단기적 조치에 초점을 맞추는 것이 더욱 유용할 것이다. 또한 분석적 업무를 위해서는 그 업무와 관련된 디테일들을 논리적으로 고려하는 것이 좀 더 적절할 것이다.

이러한 측면에서 한 그룹의 과정을 다룬다는 것은 '연결고리가 빠진 부분'을 메우고 문제 혹은 해결 공간에 대한 인식을 넓히기 위해 구성원들의 서로 다른 메타프로그램 패턴 속도를 조정하고 이끌어 가는 것을 포함한다.

메타프로그램 패턴 확인하기

핵심 단어나 주요 문장 형태의 언어적 단서를 통해 우리는 메타프로그램을 확인할 수 있다. 예를 들어, 다음의 경우를 생각해 보자. 특정 주제에 관한 수업에 참석한 학생이 "이 자료를 공부하려고 이렇게나 많은 노력을 기울이고 싶다는 생각이 별로 안 들어. 이것도 곧 한물갈 텐데 여기에다 내 시간을 낭비하고 싶지는 않아."와 같이 불만을 토로한다. 이와 같은 발언은 학생의 메타프로그램 패턴 운영에 관한 것이다. 이 발언으로부터 우리는 이 학생이 '감정'을 지향하고 있고('이렇게나 많은 노력'과 '시간 낭비' 등과 같은 단어로부터), 잠재된 부정적인 것들을 피하는 데 집중하고 있음을 알 수 있다. '나'라는 단어를 사용한 것 또한 강력한 자기 참조('하고 싶지 않다.' '원하지 않는다.')를 나타낸다. 또한 이 학생의 발언은 단기적 미래('곧 한물갈 텐데')와 일반성(이 학생은 자료의 특정 측면을 언급하는 것이 아니라 '이 자료'라고만 언급한다)에 대한 강조를 보여 준다.

질문 및 인지적 지시를 통해 메타프로그램 패턴들을 자극할 수도 있다. 메타프로그램 패턴들은 일반적으로 자기 평가의 결과로서 결정되는데 자기 평가는 특정 상황 및 환경과 관련된 개인의 선호를 이끌어 낼 수 있는 다지선다형 질문을 사용한다. 이와 관련된 인지적 패턴 및 행동의 단서들을 찾는 가장 단순하면서도 심오한 방법 중 하나는 '대조 분석'이라 불리는 과정을 통해서다. 대조 분석이란 '차이를 만드는 차이'를 발견하려는 목적으로 다른 상황, 표상, 지도, 수행 혹은 묘사들을 비교하는 과정을 일컫는다. 비교와 대조를 통해 개인은 자신의 경험의 구조를 더욱더 잘 이해할 수 있게 해 주는 정보를 발견할 수 있다. 예를 들어, 만일 어떤 사람이 특정 환경에서는 창의적인 경험을 하고 다른 환경에서는 창의적이지 못한 경험을 했다면 이 두 가지 경험이 가지고 있는 차이점들과 관련하여 분석적으로 대조될 수 있다. 그러면 느낌, 신체 언어, 관심의 초점, 신념과 가치관, 사고 전략, 환경적 단서들이 각 환경에서 어떻게 달라졌는지를 알 수 있다. 이러한 단서 및 차이점과 관련된 지식을 얻음으로써 경험의 변화하는 부분에 맞게 학습 전략을 응용할 수 있다. 이와 같은 대조 분석은 대부분의 NLP '활용' 과정의 기초가 된다.

메타프로그램 패턴을 활용한 지도그리기

메타프로그램들을 이끌어 낼 수 있는 능력이 가치 있는 이유 중 하나는 이로 인해 특정 의사소통 혹은 상호작용에 대한 메타프로그램의 영향력을 더 잘 인지할 수 있기 때문이다. 다른 인지 능력들과 마찬가지로 때로는 특정 메타프로그램 패턴들이 다른 패턴들보다 더 선호될 수도 있다. 그리고 이것은 다른 패턴들과 마찬가지로 메타프로그램 패턴의 장점인 동시에 문제점이 될 수 있다.

종종 메타프로그램들은 일종의 NLP '성격 이론'처럼 다루어지곤 한다. 그러나 사실 메타프로그램들은 인지 전략 패턴 및 트렌드와 연관되며 경직되고 바꿀 수 없는 정체성의 특징들을 다루지는 않는다. 메타프로그램 패턴들의 클러스터는 평가를 내리지 않으면서 개인적이고 문화적인 차이점들을 묘사하고 이해하는 강력한 도구가 될 수 있다. 또한 개인의 사고방식이나 문화적 모델을 만드는 유용한 수단이기도 하다. 메타프로그램 패턴들의 목적은 특정 맥락에서의 일반적 트렌드를 묘사하는 것이다. 그러나 이런 패턴들은 언제나 유연하게 진화한다.

메타프로그램 패턴에서는 맥락을 기반으로 하며 상황에 따라 바뀌기도 한다. 다른 NLP의 특징들과 마찬가지로 메타프로그램 패턴들은 변화 혹은 개선을 위해 이동하거나 한 상황에서 다른 상황으로 '건너'갈 수도 있다. 다음은 간단한 대조 분석에 대한 연습이며, 어려운 상황을 해결하기 위해 자원이 풍부한 상황이나 상태에서 끌어온 메타프로그램 패턴들을 확인해 보고 사용해 보는 데 목적이 있다.

1. 개인적으로 느끼기에 효과적으로 다루기 어렵다고 느낀 의사결정, 문제 해결 혹은 동기 부여를 수반하고 있는 상황을 찾는다. 첫 번째 상황과는 비슷하지만 슬기롭게 다룰 수 있었던 어려운 상황을 찾는다.

2. 두 가지 다른 상황에 대한 물리적 장소를 만들고 '메타 포지션'을 위한 세 번째 장소도 만들어 보자.

3. 이 장소들을 한 번에 하나씩 어려운 상황과 자원이 풍부한 상황에 각각 연결시킨다. 이는 당신이 이 두 가지 상황을 내면에서 어떻게 다르게 느꼈는지 정도를 알아보기 위함이다.

4. 각각의 상황에서 작동하는 메타프로그램 패턴들을 메타 포지션에서 대조해 본다. 자원이 풍부한 상황에서 사용한 메타프로그램 패턴들과 어려운 상황에서 사용한 패턴들은 어떻게 다른가?

5. 자원이 풍부한 상황의 장소로 한 발짝 걸어 들어가 그 경험에서 당신이 사용한 가장 중요한 메타프로그램 패턴에 초점을 맞춘다. 앵커링을 하여 그러한 메타프로그램 패턴들로부터 행동하는 것이 어떠했는지를 쉽게 느끼고 기억할 수 있도록 한다.

6. 이제 어려운 상황으로 넘어가 자원이 풍부한 상황에서의 경험과 연관된 메타프로그램 패턴들을 앵커링을 하며 어려운 상황으로 옮겨간다. 그 이후에 어려운 상황에서의 경험이 어떻게 바뀌고 얼마나 풍부해지는지 살펴본다.

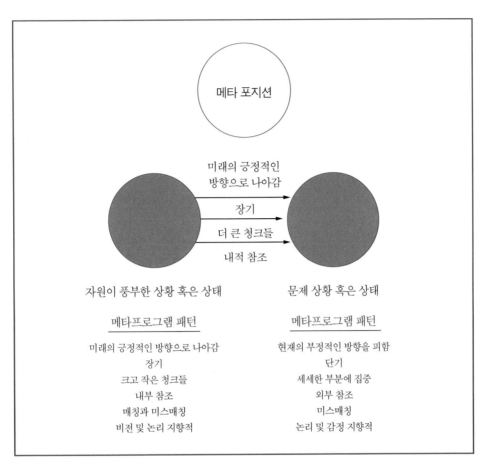

메타 포지션

미래의 긍정적인
방향으로 나아감

장기

더 큰 청크들

내적 참조

자원이 풍부한 상황 혹은 상태　　　　문제 상황 혹은 상태

메타프로그램 패턴　　　　　　　메타프로그램 패턴

미래의 긍정적인 방향으로 나아감　　　현재의 부정적인 방향을 피함
장기　　　　　　　　　　단기
크고 작은 청크들　　　　　세세한 부분에 집중
내부 참조　　　　　　　　외부 참조
매칭과 미스매칭　　　　　　미스매칭
비전 및 논리 지향적　　　　논리 및 감정 지향적

그림 1-34　메타프로그램 패턴들은 균형을 이루기 위해 한 상황에서
다른 상황으로 이동할 수 있다.

NLP를 위한 통합장이론: 30년간의 NLP 발전에 대한 개관

이전 세대의 NLP가 인지 마인드의 이해에 공헌한 바와 NLP의 주요한 발전을 요약하는 한 가지 방법은 NLP를 위한 통합장이론을 통해서다.

알베르트 아인슈타인(Albert Einstein)은 우주가 어떻게 운행되는지에 관한 하나의 단일한 모델로 모든 물리학 이론들을 한데 묶을 수 있는 물리학을 위한 '통합장이론'을 구축했다. 아인슈타인은 물리학의 다양한 모델과 이론을 하나로 묶을 수 있는 기본 원칙들을 확인하고 하나의 근본적인 틀을 정립하는 것이 가능하다고 믿었다. 마찬가지로 심리학에도 굉장히 다양한 이론이 있고, 각 이론들은 매우 유용하고 가치 있는 다양한 시각과 기법을 제시해 주고 있지만 하나의 단일한 구조로 묶여 있지는 않았다.

이름에서 의미하는 것처럼 신경언어프로그래밍(Neuro-Linguistic Programming) 자체가 일종의 통합장이론의 시초이며, 이것은 신경학, 언어학, 인공지능 분야를 통합한 운영 틀에 대한 기능을 한다. 존 그린더와 리처드 밴들러는 NLP와 이러한 영역을 한데 묶어 모델링 과정에 관한 '메타 모델'을 만들었다. NLP의 사명은 인간 활동의 다양한 분야에서 효과적인 '신경언어학적' 패턴을 찾는 것이었다. 표상체계, 접근단서 혹은 종속모형과 같은 NLP 분류와 어떠한 종류의 NLP 기법이 있기 전에 NLP 분야는 단지 주관적인 경험의 구조와 이 구조가 인간의 상호작용에 미치는 영향에 관한 핵심 가정들의 집합으로서만 존재했다. 이러한 가정들은 NLP의 철학과 '인식론(epistemology)'을 정의했다. 그리고 이를 기반으로 한 원칙의 발현 및 표상으로서 NLP의 기법과 분류들이 나타났다. 사실 이러한 표현과 발현을 이끌어 내는 데 기여한 초기의 역할 모델들은 심리학과 치료의 체계적인 움직임을 창시한 그레고리 베이트슨, 버지니아 사티어, 밀턴 에릭슨이었다.

NLP의 기본 원칙들이 구체적으로 응용될 수 있도록 개발되고, 훈련을 위해 좀 더 작은 '청크'로 축소됨에 따라 NLP 교육은 체계적 모델에서 좀 더 선형적이고 단계별 능력 수준에 접근하는 식으로 나아가고 있다. 그 결과 기법과 능력이 더욱 빠르게 전이될 수 있게 되었지만 대부분의 생태와 '더 큰 그림'을 볼 수 있는 '지혜'는 아직 거기에 못 미쳐 NLP를 배우는 많은 학생은 자신이 배운 NLP의 수많은 분석도구와 기법들이 어떻게 함께 맞아 떨어지는지를 제대로 보지 못하고 있다.

1980년대 중반, 공동 저자 로버트 딜츠는 NLP를 위한 '통합장'을 개발하기 시작했고 계속해서 확장시키고 발전시켜 나갔다. 어떤 면에서 보면 NLP 통합장이론은 어떻게 NLP의 모든 기법이 적합하게 맞아 떨어지는가에 관한 것이다. 또 다른 차원에서 보면 통합장이론은 NLP와 다른 사고 체계 간의 관계를 다룬다. 예를 들어, 교육에서의 NLP 활용 방법은 기관 운영에서의 NLP 활용이나 과학적 발견 과정, 컴퓨터 프로그래밍 혹은 심리치료와도 관계되어 있다.

SOAR 모델

촘스키(Chomsky)의 변형문법(transformational grammar)이 NLP의 기존 모델과 기법들의 기본 틀이 된 것과 마찬가지로 SOAR 모델은 NLP의 통합장이론을 위한 기본 틀이다.

SOAR 모델은 일반적인 문제 해결을 위한 인공지능(Artificial Intelligence) 프로그래밍 모델이다. SOAR은 상태(**S**tate)-작동자(**O**perator)-그리고(**A**nd)-결과(**R**esult)의 약자로, 현재 상태에서 원하는 상태까지 이동하는 경로를 탐색하는 기본적인 과정을 정의한다. 작동자는 여러 가지 응용을 통해 원하는 상태로 가까워지거나 멀어지는 식으로 현재 상태를 바꾼다. 작동자의 응용 결과들은 '조건-행동' 규칙(혹은 T.O.T.E.라고도 함)으로 저장되는데, 이는 ① 주요 **상태**를 확인하기 위한 증거와 ② 원하는 방향으로 그러한 상태를 변화시키는 **작업**들로 구성되어 있다.

SOAR는 1950년대에 알렌 뉴웰(Allen Newell), 허버트 사이먼(Herbert Simon)과 클리포드 쇼(Clifford Shaw)에 의해 개발되었다. 이는 컴퓨터가 어떻게 문제를 풀었는지 기억하고 경험으로부터 배워 어떻게 하면 체스 전문가가 될 수 있는지를 가르치는 컴퓨터 체스 프로그램을 만드는 데 사용되었다. 이러한 전문 체스 프로그램은 지금까지 가장 성공적인 인공지능의 응용 사례가 되고 있다.

이 모델에 따르면 특정 업무에 할애되는 모든 정신적 활동은 문제 영역이라 불리는 인지의 장 안에서 이루어진다. 문제 영역은 다시 주어진 특정 순간의 상황을 묘사하는 상태들의 집합과 어떻게 하면 문제 해결사가 한 상태에서 다른 상태로 상황을 바꿀 수 있는지 묘사하는 작동자 집합으로 이루어져 있다. 예를 들어, 체스에서 문제 영역은 두 명의 참가자와 체스판처럼 체스 게임을 정의하는 지표들의 집합일 것이고, 한 상태는 체스판 위에 있는 말들의 특정 조합이 될 것이며, 작동자는 '기사에서 왕까지 네 번'과 같은 규칙에 따른 움직임으로 구성될 것이다. 문제 해결자의 업무는 말들이 체스 게임 시작 시 일렬로 늘어서 있는 초기 상태에서 특정 해결 상태까지 작동자가 취할 순서의 조합을 찾는 것이다(Waldrop, 1988).

일단 이런 매개변수들을 한 번 정의하고 나면 문제 해결자는 초기 상태에서 목표 상태까지 이어지게 될 작동자의 순서를 찾기 위한 안내 전략을 구성해야 한다. 이는 "특정 상태를 인지한다면 특정 작동자의 순서를 적용하라."의 형태로 우선시되는 조건-행동의 집합을 통해 발생한다.

만약 교착 상태에 빠진다면 하위목표와 하위운영(예: 하위 T.O.T.E.s)이 작동되며, 이것은 새로운 조건-행동 규칙으로 기억된다. 이러한 과정에 따라 문제 해결자는 **시행착오**에 대한 안내 전략(초보자)에서 시작해 **언덕 오르기**(Hill Climbing, 그때마다 최선이라고 생각하는 것을 하기)를 거쳐 **수단-목적 분석**(Means-Ends Analysis, 전문가) 전략으로 옮겨간다.

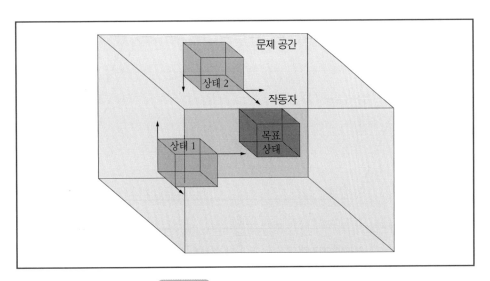

그림 1-35 문제 공간 내에서의 상태

NLP와 SOAR 모델의 결합

SOAR 모델과 NLP 특징들을 결합함으로써 다양한 NLP 기법과 절차들을 위한 하나의 통합된 틀을 제공하는 인간 행동의 실용적이고 효과적인 전문적 체계 모델을 만들 수 있다. 차세대 NLP의 관점에서 인간의 경험과 상호작용의 일반적인 '문제 영역'은 세 가지 주요 차원으로 정의될 수 있다.

1. 시간 인지(Time Perception)
2. 지각적 입장(Perceptual Positions)
3. 변화와 상호작용의 수준(Levels of Change and Interaction)

시간선과 지각적 입장이라는 두 가지 차원은 2차원의 격자판으로 나타낼 수 있는데, 한쪽 방향은 과거, 현재, 미래가 적혀 있고 다른 쪽 방향에는 1차, 2차, 3차 입장이 펼쳐져 있다. 이는 우리의 경험을 지도그리기하는 일종의 삶의 체스판 같다.

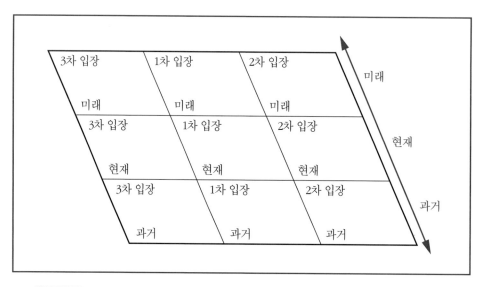

그림 1-36   시간 인지와 지각적 입장은 우리의 경험을 지도그리기하는 일종의 '삶의 체스판' 위에 만들어진 격자판 안에서 펼쳐진다.

이처럼 ① 시간틀, ② 지각적 입장, ③ 변화와 상호작용의 수준이라는 세 가지 '상태' 차원은 3차원의 매트릭스 또는 '작업공간'으로 표현될 수 있는데 사실상 어떤 NLP 중재라도 이를 통해 살펴보고 고려할 수 있다.

이러한 '작업공간'을 누군가 직접 몸으로 체험한다고 보면 아이들의 놀이기구와 흡사하기 때문에 NLP '정글짐'이라고도 언급된다. 마치 한 사람이 다른 시간틀, 지각적 입장, 경험의 수준을 나타내는 다양한 플랫폼 위에서 움직이고 올라가는 것과 같다.

이 공간을 아파트라고 보는 것도 좋은 비유다. 이 아파트는 과거와 현재, 미래에

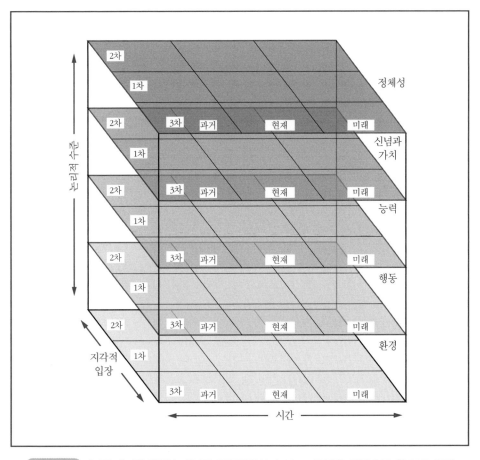

그림 1-37 '정글짐': '상태들'의 개념적 작업공간이자 SOAR 모델을 바탕으로 한 NLP 중재

의해 창조된 공간이라고 여길 수 있을 것이다. 여기에는 1차, 2차, 3차 입장에 대한 관점의 방이 세 개가 있다. 건물의 층도 여러 개가 있다. 환경은 제일 아래층, 행동은 바로 그 위층 그리고 능력 층이 있고, 가치와 신념 층이 있으며, 맨 위의 펜트하우스에는 정체성이 있다. 물론 각 층에는 3개의 방(1차, 2차, 3차 입장)이 있는 세 개의 집(과거, 현재, 미래)이 있다. 영적인 층은 도심 내 다른 건물들이 내려다보이는 옥상에 있다고 말할 수 있다.

이 아파트 안에서 움직이기 위해 우리는 각 집의 열쇠를 가지고 있어야 하며, 각 방의 입구가 어디인지를 알아야 한다. 또한 더 높은 층으로 가기 위해 엘리베이터를 타려면 어디서 타야 하는지도 알아야 한다. 일단 이런 방법을 익히고 나면 이 건물의 특정 자원을 다른 곳으로 옮길 수도 있다. 때때로 우리는 방을 치우거나 가구를 교체하는 등의 활동을 할 수도 있다.

상태 변화를 위한 신경언어적 작동자

SOAR 모델에 따르면 작동자는 실제로 변화를 만들어 내는 과정들이다. 이들은 원하는 상태에 도달하고자 시도하는 과정에서 '진가가 발휘되는 현장'이다. 체스의 비유에서 작동자들은 규칙에 따른 다양한 체스 말의 움직임이다. 이 작동자들이야말로 체스판 위에서 서로의 말의 상태를 정하고 변화시킨다. NLP에 따르면 인지 전략, 생리학 및 언어 패턴들과 관련이 있는 '신경언어적' 과정은 우리의 심리와 행동 상태를 바꾸는 주요 **작동자**이다. 모든 계획과 기법이 효과적이려면 구체적이고 관찰 가능하며 인지적이고 언어적 혹은 신체적 단서와 패턴 안에서 완성되어야만 한다.

'목표' '변화의 수준' '지각적 입장'과 '시간' 같은 표상들은 우리가 마음속으로 만들어 낸 인지적 개념으로서 추상적인 것이다. 인간은 '자기 자신' '타인' '시간' 등을 직접적으로 인지하거나 바꾸지 못한다. 오히려 우리의 신경계 안에 있는 감각과 언어, 신체 행동 안에 있는 '실시간' 작동자들을 통해 앞서 말한 것들을 인지하고 거기에 영향을 미친다. 사실 '신경언어학적 프로그래밍'이라는 이름은 이러한 세 가지 근본적인 변화를 위한 작동자를 암시한다.

- **'신경'** – 구체적 감각의 표상 (및 종속모형들)
- **'언어학적'** – 언어 패턴
- **'프로그래밍'** – 생리학적 단서와 반응들

사람들은 자신의 감각, 언어, 신체 활동을 통해 실시간으로 인지된 상태를 바꾼다. 이는 우리가 직접 관찰하고 영향을 미칠 수 있는 유일한 과정들이다. 결국 이러한 인지적, 언어적, 행동적 능력들이 비효율적인 행동과 효율적인 행동을 구분하고 우리가 처한 상태를 결정짓는다.

특정 변화 과정의 단계들을 시행하기 위해 사람들은 자신의 인지 경험과 신체

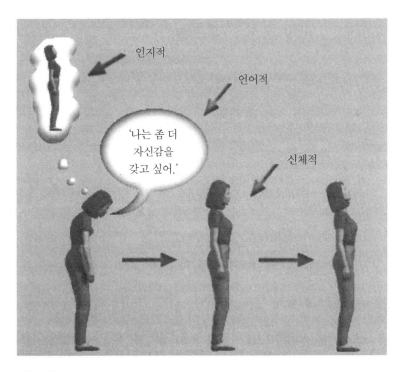

그림 1-38 특정 인지 과정, 언어적 패턴, 신체적 단서는 변화와 실행의 단계를 통한 '신경언어적' 작동자다.

행동을 구체적으로 변형시킬 필요가 있다. 예를 들어, 문제 상황을 자원이 풍부한 상황으로 바꾸기 위해 사람은 자신이 중심을 잡고 있으며 유연하다고 느낄 때 자신에 대한 심리적 이미지를 만들어 냄으로써 '운영'할 수 있다. 이 사람은 자신이 원하는 이 상태를 "자신감에 찬"이라는 표현으로 나타낼 수 있으며, 또한 이와 같은 내부 이미지의 자세와 가깝게 바뀔 것이다. 이러한 '미세' 조정은 신경논리적 변화를 자극하는데 이를 통해 어느 정도까지는 개인의 상태를 바꿀 수 있다. 이와 같은 특정 '신경언어적' 과정들은 어떠한 심리적 기법 단계를 통해서 정의되거나 상정된다.

따라서 NLP-SOAR 작업 영역 안 각각의 장소는 특정한 ① 감각 표상 및 종속모형들의 집합, ② 언어적 단서와 패턴들, ③ 행동의 발현과 표현들로 정의된다.

다음은 지금까지 소개되었던 NLP-SOAR의 세 가지 기본적인 차원에 영향을 미칠 수 있는 주요 신경언어적 작동자에 대한 요약이다.

시간 지각 전환을 위한 신경언어적 작동자

시간과 서로 다른 시간틀(과거, 현재, 미래)에 대한 우리의 경험을 전환하는 것은 이와 관련된 특정 언어, 감각, 생리학적 패턴에서의 변화를 포함한다.

과거: 신경학적으로 우리의 과거는 특정 기억들로 구성되어 있으며 '우뇌' 과정(일반적으로 오른손잡이에게서 보이는 왼쪽으로의 눈 움직임과 제스처 등이 특징)과 생리학적으로 연관되어 있다. 기억은 일반적으로 특정 사건의 다양한 감각적 표상과 '관련'되어 있다. 언어적으로 과거는 '보았다' '느꼈다' '했다' '말했다' 등과 같은 과거시제의 단어를 통해 표현된다.

현재: 신경학적으로 현재의 경험은 지속적인 감각적 경험에 앵커링하고 있다. 현재는 바로 가까이 있는 감각적 경험을 수반하기 때문에 현재의 시간틀과 연결된 생리학은 계속되는 환경적 자극에 적극적이고 활발하게 반응한다. 언어적으로 이는 현재시제 언어로 표현되는데, '나는 본다' '느낀다' '한다' '말

한다' 등이 있다.

미래: 신경학적으로 미래에 대한 우리의 인식은 상상력, 기대 및 환상의 기능이다. 이는 '좌뇌' 과정(전형적으로 오른손잡이는 눈 움직임과 제스처가 오른쪽으로 향하는 것이 특징)과 관련이 있다. 미래에 대한 인지적 구성은 현재나 과거와 관련된 표상과 비교했을 때 더욱 빈번히 '단절'된다. 언어학적으로 이는 '볼 것이다' '느낄 것이다' '할 것이다' '말할 것이다' 등의 미래시제를 사용하는 것으로 표현된다.

과거나 미래와 관련하여 더욱 먼 것으로 인지되는 경험들은 더욱 단절된 내적 표상과 생리학적 단서들을 가지고 있다. 과거에 연결되고 과거를 다시 체험하는 것이나 미래로 들어가 '마치' 현재에서 일어나는 것처럼 행동하는 것은 과거와 미래를 '현재'에 가깝게 불러오게 될 것이고 이를 통해 생리학 및 내적 표상들은 좀 더 연결되고 풍부해질 것이다.

지각적 입장 전환을 위한 신경언어적 작동자

1차 입장은 '관련된' 감각적 표상들이 특징이며 자신만의 시각으로 자신의 주변과 내부에서 벌어지는 것을 보고, 듣고, 느끼고, 냄새 맡는 것이다. 만약 당신이 1차 입장에 있다면 당신은 자신을 바라보는 것이 아니라 당신 내부에서 자신의 눈, 귀, 코와 피부 등을 통해 세상을 인지한다. 1차 입장의 생리학은 일반적으로 활발한 것이 특징이며 손은 가슴이나 몸의 가운데를 자주 만지면서 자신을 향한 제스처를 한다. 언어적으로 1차 입장은 자신의 감정과 인식 및 생각 등을 말할 때 '나를' '나' 그리고 '내 자신' 등과 같은 1인칭 대명사를 사용하는 것이 특징이다.

2차 입장에서 당신은 다른 사람의 관점을 택하고 그 사람이 할 만한 자세, 서 있기, 앉기 혹은 움직이기를 취한다. 당신은 그 사람의 생각, 느낌, 신념 등을 가지고 그 사람의 감각을 통해 세상을 경험한다. 이 입장에서 당신은 당신 자신과는 분리되어 다른 사람과 연결되어 있으며, 당신 자신을 그 사람의 관점에서 보게 된다. 당신은 2인칭 화법을 사용하여 ('나' 혹은 '나를'과는 반대로) '1차 입장의 자기 자신'을

'당신'으로 다루게 된다.

3차 입장에서는 움직임이 거의 없는 대칭적이고 편안한 신체 자세를 취하게 되는데 이는 마치 멀리 떨어져 있는 관찰자가 되는 것과 유사하다. 당신의 경험의 모든 표상은 분리되어 있으며 당신은 (당신처럼 보이고, 말하고, 행동하는 사람을 포함하여) 당신이 관찰하고 있는 사람들을 '그녀' 혹은 '그'라는 3인칭 대명사를 사용하여 지칭한다.

4차 입장은 체계 혹은 관계 그 자체와 자신을 동일시하는 입장으로서 하나의 전체에 속해 있다는 경험을 하게 된다. 4차 입장은 '우리'의 입장으로 '우리는' '우리를' 등의 1인칭 시점의 복수형을 사용한다. 물리적으로 4차 입장에서의 당신의 몸은 체계 혹은 관계 내 상호작용을 통해 경험하게 된 생동감 있는 특징들을 표현하게 된다.

변화의 수준 전환을 위한 신경언어적 작동자

환경 수준의 언어는 개인의 외부 환경에서 '하얀 종이' '높은 벽' '큰 방' 등과 같이 구체적이고 관찰 가능한 특징이나 세부사항들을 일컫는다. 환경에 대한 인지는 '어디서' '언제'와 같은 언어적 질문과 관련이 있다. 인지적 초점은 외부 세계에 대한 지속적인 감각적 경험에 놓여 있다. 신체 움직임은 다소 제한되는 경향이 있으며 제스처는 몸으로부터 직접적으로 멀어진다(당신을 둘러싼 사물이나 자극을 가리키는 것과 같다).

행동 수준의 언어는 '하다' '행동하다' '걷다' '만지다' '말하다' 등과 같은 구체적인 행동과 관찰 가능한 행위들을 일컫는다. 이러한 종류의 언어는 '무엇'이냐는 질문에 대한 답변인 경우가 대부분이다. 표상적 초점은 감각을 바탕으로 하며 행동과 반응에 대한 특정 인지 혹은 심리적 영상을 강조한다. 근육과 움직임을 인지하는 신체 활동적인 지향성 역시 강하다. 이 단계의 생리학적 패턴 또한 행동-중심적인데 다리와 팔과 손이 사물 위에 있거나 당신을 둘러싼 세상에 대한 자극에 반응한다(혹은 상상의 물체 혹은 상황에 대해 그러한 동작을 재생산한다).

능력 수준의 언어는 '알다' '이해하다' '할 수 있다' '생각하다' 등과 같은 단어로 나타난다. 능력은 '어떻게?'라는 질문과 관련이 있다. 인지적 초점은 상상과 기억을 수반하는 정신적 표상에 놓여 있다. 능력은 내면의 그림, 소리, 느낌, 혼잣말 등의 형태로 발전되고 나타난다. 능력 단계의 과정과 연관된 생리학적 패턴들은 머리를 중심으로 나타나는 경향이 있다. 눈과 귀를 향해 손동작을 하거나 입을 만질 수 있다. 또한 정신적 능력과 전략은 NLP에서 '접근단서'라고 알려진 다양한 미세 행동 단서들(눈의 움직임, 목소리 톤의 변화 등)을 통해 특징화될 수도 있다.

　신념과 **가치**와 관련 있는 언어 패턴들은 '만약 ～한다면' '～해야 한다' '～하면 안 된다' '～로 인하여' 등과 같은 발언, 판단, 규칙, 인과관계의 형태로 나타난다. 이러한 패턴들은 대부분 '왜?'라는 질문과 관련이 있다. 가치와 신념은 전체 행동에 대한 판단 및 평가들을 일컫기 때문에 이와 관련된 내적 표상은 일반적으로 세세함이 부족하다. 또한 인지적으로 가치와 신념은 내용보다는 내적 표상(종속모형 등)의 공식적인 특징을 기반으로 하는 경향이 있다. 신경학적으로 가치와 신념들은 심장박동수, 혈압, 호흡 등과 같은 자동적 과정과 관련이 있으며, 이로 인해 가치와 신념은 훨씬 더 감정에 기반을 둔다. 신념에 대해 언급할 때 사람들은 실제로 심장이나 위와 같은 신체 기관을 향해 제스처를 하곤 한다.

　정체성 수준의 과정과 평가들은 '나는～' '그는～' '당신은～' 등과 같은 언어와 관련이 있다. 이는 일반적으로 '누구?'라는 질문에 대한 대답이다. 정체성을 표현하는 데 사용된 언어적 묘사와 인지적 표상은 종종 상징적이거나 은유적이다(예를 들면, '나는 마치 등대와 같아.' '그는 냉혹한 사람이야.' '그는 짐승 같은 사람이야.' '그녀는 한 줄기 햇살과 같아.' 등). 정체성 차원의 과정에는 생리학이 매우 깊게 내재되어 있다. 일반적으로 사람들은 누군가의 정체성과 마주하거나 그것을 표현할 때 어떤 식으로든 몸 전체를 사용하는 균형 잡힌 제스처를 사용할 것이다.

　영적 수준의 과정은 더 넓은 분야와 연결되고 맞닿아 있다. 이는 근육의 긴장이 완전히 풀린 상태에서 생각할 수 있는 능력을 포함한다. 이러한 방식으로 인지하는 것은 공상에 잠긴 꿈같은 상태에 이르게 하는데 이때,

- (중심 시각이 아닌) 주변부 시각만을 사용하고

- (내면 대화는 끄고) 외부 소리에 관한 자신의 청각에 집중하며
- (지나친 감정적 긴장이나 신체적 긴장이 없는) 편안한 생리학적 상태를 유지한다.

영적 단계의 언어는 대부분 예수의 비유에서처럼 상징과 은유의 형태로 나타난다. 이는 반드시 비문자적 언어다. 이 수준에서의 의미는 사물이나 사건의 표면적 표현에 있는 것이 아니라 더 심층적인 구조 안에 놓여 있다.

NLP 통합장이론의 틀을 이용한 모델링과 지도그리기

NLP 통합장이론은 도출 및 모델링을 위한 강력한 틀을 제시한다. 이것은 어떤 인지적 활동의 다양한 '청크 크기'를 추적하고 연관시키는 데 사용될 수 있다. 예를 들어, 어떤 사람이 중재 훈련 계획을 짜기 위해 트레이너 혹은 컨설턴트가 사용했던 과정을 모델링한다고 생각해 보자. 도출 과정은 그 과정이나 표본이 될 능력을 구성하는 '커다란 청크들'을 확인하는 것에서부터 시작한다. 이를 위해 실제 시간선 및 지각적 입장 차원의 NLP-SOAR 공간을 그려 놓는 것이 도움이 된다. 이 과정의 구조를 살펴보기 위해 당신은 모델이 되는 기술과 전략의 각 단계를 정의하고 추적함으로써 공간의 관련 영역으로 움직일 수 있다.

변화 경로 추적하기
1. 과거에 일어난 일 중 당신이 성공적으로 다룰 수 있었다고 느끼는 삶의 중요한 변화를 생각해 보자.
2. NLP-SOAR 작업 영역을 통해 당신이 갔던 그 길을 추적해 보자. 과거, 현재, 미래와 1차, 2차, 3차 입장을 위한 장소를 실제로 표시해 두고 하는 것이 가장 좋다. 그다음 과거의 변화 전략을 생각해 보고 당신이 당시 다루었던 NLP-SOAR 공간의 다양한 영역을 실제로 걸어 본다.

예를 들어, ① 당신의 현재 상황이 참을 수 없는 정도에 다다랐고, ② 당신이 관찰자의 입장에 서서 미래에 무엇을 성취하고 싶은지를 생각해 보았으며, ③ 당신의 현 상황을 바라보면서 당신이 취해야 하는 단계를 계획했고, ④ 친구나 멘토의 조언을 구했고, ⑤ 과거의 자원들을 회상했으며, ⑥ 결국 목표 달성을 위해 필요한 지속적인 단계를 취하기 시작했을 것이다.

그러면 당신은 이러한 변화의 경로를 [그림 1-39]와 같은 방식으로 지도그리기를 할 수 있다.

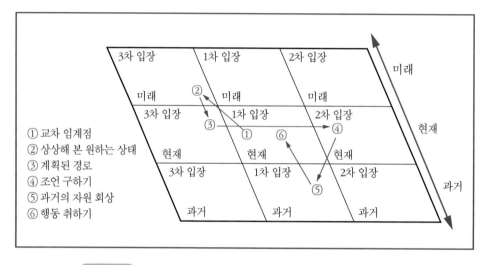

그림 1-39 NLP-SOAR 공간을 활용하여 변화 경로 지도로 나타내기

특정 T.O.T.E.*와 신경언어적 작동자의 패턴들은 주요 '청크'나 단계 각각에 맞게 세밀해질 수 있을 것이다. 또 SOAR 영역은 물리적으로 표현될 수 있고 전략의 세부 사항을 이끌어 내게 하며, 과정의 단계를 따라가고 배울 수 있게 한다. 이러한 방식으로 학습자들은 SOAR 영역과 관련된 사각형 위를 걸어다니면서 앞에서 설명한 것과 같은 절차의 각 단계를 시도해 볼 수 있다.

----

* 역자 주: T.O.T.E.(Test-Operate-Test-Exit)는 정신적·행동적으로 확고한 목표와 그 목표를 성취하려는 다양한 방법과 관련된다. 마음속으로 목표를 설정하고 감각정보를 시험(Test)하는 것, 이를 만족시킬 수 있도록 계속되는 경험의 일부분을 변화시키도록 작동(Operate)하는 것, 변화된 경험을 시험(Test)하는 것 그리고 다음 부분으로 나가는 것(Exit)이 될 수 있다.

변화를 통한 SOAR 하기

NLP 통합장이론과 SOAR 영역의 분류를 응용하는 또 다른 방법은 현재 상태에서 원하는 상태로 가는 경로를 계획하고 지도로 나타내는 것이다. 이미 우리가 성공적으로 걸어왔던 경로를 모델링하기 위해 과거를 되돌아보는 대신 미래에 어디로 가고 싶은지를 살펴보고 그곳으로 우리를 데려가 줄 가능한 경로를 모델링한다.

① 현재 혹은 문제 상태와 미래의 원하는 상태를 확인한다.
② NLP와 SOAR 모델을 결합하면서 만들어진 '작업 영역'에 의해 정의된 '문제 상황' 구분에서 현재 상태와 원하는 상태의 위치를 표시한다(예: '문제 상태'는 과거의 의미 있는 타인과 오래된 정체성 갈등으로 가로막혀 있는 것, '원하는 상태'는 미래에서 자유와 독립의 감정을 느끼는 것).
③ SOAR 영역을 통해 현재 상태에서 원하는 상태로 (혹은 원하는 상태에서 현재 상태로) 이어지는 5~9개 단계로 이루어지는 경로를 만든다. 각 단계는 오직 근접한 공간이어야 한다. 여기에서 당신은 한 번에 한 영역(과거, 현재, 미래/1차, 2차, 3차 입장/환경, 행동, 능력, 신념과 가치관, 정체성 등)만 바꾼다. 예를 들면, 당신은 현재를 뛰어넘어 과거에서 미래로 직접 이동할 수 없다. 이와 유사하게 당신은 행동 단계에서 정체성 단계로 바로 움직일 수 없다. 당신은 먼저 능력, 신념과 가치관의 단계를 모두 거쳐야 정체성 단계에 도달할 수 있다.

S.C.O.R.E. 모델—문제 영역 안에서 경로 정의하기

SOAR 모델에 따르면 계획하거나 문제를 해결하는 데 가장 효과적인 단계는 일련의 연속적인 근사치를 수반하는 데 이는 다음과 같다.

① 문제 영역은 철저히 그 문제 혹은 프로젝트와 관련이 있는 체계의 중요하고 의미 있는 요소로 정의된다.
② 문제 영역의 현재 상태, 원하는 상태, 사용 가능한 자원이 확인된다.

③ 구체적인 작동자에 대한 선호 순서는 이용 가능한 자원에 접근하고 원하는 상태로 이동하기 위해 선택되고 적용된다.

차세대 NLP 시각에서 보면 모든 효과적인 기법과 개입들은 이러한 구조를 띠고 있다. 원하는 상태에 효과적으로 도달하기 위해 개개인들은 반드시 ① 중요한 문제에 대한 전반적인 문제 영역을 개념화해야 하고, ② 그들이 작업하는 맥락 안에서 성취되고 피해야 하는 관련 상태들을 평가하며, ③ 인지된 현재 상태에서 중재의 목적과 전반적인 문제 영역이 주어지는 가장 생태적이고 적합한 상태로 가기 위한 필수적인 작동자를 적용한다.

S.C.O.R.E. 모델에 따르면 특정 '문제 영역'으로 향하는 경로는 목표나 **결과**, 결과를 달성하는 데 방해가 되는 일종의 **증상**, 이러한 증상의 **원인**과 결과에 이르는 장기간의 원하는 **효과들** 간의 관계에 의해 정의된다. 특정 증상에 맞는 효과적인 해결책을 만드는 **자원**을 찾기 위해서 증상의 원인과 결과, 궁극적으로 도달하고자 하는 바람직한 효과에 대해 반드시 알고 있어야 한다.

SOAR 모델과 관련이 있는 각각의 S.C.O.R.E. 요인들은 변화의 수준, 지각적 입장 및 시간틀의 측면에서 정의되며, 이것은 상태를 구성하는 자신, 타인 및 목적들과의 관계를 결정한다. 특정 증상, 원인, 결과, 효과 혹은 자원들은 ① 관련된 사람들, 시각, 역할, ② 관련된 시간틀, ③ 상호작용 및 변화의 관련 수준(환경, 행동, 능력, 신념, 가치관 및 정체성)으로 정의될 수 있다.

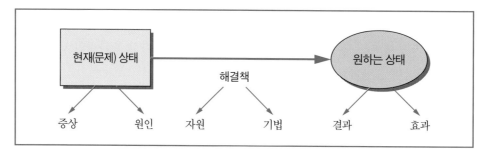

그림 1-40 특정 문제 영역 안의 현재 상태에서 원하는 상태로 가는 경로를 정의하는 데 필요한 분류들이 S.C.O.R.E. 모델을 통해 정의된다.

[그림 1-41]은 다양한 S.C.O.R.E. 분류들이 SOAR 모델에서 정의된 것과 함께 어떻게 그림으로 표현되는지에 대한 사례를 제시한다.

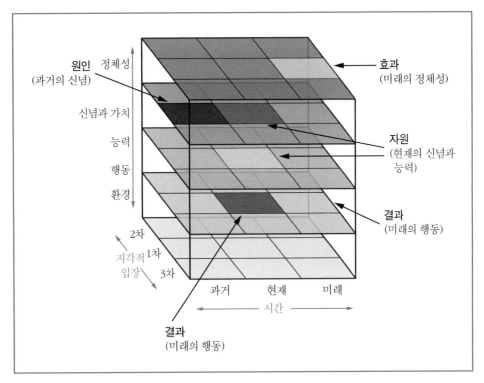

그림 1-41　S.C.O.R.E.의 다양한 요인이 SOAR 영역으로 정의될 수 있다.

NLP의 통합장이론에 따르면 모든 기법은 기본적으로 전반적인 작업 영역의 측면들을 다루는 경로이며, 다른 것들은 손대지 않은 채로 남겨 두었다. 한 기법의 효율성에 있어서 핵심은 해결되어야 하는 '문제 영역'의 측면들을 다루고 있는가에 대한 여부다. SOAR 및 S.C.O.R.E. 모델의 접점은 가능한 '문제 영역'과 잠재적인 '해결 영역'의 큰 그림을 제공함으로써 보다 새롭고 효과적인 기법의 개발을 위한 중요한 지침이 된다. 예를 들어, NLP 기법 중 2차 입장과 미래를 동시에 쓰는 경우는 공식적으로 거의 없다.

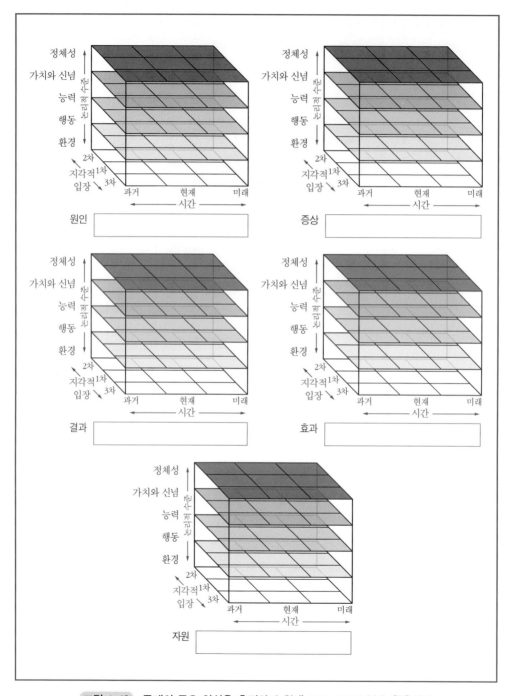

그림 1-42   중재의 주요 양상을 추적하기 위해 NLP-SOAR 분류 활용하기

[그림 1-42]는 NLP-SOAR 영역 중 어떤 부분이 특정한 중재를 만드는 데 관련이 있는지를 추적하는 데 도움이 될 수 있다(색이 있는 펜이나 마카를 사용하여 SOAR의 어떤 부분이 S.C.O.R.E.의 분류와 관련이 있는지를 표시해 보자).

메타프로그램 패턴과 NLP 통합장이론

NLP 통합장이론의 분류 및 SOAR의 작업 영역은 메타프로그램 패턴과 분류 방식을 이해할 수 있는 강력한 틀을 제공해 준다. 당신이 SOAR의 작업 영역 안의 어디에 위치하는가는 실제로 당신이 작동하는 메타프로그램을 바꿀 것이다. 예를 들어, 당신이 **시간 속에 있는지** 혹은 **시간에 걸쳐 있는지**, 부정적인 것을 피하는지 긍정적인 것으로 나아가는지, **'현재에서 과거인지' '과거에서 미래인지' '현재에서 미래인지'**, 자기 자신, 타인, 맥락 등으로 분류되는지에 쉽게 영향을 미칠 수 있다. 이런 메타프로그램 패턴들은 본질적으로 SOAR 작업 영역 내의 한 사람의 방향성과 관련이 있다. 예를 들면, **'시간 내'**에 있는 것은 특정 시간선과의 연합과 미래와 마주하는 것을 포함한다. **'시간에 걸쳐'** 있는 것은 3차 입장에서 시간선을 바라보는 것이며 앞뒤 관점이 아니라 좌우 관점에서 보는 것이다.

특정 행동, 신념 혹은 사건을 **'향해'** 가는 것은 SOAR 영역 내에서 어디에 서 있든지 서 있는 시점에서 그 사건을 바라보는 것을 의미한다. 그것으로부터 **'멀어지는'** 것은 그것으로부터 등을 돌리는 것이다.

'자기 자신'으로 분류되는 것은 1차 입장과 관련이 있으며 작업 영역의 다른 부분에 대해 고려하는 것을 포함한다. **'타인'**으로 분류하는 것은 2차 입장 영역으로 들어섰음을 의미한다. **'맥락'**으로 구분되는 **'외부'** 참조는 3차 입장으로 나아가는 것을 포함한다.

'과업' 지향은 당신의 미래 행동을 바라보는 것에서부터 시작한다. 반대로 **'관계'** 지향은 의미 있는 타인을 향하고 있는 것을 포함한다.

당신이 참여하고 있는 **'청크 크기'**는 본질적으로 당신이 초점을 두고 있는 논리적 수준의 기능이다. 환경과 행동 수준의 정보는 좀 더 감각에 기반을 두며 구체적이다. 신념, 가치관, 정체성 및 영성 인지는 필연적으로 더 큰 청크다.

차세대 NLP와 통합장이론의 관점에서 모든 변화의 기법은 일련의 메타프로그램 전환의 관점에서 묘사될 수 있으며, 이것이 성공적일 때 내담자의 메타프로그램의 속도를 유지하고 이끌어 원하는 상태와 좀 더 가까워지게끔 한다. 예를 들어, 새로운 행동 생성자 전략은 새로운 미래 행동을 '향해' 나아가는 것을 포함한다. 이는 또한 '자기' 참조가 우선적이다. 메타프로그램을 작동하는 사람들은 외부 참조되고 문제에서 '벗어나는 것을' 지향하는 사람들은 그러한 기법과는 관련성을 찾기 어려워할 것이며, 다음의 단계에서 어려움을 느낄 것이다.

새로운 행동 생성자 전략과 대조되는 개인사 전환 전략은 과거 문제의 원인을 '향해' 나아가는 것으로부터 시작한다. 이는 그 문제에서 '벗어나려고' 시도하는 사람들에게는 두렵고 어려운 일일 수 있다. 그들은 자신의 과거에 관한 어떤 것도 기억하고 싶어 하지 않을 수도 있고 그 기법에 저항할 수도 있다. 개인사 전환 또한 '자기' 참조 활동이 우선적이다. 반대로 재각인은 '자신'에서 의미 있는 '타인'으로 준거틀을 바꾼다.

사람들은 자신만의 자연스러운 메타프로그램으로 속도를 조절하는 기법에 좀 더 편안하게 느낀다. 기법의 효과성과는 관계없이 바로 이 점 때문에 특정 기법이 다른 것보다 더 매력적일 수 있는 이유다. 이는 진보된 수준의 NLP 학습자들이 다양한 NLP 기법의 단계에 의해 가정된 메타프로그램 패턴과 SOAR 영역을 인지하는 데 많은 도움이 된다.

생성적 NLP 형식

　　생성적 NLP 형식은 'NLP의 통합장이론'의 응용으로서 1990년 로버트 딜츠에 의해 개발된 과정이다. 생성적 NLP 형식은 이미 자원인 것은 취하고 더 많은 자원을 만들기 위해 NLP와 SOAR 모델을 응용하는 하나의 방법이다. 이는 '문제' 지향적이라기보다는 자원 지향적이다. 그러나 생성적 NLP 형식 이면의 신념 중 하나는 만약 자원이 충분히 확장되고 풍부하기만 하다면 특정 자원으로 해결될 수 있는 문제들은 자연스럽게 거기에 이끌리게 되어 평탄하고 쉽게 해결된다는 것이다. 당신은 적절한 해결책을 만들 자원을 굳이 문제를 확인한 다음에 찾을 필요가 없다. 생성적 NLP 형식은 자원과 연관된 그릇을 '넓히고' '깊게' 하기 위해 설계되었으며, 이는 내면의 배경을 변화시키고 문제에 대한 해결책을 스스로 구성하게끔 한다.

　　생성적 변화는 본질적으로 자원의 발견, 창조, 확장, 강화 및 정교화에 관한 것이다. 이는 자원의 '심층 구조'를 발견하는 것으로 자원이 아직 적용되지 않은 다른 많은 맥락 속으로 전환되는 것을 용이하게 한다. 비유적으로 말하자면 이는 잠재된 자원을 발견하고 이들을 활성화시켜 훨씬 더 사용 가능하게 '입체적'으로 만드는 것이다. 생성적 변화는 새로운 가능성으로 향하면서 진화론적인 방식으로 기능할 수 있는 더 높은 단계의 형태와 과정의 개발을 포함한다.

　　NLP의 생성적 응용은 사람들이 좀 더 체계적이고 구조화된 방식으로 목표를 달성하고 문제를 해결하는 것을 돕는다. 새로운 자원을 발견하고 활용하여 개발하면 이러한 자원들로 인해 해결될 준비가 되어 있는 문제들이 자연스럽게 나타나 별다른 노력 없이 해결된다.

생성적 NLP 형식의 단계들

1. 시간틀과 지각적 입장의 매트릭스를 나타내는 공간망을 만든다.

   1차 입장의 미래 – 2차 입장의 미래 – 3차 입장의 미래

   1차 입장의 현재 – 2차 입장의 현재 – 3차 입장의 현재

   1차 입장의 과거 – 2차 입장의 과거 – 3차 입장의 과거

2. 1차 입장의 현재를 나타내는 위치와 연결한다. 최근에 개발되었거나 발견된 자원을 확인한다.

3. 1차 입장의 현재 위치에서 그 자원을 완전히 활용한다.

4. 그 자원을 가지고 다니면서 각각의 주변 입장들과 하나씩 연결시켜 본다.

   1차 입장의 미래 – 2차 입장의 미래 – 3차 입장의 미래

   2차 입장의 현재 – 3차 입장의 현재

   1차 입장의 과거 – 2차 입장의 과거 – 3차 입장의 과거

   ① 각 공간에 자원을 가지고 다니는 것이 그 자원의 경험을 어떻게 강화시키고 풍요롭게 하는지에 주목한다.

   ② 각각의 위치에서 자원의 중심인 1차 입장의 현재 위치에서 당신을 바라보

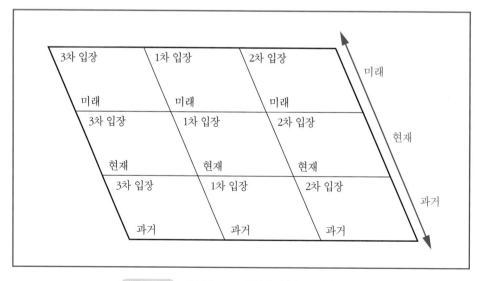

그림 1-43 생성적 NLP 형식을 위한 공간적 배치

고 그 자원을 더욱 강력하게 해 줄 수 있는 메시지나 신념을 보낸다.

③ 1차 입장의 현재 위치에서 자신으로 다시 돌아와 다른 인지 상황에서 보낸 메시지를 받는다. 1차 입장의 현재 위치에서 당신의 목표를 달성하는 것과 관련하여 자원이 어떻게 강화되고 풍요롭게 되었는지를 경험하고 묘사한다.

5. 이 과정을 반복하면서 모든 공간에 한 번씩 들어가 본다.

예를 들어, 어떤 사람이 '실용적 낙관주의'라는 자원을 선택했다고 가정해 보자. 이 자원을 가지고 **1차 입장의 미래**에 들어간다면 미래의 자신이 현재의 자신에게 **"이것을 소중하게 여겨. 결국 삶에서 가장 중요한 것은 이거야."**라는 메시지를 줄 것이다.

그다음 **2차 입장의 미래**로 이 자원을 가지고 가는데 이번에는 미래의 의미 있는 타인의 입장이 된다. 그 사람의 입장이 되어 현재의 자신을 바라보며 **"고마워. 내가 신념을 갖도록 가르쳐 줘서 고마워."**라고 말할 것이다.

이 자원을 **3차 입장의 미래**로 가지고 가는 것은 미래의 친절하고 지혜로운 관찰자의 관점을 갖는 것을 의미한다. 이 관점에서 현재의 자신에게 보내는 메시지는 **"계속 해. 너는 지금 너의 임무를 성공적으로 완수하는 중이야."**일 것이다.

이 자원을 **2차 입장의 현재**로 가져가는 것은 현재 이 사람의 삶에서 의미 있는 타인의 입장을 취하는 것을 의미한다. 의미 있는 타인의 입장에서 이 사람에게 보내는 메시지는 아마 **"우리는 네가 자랑스러워. 우리도 네가 자랑스럽게 느낄 수 있도록 해 줄게."**가 될 것이다.

3차 입장의 현재는 현재 진행 중인 현실 속에서 자기 자신을 관찰하는 것이다. 자원을 이 장소로 가져올 때 이 사람은 자기 자신에게 **"집중해. 모든 것이 다 잘 될 거야."**와 같이 말하면서 행동을 고쳐시킬 것이다.

이 자원을 **1차 입장의 과거**로 가져가면 자신의 삶의 과거를 대표하는 장소로 되돌아가게 된다. 이 자원을 받자마자 이 사람의 어린 시절의 모습은 **"너의 노력은 언젠가 보상받을 거야. 언제나 보상받게 되어 있어."**라고 말할 것이다.

이 자원을 **2차 입장의 과거**로 가져가는 것은 과거의 의미 있는 타인의 입장으로 들어가는 것이다. 이 자원을 소유한(그 당시에는 실제로 이 자원을 가지고 있지 않았더라도) 과거의 그 사람은 "네가 하고 싶은 것이 무엇이든 할 수 있어. 내가 축복해 주고 지지해 줄게."라는 메시지를 보낼 것이다.

3차 입장의 과거로 가는 것은 과거의 관찰자의 시점을 취하는 것이다. 이러한 관점에서 자원을 가지고 "네가 가진 것은 소중해. 최대한 많이 다른 사람들과 이를 나누길 바라."라고 망설임 없이 말할 것이다. 이러한 모든 메시지를 받는 것은 경험을 깊고 풍요롭게 할 수 있으며, 그 자원에서 느끼는 감정은 시작할 때보다 훨씬 풍요롭고 강력해질 것이다.

생성적 NLP 형식 중 각기 다른 지점에서 나타나는 메시지들을 추적하기 위해 다음의 평가지를 활용할 수 있다.

생성적 NLP 평가지

1차 입장의 미래에서 온 메시지

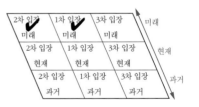

2차 입장의 미래에서 온 메시지

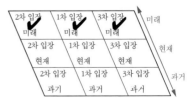

3차 입장의 미래에서 온 메시지

2차 입장의 현재에서 온 메시지

3차 입장의 현재에서 온 메시지

1차 입장의 과거에서 온 메시지

2차 입장의 과거에서 온 메시지

3차 입장의 과거에서 온 메시지

결론

NLP 통합장이론으로 정의된 모델, 분류 및 관계에 관한 분명한 지식은 NLP 기법과 원칙을 효과적으로 사용하는 데 반드시 필요한 것은 아니다. 그러나 이것들을 인지하고 이해하며 응용할 수 있는 능력은 NLP를 충분히 다룰 수 있는 능력을 강화시킬 것이다.

또한 통합장이론은 이를 활용하는 사람들이 다양한 NLP 기법을 '심층 구조'에서 활용할 수 있도록 돕기 때문에 이는 NLP 응용과 관련된 더 많은 재량과 유연성, 창의성의 잠재적인 자원이 될 것이다.

이 장에서 우리가 살펴본 방법들은 NLP-SOAR 영역에서 다양하게 응용할 수 있는 방법 중 극히 일부다. SOAR 모델과 NLP-SOAR 분류에 좀 더 익숙해지면 NLP와 당신의 전문적, 개인적 삶의 여러 많은 영역에 대한 통달과 이해가 깊어지고 풍요로워질 수 있다[체계적 NLP와 NLP의 새로운 코딩 백과사전(Encyclopedia of Systemic NLP and NLP New Coding)의 SOAR 모델과 통합장이론의 도입 부분을 참조].

정보 이론, 인지심리학, 정신생리면역학, 신경과학 및 NLP와 같은 인지과학의 최근 발전은 '마음'에 대한 수수께끼의 일부를 이제 막 풀기 시작한 단계에 있다. 차세대 NLP의 중요한 사명 중 하나는 이러한 미스터리들을 이해할 수 있는 영역을 넓히고 실생활에 응용할 수 있게 하는 것이다. 이는 다음 장에서 탐색될 것이다.

제2장
신체 마인드

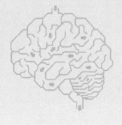

Soma는 그리스어로 '신체'라는 단어다. **신체 마인드**(somatic mind)는 몸 안에 있는 마음이라 할 수 있다. 신체적 지능은 우리의 기본적인 지능이다. 모든 생명체가 인지 마인드를 가지고 있는 것은 아니지만 살아 있는 유기체는 그들의 환경 안에서 살아남고 효과적으로 상호작용하기 위해 신체 마인드에 의존한다. 또한 신체 마인드는 포유동물의 마음이며, 어린아이들의 지능의 주요한 형태다.

사람은 익숙하든 익숙하지 않은 몸 안에 지능과 지혜의 전체 패턴이 있다. 우리가 신체 마인드에 접촉할 때 신체 내부로 들어가게 된다. 이는 우리의 부분적인 알아차림이 몸 안에 남아 있음을 의미한다. 신체는 오직 현재 안에서 살아 숨쉬기 때문에 우리가 신체적 지식에 연결될 때 우리의 알아차림의 부분도 현재 순간에 닻을 내린다. 우리가 눈앞에 닥친 일이나 상호작용, 지적 활동 또는 집중을 요하는 어떤 장소에서든지 집중하게 될 때 그리고 우리의 알아차림이 늘 변화하는 우주와 같은 신체 감각과 느낌이 있는 몸 안에 뿌리를 내리게 될 때 우리는 우리가 다루는 어떤 경험이든 그것을 풍요롭게 하는 풍부하고 자원으로 가득한 많은 정보에 접근하게 된다.

'머릿속의 모든 것' 또는 '몸과 차단된'이라는 말은 풍부한 신체적 경험과 신체 지능 세계에 대한 접근이 결여되어 있음을 나타낸다. 우리가 '우리의 머릿속에' 있다는 것은 몸에 대한 알아차림이 현재에서 벗어나 있음을 의미한다. 이때 다음과 같은 신체적·감정적 표현이 함께 나타난다. 얕거나 빠른 호흡, 빠르게 말하기, 어깨와 목과 얼굴의 긴장, 스트레스나 긴장을 나타내는 불안한 감정 등이 나타난다.

반대로 우리가 신체와 현재의 순간에 기반을 둘 때 우리는 신체적으로 편안해지고, 더 깊게 더 천천히 호흡하며 긴장이 풀어지고 생기가 도는 것처럼 평온하고 풍부한 상태의 감정을 경험하게 된다. 변혁의 스승인 리처드 모스(Richard Moss)는 몸이 행복하면 감정은 긍정적이 되고 마음이 진정되는 경향이 있다고 했다.

신체 지능의 주관적인 경험은 모든 문화에서 역사적으로 나타났으며 NLP에서 '체감언어 (organ language)'라고 알려진 분류를 통해 언어적으로 반영되었다. **체감언어**는 사람들이 신체의 일부나 신체의 기능에 대해 언급하는 은유나 관용어와 관련이 있다.

우리는 때때로 "나는 직관을 가지고 있어." "나는 내 마음을 따르겠어." "나는 그게 내 마음 속에 있다는 것을 알아."와 같이 뇌가 아닌 다른 부분에 지적 능력이 있는 것처럼 말한다. 또한 "속이 뒤틀린다." "배가 아프다." "마음이 깨질 것 같다." "등골이 오싹하다."와 같은 표현을 한다. 그러나 NLP에서는 이러한 은유적 표현과 관용어의 사용보다는 체감언어에 더 초점을 맞춘다. 감각에 기반을 둔 서술어처럼("난 네가 말하는 것이 보여." "명백하지 않네." "그건 내 얘기네." "이해했어." "나 감동받았어." "맞다고 느껴져." 등) 체감언어는 깊은 신경언어학적 패턴과 이러한 주관적인 경험의 심층구조(우리가 이 장에서 살펴볼 구조)에 통찰력을 줄 수 있는 과정을 반영한다.

감각 느낌: 신체 마인드의 주관적인 경험

　주관적으로 우리는 신체 마인드에 대해 안다. 철학자이자 심리치료사인 유진 젠드린(Eugene Gendlin)은 이를 '감각 느낌(felt sense)'이라 불렀으며, 이것을 사용한 치료방법을 **포커싱**(focusing)이라고 했다. 젠드린은 환경 안에서 상호작용하는 유기체의 삶이 반드시 환경에 대한 좀 더 추상적이고 인지적인 지식을 앞선다고 주장했다. 젠드린에 따르면 삶은 복잡하고 환경과의 잘 정돈된 상호작용이며 삶 그 자체가 앎이다. 추상적인 개념의 인지적 지식은 우리의 의식적인 사고 과정의 심층구조에서 더 발전된 것이다.

　다시 말해, 신체 마인드는 우리의 정신적 기능에서 나머지 부분에 대한 기초가 되는 첫 번째 마인드이다. 인지적인 인식의 질과 유효성은 신체 마인드의 질에 상당 부분을 의존한다.

　젠드린은 신체적 지식이 주관적인 **감각 느낌** 그 자체이며 감정의 감각 안에 있는 '느낌'과는 전혀 다르다고 주장했다. 감각 느낌은 계속되는 삶의 과정에 대한 신체적 자각이다. 이것은 세상 안에서 삶의 상호작용으로부터 오기 때문에 인지적인 개념과 같이 추상적이거나 관련 없는 것이 아니며 삭제, 왜곡, 일반화가 줄어든다. 감각 느낌은 사실 인지적인 사고보다 더 순차적이며 논리와는 다른 고유한 특성을 가지고 있다. 이것은 꽤 정확하며 인지적인 지식보다 더 복잡할 수 있는 신체적 사고 유형이다. 이러한 관점은 밀턴 에릭슨(Milton Erickson)의 슬기롭고 지적인 '무의식의 마음(unconscious mind)'의 개념과 매우 흡사하다.

　젠드린은 NLP 모델링과 비슷한 방법을 통해 그의 결론에 도달했다. 그와 동료들은 회기가 성공적일 때 무엇이 '차이를 만드는 차이점'인지를 살펴보기 위해 수천 시간의 심리치료 회기 기록을 연구했다.

그는 성공적인 내담자들은 말이 많거나 분석적이지 않다는 것을 관찰했다. 대신에 그들은 불편하거나 고통스러울 때조차도 스스로 흐릿하고 모호하며 분명하지 않은 느낌을 경험하고 인내했으며 자신의 시간과 방법 안에서 이러한 감정을 꺼내 놓았다. 그들은 문제 혹은 이슈(그들의 '심층구조')에 깔린 신체적으로 느끼는 내부 감각에 집중했다. 정신적으로 맴돌기보다는 감정을 이겨 내려 하지 않고 경험의 흐름을 바꿔 그대로의 상황에 머물렀다. 그들은 천천히 그들의 감정을 느꼈고 그 감정이 전달하고자 하는 메시지에 귀 기울였다.

젠드린은 이러한 과정을 '포커싱(focusing)'이라고 불렀으며, 다른 사람들이 어떻게 비슷한 양상으로 내부 감각에 생산적으로 집중할 수 있는지를 가르치는 단계를 개발했다. 젠드린은 몸 안에 주의를 집중시킴으로써 우리가 신체 마인드라고 부르는(그는 몸의 지혜를 믿는 것이라고 언급했다) 것에 접근하는 방법을 사람들에게 안내하고자 했다. 이는 인지 마인드에서만 해결책을 찾는 것이 아니라 신경계의 다른 부분을 이용하여 신체적 문제와 감정의 해결책을 찾는 것이다. 따라서 도전적이고 복잡한 문제들을 효과적으로 해결하려면 우리의 거대한 신경계 안에 있는 미묘한 삶의 감각과 느낌에 접촉하여 다루고 대화해야 한다.

젠드린의 노력은 신체가 그저 뇌에 의해 조절되는 기계가 아니라는 NLP 3세대의 관점과 유사하다. 물론 우리 몸 안에는 뇌가 있다. 사실 여러 개의 뇌가 존재한다. 이것은 신경언어프로그래밍의 '신경' 부분의 중요한 확장이다.

신경위장학과 복부의 뇌

　몸 안에 있는 뇌를 **장뇌**(enteric brain) 또는 **장 신경계**(enteric nervous system)라고 부른다(*enteric*은 '장이나 창자 내부'의 의미를 가지고 있으며, 그리스어 *enteron*에서 유래되었다). 이 체계는 1억 개의 뉴런을 가지고 있으며 척수에는 더 많다. 현대 신경과학에서는 대장과 복부에 있는 다른 소화기관을 둘러싼 신경계가 고양이의 뇌만큼이나 세련되고 복잡하다고 추정한다. 그래서 이것은 종종 인간 몸의 '두 번째 뇌'라고 불린다.

　최근엔 장 신경계가 어떻게 중추신경계를 반영하는지에 대한 많은 주요한 세부사항이 드러나고 있다. 뉴욕에 위치한 콜롬비아 장로교회 의학센터의 해부학과 세포생물학 교수인 마이클 거손(Michael Gershon)은 '소화관(neurogastroenterology)'이라 불리는 새로운 의학 분야의 설립자다. 그의 책인 『두 번째 뇌: 직관의 과학적 기초 그리고 복부와 장의 신경 장애에 대한 획기적인 새로운 이해(The Second Brain: The Scientific Basis of Gut Instinct and a Groundbreaking New Understanding of Nervous Disorders of the Stomach and Intestines)』에서 그는 장뇌가 인간의 불안과 고통뿐만 아니라 건강과 행복에도 중요한 역할을 한다고 주장했다. 대장염이나 과민성 대장증후군과 같은 많은 위장 장애는 장 신경계의 문제에서 비롯된다.

　장 신경계의 역할은 식도에서 위, 소장, 결장으로부터 음식물의 소화를 관리한다. 또한 신경위장 전문가(neurogastroenterologists)들은 장 신경계와 면역 체계 간에 복잡한 상호작용이 있다고 믿는다.

　생물학자들은 포유류가 발달하는 데 있어서 장 신경계가 매우 중요하며 신생아

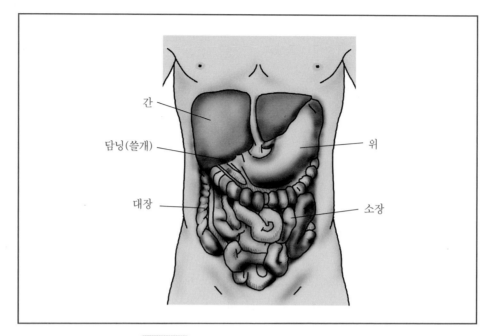

간

담낭(쓸개)

위

대장

소장

그림 2-1 장 신경계는 소화 과정을 다룬다.

의 머리에서부터 배까지 긴 연결이 있다고 믿는다. 아기는 태어나서부터 먹고 음식을 소화시켜야 한다. 따라서 진화의 과정이 장 신경계를 독립적인 회로*로 보존시킨 것으로 보인다. 이는 중추신경계와 느슨하게 연결되며 뇌의 제어 없이도 대부분 홀로 기능할 수 있다.

우리의 머릿속에 있는 뇌와 같이 '복부의 뇌'는 자극을 주고받고 경험을 기록하며 머릿속의 뇌세포와 같은 신경전달물질을 사용하여 감정에 반응한다. 장 신경계는 식도, 위, 소장, 결장을 따라 세포조직의 수초에 위치한다. 하나의 독립체를 고려할 때 이는 뇌에 형성된 것과 마찬가지로 뉴런 간에 메시지를 전달하고 세포를 지지하는 뉴런의 네트워크인 신경전달물질이자 단백질이다. 또한 독립적으로 행동하고

---

* 태아에 대한 흥미로운 점이 있는데, 바로 세포 조직의 무리인 신경관이 배아의 초기 과정에 형성된다는 것이다. 한 부분은 중추신경계를 형성하며, 다른 부분은 장 신경계로 이동한다. 거손 교수에 따르면, 이 두 가지 신경계는 미주 신경을 통해 나중에 연결된다고 한다.

배우고 기억하며 '직감'을 만들어 내는 복잡한 회로다.

그러므로 당신은 배에 고양이의 뇌를 가지고 있는 것과 같다. 모든 것이 좋으면 가르릉거리지만 위협을 느끼면 "쉿!" 소리를 낸다. 중추신경계는 위협적인 상황에 직면하면 몸이 싸우거나 도망갈 수 있도록 스트레스 호르몬을 방출한다. 장 신경계는 많은 감각 신경의 화학적 급증에 의해 자극받게 되며 흔히 "속이 뒤틀린다."라고 말하는 경험을 하게 된다.

최근 연구에 따르면 삶의 초기에 받는 스트레스는 만성적인 위장병을 유발할 수 있다고 한다. 한 의사는 그의 만성 위장병 환자들의 약 70% 정도가 어릴 때 부모를 잃거나 만성적인 병을 앓았거나 자신에게 중요한 사람의 죽음을 경험한 것과 같은 트라우마를 경험했다고 보고했다.

모든 대륙에서 복부를 신성한 '영혼의 집'이라고 믿는 전통 문화가 있다는 것은 흥미로운 점이다. 일본의 무술, 중국의 치료술, 아프리카 · 인도 · 폴리네시아 · 미국 원주민 · 중동 · 구유럽의 춤은 모두 몸의 중심인 '영혼의 힘'을 깨우기 위해 복부에 에너지를 주는 동작을 포함한다.

일본에서 **하라**(hara)라고 부르는 복부의 중심은 무술이나 치료술에서 신체 에너지의 핵심으로 여겨졌다. 또한 힘과 중력의 근원지이며 여러 신체 기관을 수용한다고 보았다. **하라**에서 확장된 다리는 지구와 연결되며 이동을 가능하게 할 뿐만 아니라 고정할 수도 있게 한다. 더 나아가 **하라**는 '영혼의 배꼽(spiritual umbilicus)'과 삶의 원천으로 이해된다. 사람들은 이것이 지배, 힘, 지혜, 평온을 가져다준다고 믿었다.

일본어에서 **하라**는 복부라는 의미와 복부에 집중된 생명력을 활성화시키는 것*에서 유래되었다. '하라의 사람'은 창의성, 용기, 신뢰, 목적, 진실성, 인내가 있는 사

---

* 역자 주: 일본어의 여러 표현에서 '하라'를 포함하며, 배의 중요성은 완전하게 사는 것을 의미한다. '벨리 예술(belly art)'은 한 사람이 완전하게, 힘을 들이지 않고 성취한 활동을 일컫는다. '웅장한 배(a grand belly)'는 마음씨가 넓고 이해심이 많고 관대하며 동정심이 많은 사람을 일컫는다. '깨끗한 배(a clean belly)'는 깨끗한 양심을 가지고 있는 사람에게 쓰인다. '너의 배를 결정하라(determine your belly).'는 말은 너의 의도를 명확하게 밝히라는 의미다. '배를 두드리다.'는 만족하는 삶을 산다는 의미다.

람을 일컫는다. **하라 노 아루 히또**(hara no aru hito)는 개인의 중심 또는 개인의 복부를 의미한다. 이러한 사람은 항상 균형이 잡혀 있고 평온하며 너그럽고 따뜻한 마음을 가지고 있다. 또한 고요하고 편견이 없으며 무엇이 중요한지 알고 균형 잡힌 감각의 비율을 유지하며 어떠한 사물을 사물 그 자체로 받아들인다. 이러한 사람들은 본인에게 닥쳐오는 어떤 것에도 준비가 되어 있다. 지속되는 훈련과 연습을 통해 이들은 성숙해지며 비로소 '자신의 복부를 완성한' 사람인 **하라 노 데끼타 히또** (hara no dekita hito)가 되는 것이다.

중국어에서는 복부의 중심을 **딴 티엔**(tan tien)이라고 하며, 이것은 삶을 지탱하는 데 필수적인 영양분을 위해 계발되어야 할 분야를 의미한다. 이는 한 사람이 몸의 중심을 움직이거나 숨을 쉬어 활성화할 때 그 사람의 몸의 중심이 영혼의 힘, 내적 원천과 연결된다는 것을 내포한다.

이러한 언어학적인 표현은 분명히 '복부의 뇌'가 신체적 지능과 강력한 자원의 중요한 부분이라는 주관적인 경험과 직관을 반영한다. 다음은 당신이 복부의 뇌를 활용할 수 있는 간단한 연습이다.

1. '수직으로' 당신의 척추를 곧게 세우고 발을 바닥에 붙인 채 편안하게 앉자. 당신의 손바닥을 배에 두고 엄지손가락이 배꼽을 향하도록 하며 나머지 손가락은 아래에 두자. 다른 손바닥은 반대에 있는 손등의 아래쪽에 둔다.
2. 복부로 편안하고 깊게 호흡하라. 줄이 당신의 손바닥의 가운데와 다른 손바닥의 가운데를 이어 준다고 상상해 보자. 보고, 느끼고, 스스로 묘사하라.
3. 줄의 중간 지점을 찾아보고 이곳에 호흡을 집중시킨다. 이 지점에서 일어나는 감각과 이미지를 느껴 본다. 복부의 뇌(배의 중심, 하라, 딴 티엔)가 연결되는 감각을 느껴 본다. 이는 당신에게 중심, 평온함과 균형, 이완의 감각을 가져다줄 것이다.

이러한 방법으로 당신의 중심을 찾는 것은 신체 마인드와 몸의 지혜를 앵커링하는 중요한 출발점이 될 것이다.

신경심장학과
심장 속의 뇌

　복부의 뇌와 함께 심장이 기계적인 펌프만을 담당하는 것은 아님을 보여 주는 연구가 증가하고 있다. **신경심장학** 분야의 발달은 심장이 매우 복잡하며 신경계와 호르몬 체계 등 다른 기관에 영향을 주고 커뮤니케이션을 하는 자체적인 '뇌' 기능으로서 정보를 처리하는 중심임을 설명하고 있다. 심장의 활동은 여러 경로를 통해 뇌 기능과 주요 신체 기관에 영향을 미치며 우리의 내적 상태와 궁극적으로는 삶의 질에 영향을 준다.

　장 신경계와 마찬가지로 심장의 정교한 회로는 두개골 안에 있는 뇌와 독립적으로 활동(학습하고, 기억하고, 심지어 느끼고, 감각하는 것)한다. 앤드류 아머(Andrew Armour) 박사와 제프리 아델(Jeffrey Ardell) 박사가 최근에 쓴『장 신경계의 기초와 임상(Basic and Clinical Neurocardiology)』에서는 심장의 본질적인 신경계 기능과 심장의 기능 규제에 대한 중추신경계, 말초신경계, 자율신경계의 역할을 전반적으로 다루고 있다.

　신경심장학의 초기 개척자 중 한 명인 아머 박사는 심장이 '작은 뇌'와 같이 충분히 정교하고 복잡한 내부 신경계임을 보여 주었다. 심장의 신경계는 순환 호르몬과 신경화학물질을 계산하고 심장박동수와 기압을 감지하는 4만 개의 감각 신경돌기를 가지고 있다. 호르몬, 화학물질의 비율과 압력 정보는 심장의 신경계에서 신경 신호로 변환되어 뇌로 전달된다.

　그러므로 심장은 뇌 혹은 중추신경계와는 별개로 작동하고 처리하는 내부의 신경계를 가지고 있다. 이것이 심장이식을 가능하게 한다. 보통 심장은 미주 신경과

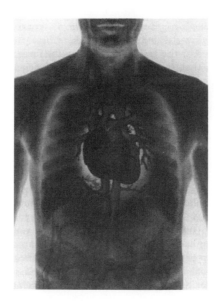

그림 2-2　심장은 내부 신경계를 가지고 있으며 뇌와는 독립적으로 기능한다.

척추를 돌아다니는 신경섬유를 통해 뇌와 소통한다. 심장이식에서 이러한 신경 연결은 적어도 장기간 동안 회복되지 않는다. 그러나 이식된 심장은 온전하고 고유한 신경계 능력을 통해 새롭게 기능할 수 있다.

　사실 심장이식을 한 많은 환자의 경험은 기억을 저장하고 행동에 영향을 주는 "심장의 뇌"의 잠재력에 대한 매우 흥미로운 관점을 제공한다. 일반외과 및 소화기관 수술 전문가로 미국과학진보협회의 일원이자 하버드대학교 의과대학 외과 선임 연구원으로 25년 이상을 지낸 마리오 알론소 푸이그(Mario Alonso Puig) 박사의 심장이식 수술 환자에 대한 예를 참고해 보자. 그는 회복한 후에 이상한 행동을 보이기 시작했다. 한 번도 먹어 본 적이 없는 음식을 먹고 싶어 했으며 전에 즐겨듣지 않았던 음악에 사로잡히기도 했다. 또 기억에 없는 장소에 끌리는 자신을 발견하기도 했다.

　심장 기증자의 생활 패턴을 조사하기 전까지 그것은 매우 큰 미스터리였다. 연구자들은 이식받은 사람이 먹고 싶어 했던 음식이 기증자가 매우 좋아했던 음식이었고 그가 매료된 음악은 바로 기증자가 음악가로서 연주한 음악이었으며, 이끌렸던 장소는 기증자의 일생에서 매우 중요한 사건이 있었던 장소라는 것을 발견해 냈다. 엄격한 기밀 조항에 따라 기증자와 환자는 서로의 개인적인 정보에 접근할 수 없었다. 하지만 어찌되었든 간에 기증자의 심장을 통해 선호도가 전이된 것으로 보인다.

이것은 많은 예시 중 하나일 뿐이다. 클레어 실비아(Claire Sylvia)는 자신의 경험을 바탕으로 『심장의 변화(A Change of Heart)』(1997)라는 책을 쓴 심장이식 환자다. 그녀의 이야기에 따르면, 그녀는 1988년 5월 29일에 교통사고로 죽은 18세 청년의 심장을 이식받았다. 수술 후 얼마 되지 않아 그녀는 자세, 습관, 입맛에 변화가 생긴 것을 알아차렸다. 그녀는 자신이 남성처럼 행동하거나, 길에서 뽐내며 걷는 행동(그녀는 춤을 추는 사람으로 평소에 그렇게 걷지 않았다)을 하는 것을 알았다. 또한 그녀는 예전에 싫어했던 피망과 맥주를 먹고 싶어 했다. 실비아는 심지어 그녀의 기증자인 것 같은 전혀 모르는 '팀 엘(Tim L.)'이라는 사람에 대한 꿈을 반복해서 꾸기도 했다. 그리고 그가 모습을 드러냈다. 그녀의 심장을 기증해 준 가족과의 만남을 통해 기증자의 이름이 팀 엘이라는 것을 알게 되었고, 그녀가 경험했던 자세, 입맛, 습관의 모든 변화가 기증자와 매우 비슷한 것을 깨달았다.

폴 피어살(Paul Pearsal) 박사의 책 『심장의 코드(The Heart's Code)』(1998)를 보면, 73개의 심장이식 사례를 바탕으로 기증자의 인성과 기억, 지식이 이식자에게 전이되었다는 놀라운 예시를 볼 수 있다.

누군가에게 살해된 10세 소녀의 심장을 이식받은 8세 소녀의 사례가 있었다. 그 소녀는 밤마다 살인자에 대한 악몽으로 괴로워서 정신과 상담을 받았다. 소녀는 그 남자가 누구인지 안다고 했다. 몇 번의 상담 후에 정신과 의사는 이를 경찰에 알리기로 결심했고 소녀의 설명을 바탕으로 살인자를 추적했다. 살인자는 소녀가 제공한 단서를 바탕으로 한 증거(시간, 무기, 장소, 그가 입고 있었던 옷, 피해자가 그에게 말했던 것들)로 결국 유죄를 선고받았다. 소녀가 말했던 모든 것은 진실로 판명되었다.

또 다른 예로 교통사고로 사망한 8세 유대인 소년의 심장을 3세의 아랍 소녀에게 이식한 경우가 있었다. 소녀가 마취에서 깨어나자마자 전에는 전혀 알지 못했던 유대교 캔디를 달라고 했다. 이러한 예들은 심장이 단순히 혈액을 펌프질하는 근육만이 아니라 훨씬 더 복잡하고 흥미로운 존재임을 증명한다.

복부와 마찬가지로 심장은 인간의 역사에서 감정과 지식의 중요한 센터로서 주관적으로 경험되어 왔다. 그리스, 메소포타미아, 바빌로니아를 포함한 몇몇의 초기 문명은 심장을 숨겨진 지능이라고 일컬었다. 그리스의 철학자 아리스토텔레스는 심장을 신체에서 가장 중요한 기관이자 신경계의 근원이라고 정의했다. 닭의 배아를 관찰하면서 심장이 처음 형성되는 기관이라는 것을 알게 된 아리스토텔레스는 심장이 신체 활력의 근원지이며, 지성, 운동, 감각이 존재하는 곳이라고 믿었다.

하트매스 연구소

최근 다양한 그룹에서 가장 인지도 높은 기관인 캘리포니아 볼더 크릭(Boulder Creek)의 하트매스 연구소에서는 '심장의 뇌'의 지능을 이용하는 연구를 하고 있다. '심장이 인간의 몸에서 가장 율동적인 정보의 패턴을 생성하는 기관'이라고 생각하는 하트매스 연구소의 연구자들은 "신체의 다양한 상호작용 체계의 주요한 교차점으로서 심장은 신체, 마음, 감정, 정신을 연결하는 커뮤니케이션 네트워크의 강력한 진입점으로 유일하게 위치한다."고 주장한다.

하트매스 접근의 핵심은 심장이 다음과 같은 네 가지 주요한 방법으로 뇌와 신체 간의 커뮤니케이션을 한다는 것이다.

1. 신경학적으로 미주신경과 척추를 통해 신경신호를 전달한다.
2. 생물물리학상으로 맥박을 통해 전달한다. 심장은 혈압의 파동 형태, 즉 BPV라고 알려져 있는 혈액의 농도를 뇌와 세포에 많거나 적게 공급하며 에너지를 보낸다. 뇌세포의 전기적 활동의 변화는 혈압 흐름의 변화와 관련이 있는 것으로 나타났다.
3. 생화학적으로 신경전달 물질이나 심방성 펩티드(atrial peptide)와 같은 호르몬의 방출은 다른 스트레스 호르몬의 방출을 억제한다.

4. 에너지학적으로 전자기장이 심장박동으로 생성된다. EKG는 심장박동수를 측정하는 데 사용되는데 심장에서 만들어진 전자신호를 기록한다. 신호는 신체의 어느 곳에서나 관찰될 수 있고 우리 주변의 공간에 스며든다(에너지 영향의 개념에 대한 내용은 장 마인드 분야에서 자세히 다룰 예정이다).

하트매스 연구소의 연구 및 방법은 정신생리학의 일관적인 상태를 만드는 과정에 주로 초점을 맞추고 있다. 그들은 다음과 같이 언급한다.

> 가장 최근의 신경과학 연구에서 정서와 인지는 분리되어 생각될 수 있지만, 상호작용 기능이나 체계는 각각 유일한 지능이다. 우리의 연구는 마음과 정서를 성공적으로 통합하는 핵심이 두 체계 안의 일관성을 증진시키고 서로의 과정으로 일관성을 가져오는 데 놓여 있음을 보여 준다.

신경계, 심혈관, 호르몬, 면역 체계에서 더 많은 일관성이 보인다는 가정을 기반으로 하트매스는 **정신생리학적 일관성**이라고 부르는 상태(인지, 정서, 생리학적 처리에서의 균형, 조화, 동기화의 높은 수준을 포함하는 상태)를 촉진시켰다. 그들의 연구는 이러한 상태가 높은 수행력, 스트레스의 감소, 감정적 안정성의 증진, 건강상의 혜택과 관련이 있음을 보여 준다.

하트매스의 연구 방법은 긍정적인 내적 감정 상태를 동반하는 것으로 보이는 '내적 일관성 방식'인 개별적인 심기능 방식에 주된 초점을 맞춘다. 생리학적으로 내적 일관성 방식은 심박 변이 지수(heart rate variability: HRV)라 불리는 것으로 기록된다. 분노나 좌절과 같이 문제적이고 비생산적인 감정 상태는 무작위의 변덕스러운 심박수를 나타내는 반면, 감사함과 같은 긍정적인 감정 상태는 매우 규칙적이고 일관적인 심박 변이 지수(HRV)와 향상된 심혈관 기능을 보인다. 이러한 대조는 하트매스 연구소의 웹사이트에서 가져온 [그림 2-3]을 통해 알 수 있다.

하트매스 연구소는 직관적인 심장의 뇌 지능을 이용하여 사람들이 결정을 더 잘할 수 있고 심장의 지혜를 이용하여 마음과 감정을 관리할 수 있게 하는 여러 가지

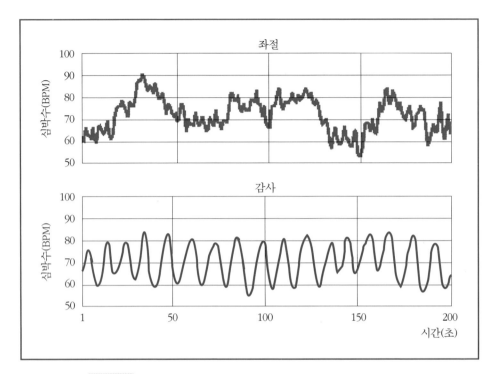

그림 2-3 다른 감정 상태에 따른 비일관적/일관적 심장박동의 대조

간단한 도구를 개발했다. 과학적 데이터에 근거한 기술의 광범위한 연구는 독 차일드르(Doc Childre)와 하워드 마틴(Howard Martin)이 쓴 『하트매스의 해결법(The HeartMath Solution)』(2000)에서 찾을 수 있다. 이 도구들은 다수의 기본적인 NLP 구성방식과 흡사하다.

가장 기초적인 기술은 **정지화면기술**(Freeze Frame)이라 불린다. 이는 1분짜리 과정으로 인식에 중요한 변화를 만들 수 있다. 주로 도전적이거나 스트레스를 받는 상황에서 유용하게 쓰인다. 다음에 그 단계를 간단히 요약하였다.

1. 당신의 머리 밖으로 주의를 돌려 심장 주변 영역에 집중하라. 최소한 10초 동안 심장에 집중하면서 평소처럼 호흡하라.
2. 당신의 삶에서 긍정적인 감정이나 경험들을 회상하고 가능한 한 최대로 그것

을 다시 경험해 본다. 보고 듣고 느끼는 감각에 집중해서 충분히 재경험한다.

3. 심장의 뇌에게 "이 상황을 다르게 바꾸기 위해 무엇을 할 수 있을까?" 또는 "내가 스트레스를 최소화하려면 어떻게 해야 할까?"라고 질문해 본다.

4. 당신 심장의 대답에 귀 기울인다.

만약 당신이 아무것도 듣지 못했더라도 마음이 좀 더 차분해지고 편안해진 것을 느낄 것이다. 대답은 단어들로 나오는 것이 아니라 느낌이나 이미지의 형태로 올 것이다. 당신은 아마 이미 알고 있던 무언가에 대해 확신을 얻거나 새로운 관점을 경험하거나 좀 더 균형 있게 상황을 볼 수 있을 것이다.

컷-스루(Cut-Thru) **기술**은 사람의 감정을 잘 조절할 수 있게 도와주는 하트매스 연구소의 또 다른 기술이다. 이 기술의 목표는 복잡하고 오랫동안 가지고 있던 감정적 반응을 '잘라 내는(컷-스루)' 능력을 키우고 역동적으로 변화시켜 난관에서 벗어나게끔 하는 데 있다.

1. 심장에 집중해서 문제나 상황에 대해 당신이 어떻게 느끼는지 자각하라.

2. 상황에 대해 관찰자 입장이 되어 보자. 다른 사람의 문제라 생각하고 행동하라. 당신 스스로를 3인칭으로 지칭하라(예: '나' 대신에 '그' '그녀'). 만약 당신이 당신의 코치나 목격자라면 당신에게 어떤 충고를 하겠는가?

3. 당신의 심장 속으로 균형을 잃게 하는 왜곡된 느낌이나 감정적인 에너지를 가지고 온다고 상상해 보자. 마치 따뜻한 목욕물에 담그는 것처럼 그것을 담근다. 그 결과 그것은 긴장을 풀고, 통합되어 바뀐다. 심장이 당신을 위해 그 일을 하도록 계속 연습하자.

컷-스루 기술의 목적은 사람들이 어려운 감정을 억누르기보다 받아들이고 유지하고 바꾸는 것을 배우도록 도와주는 것이다.

세 번째 도구는 **하트 로크인**(Heart Lock-In)**기법**으로 신체적, 정신적, 영적 재생을 위해 더 깊은 수준까지 마음을 경험하는 것이다.

1. 당신의 마음에서 심장으로 주의를 돌리고 거기에 머무른다.

2. 사랑이나 연결, 보살핌의 감정이 드는 사람을 떠올려 보고 그 사람이나 긍정적인 무언가에 대한 고마움 혹은 감사의 마음에 집중한다. 5분에서 15분 정도 이러한 감정에 머물러 보자.

3. 당신과 다른 사람에게 사랑과 감사의 감정을 부드럽게 보내자.

하트매스 연구소의 더 많은 연구 및 방법과 프로그램은 웹사이트(http://www.heartmath.org.)에서 살펴볼 수 있다.

호흡

    호흡은 인지적 그리고 신체 마인드의 질과 효과에 영향을 주는 또 다른 요소다. 호흡을 통해 우리는 신체, 신경계, 뇌에 산소를 공급한다. 포유류와 살아 있는 유기체는 포도당과 같이 에너지가 풍부한 분자의 신진대사 형태로 에너지를 방출하기 위해 산소가 필요하다. 뿐만 아니라 호흡은 이산화탄소와 나머지 가스를 몸 안에서 배출하는 기제이기도 하다.

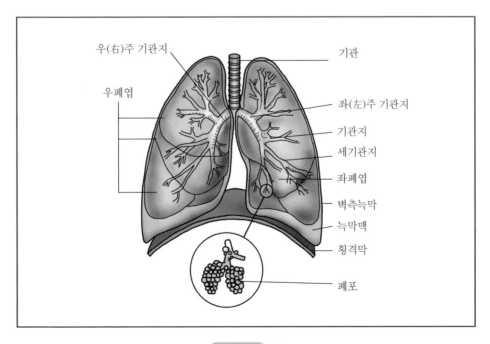

그림 2-4 폐

폐는 인간의 호흡에 중요한 기관이다. 폐는 산소를 혈액에 공급하여 보내고 다시 심장으로 받는다. 심장에 도달하면 혈액은 뇌로 올라가고 신체의 나머지 부분에도 보내진다. 혈액이 뇌와 신체를 통해 보내지면 각 기관에 산소를 저장한다. 혈액의 산소가 감소하면 산소가 폐에 도달하기 전에 흐릿하고 어두운 색깔을 띠고 다시 충전되면 밝은 선홍색으로 돌아온다.

> 호흡 과정에 사용되는 기관은 입, 코, 콧구멍, 인두, 후두, 기관, 기관지, 세기관지, 횡격막, 폐, 모세혈관과 폐포(가스가 혈액으로 대체되는 혈관)와 같이 호흡수에 있는 종말지들이다. 인간은 두 개의 폐를 가지고 있는데, 폐의 왼쪽은 두 개, 오른쪽은 세 개의 엽으로 나뉜다. 폐는 1,500마일(2,400km)에 이르는 기도와 3억 개에서 5억 개 정도 되는 폐포를 가지고 있다. 게다가 폐포를 둘러싼 모든 모세혈관을 직선으로 끝까지 늘리면 620마일(1,000km)까지 확장된다. 그러므로 폐는 환경과 우리를 연결하는 복잡하고 복합적인 기관이다.

호흡은 생존에 필수적이다. 우리는 심각한 손상이 일어나기 전, 단 몇 초의 시간도 호흡 없이는 생존할 수 없다. 보통 편안한 상태에서 성인의 호흡은 흡입하는 호흡시간의 1/3 정도로 분당 10~20회이다[일반적인 상태의 호흡을 의학적 용어로 안정호흡(eupnea)이라 한다].

또한 호흡은 정신적으로나 육체적으로나 최적으로 수행하는 데 필수적이다. 더 많은 에너지, 노력, 초점, 주의집중과 알아차림의 상태는 신체, 뇌, 신경계에 더 많은 농도의 산소를 필요로 하며, 이는 깊게 충분히 호흡할 때 가능하다.

생존 호흡(생존에 필요한 최소한의 호흡)을 하는 사람은 단지 그다음의 숨을 쉬기 위해 호흡이 필요하다. 이러한 종류의 호흡은 별다른 인지 없이 이루어진다. 최적으로 충분한 지능과 신체 마인드의 지혜에 접근하기 위해 우리는 생존 호흡에 기반을 둔다.

호흡은 기초적인 신체 기능의 하나로 의식적이거나 무의식적으로 조절될 수 있다. 의도적인 호흡은 요가나 다른 인지적인 명상 연습을 통해 가능하다. 수영, 심장 강화 운동, 보컬 트레이닝과 같이 호흡하는 훈련을 배우는 것은 초기에는 의식적이지만 나중에는 무의식적으로 생존과 '생명 유지'를 위한 목적이 된다. 예를 들어, 태극권 연습에서 에어로빅 훈련은 몸의 에너지의 사용을 증진시키는 횡격막의 근육을 연습하고 훈련하여 호흡과 결합한다.

많은 고대 문화는 '생명력'을 호흡과 연결시켰다. 구약성서에서 신은 아담에게 영혼을 부여할 때 '생명의 숨'을 불어넣어 주었다. 또한 이 숨은 인간이 죽으면 다시 신에게 돌아간다고 했다. '영혼(spirit)' '카이(qi)' '정신(psyche)'은 호흡 현상과 관련된 용어들이다.

세계의 유명한 영성과 철학적 전통의 관점에서 우리가 숨 쉬는 것은 신체적으로 필요한 산소와 다른 가스를 공급해 줄 뿐만 아니라 우리가 이미 아는 것처럼 '에너지[예: 프라나(prana), 카이(chi) 등]'를 주며 '미묘한 신체(subtle bodies)'와 정신에 영양분을 공급해 준다. 이러한 관점에서 호흡은 우리의 환경과 매우 중요하게 연결되어 있으며, 우리는 우주와 호흡을 서로 교환한다고 한다. 숨을 내쉴 때 우리는 우주에 정신을 주고 들이마시면서 우주의 정신을 받는다.

영혼과 영성을 믿는 것을 떠나서 호흡하는 법을 아는 것은 우리 자신이 되는 것과 관련이 있다.

의식을 향상시키기 위한 많은 전통적 접근법은 호흡에 대한 인식에 기반을 둔다. 호흡은 우리가 태어난 순간부터 죽는 마지막 순간까지 함께한다. 지금 이 순간에도 호흡은 일어나며 현재 우리의 의식이 존재하게 하는 중요한 과정이자 신체적 지능과 지속적으로 연결된다. 그저 몇 초만이라도 호흡 운동 감각에 집중함으로써 우리의 집중을 지배하는 마음의 연속적인 사고 과정은 일반적으로 느슨해지고 몸은 이완될 것이다. 그렇게 되면 우리는 무엇을 하든 좀 더 현재에 있고 자원을 갖게 되며, 현재 안에 있는 우리의 신체 지능과 우리 자신에게 좀 더 지속적으로 연결될 수 있다.

간단한 호흡 연습 중 하나는 삶의 많은 변화 상황 속에서 당신의 호흡을 의식적으로 따라가는 것이다. 숨을 들이쉬면 숨을 들이쉬고 있다는 것을 알 수 있다. 마찬가지로 숨을 내쉬면 숨을 내쉬고 있다는 것을 인지할 수 있다. 이러한 연습을 10분 동안 해 보거나 적어도 하루에 세 번 정도 해 본다. 이는 당신의 무의식적인 생각과 감정적인 반응으로부터 자유롭게 해 주고 현재의 순간을 좀 더 이해하고 명확하게 볼 수 있게 해 줄 것이다. 이는 당신이 걱정하거나 화나는 순간에도 매우 유용하다.

이러한 감각을 갖기 위해 지금 바로 당신의 호흡에 집중해 보자. 콧구멍으로 공기가 들어오는 것을 느끼고 숨을 들이쉬면서 몸이 팽창되는 것을 느낀다. 다시 숨을 내쉬면서 콧구멍이나 입으로 공기가 나오는 것을 느끼고 근육의 긴장이 이완되는 것을 느껴 본다. 호흡은 어느 리듬에서나 자연적으로 일어나며 호기심을 가지고 당신의 신체에서 일어나는 호흡 감각을 느껴 보자. 당신의 내부 상태가 바뀌는 것을 느낄 때까지 호흡에 주의를 기울인다. 느낄 준비가 되었다고 생각하면 다시 당신이 하고 있던 것(예를 들어, 지금 이 책을 읽는 것)으로 주의를 돌린다. 그리고 호흡과 함께 지금 현재에 의식을 둔다. 당신이 호흡에 몇 분 정도 주의를 기울이는 동안 어떠한 저항(조급함, 좌절감, 회의감, "조금 있다 해야지.")도 없었다는 것을 깨닫는다. 당신의 인지 마인드는 이러한 방해 활동에 저항할지도 모르지만 당신은 다시 괜찮아질 것이라고 확신할 수 있다.

불교의 승려이자 정신적 스승인 틱낫한(Thich Nhat Hanh)은 숨을 쉴 때 다음에 제시하는 몇 가지 단어를 추가하여 숨을 쉬는 기초적인 호흡 연습을 제안했다.

"숨을 들이마신다(숨을 들이마시면서), 나는 고요하다."
"숨을 내쉰다(숨을 내쉬면서), 나는 웃는다."

당신은 다음의 문구를 더 추가할 수도 있다.

(숨을 들이마시면서) "현재의 순간을 산다."
(숨을 내쉬면서) "나는 지금 이 순간이 매우 아름답다는 것을 안다."

간단하지만 강력한 또 다른 호흡 연습은 4 스퀘어 호흡하기(4 Square Breathing)라고 부른다.

1. 1부터 4까지 세면서 숨을 들이마시자.
2. 1부터 4까지 세는 동안 유지하자.
3. 1부터 4까지 세면서 숨을 내쉬자.
4. 1부터 4까지 세는 동안 유지한다.
5. 반복하라.

당신이 속도를 달리할 때마다 달라진다는 점에 주목하라. 호흡이 몸속의 폐를 통해 팔 안쪽과 등 안쪽 등으로 들어오고 나가는 것을 명심하라. 알아차림과 함께 호흡하라.

신체 호흡 통합™

신체 호흡 통합™(Somato Respiratory Integration™: SRI™)은 네트워크 척수 분석™(Network Spinal Analysis: NSA™) 혹은 네트워크 척추 지압 요법의 창시자인 도널드 엡스타인(Donald Epstein)에 의해 개발된 과정이다. 그는 자신의 책『치료의 12단계(The 12 Stages of Healing)』에서 신체 호흡 통합™ 연습은 호흡하는 과정을 통해 신체와 신체적 지능을 뇌와 재연결하는 데 도움을 주기 위해 고안되었다고 설명하였다. 엡스타인에 따르면 "이 연습은 우리의 의식과 자연적인 리듬을 호흡과 연결시킨다. 개인의 신체를 더 충만하게 경험하도록 돕고 의식 상태를 이완하고 평안을 얻을 수 있는 상태로 증진시킬 뿐 아니라 즉각적으로 몸과 마음에 대한 신뢰와 치유 과정으로 바꾼다."

다음의 연습은 엡스타인이 고안한 것으로서 SRI™ 과정(총 12단계)의 **1단계**로 알려져 있다.

1. 등을 기대고 눕거나 앉는다. 흉골 위쪽의 상부 가슴에 양손을 얹고 손바닥은 몸을 향한 채 코나 입으로 천천히 숨을 쉰다. 흉부가 올라가는 리듬에 맞추어 충분히 깊게 숨을 들이마신다. 이번에는 흉부가 내려가는 리듬에 맞춰 숨을 내쉰다. 움직이는 부분을 확인하여 그 아래 손을 얹고 숨을 쉰다. 몸의 다른

부분으로는 숨을 쉬지 않는다. 이러한 과정을 몇 번 정도 반복한다.

2. 이제 흉골 아래 횡격막 위에 손을 얹고 같은 연습을 반복한다. 그러고 나서 손을 복부(배꼽 근처)에 놓고 반복한다. 손을 얹은 부위에서 천천히 숨 쉬는 것을 기억하라. 어떤 위치에서 가장 쉽고 평안함을 가져다주는지 혹은 어느 위치가 제일 어렵고 불편함을 주는지 확인한다.

3. 제일 편안하게 느끼고 쉽게 호흡에 집중할 수 있는 부분을 확인한다. 그곳에 손을 다시 얹고 숨을 천천히 깊게 쉬면서 불편함을 느끼는 부위에 평온한 경험을 퍼뜨린다.

4. 편안하고 집중하기 쉬운 부분과의 '연결'을 찾았다면 이 부분의 호흡과 움직임에 초점을 두고 그다음엔 이 부분과 불편한 부분을 번갈아가며 만지고 호흡해 본다. 불편한 부분에 있을 때 당신은 그곳과 가까이에서 숨을 쉬면서 가능한 한 신음하거나 소리를 내 본다. 이것은 불편한 부분이 직접 말할 수 있다면 내기를 원하는 소리다.

5. 소리를 낸 후(불편한 부분에서는 소리가 나는 데 30초도 걸리지 않는다) 다시 손을 연결 부위에 놓고 편안함을 느껴 본다. 한숨을 쉬거나 평온하게 내쉬며 이 부분의 안도감과 편안함을 느껴 본다. 연결 혹은 평안한 부분과 불편한 부위를 번갈아 가면서 몇 분 동안(대략 10분 이내로) 연습하라. 더 편안하고 만족스러운 감각이 있는지 두 부위에서 나는 소리가 비슷해져 가는지 확인해 보면서 진행한다.

SRI™, 도널드 엡스타인, 네트워크 척수 분석에 대한 더 많은 정보는 웹사이트 (http://www.associationfornetworkcare.com.)에서 찾을 수 있다.

척추

신체 해부학에서 **척추**(등뼈 또는 등골뼈)는 척수를 보호하고 감싸는 기둥이다. 척추는 7개의 경추(목뼈)와 12개의 흉추(가슴뼈), 5개의 요추(허리뼈), 천추(엉치뼈), 미골(꼬리뼈)로 이루어져 있다. 흉부의 갈비뼈들은 흉추에 연결되어 있다.

척수는 신경세포 다발로 척추를 통해 인간의 뇌부터 손가락까지 길게 뻗어 있는 세포를 지탱한다. 이 신경계는 뇌막과 뇌척수액으로 감싸져 있으며 척추 내부에서의 충격이 일어날 때 쿠션처럼 보호하는 역할을 한다.

척수는 척추의 각 단계에서 경추의 윗부분을 제외하고 짝을 이루는 신경 가지로 나뉜다. 이러한 신경 가지는 척추골 양쪽을 통해 빠져나간다.

목의 신경은 어깨, 팔, 목, 손과 연결되어 있다. 이 신경은 목, 부비강, 코, 갑상선, 림프절, 횡격막의 기능을 통제한다.

흉신경은 등의 가운데에서부터 근육, 세포, 내부 장기까지 뻗어 있다. 이 신경은 팔꿈치, 손, 손가락의 표층세포에 영향을 미친다. 또한 흉부, 복부, 심장, 폐, 간, 위장, 췌장, 비장, 부신, 신장과 작은 창자에 영향을 미친다.

요신경은 등 아래쪽 근육, 대퇴골, 다리, 종아리, 발의 협응과 관련이 있으며 요신경으로부터 나오는 신경들은 큰창자, 맹장, 방광, 전립선, 남성과 여성의 생식기를 제어한다.

엉치신경(천골신경)은 엉치뼈와 꼬리뼈에 위치해 있다. 여기서 나오는 신경들은 둔부, 엉덩이, 대퇴부, 다리에 영향을 준다. 또한 직장과 골반세포에도 영향을 미친다.

척수는 뇌에서 말초신경계와 몸의 나머지 부분에 정보를 연결하는 중요한 길이

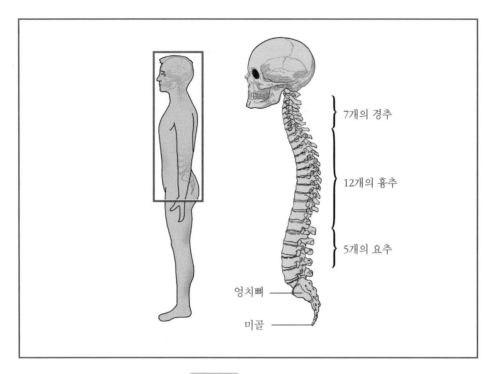

그림 2-5   인간의 척추

기도 하다. 뇌와 몸 전체에 신경 신호를 전달해 주는 매우 중요한 기능을 할 뿐만
아니라 독립적으로 많은 반사작용을 제어할 수 있는 신경회로를 포함한다. 따라서
척수는 다음과 같은 세 가지 중요한 기능이 있다고 요약할 수 있다.

1. 뇌에서 척수로 내려오는 운동신경을 전달하고 분배한다.
2. 말초신경에서부터 척수, 뇌까지 올라가는 감각 정보를 모으고 전달한다.
3. 특정한 반사작용을 조정하는 센터의 역할을 한다.

복부, 심장과 마찬가지로 척수는 뇌와는 독립적인 몇 가지 기능을 수행한다.
몸의 모든 부분을 오가는 신경섬유는 척추에서 비롯된다. 척추의 위치와 척수의
긴장도는 우리의 신체와 신경계의 기능에 큰 영향을 줄 수 있다. 신경계에 손상을

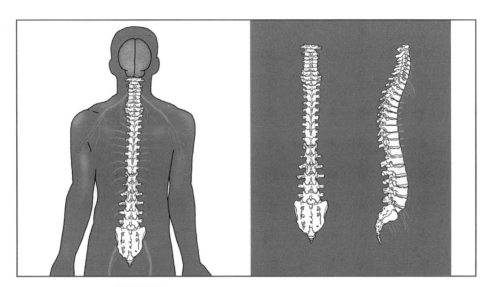

그림 2-6   각각의 척추골 사이에서 나오는 척수 가지들

입으면 신경계가 지나가는 부위가 고통스럽거나, 얼얼하거나, 약해지거나 감각을 잃을 수 있다. 척수 자체의 손상은 감각의 마비부터 주요한 기능의 중단까지 다양한 증상을 유발할 수 있다. 예를 들어, 흉신경과 관련된 문제는 천식을 포함하여 알레르기, 궤양, 신장 문제 등이 있을 수 있다.

신체 자세

무술이나 요가를 연구하거나 신체의 구조와 움직임에 초점을 두고(정골요법, 알렉산더 기법, 펠덴크라이스 요법 등) 다양한 접근법으로 운동을 해 본 사람은 신체의 자세와 움직이는 방식이 우리의 내면세계를 반영하며, 역으로 신체의 알아차림을 연습하여 내면세계에 영향을 줄 수도 있다는 것을 알 것이다. 이제부터 설명할 또 다른 연습은 신체 자세의 알아차림을 개발하기 위한 신체적 지능에 좀 더 접근하는 방법을 배우도록 도와줄 것이다. 어떠한 순간에도 우리는 신체에 주의를 집중해야 하며 신체 자세를 인지하고 있어야 한다. 이것은 우리의 집중을 지금 순간에 맞추고 신체 밖에 우리를 두는 사고 마인드의 과정을 천천히 하게끔 한다. 우리는 척추의 긴장이 얼마나 도움이 되지 않는지를 인식할 수 있으며, 현재를 풍요롭고 열정적으로 만들기 위해 과도한 에너지 낭비를 줄일 수 있게 된다.

지금의 자세에서 아무것도 바꾸지 않은 채 당신이 지금 어떻게 앉아 있는지(혹은 서 있는지)를 인식한다. 어깨, 목, 얼굴, 척추, 배, 가슴, 엉덩이 그리고 당신의 주의를 끄는 다른 부분과 같이 당신의 신체에 '방문'할 시간을 갖는다. 어디에 과도한 긴장이 있는지(복 뒤의 수축), 활력이 떨어진 곳(흉부의 가라앉음, 움츠린 어깨)은 어디인지 느껴 본다. 몸이 편안한 자세에 적응되도록 둔다. 몸이 이렇게 하도록 호흡한다. '앞서 말한 부분들을 통해' 수축되거나 긴장된 곳을 천천히 '호흡하여' 이완시킨다. 에너지가 부족한 곳은 숨을 들이쉬면서 채우도록 한다. 억지로 하지 말고 풍부하고 균형이 맞는 상태를 찾으면서 '호흡에' 집중하자.

당신의 가슴을 들어올리면서 확장하는 것을 상상해 보는 것도 도움이 된다. 당신의 심장이 있는 가슴의 중앙 위쪽으로 움직인다. 동시에 척추를 뻗는다. 마치 머리의 왕관 가운데 줄이 달려 있는 것처럼 머리를 부드럽게 위로 올린다. '머리가 자유롭다'고 생각하고 목 뒷부분이 길어진 것을 느끼며 턱을 약간 안쪽으로 당긴다. 척추와 두개골이 만나는 부위인 후두엽의 접합 부위의 자유로움을 느낀다.

척추 아래의 천골(엉치뼈)과 미골('꼬리뼈')이 '캥거루의 꼬리'처럼 계속해서 바닥까지 길어지고 확장된다고 생각해 본다. 이러한 생각은 당신의 등 아래쪽이 길게 늘어나는 감각을 만들며 골반이 이완된 느낌을 준다. 이 방법이 효과가 있다면 꼬리가 더 늘어나 뿌리처럼 땅 속 깊숙이 박힌다고 생각해 본다. 다시 억지로 힘을 주지 않고 현재 당신의 신체에 있는 감각을 인식한다. 만약 준비되었다면 원래 하던 것으로 주의를 돌려 신체 감각에 관한 인식을 계속 유지한다.

당신의 척추와 자세에 계속 주의를 기울이면서 내면 상태에서 무엇이 달라졌고 무엇이 만들어졌는지 주목해 본다.

네트워크 척수 분석™(NSA™)

더 큰 신체 마인드의 일부인 척추와 관련된 운동에 대한 좋은 예는 도널드 엡스타인이 개발한 신체 호흡 통합™(SRI™) 과정인 네트워크 척수 분석™이다. 초기에 전통적인 척추 지압 패러다임 안에서 일했던 엡스타인은 상부나 하부의 척추를 부드럽게 만지면 전체 척추를 변경할 수 있다는 놀라운 사실을 발견했다. 파도처럼 깊게 숨을 쉬었다가 내쉬면서 축적된 척추의 긴장을 소멸시키며 가끔 부드럽게 만져서 환자의 삶의 질을 전반적으로 향상시킨다.

엡스타인은 더 큰 신체 지능의 중요한 접근 요소로 척추를 사용하는 중에 건강에 대한 비선형 척추의 접근에서 적정 조건하의 작은 생리적 변화가 사람들의 건강과 행복 안에서 불균형의 반응을 만들어 낸다는 것을 발견했다. 강한 힘은 생리적으로 의미 있는 변화를 만들어 내는 데 적용될 수 없다. 실제로 그는 강력한 지압이 이러한 과정을 억제한다는 것을 발견했다. 그는 이러한 접근을 네트워크 척수 분석™의 척추 지압과 구분하여 불렀다.

엡스타인은 몸은 그저 기계가 아니라 척수의 전기 케이블이 뇌와 연결되어 있다는 NSA™의 접근을 활용하여 어린 시절의 상처, 사고 혹은 다른 신체적·심리적 트라우마가 척추나 다른 신체 부위에 긴장과 에너지 패턴을 저장한다는 것을 발견했다. 긴장으로 가득 찬 에너지는 강력한 스프링과 비슷하다. 시간이 흐름에 따라 이것은 신체적으로 긴장된 근육, 굳은 관절, 몸의 움직임에 대한 저항, 우울, 얕은 호흡 등과 같은 형태로 나타난다. 또한 질병이나 고통으로 나타나기도 한다.

에너지를 받고 순환시키며 소비하는 신체 마인드의 능력은 우리의 현재, 과거 상태와 결부되며 우리의 건강과 주어진 상황을 해석하고 반응하는 방식에도 많은 영향을 미친다. 순환되지 않은 에너지는 계속 긴장을 만들어 낸다. 이러한 에너지가 해소되면(또는 제한된 상태에서 자유로운 상태로 바뀌면) 치유와 창조적이고 생산적인 활동이 가능해진다.

증상의 고통, 증상 기간, 병리학의 정도는 그 자체가 치료를 위한 방안에 있어서의 고통을 결정하지는 못한다. 신경계가 적정 조건에 있을 때의 작은 변화는 저장한 에너지와 긴장을 방출할 수 있으며, 이를 통해 치유와 변형과 같은 건설적인 목적에 신체를 활용할 수 있게 된다.

저자인 로버트 딜츠(Robert Dilts)의 개인적인 사례를 살펴보면 그는 14세 때 수상 스키를 타다가 사고로 등에 부상을 입었다. 등골뼈의 압박과 등 아래쪽 뼈의 구조적인 손상은 거의 30년 동안 고통을 주었고 그를 약화시켰으며 자세의 문제를 일으켰다. 그러나 산타크루즈의 NSA™ 전문의인 존 아마랄(John Amaral)과 함께 몇 회기의 진료 후에 그 증상은 사라졌고 12년이 지난 지금까지 에너지가 증가했으며 활력 넘치는 건강을 유지하고 있다.

척추 교정, 척추 엔터테인먼트, 호흡 연습과 다른 운동들은 NSA 전문의들이 쓰는 몇 가지 방법이다.

네트워크 척수 분석™에 대한 더 많은 정보는 웹사이트(http://www.associationforn etworkcare.com.)에서 찾아볼 수 있다.

발

　　우리의 발은 신체 마인드의 지능에 접근하고 최적화하는 데 중요한 역할을 하는 신체의 또 다른 부분이다. 우리는 발을 신경계의 중요한 부분으로 생각하지 않지만 발은 신체와 마음의 기능에 그리고 우리를 둘러싼 세상과 상호작용하는 데 중요한 영향을 미친다.

　　앞서 언급했듯이 어떤 전통에서는 다리가 확장된 **하라** 또는 복부의 뇌로 간주되고 발을 통해 지구와 연결되며 이동을 가능하게 할 뿐 아니라 뿌리를 만드는 것이라고 여겨진다. 생리적으로 발에 주어지는 감각은 균형과 자세에 중요한 영향을 미친다. 우리가 서 있을 때 발은 지구와 연결되는 주요 지점이 된다. 우리의 자세는 우리 아래의 표면과 접촉하는 발바닥에 완전히 의지한다.

　　손바닥과 마찬가지로 발바닥은 균형과 자세를 유지하기 위해 신경 말단에 완전히 집중하여 끊임없는 미세한 조절을 하기 때문에 접촉에 매우 민감하다. 발바닥에 대한 인식이 증가하면 더 큰 안정감과 움직임, 균형이 따라온다. 모쉐 펠덴크라이스(Moshe Feldenkrais)는 때때로 30분에서 1시간 정도 등을 대고 누운 채 자세를 바르게 하고 균형적이고 안정적으로 걷도록 돕기 위해 발바닥을 부드럽게 만지는 데 시간을 쓴다.

　　필요하다면 발은 손이 하는 일을 거의 다 할 수 있다. (특히 어린 시절에) 손이나 팔을 잃은 사람들은 발을 이용해서 먹고, 마시고, 펜으로 글씨를 쓰고, 컴퓨터 타이핑을 하고, 운전을 하는 등 손으로 하는 거의 대부분의 일을 학습할 수 있다. 이와 관련해서 유튜브에 흥미롭고 고무적인 비디오 사례가 몇 가지 있다. 팔이 없는 엄

마인 바바라 구에라(Barbara Guerra)와 제시카 파크(Jessica Parks)를 찾아보자.

반사요법과 같이 건강과 치료에 대한 대안적인 접근은 발바닥의 다른 부분이 신체의 모든 부분과 분비선, 장기와 일치한다고 제언한다. 반사요법은 '영역 요법(zone therapy)'이라고도 불리는데, 신체의 모든 부분이 손과 발에 나타난다는 개념을 기반으로 하며, 손과 발의 특정 부위를 압박하면 해당하는 신체 부위에 치료적 효과가 있다고 본다.

개인의 발의 반사 영역은 스트레스에 대한 적응의 결과이며 개인의 전반적인 긴장 상태를 드러낸다. 발에 나타나는 스트레스 단서는 반사요법사에게 지도와 같다. 스트레스 단서가 발에서 발견되었다면 그것은 신체와 일치하는 부분에 스트레스가 축적되기 시작했다는 신호이다.

또 다른 수준에서 우리 신경계의 큰 부분은 신체의 다양한 부분 안에서 반사작용을 통해 생존을 지지하기 위해 단단히 연결된다. 움직이는 우리의 능력은 생존을 위한 핵심 부분이 된다. 우리의 발은 '도망'가거나 '싸우는' 데에도 모두 필수적이며 움직이는 데에도 필요하다. 만약 오랜 시간 동안 우리의 발이 바닥에 닿아 있지 않

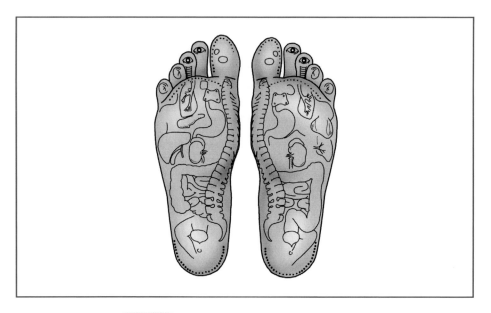

그림 2-7 반사요법에 따른 발바닥의 다양한 영역

거나 균형이 맞지 않거나 제한되어 있다면 우리의 생존에 위험을 줄 수도 있다.

우리가 공간 안에서 어떻게 움직이는가를 감지하도록 설계된 우리 몸 안의 수많은 신경은 관절에 위치한다. 우리의 발은 두개골과 손 다음으로 우리 몸에서 가장 많은 관절이 있는 부위 중 하나다. 관절이 부자연스럽거나 어긋나 있다면 움직임에 있어 우리를 지지하도록 설계된 뼈의 기능에 방해를 받는다. 이것은 신체 체계의 나머지 부분에 대한 위협적인 신호로 해석될 수 있다.

균형이 무너지고 움직이지 않는 관절은 문제나 위험이 있음을 우리에게 알리는 것이다. 발과 관련된 이러한 주관적인 경험은 "발을 디딜 수 없어." "나는 내 두 발로 서는 것을 배워야 해." "다리가 덜덜 떨려." 등과 같은 '체기관 언어'로 반영된다.

안정적이고 균형 잡힌(생리적, 감정적으로 모두) 발은 바닥에 단단하게 자리 잡아야 하는데 이것이 말처럼 항상 쉬운 것만은 아니다. 때때로 우리는 우리의 발을 무시하거나 큰 자각 없이 대수롭지 않게 여긴다. 하이힐이나 꽉 조이거나 닳았거나 바닥이 자연스럽지 않은 신발은 발의 자연스러운 형태를 왜곡시킬 수 있으며 많은 긴장감을 전달하고 발이 움직이기 어렵게 한다. 힘줄과 근육이 팽팽하게 조여 발은 결국 균형을 잃고 불안정해진다.

바닥에 온전히 닿지 않고 불안정한 발은 신체 체계에 긴장감을 만들며 몸 전체를 어긋나게 할 수 있다. 이러한 긴장은 다리의 고통, 무릎의 문제, 엉덩이 문제, 등 아래의 고통, 목과 어깨의 불편함과 심지어는 두통을 유발할 수 있다. 또한 당신의 삶에서 발이 땅에 온전히 자리하지 못하는 느낌이나 불안정함, 불균형의 감각을 줄 수 있으며 당신의 신체 지능에 대한 완전한 잠재력에 접근하는 것을 제한할 수도 있다.

5리듬®의 개발자 가브리엘 로스(Gabrielle Roth)는 발을 매우 강조한다. 그녀의 변형적 움직임 연습의 근본 원리는 "당신의 발을 따라가세요."다. 참가자들은 발을 자유롭게 하고 접촉과 바닥에 뿌리 내린 느낌을 증진시키며 움직임에 대한 능력을 향상시키기 위해 맨발로 춤추게끔 격려한다.

발판 이완 연습

발바닥의 근육과 긴장을 쭉 펴고 마사지함으로써 걸을 때 좀 더 안정적이고 확고한 기반을 만들 수 있으며, 궁극적으로는 무릎, 엉덩이, 등 아래의 문제에서 벗어날 수 있다.

세 개의 발판(엄지발가락, 발 측면, 뒤꿈치)의 긴장을 풀어 주고 바닥에 완전히 접촉하게끔 하며 신체를 통해 안성성과 균형을 회복하게 한다.

발판의 균형을 잡고 안정적으로 만들어 다음의 세 단계를 따르자. 다음의 기법을 적용할 때 분명한 압력을 사용하라.

1. **엄지발가락 발판**: 손가락을 엄지발가락 위에 놓는다. 숨을 들이쉰다. 숨을 내쉬면서 발을 늘리는 식으로 엄지발가락과 발가락을 손으로 끌어올린다. 세 번 반복한다.

2. **측면 발판**: 손가락을 발의 부드러운 부분이나 분홍색을 띠는 부분에 놓는다. 숨을 들이쉰다. 숨을 내쉬면서 발을 안쪽으로 돌리며 손가락으로 발의 바깥쪽을 끌어온다. 세 번 반복한다.

3. **뒤꿈치 발판**: 뒤꿈치 앞쪽의 부드러운 부분에 손가락을 놓는다. 숨을 들이쉰다. 숨을 내쉬면서 발가락은 하늘을 향하게 하고 발을 풀면서 뒤꿈치 위로 손가락을 끌어온다. 세 번 반복한다.

발 한쪽을 안정화시키고 나면 일어나서 걸어 보자. 당신이 발을 디딜 때마다 더 많은 균형감과 안정감, 바닥과 연결된 느낌을 주는 발판의 폭과 너비를 더 많이 느껴 보자. 또한 발바닥의 오목한 부분이 더 높아진 데 주목해야 한다.

그다음 다른 쪽 발에도 이러한 과정을 반복해 보자.

피질 호문쿨루스—
뇌 속의 신체

지금까지 우리는 신체 지능을 구성하는 몸 안의 신경계에 대한 다양한 측면을 살펴보았다(몸 안의 뇌). 소위 **호문쿨루스**(homunculus)는 뇌가 어떻게 신체를 인지하는가에 대한 표상이며, 이것은 우리의 신체 인지에 또 다른 영향을 준다. 예를 들어, **피질의 호문쿨루스**는 신체 각 부분에 분포된 세포의 비율을 나타내며 신체의 여러 부분을 감지하고 작동하는 데 기여하는 피질 뇌세포의 비례수를 묘사한다. 다시 말

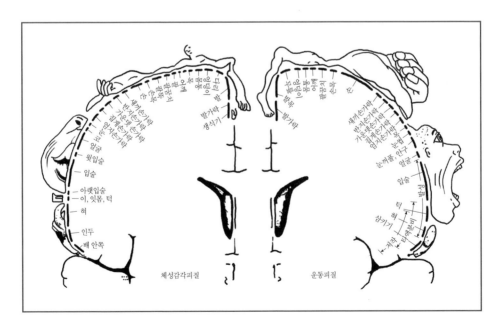

그림 2-8 피질의 호문쿨루스는 신체의 다양한 영역에 관여하는 감각과 운동 세포의 상대적인 양을 보여 준다.

해, 피질의 호문쿨루스는 다른 신체 영역과 관련된 피질의 상대적인 양에 대한 지도다. 또한 이것은 움직임에서 느껴지는 신체에 대한 운동감각의 자기수용성을 반영한다.

신체의 어떤 부분은 대뇌피질에 있는 많은 감각 세포와 운동 세포로 연결되어 있다. 신체의 이런 특정 부분은 호문쿨루스에서 보다 크게 나타난다. 뇌와 연결되어 있는 보다 적은 감각/운동에 대한 신체 부분은 더 작은 것으로 보인다. 예를 들어, 복잡한 수천 가지의 행동을 하는 데 사용되는 엄지손가락의 경우 상대적으로 더 단순한 운동을 하는 대퇴부보다 더 큰 것으로 나타난다.

피질의 호문쿨루스는 우리 몸의 정신 모델과 신체적 자아상(뇌 안의 몸)에 기반을 둔다. 우리 신체의 인지, 의식, 자각과 여기에 따라오는 삭제, 일반화, 왜곡을 반영한다.

실제 몸에 이러한 표상을 옮겨 본다면 이것은 신체의 나머지 부분과 비교해 균형이 맞지 않는 커다란 손, 입술, 얼굴의 기이한 형상의 사람으로 나타날 것이다.

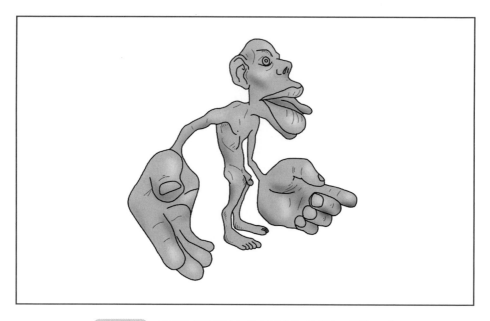

그림 2-9 피질의 호문쿨루스대로 인간의 신체를 표현한 모습

피질의 호문쿨루스는 '지도'와 '영토' 간의 커다란 차이를 보여 주는 좋은 예다. 우리는 실제 팔(영토)과 팔에 대한 뇌의 내적 표상(지도)을 모두 가지고 있다. 이들은 서로 같지 않으며, 이러한 차이로 인해 사람은 '환각지'나 신체 일부에 대한 '부정적 환각'을 경험하며 계속 그 자리에 있는데도 없는 듯한 감각을 느끼게 된다.

신체에 대한 우리 뇌의 인식은 실제 몸이 아닐 뿐더러 신체 마인드 인지도 아니다. 게다가 우리의 실제 복부와 복부에 대한 뇌의 인식은 복부의 장 신경계의 인식이다. 젠드린이 언급한 더 많은 호문쿨루스를 포함하는 우리 신체의 '감각 느낌'은 분명 더 많은 호문쿨루스를 포함하며, 피질의 인식뿐 아니라 순수한 신체를 통합한다.

신체 마인드와 인지 마인드는 자연적으로 우리의 신체와 생리학의 다른 부분과 양상을 우선시한다. 피질은 바깥세상을 향하는 감각 수용체로부터 정보가 들어가는 과정에 많은 기여를 한다. 우리의 신체적 신경계는 우리의 내부 세상을 관장한다.

피질은 진화된 인간 뇌의 가장 마지막 부분이다. 그러므로 피질의 구조와 목적은 더 오래된 근본 영역(장 체계, 심장 신경계, 척수, '파충류의 뇌' 등과 같은)과 우리 신경계의 부분보다 더 최신의 것이다. 인간에게 유일한 우리의 피질은 우리가 사회적, 문화적, 환경적 상호작용을 다루는 데 도움을 주도록 발달했다. 이것이 호문쿨루스가 우리의 손, 입술, 혀 등에 더 많은 강조를 두는 이유다. 외부 세상과 소통하고 조정하는 데 우리의 신체 부분이 사용된다. 피질의 호문쿨루스는 우리 자신에 대한 표상을 사회적, 문화적, 환경적으로 맞추게 한다.

피질의 호문쿨루스가 우리 삶의 경험으로 만들어졌다는 또 다른 증거가 있다. 피질의 호문쿨루스는 한 사람에서 그다음 세대로 시간이 지남에 따라 발달되고 달라지는 것을 보여 준다. 예를 들어, 영유아의 뇌 안에 있는 손에 대한 호문쿨루스 표상은 피아니스트 뇌 안에 있는 손에 대한 표상과는 다르다. 또한 우리는 어린 시절 손과 팔을 잃어 발로 먹고, 글 쓰고, 운전하는 것을 학습했던 사람들의 경우에 손과 팔이 모두 정상이고 이를 사용하는 사람보다 발에 대한 운동 호문쿨루스가 더 많은 비율을 차지할 것이라고 예측해 볼 수 있다.

여기에서의 중요한 암시는 어느 정도까지는 우리 몸의 특정 부분에 대한 사용과 인식의 정도에 따라 신경 호문쿨루스의 표상이 바뀔 수 있다는 것이다. 이 책에서 제시하는 연습들은 우리 뇌의 신경언어학적 구조(그리고 아마도 다른 신경계의 부분도)를 바꿀 수 있게 해 준다. 이것은 당신이 우리 몸과 우리 스스로에 대한 감각 느낌을 통합하고 균형을 잡도록 도와줄 것이다.

당신의 주관적인 호문쿨루스를 탐색하기

우리의 피질 호문쿨루스는 신체에 대한 개인적 인식인 우리의 **주관적인 호문쿨르스**에 대한 거울이다. 당신의 몸에 대한 자기성찰적 감각에 주목한다면 자연스럽게 몸의 일부분이 다른 부분보다 더 두드러진다는 것을 틀림없이 알아차릴 것이다. 주관적으로 지각한 호문쿨루스를 탐색하는 것은 신체의 특정 부분에 당신의 의식적인 자각이 더 많이 혹은 더 적게 있다는 것을 알아차리는 것이다. 이것은 당신의 신체 마인드 안에서 진행되는 행동 유형과 신체의 다른 부분과의 관계에 대한 더 많은 피드백을 줄 수 있다.

만약 신체에 집중하는 것을 멈추고 내려놓는다면 몸의 어떤 부분(예: 척추, 손, 눈, 복부, 골반 등)에 가장 쉽게 집중되는가? 호문쿨루스는 정서적 반응의 기록이 아니라 생리적 감각과 운동과 연결된다는 것을 명심하자.

아마도 신체의 어떤 부분은 전혀 자각되지 않을 수도 있다. 신체의 어떤 부분(예: 발가락, 귓불, 팔꿈치, 폐, 왼쪽 엄지발가락 등)이 지금 당신의 자각에 존재하지 않는가? 당신이 다른 내면 상태나 행동의 다른 수준에서 기능할 때 당신의 주관적인 호문쿨루스는 통찰될 수 있고 활용될 수 있다. 다음의 연습문제를 해 보자.

1. 자원이 충분하지 않았던 상황(난관에 봉착했거나 혼란스럽거나 불안한 등) 혹은 행동 수준이 엉망이었던 경험을 떠올려 보자.
2. 그 경험을 가능한 한 완전하게 다시 경험하라. 그렇게 함으로써 당신은 가장 전경에 있는 신체의 부분을 인식하게 된다. 어디에서 가장 강렬한 느낌이 드는가? 어디에서 가장 사세하게 느껴지는가? 거기에는 어떠한 왜곡이 있는가?

배경에는 어떤 부분이 있는가? 신체 부분이 같이 움직이는 것처럼 보이거나 감각 수준에서 서로 구분이 되지 않는 것처럼 보이는 부분이 있는가? 전혀 인식되지 않은 부분은 어디인가?

3. 마음을 맑게 하고 몸의 상태를 편안히 한다.

4. 자원이 충분했던 상황(믿음, 편안함, 창조적이고 중심에 있는 느낌 등)이나 행동 수준이 최고치에 달했을 때를 떠올려 보자.

5. 가능한 한 완전하게 그 경험으로 들어가자. 신체의 어떤 부분이 가장 전경에 있는지를 확인하라. 어디가 가장 강렬하게 느껴지며 가장 자세하게 느껴지는가? 배경에는 어떤 부분이 있는가? 전혀 인지되지 않는 부분은 어디인가?

6. 마음을 맑게 하고 차이를 만드는 차이에 대해 반영해 보자. 자원이 충분하거나 충분하지 않은 상태 혹은 행동 수준의 높고 낮음 안에서 당신의 몸에 대한 인식의 차이를 확인하고 경험할 수 있는 현재 순간으로 당신 자신을 이끌어 보자.

사람들은 때때로 이러한 유형의 탐색을 할 때 놀라운 통찰력을 갖기도 한다. 우리가 인식하는 신체 이미지가 때때로 매우 극적일 수 있다는 점을 알아차리는 것은 매력적인 일이다. 약물중독인 사람의 경우 그들은 대개 약을 갈망할 때 몸과 인체에 대한 극도의 왜곡된 인식을 가질 것이다. 이와 같은 신체 왜곡은 그 사람이 신체 지능과 자원에 대한 힘과 완전한 범위에 접근하지 못한다는 것을 의미한다. 이러한 왜곡은 완전한 신체적 연결을 방해하고 문제 상태를 붕괴시키는 소용돌이 아래로 떨어지게 하거나 악순환을 초래한다.

이러한 문제 상태를 탐색하고 주관적인 호문쿨루스에서의 삭제, 왜곡, 일반화를 줄이는 것은 흥미로운 일이다. 다음을 통해 탐색해 볼 수 있다.

1. 앞에서 살펴보았던 것처럼 자원이 불충분한 경험 혹은 낮은 수행력이 나타났던 상황으로 다시 돌아가되 전반적인 신체 인식에 좀 더 균형을 잡아 보자. 상태나 상황에 대한 당신의 주관적인 인식에 어떤 차이가 있는가?

2. 만약 특정 신체 부위가 특히 왜곡되었거나 결여된 것처럼 느껴진다면 그 부분에 집중해서 연습해 보자. 그다음 경험의 안과 밖을 변화시켜 자각의 동일한 수준을 유지시키자.

신체 자각에 대한 영향의 흥미로운 사례는 다음에 제시되는 전경-배경 기술에 있다.

신체 전경 - 배경 과정의 단계

1. 분명한 맥락에서 나타나고 확인 가능한 자동적이고 제한된 반응을 살펴보자 (예: 발표하는 것과 관련된 불안).

2. 당신의 생리학에 영향을 주는 것으로 경험한 제한된 반응의 특정 사례를 떠올려 보자.

   ① 그러한 경험 안에 있는 당신의 신체 이미지(주관적인 호문쿨루스)에 자기성찰적으로 집중하라. 당신 몸의 어떤 부분과 감각이 제한된 반응이 일어나는 순간에 가장 증폭되는지(예: 심장의 쿵쾅거림이나 턱의 긴장에 대한 자각)와 같이 당신의 인식에 대한 '전경' 안에 무엇이 있는지 확인하라.

   ② 경험하는 동안 신체의 어느 부분이 자각되지 않고 결여되었는지(예: 발가락, 귓불, 왼쪽 팔꿈치)에 집중하면서 상태에서 무엇이 '배경'이고 또 무엇이 중립적인지 확인하라.

3. 당신이 제한된 반응을 할 수 있었거나 해야 했는데도 그렇게 하지 않았던 순간에 대한 **예외 사례** 경험을 확인하라. 만약 예외 사례가 없다면 모든 점에서 가능한 한 제한된 것과 가깝지만 제한된 반응이 없었던 경험을 생각해 보자. 이러한 경험으로 들어간다(예: 새로운 사람들과의 모임에서 농담을 하거나 이야기하는).

   ① 신체의 어떤 부분이 가장 잘 인식되는지(전경) 살펴보자(예: 척추에서의 에너지 감각이나 복부의 편안함).

   ② 또한 무엇이 배경이고 중립적이며 주관적인 신체 자각의 결여인지를 확인하라(예: 슬개골, 발가락과 귓불).

4. 두 가지 예를 모두 반영하여 문제적인 경험과 자원적인 경험 모두에서 배경이 되거나 결여된 신체 부분을 찾아보자(예: 새끼발가락이나 왼쪽 팔꿈치).

5. 자원이 충분한 경험으로 돌아와 거기서 느껴지는 감각을 진정으로 충분히 느껴 보자. 당신의 몸 전체에 좀 더 균형적인 감각을 만들어 내는 상태 안에서, 특히 이전 단계에서 발견한 신체 부분을 포함하여(예: 새끼발가락이나 왼쪽 팔꿈치) 신체에 대한 자각을 확장시켜 보자.

6. 이제 제한된 경험으로 돌아가자. 충분히 접촉하되 두 상태에서 이전에 배경이 되었던 신체 부분(예: 새끼발가락이나 왼쪽 팔꿈치)에 집중해 보자. 당신은 문제 반응이 곧바로 그리고 자동적으로 사라졌으며 더 긍정적이고 자원적인 경험으로 당신의 상태가 전환되었음을 알아차릴 것이다.

전경–배경 과정에 대한 더 많은 정보와 종합적인 버전은『체계적인 NLP 백과사전(Encyclopedia of Systemic NLP)』(2000)에서 확인할 수 있다.

바이오피드백

바이오피드백(biofeedback)은 신체적 인식 그리고 신체적 지능과의 깊은 연결을 개발시키기 위한 자원의 일종이다. '바이오피드백'은 인지적이고 신체적인 과정들 사이에서 커다란 연결망을 만들기 위해 특정한 생물학적, 신체적 반응에 청각적 혹은 시각적으로 피드백하는 것을 포함한다. 이러한 과정은 보통 무의식적이고 '자율적인' 신경계에서 발생하는데 심장박동수, 근육 반응(종종 피부 온도처럼 간접적으로 측정됨), 뇌파, 모공 활동, 땀샘(피부의 전기 반응으로 측정됨)과 같은 것들이 여기에 해당한다.

자율신경계는 기초 교감신경계와 부교감신경계로 나뉜다. **교감신경계**는 싸우거나 도망치는 반응과 생존 전략을 조정하는 신경계의 부분이다. 교감신경계의 기능은 본질적으로 흥분성을 지니고 있다. 교감신경이 활성화되면 심장박동이 빨라지고 호흡이 증가하며 아드레날린의 분비를 촉진시키고 신체 주변의 혈류를 수축시켜 땀이 증가하기 때문에 땀구멍이 열리는 등 본질적으로 신체가 행동하기 위한 준비를 하게 된다. 이러한 반응은 생존하기 위한 스트레스 반응과 흥분을 더욱 자극시킨다.

부교감신경계는 신체를 이완시키고 차분하게 만들며 회복 기능을 담당한다. 부교감신경이 활성화되면 심장박동이 느려지고 호흡은 천천히 깊어지며 혈관들과 모세혈관 주위의 미세 근육을 이완시켜 손, 발과 신체 주변에 혈류량을 증가시키고 호흡 속도도 느려진다. 이러한 반응은 신체를 편안하게 만들고 재충전시키며 자원을 회복하게 한다.

바이오피드백은 사람들에게 인지 마인드와 (중추신경계와 자율신경계 사이에서) 필수적인 신체 기능 간의 관계를 인지하고 탐색하는 데 매우 중요한 수단을 제공한다. '자율적' 기능을 측정하고 개인의 음성이나 그래프를 통해서 개개인에 대한 결과를 '피드백'함으로써 개인들은 생리학 양상에 영향을 미치고 조화로운 상태를 유지할 수 있는 방식을 인지하게 되는 것이다.

바이오피드백 영역에 대한 광범위한 연구결과에서처럼 이전에는 완벽하게 '자기통제'가 된다고 생각해 왔던 '자율' 체계가 중추신경계의 영향력에 반응한다는 놀라운 사실을 알게 되었다.

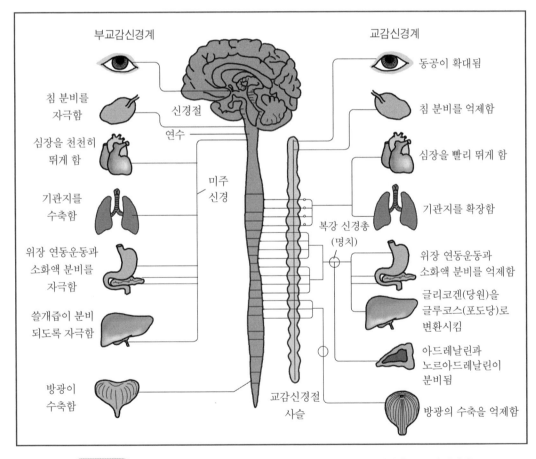

그림 2-10 자율신경계를 구성하고 있는 두 개의 부분: 교감신경계와 부교감신경계

바이오피드백의 사용으로 건강상 문제가 있는 환자들에게 정신과 신체에 대한 기법들을 가르침으로써 잠재적으로 극적인 좋은 결과를 얻을 수 있다는 사실이 명백해졌다. 바이오피드백은 두통이나 사고, 스포츠 상해로 인한 만성적인 근육 긴장, 천식, 혈압, 부정맥과 같은 건강상 문제를 유발하는 수많은 생물학적 반응에 긍정적인 영향을 미치며 지금까지 사용되어 왔다. 또한 통증 치료에서도 종종 보충 요법으로 사용되고 있다.

바이오피드백은 특히 스트레스를 줄이고 신체적, 정신적 기능을 보다 긍정적인 상태로 끌어올리려는 사람들에게 도움을 준다. 이러한 효과는 피드백이 우리 자신의 내적 상태를 보다 잘 인식하게 해 주고 긍정적인 방식으로 우리의 능력을 증가시키기 때문이다.

이미 지적한 것처럼 어떤 사람이 스트레스나 흥분을 경험하게 될 경우 교감신경계가 작동한다. 이것은 호흡의 속도를 가속화하고 땀샘이 활동하게 하며(그 결과, 피부 전도율까지) 심장박동수를 높인다. 또한 심장은 가변성으로 인해 불규칙적이며 산발적으로 된다. 하지만 이완, 침착함, 고요함 등은 부교감신경계의 작용으로 인한 것이며, 이것은 호흡의 속도를 줄이고 깊게 하며 땀샘 활동과 피부 전도를 감소시키고 보다 천천히 부드럽게 율동적인 심장박동의 패턴을 생성한다.

우리가 내적 상태를 더욱 잘 인지하고 측정하도록 돕고 상태를 촉발하고 영향을 주는 사고와 행동의 유형들을 학습함으로써(무의식적으로나 직관적으로 모두) 바이오피드백은 우리가 자전거 타는 법을 배우는 것처럼 우리의 내적 상태의 질을 선택하고 지시하는 우리의 능력을 개선한다.

바이오피드백 훈련 방법은 비록 적당한 도구가 필요하지만 상대적으로 간단하다. 원래 학습자는 자신의 목적과 아주 밀접하게 관련된 적절한 타입의 피드백 유형을 선택해야 한다. 예를 들어, 특정한 근육을 이완시키기 위한 학습은 장애와 관련된 많은 스트레스 상황에서 어느 정도 유용할 수 있을 것이다. 하지만 다른 신체적 장애를 위한 치료에는 효과적이지 않을 수도 있다. 불안한 심계 항진(빠른 심박수) 환자에게는 심장박동을 천천히 하는 것을 학습시킴으로써 많은 효과를 볼 수 있으며, 근육 이완을 학습함으로써 신체와 정신의 일관성을 얻게 된다.

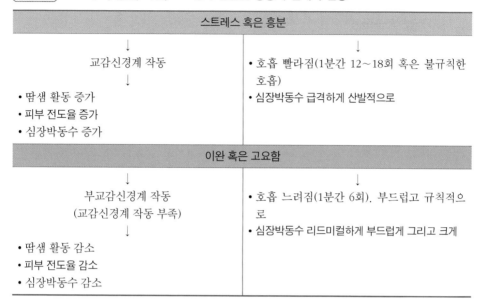

표 2-1 스트레스, 흥분, 이완, 고요함과 관련된 공통의 신체적 반응

스트레스 혹은 흥분	
↓ 교감신경계 작동 ↓ • 땀샘 활동 증가 • 피부 전도율 증가 • 심장박동수 증가	↓ • 호흡 빨라짐(1분간 12~18회 혹은 불규칙한 호흡) • 심장박동수 급격하게 산발적으로
이완 혹은 고요함	
↓ 부교감신경계 작동 (교감신경계 작동 부족) ↓ • 땀샘 활동 감소 • 피부 전도율 감소 • 심장박동수 감소	↓ • 호흡 느려짐(1분간 6회), 부드럽고 규칙적으로 • 심장박동수 리드미컬하게 부드럽게 그리고 크게

피드백에 대한 원하는 상태를 선택한 후 학습자는 적절한 센서에 연결되어야 한다. 측정된 특별한 자율신경계 기능에 대한 정보는 그 후에 컴퓨터 혹은 다른 디스플레이 유형으로 들어가며 그 반응은 학습자에게 다시 돌아온다. 피드백에 대한 학습자의 의식적인 인식은 중추신경계에 기록되는데 중추신경계는 결과적으로 자율신경계에 영향을 미친다. 이러한 영향은 보통 직관적이며 학습자의 인식을 넘어서는 것이다.

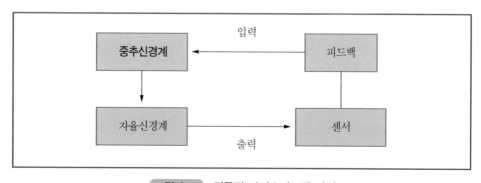

그림 2-11 전통적 바이오피드백 과정

학습자는 '이진법' 혹은 '아날로그' 방식으로 피드백을 받을 수 있다. '이진법' 혹은 '디지털' 피드백은 특정한 목표 수립 혹은 자율 반응을 위한 역치를 포함한다. 학습자의 신체적 반응이 목표 혹은 한계치를 넘어설 때마다 빛이나 음성으로 학습자가 성공했다는 것을 나타낸다. 이것이 뇌전도 '알파' 상태를 생성하는 기본 훈련 모형이다. 피드백은 학습자가 '알파' 범위(8~12 Hz)에서 뇌파를 생성할 때마다 제공된다.

'아날로그' 피드백은 심장박동, 온도, 피부 저항감 등과 같은 특별한 자율 기능의 지속적인 표상으로 학습자에게 제공된다. 이러한 방식으로 학습자는 집중시키는 능력을 개발하고 특별한 자율 과정을 통제하며 자신의 내적 피드백 기제를 세우게 된다.

주어진 특정 피드백 유형과 관계없이 학습자는 결국 외부 장치를 필요로 하지 않고도 근본적인 신체 기능과 깊은 연결감을 발달시킬 수 있다.

실제로 많은 NLP 기법은 안내자 혹은 조력자가 내담자나 학습자에게 내적 상태의 양상에 대한 피드백을 제공하기 위한 '센서' 기능으로 바이오피드백의 원리를 쓰고 있다. (칼리브레이션과 내적 목록과 같은) 다른 NLP 기법들은 그들 자신의 개인적인 피드백 기제와 기술을 개발하는 데 도움을 준다.

뉴로링크와 마인드드라이브

1980년대 초 공동 저자인 로버트 딜츠는 바이오피드백 도구와 방법들을 개발하는 데 NLP 원칙들을 적용하기 시작했으며 특허를 받은 뉴로링크(NeuroLink)와 마인드드라이브(MindDrive) 기술의 창조가 절정에 달했다. 딜츠는 학습자들에게 다른 논리적 수준의 피드백을 제공하려고 했다. 그는 기능에 대한 특정 상태라기보다는 영향을 미칠 수 있는 변화의 정도에 관한 피드백이 주어진다면 사람들이 자율적 기능에 연결하고 영향을 미치는 것을 좀 더 빠르고 효과적으로 배울 수 있다고 믿었다. 사례에서처럼 사람들의 심장박동수 기록을 보여 주는 것뿐만 아니라 학습자는 그들이 만들어 낼 수 있는 심장박동의 **변화** 정도와 비율에 대한 피드백을 받는다.

이러한 접근은 사람들의 신체와 마음의 연결을 강화시키고, 특별한 자율 기능에 대하여 영향을 미치며 의식적으로 일치된 감각을 느끼게 하는 사람들의 능력을 가속화하는 데 효과적이라는 것이 증명되었다. 또한 이러한 접근이 자율신경계를 통해 비디오 게임 혹은 로봇처럼 통제 장치로 사람들을 도울 수 있다는 것을 발견하였다. 이것은 중추신경계 손상(다발성경화증, 뇌성마비, 척수 손상 등)을 입은 사람들이 컴퓨터 게임을 할 수 있고 보다 효과적으로 커뮤니케이션을 할 수 있는 애플리케이션을 가져다주었다. 또한 '생각이 지배하는' 비디오 게임같이 소비자를 위한 게임기를 개발하게 되었다. 이와 같은 접근법은 바이오피드백의 치료 가치를 확장시켰을 뿐만 아니라 신경계와 신체 지능을 사용하고 개발하는 사람들의 능력을 확장시켰다.

소매틱비전

이러한 접근의 가장 최신 버전은 바로 로버트 딜츠와 리안 딜르츠(Ryan DeLuz)가 개발한 **소매틱비전**(SomaticVision) 마음/신체 통합 방식이다. 소매틱비전 소프트웨어는 Wild Divine이 'LightStone' 하드웨어에서 작동하는데, 이 하드웨어는 심장박동수와 피부 전도율(GSR)을 분별하고 이를 컴퓨터로 전송한다.

그림 2-12 사람들에게 컴퓨터상에서 바이오피드백을 실행할 수 있도록 해 주는 소매틱비전 제품들

소매틱비전 소프트웨어 툴은 이와 같은 신체 데이터를 수집하여 이를 역동적인 컴퓨터 그래픽 형태인 3D 게임, 그래프, 음악으로 표상화한다. 이 방식은 사람들이 자신의 신체와 의식을 연결하는 것을 심화시키고 세밀하게 조정할 수 있도록 돕는다. 이것은 좀 더 의도적으로 다음의 것들을 가능하게 한다.

- 긴장 완화 증진
- 균형감각과 활력의 회복
- 신체적 · 정신적 행복감 개선

몇 가지 소매틱비전 방식은 다음과 같은 것을 포함하고 있다.

파티클 에디터(Particle Editor)는 자신의 신체 변화에 상응하는 독특한 움직이는 입자를 나타내는 방식으로 지속적인 피드백을 제공한다. 자신의 상태를 곧바로 전환하는 것은 당신으로 하여금 특정한 감각, 감정, 사고가 어떻게 특정한 그래픽적 변화를 만드는가를 자각하게 하여 화면상의 활동을 즉각적으로 바꾼다.

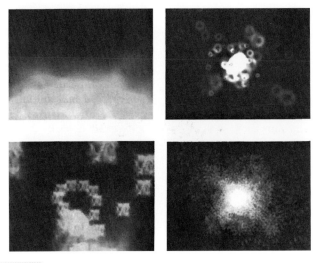

그림 2-13 신체 비전 파티클 에디터 바이오피드백 프로그램 이미지들

이너 튜브(Inner Tube)와 듀얼 드라이브(Dual Drive)는 실시간 3D 게임이다. 우주선 혹은 오프로드 차량을 작동시키기 위해 심장박동수와 피부 전도를 사용한다. 차량의 속도가 이완 또는 흥분과 같은 내적 상태를 변화시킨다. 이완 상태가 늘어날수록 더 빨리 운전할 수 있다. 이것은 자신의 내적 상태를 관리하는 방법을 배울 수 있는 매우 재미있는 방식이다.

NLPace는 자신의 정신적, 감성적, 신체적 상태에서의 미묘한 변화를 기록하고 이해하는 데 도움을 주는 코칭 방법(셀프 코칭 혹은 타인 코칭을 위한)이다. 이 도구를 사용함으로써 사용자는 과정이 진행되는 동안 끊임없는 피드백을 받을 뿐만 아니라 과정 진행의 결과로서 신체 변화를 관찰하고 확인할 수 있다.

- 과정이 진행되는 동안 당신은 상태의 정신적, 정서적 변화의 표시로 심장박동수와 피부 전도에서 변화를 관찰할 수 있다.
- 과정을 마칠 때 이전의 어려움이나 문제가 있었던 사건에 대한 신체 반응을 시험해 봄으로써 과정이 효과적이었음을 확인할 수 있다. 예를 들어, 만약 당신이 대중 앞에서 연설하는 데 두려움을 가지고 있다면 대중 앞에서 연설하는 것을 상상할 수 있고 자신의 신체 반응을 알아차릴 수 있다.
- 과정 중에 기록한 것을 선택해 봄으로써 과정 안에서 발생한 변화를 분석할 수 있다. 과정 안에서 살펴본 변화를 추가하거나 대체할 수 있다.
- 또한 기록은 많은 과정이 경과되어도 변화를 추적할 수 있게 한다.

NLPace 코칭 방법으로 작업하는 것은 그래프를 사용하여 나중에 피드백을 살펴보거나 직접 측정된 피드백을 관찰하거나 이완 기법을 가지고 실험하는 데 도움이 될 수 있다. 다음의 기법들을 적용할 때 눈을 감는 것이 (혹은 피드백으로부터 눈길을 돌리는 것이) 도움이 될 수 있다. 비록 이완 기법들이 당신에게 어떻게 영향을 미치는가를 학습하는 것이 중요하지만, 만약 내면의 경험에 전적으로 초점을 맞추는 대신 끊임없이 변화를 평가한다면 집중이 되지 않을 수 있다.

그림 2-14 신체 비전 3D 게임 듀얼 드라이브에 대한 스크린 샷

다음의 이완 연습은 신체 비전 소프트웨어의 피드백을 사용하여 탐색되도록 설계되었다. 그러나 이것은 당신의 침착함과 이완된 수준을 관찰하기 위해 자기성찰적인 인식을 사용하는 경우에만 가치가 있다.

- 업무, 자기 자신, 관계 등에서 자신의 정신적 사고에 방해가 되는 것을 버린다.
- 편안하게 천천히 지속적으로 호흡하면서 당신 자신을 이완시킨다(부담 없이 5에서 6까지 숫자를 세면서 숨을 들이마신다. 그리고 다시 5에서 6까지 세면서 숨을 내쉰다).
- 당신이 사랑하는 사람 혹은 매우 즐거운 어떤 일을 생각한다. 잠시 눈을 감은 채로 그 감정을 즐겨도 좋다. 만약 그 감정이 어떤 변화를 만들었다면 더 이상 변화를 만들려고 시도하지 않는다. 그저 그 사람, 장소, 동물 등과 관련된 긍정적인 감정, 기억 그리고 따뜻함만을 구축한다.
- 신체의 모든 근육을 점진적으로 이완시키는 데 초점을 맞춘다. 특히 얼굴과 목, 어깨, 심지어 혀까지도 긴장을 푼다.
- 팔과 다리, 손, 발, 등, 배, 얼굴, 목과 머리를 통해서 이완되는 따뜻한 흐름을 상상한다.

- 매우 긍정적인 상황 혹은 편안한 환경에 있다고 상상한다. 가능한 한 생생하게 그 상황과 환경을 경험한다.
- 당신의 신체 안에 있는 신체 감각에 주목하라. 바닥 위에 있는 발의 감각에 집중한다. 당신의 심장박동의 느낌에 집중한다. 손가락 끝 혹은 가슴에서 심장박동을 느낀다.
- 당신 자신이 사랑, 기쁨, 깊은 평화 등과 같은 긍정적 감정을 경험하도록 허용한다.

효과적으로 수행하고 건강한 삶을 유지하는 우리의 많은 능력은 소위 말해 **적응적인 통제**의 결과다. 예를 들어, 우리는 어떤 '허용 범위' 내에서 스트레스 수준을 유지해야 하며 그렇지 않은 경우 그 결과로 인해 고통받는다. 운동선수가 효과적으로 운동하기 위해서는 어떤 특정한 허용 범위 내에서 심장박동, 혈압, 온도, 체온의 상태를 유지하는 것이 필요하다. 운동선수가 자신이 수행하고 있는 활동에서 성공할 수 있는 타이밍과 간격은 허용 범위로 정해진 그 범위 내에서 얼마나 잘 머무를 수 있는가에 대한 기능이다. 바이오피드백과 신체 비전 같은 방법은 통제에 적응할 수 있도록 우리의 능력을 크게 증진시키는 데 도움을 준다. 그것은 더 큰 회복력과 자원이 풍부한 상태가 되어 스트레스와 피로(비행기 시차로 인한 피로감)를 훨씬 더 쉽게 다룰 수 있게 한다.

신체 비전 제품에 대한 보다 상세한 정보는 웹사이트(http://www.somaticvision. com.)를 참고하라.

신체 구문론

파푸아뉴기니에서는 '지식이 근육 속으로 스며들기 전까지는 루머에 불과하다.'라는 오래된 속담이 있다. 이 말은 **신체 구문론**(Somatic Syntax)의 기본 전제 중 하나를 정의하는 것이다. 신체 구문론의 원칙과 실제는 신체와 인지적 마음의 연결을 심화시키고 활용하는 방법으로서 1993년 로버츠 딜츠와 주디스 디로지어(Judith DeLozier)에 의해 개발되었다. 우리가 이 장의 시작 부분에서 살펴보았듯이, 'somatic'이라는 용어는 그리스 단어 *soma*에서 유래하였으며, 그 뜻은 '신체'를 의미한다. *Syntax*는 그리스어로 '배열하다' 혹은 '순서대로 넣다'라는 의미다.

신체 구문론은 '신체언어'와 관련이 있다. 그것은 우리의 경험과 경험의 결과로 나타나는 의미를 표현하고 절차화하기 위해 우리의 신체 생리를 조직화하는 방식이다. NLP에서 신체 구문론은 내용보다는 우리의 신체언어 속에 있는 관계 패턴과 형식 그리고 심층 조직에 더욱 초점을 맞추고 있다. 신체 구문론은 심층구조와 관련이 있기 때문에 신체의 어떤 부분이 이러한 과정에 포함되는가에는 집중하지 않는다. 신체 구문론은 신체의 세부적인 부분에 집중하기보다는 오히려 인지적-신체적(예: '마음과 신체') 표현의 형식과 움직임의 구성 그리고 전반적인 패턴을 강조한다. 심층구조는 본질적으로 '오픈하는 것'을 선호하며 이에 대한 예는 다음과 같다. 우리는 '눈을 뜰' 수 있다. 우리는 '마음을 열' 수 있고 '팔을 펼칠' 수 있으며 '입을 열' 수 있다.

이러한 신체 구문론의 주된 목표 가운데 하나는 '신체의 지혜'를 동원하여 활용하기 위한 것이다. 모리스 버만(Morris Berman)은 그의 저서『우리의 감각에서 나오기

(Coming to Our Senses)』에서 다음과 같이 언급한다.

> 역사는 물론 철학과 인류학을 포함하여 신체는 서구 사회에서 학술적으로 보더라도 우리에게 그동안 아무것도 알려 주지 않았으며 지식과 정보도 가지고 있지 않은 것으로 추정되고 있다. 지식과 정보는 모두 실질적인 목적을 위한 것이며 신체에는 존재하지 않는다. 하지만 아직 신체 생명은 우리의 실제 생명이며 우리가 유지하고 있는 유일한 생명이다.

신체 구문론의 기본 원칙은 '근육' 속에는 지식이 있고 신체 속에는 정보와 지혜가 있다는 것이다. 이것이 바로 우리 '신체의 뇌'의 능력을 최대화하여 많은 혜택을 얻고자 하는 접근 방식이다.

NLP는 우리의 사고 과정에 생리적인 영향력이 있음을 오래전부터 사실로 인정해 왔다. NLP에서 많이 알려진 눈동자 움직임 패턴과 같이 미세하게 행동하는 '접근단서'는 감각 표상체계와 관련된 내적 활동의 특정한 정신적 과정과 촉발요인에 대한 반영으로 고려된다. 이러한 신체적 단서를 통해 우리는 인지적 전략들의 특정 양상을 촉진할 뿐 아니라 발견할 수 있다. 이것이 '신경언어프로그래밍'에서 '프로그래밍' 양상의 토대 중 하나가 된다.

그러나 이와 같은 구체적인 단서 유형들이 마음과 신체 연결의 유일한 길은 아니다. 자신의 움직임에 집중함으로써 몸과 마음을 인지할 수 있도록 만들어진 일종의 신체 요법인 펠덴크라이스 요법, 알렉산더 요법, 요가, 합기도, 태극권, 춤 그리고 가브리엘 로스의 5리듬®과 같은 변형적 움직임 연습은 모두 움직임과 정신적 과정 간의 여러 상호작용을 탐색한다. 이러한 훈련법은 신체의 체계적인 특성을 강조하며 신체의 특정 부분을 포함하기보다는 움직임의 패턴과 질에 좀 더 초점을 맞춘다. 신체 구문론이 개발되기까지 NLP는 인간의 사고와 프로그래밍에서 '전신' 움직임의 역할놀이에 대한 이점을 취하는 방법을 적용하지 않았다.

다윈의 생각하는 길

1996년도 『**내추럴 히스토리**(Natural History)』라는 잡지에 신체 마인드와 인지적 기능 사이의 관계에 대해 단순하지만 강력한 사례를 보여 주는 아주 흥미로운 기사가 실렸다. 기사 내용은 본래 찰스 다윈(Charles Darwin, 1809~1882)의 국가 토지에 대한 반영이었다. 영국의 생물학자이자 박물학자였던 다윈은 자연적 선택의 기제 대 진화 이론으로 자연 역사에 대한 우리의 이해에 혁명을 일으켰고, 인류 기원에 대한 우리의 지각을 바꾸어 놓았다. 다윈은 영국 해군 소속 측량선 HMS **비글호**에 승선하여 역사적인 항해를 마치고 돌아온 후 몇 년이 지나지 않아 다운하우스를 얻었다. 다윈은 여행에서 돌아온 후 약 20년을 이 집에서 보냈다. 다윈은 HMS **비글호**에서 항해하는 동안 그가 관찰하고 수집한 증거들과의 관계를 바탕으로 자신의 이론들을 만들었다. 그의 고전 작품인 『종의 기원(Origin of Species)』과 『인간의 유래(Descent of Man)』를 저술한 곳이 바로 이 다운하우스였다.

그에 대해 기사를 썼던 작가는 다운하우스에 대해 다음과 같이 설명했다.

> 다운에 정착하자마자 다윈은 모래 산책길로 알려진 모래로 덮인 길을 만들었다. 그 길은 그늘이 드리워진 숲을 통해 고요한 바람이 불어오고 돌아오는 길에는 햇빛이 비치는 산울타리로 둘러싸인 들판을 따라 집으로 돌아오게 되어 있다. 그는 매일 산책을 하며 그 길을 '생각의 길'이라고 말했다. 그는 종종 길 입구에 몇 개의 돌들을 쌓기도 했으며 돌들의 둘레를 맞추기 위해 자신의 지팡이로 모서리 부분을 툭툭 치곤 했다. 그는 마치 셜록 홈즈가 복잡하고 도전적인 문제에 직면했을 때 담배파이프를 입에 물고 오랫동안 고민했던 것처럼 깊은 생각에 잠기곤 하였다. 그리고 나서 쌓았던 돌을 모두 다시 바닥에 두고 집으로 돌아가곤 했다.

이 기사를 읽어 보면 모래 산책길을 따라서 산책하며 자연스러운 선택과 핵심적인 진화 이론에 대해 몰두하면서 깊은 생각에 잠겨 있는 다윈의 모습을 쉽게 상상해 볼 수 있다. 다윈이 모래 산책길을 자신의 '생각의 길'로 불렀다는 사실은 그가 이 길을 따라 가졌던 산책이 자신의 사고 과정과 중요한 연관성을 가지고 있었다는 것을 보여 준다. NLP 관점에서의 아주 흥미로운 질문은 "특히 그 길을 따라가면서 했던 산책과 '생각' 사이의 연관성은 도대체 무엇인가?"다.

움직임과 마음

이미 우리가 언급했던 것처럼 생각과 행동 사이의 연관성을 해석하고 활용하기 위한 전통적인 NLP 접근법은 구체적인 심리적 사건에 대한 구체적인 신체 움직임 (안구 움직임, 호흡 패턴, 얼굴 표정, 제스처 등과 같은)의 범주와 관련이 있다. 예를 들면, "눈동자를 좌측 위로 올리는 것은 시각 기억을 동반한다." "턱을 만지는 것은 내면 대화를 나타낸다." "낮고 깊게 호흡을 하는 것은 감정에 더욱 몰입하게 한다." 등을 의미한다. NLP 접근단서는 보통 매우 감지하기 힘든 행동에 초점을 맞추며 사고 과정의 일시적인 미세구조를 다룬다.

반면에 주요 근육을 사용하는 반복적인 신체 움직임과 활동(산책, 수영, 자전거, 테니스 등)은 우리의 전반적인 마음 상태에 영향을 미치며 이를 통해 우리의 사고 과정을 위한 보다 일반적인 맥락을 제공한다.

다윈의 생각의 길에 대한 인용문에서 셜록 홈즈의 담배파이프가 암시하는 것처럼 어느 정도의 반복적인 활동 형태가 깊은 사색을 촉진시킨다는 개념은 친숙하다. 담배파이프에 덧붙여 소설 속 주인공 홈즈는 사건이 어려운 국면을 맞아 실마리를 풀어 나가야 할 땐 바이올린을 연주하는 것으로 묘사되고 있다.

이와 같은 유사한 패턴은 많은 유명한 사상가들에게도 발견되었다. 홈즈와 비슷하게 알베르트 아인슈타인도 창의적 사고를 하는 시간에는 바이올린을 연주했으며 이것이 그의 사고를 확장시키는 방식이었고 특히 어려운 문제를 푸는 데 도움이 되었다고 말했다. 또한 아인슈타인은 항해하는 것을 좋아했다. 소문에 의하면 항해 중 바람이 잦아들 때 급히 자신의 노트에 생각나는 것을 휘갈겨 썼다고 한다. 레오나르도 다 빈치는 현악기인 수금을 연주했으며* 볼프강 아마데우스 모차르트는 산

---

* 레오나르도는 처음에 로도비코 스포르차(Lodovico Sforza) 공작에 의해 밀라노에 왔는데, 사실 그 것은 화가라기보다는 음악가로서의 그의 능력 때문이었다.

책할 때나 마차를 타는 동안 수많은 최고의 음악적 아이디어를 얻었다고 언급했다. 다윈과 유사하게 칸트와 같은 다른 유명한 사상가들도 매일 식이요법의 일환으로 산책을 했다.

한편 우리 저자들도 까다로운 문제나 도전적인 상황에 대해 창조적으로 직면하고 처리하기 위해 우리를 지지해 주는 신체적 연습을 한다. 예를 들어, 드보라(Deborah)는 대개 5리듬®으로 춤을 추고 로버트는 매일 아침 달리기를 한다. 그가 달리는 길이 바로 많은 세미나와 소프트웨어 프로그램, 저서와 기사 원고가 떠오르도록 영감을 주고 창작하게 해 준 발상지인 것이다.

우리는 움직임의 다양한 질이 마음의 특정한 질을 가져오는 것처럼 다양한 활동과 관련이 있음에 주목한다. '전신'을 활용하는 다양한 신체 패턴은 다른 정신적 과정의 질에 접근하고 통합하는 데 도움을 준다. 즉, 특정한 활동 유형들이 특정한 결과와 주제의 유형들을 설명하는 데 많은 기여를 하는 것으로 보인다.*

로버트가 효과적인 리더십에 대한 광범위한 연구를 수행하는 동안 그는 스칸디나비아의 큰 선박회사 창업자와 인터뷰를 했다. 나이가 지긋한 창업자는 자신에게 닥친 여러 가지 문제를 푸는 데 도움을 주는 다양한 신체 활동을 사용하고 있다고 말했다. 특정 주제에 있어서 그 문제를 다루기 위해 요구되는 마음의 틀에서 벗어나기 위해 밖으로 나가거나 골프를 쳤다. 또 다른 문제에 대해서는 효과적으로 고려해 보기 위해 밖으로 나가거나 자전거를 탄다고 말했다. 그는 어떤 생리학의 유형을 사용해야 하는지에 대해 매우 구체적이었으며, "당신은 그 문제를 풀기 위해 골프를 칠 필요가 없어. 자전거를 타는 것이 그 문제를 푸는 데 도움이 될 거야."라는 식으로 말했다.

자연스럽게 신체적 활동의 패턴이 뇌에서뿐 아니라 전신을 통해 그리고 우리가 이 장에서 살펴본 다양한 신체 기능을 통해 신경논리적 활동의 패턴을 자극하고 조

---

* 이것은 직접 실험해 볼 수 있다. 리듬이 있고 어느 정도 순환적이거나, 반복적인 세 가지의 다른 신체 활동을 선택한다. 그것은 아마 스포츠이거나 다른 종류의 활동일 것이다. 당신이 해결하고자 하는 특정한 문제를 생각하고 신체 활동 중 하나에 참여하기 시작한다. 그 활동을 마쳤을 때 당신이 선택했던 문제에 대한 인식을 점검한다. 다른 두 활동에도 동일한 과정을 반복한다. 각각의 신체 활동을 실행하는 것에서 어떤 종류의 통찰력이 나타나는지 주목한다.

직한다는 결론을 내릴 수 있다. 자전거를 타는 것은 특정한 내적 상태를 활성화하고 유지하는 방법의 예일 뿐이다.

심지어 마음이 곧 움직임이고 지혜와 지능은 그러한 움직임의 질에서부터 비롯된다고까지 주장하는 사람도 있다.

변형문법

신체 구문론 개발을 위한 핵심적인 영감은 노암 촘스키(Noam Chomsky)의 변형문법(transformational grammar, 1956, 1966) 이론에서 유래되었으며, **변형문법**은 NLP 메타 모델에서 언어 패턴의 기초가 된다. 촘스키에 따르면 감각, 정서적 경험(심층구조)은 다양한 언어적 서술(표층구조)을 통해 표현된다. 다시 말해, 동일한 감정과 아이디어를 표현하기 위해 완전히 다른 문장과 언어적 모형의 유형(문자 그대로의 서술, 시, 노래 등)을 사용할 수 있다. 이것이 바로 **생성문법**(generative grammar)으로 알려진 것이다.

생성문법의 또 다른 특징은 비교적 적은 수의 단어가 실제로 무한한 수의 표현을 형성하기 위해 다양한 방식으로 재결합될 수 있다는 것이다. 예를 들어, 지금까지 인류에 의해(예수부터 셰익스피어, 히틀러, 마더 테레사, 마돈나 그리고 이 책에서 나오는 사람들 등) 표현된 모든 아이디어는 약 3만 개의 단어로 이루어진 어휘를 통해 영어로 표현될 수 있다.

동일한 단어는 그 단어의 순서나 서로 간의 관계에 따라 다른 의미와 함축적인 의미를 띨 수 있다. 우리는 "그 사람은 고양이가 쥐를 쫓아가는 것을 보았다."라는 문장을 다른 의미를 가진 문장으로 만들기 위해 "그 사람은 쥐가 고양이를 쫓아가는 것을 보았다." "고양이는 그 사람이 쥐를 쫓아가는 것을 보았다." "쥐는 그 사람이 고양이를 쫓아가는 것을 보았다." "고양이는 쥐가 사람을 쫓아가는 것을 보았다."라는 문장들로 단어를 재배열할 수 있다. 만약 우리가 어떤 단어를 빼거나 혹은 반복한다면, 우리는 "그 사람은 쥐를 보았다." 혹은 "그 사람은 그 사람이 쥐를 쫓아가는 것을 보았다."와 같이 더욱 많은 표현을 만들 수 있다. 여기서의 핵심은 다른 순서로 재배열된 동일한 적은 수의 단어를 가지고도 많은 다양한 의미를 표현할 수 있다는 것이다.

변형문법 이론에서 가장 중요한 것은 심층구조가 일련의 변형을 거치고 난 후에 특정한 표층 표현으로 나타난다는 개념이다. 이러한 변형은 그들이 분명히 드러내고 싶어 하는 경험의 심층구조 속에서 일종의 필터로서 역할을 한다. 그린더와 밴들러(Grinder & Bandler, 1975)에 따르면, 심층구조에서 표층구조로의 움직임은 심층구조가 본래 가지고 있는 어떤 양상에 대한 **삭제, 일반화, 왜곡**을 반드시 포함한다. 예를 들어, "고양이가 쥐를 쫓아갔다."라고 말할 때 우리는 어떤 물리적 환경 속에서 얼마나 빨리 갔으며, 얼마나 멀리 갔는지 그리고 고양이와 쥐의 크기와 색깔이 어떠한지를 생략한다.

밴들러와 그린더는 효과적인 치료사들이 내담자에게 경청하고 질문을 할 때 사용하는 직관 모델을 만드는 데 변형문법의 원칙들을 사용할 수 있음을 발견했다. 『마법의 구조(The Structure of Magic)』와 『밀턴 에릭슨의 내면몰입 기법 패턴(Patterns of the Hypnotic Techniques of Milton H. Erickson, M. D.)』 같은 책은 개개인에 의해 사용되는 명쾌한 변형문법에 대한 치료 과정에 대해 설명하고 있다. 그들은 효과적인 치료사들이 문제가 되는 삭제, 왜곡, 일반화가 무엇인지에 대해 그리고 세상에 대한 그들의 지도를 풍요롭게 하는 언어를 어떻게 사용하는지에 대해 중요한 직관을 가지고 있음을 발견했다.

밴들러와 그린더는 그들이 연구한 치료사들의 직관을 묘사한 것처럼 메타 모델을 정립했다. 메타 모델의 기능은 **구문론** 분석과 표층구조 형식을 통해 문제적인 일반화, 삭제, 왜곡을 확인하고 질문 체계를 제공함으로써 좀 더 풍부한 심층구조의 표상을 얻을 수 있게 한다. 타 모델은 일상적인 대화에서는 '잘 구성된' 언어 표현들이 치료에서도 반드시 '잘 구성된' 것은 아니라는 개념을 적용했다. 치료사들(그리고 다른 커뮤니케이션 전문가들)은 효과적이고 생태적인 방식으로 변화하려는 내담자를 성공적으로 촉진시키기 위해 내담자의 심층구조와 연결된 어떤 정보를 구체화하거나 회복시켰다.

NLP는 언어적 과정과 표상을 훨씬 더 많이 포함하는 '심층구조'와 '표층구조'라는 개념의 사용을 확장시켜 왔다. NLP는 기본적인 감각과 정서적인 경험(혹은 '중요한 경험')으로 구성되어 있는 심층구조가 우리를 둘러싼 세상으로부터 가져온 감각을 입력하는 데서 비롯되었다고 간주한다. NLP 기법은 의미와 표현을 제공하기 위해 우리의 경험을 작동시켜 '변형'을 만드는 전반적인 '신경언어적' 필터의 범위 내에서 작동한다. 이러한 방식으로 신체 구문론은 음성 언어의 원칙을 신체 언어로 적용시킨다.

다음에 제시되는 심층구조와 표층구조 간의 관계에 대한 예를 한번 살펴보자. 우리 대부분은 오른손 혹은 왼손을 사용하여 글쓰는 법을 학습했다. 그러나 우리의 손이 이러한 기술을 배우고 나면 이것은 신체의 다른 부분으로 즉각적으로 전이될 수 있다. 예를 들면, 비록 신체의 각 부분의 구조가 완전히 다르더라도 우리는 왼쪽 엄지발가락으로 모래 위에 이름을 쓰거나 입에 연필을 물고 글씨를 쓸 수 있다. 이러한 문자의 형식과 관련된 심층구조는 신체의 어떠한 특정 부분에 매여 있지 않다. 이러한 사실은 다양한 표층구조에 의해 일반화될 수 있다.

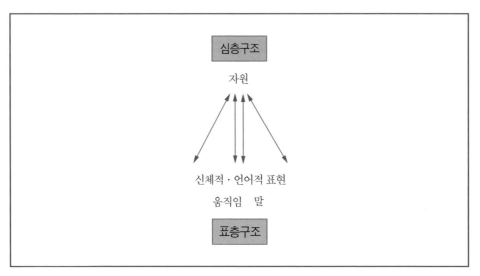

그림 2-15 표층구조와 심층구조 관계

신체 구문론은 본질적으로 심층 수준의 자원에 대한 표현을 강화하고 통합하며 확장하는 방식으로서 신체의 움직임을 사용한다. 신체적 형태와 특정 상태와 결합된 움직임의 구성을 탐색해 봄으로써 우리는 여러 상황에서의 상태를 좀 더 잘 표현하고 드러내는 것을 배울 수 있으며, 그렇게 함으로써 우리의 유연성이 증진될 수 있다. 이와 같은 방식으로 우리가 더 깊이 이해하고 '근육 속으로' 가져옴으로써 신체 구문론은 지식을 활용하는 능력을 강화하는 데 도움을 준다.

또 다른 수준에서 보면 신체 움직임은 우리 뇌 속의 신경계 안에 있는 더 많은 구조를 활용하기 때문에 신체 구문론을 탐색하는 것은 우리를 특정 경험으로 인한 심층구조에 더욱 가까이 데려갈 수 있다. 그러므로 신체 구문론을 달리 적용해 보는 것은 다른 표현 형식이나 언어에 의해 삭제되거나 왜곡될 수도 있었던 심층구조의 부분을 표현하고 회복시키도록 도움을 준다. 유명한 현대 무용가인 이사도라 던컨 (Isadora Duncan)은 "내가 만일 그것을 말로 표현할 수 있다면 나는 그것을 춤으로 표현할 필요가 없다."라고 언급했다.

표상체계로서의 신체

NLP 초기 세대의 관점은 우리를 둘러싼 세상에 대한 모든 정보가 중심적으로 표상되고 처리되는 뇌 안의 감각에 의해 전달된다고 보았다. 신체 구문론 원리 가운데 하나는 신체 그 자체가 '표상체계'라는 것이다. 뇌로부터 주고받는 입력 신호와 출력 신호를 위한 단순한 어떤 종류의 기계적인 껍데기로서 신체를 간주하기보다는 신체 구문론에서는 신체를 신체 내에 있는 다른 신경체계 구조와 '복부의 뇌' '심장의 뇌' 안의 정보를 표상하고 처리하기 위한 수단으로 본다.

신체 구문론에 따르면 우리는 우리가 다른 표상체계를 가지고 하는 것처럼 세상에 대한 모델을 만들기 위해 우리의 신체를 사용할 수 있다. 우리는 우리를 둘러싼 세상과 우리 신체의 부분들 간의 관계를 통해 우리의 개인사 안에서 핵심 관계를 표상할 수 있다. 예를 들면, 엄마와 아빠 사이의 관계에 대한 우리의 지각은 우리의 왼손과 오른손 사이의 관계, 가슴과 배 사이의 관계에 의해 표상될 수 있다.

정보를 입력하고 처리하고 출력할 수 있는 것에 덧붙여 모든 표상체계는 최소한 두 가지 방식으로, 즉 **문자 그대로** 그리고 **비유적으로** 정보를 표상하는 능력을 갖고 있다. 다시 말해, 우리의 각각의 감각체계는 직접적인 전달이든 혹은 우리가 나타내고자 하는 현상에 대해 더 많은 은유적인 연관성을 가지든 지도들을 형성할 수 있다. 예를 들면, 우리는 현미경 아래에서 본 것이나 문어나 비디오 게임의 캐릭터에서 보이는 것처럼 우리 신체의 백혈구를 시각화할 수 있다. 이와 마찬가지로 우리는 우리의 뇌를 문자 그대로 '신경 조직망' 혹은 비유적으로 '컴퓨터 같은' 것으로도 표현할 수 있다. 마찬가지로 우리는 운동 감각적 신체 감각의 특정한 세트로 혹은 위장의 '불편함'으로 특정한 정서적 증상을 경험할 수도 있다.

표상체계로서 우리의 신체는 이와 유사한 이중 능력을 가지고 있다. 우리는 특정 상황에 대해 문자 그대로의 반응으로 움직임을 표현할 수도 있고, 춤이나 마임처럼 좀 더 은유적으로 표현을 만들어 낼 수도 있다. 예를 들면, 불안 상태는 불안한 감정에 수반되는 신체적 결과(얼굴과 어깨 근육이 팽팽해지는 것처럼)를 만들어 냄으로써 문자 그대로 나타나거나 또는 마치 위험한 어떤 것으로부터 숨으려는 것처럼 머리와 눈을 팔로 가림으로써 비유적으로 표상될 수도 있다.

다른 표상적 모형의 사례에서처럼 은유적 표상은 정보의 다양한 수준을 수반하기 때문에 문자 그대로보다는 때때로 더 많은 의미를 갖고 영향력을 미친다. 인류학자인 그레고리 베이트슨(Gregory Bateson)에 따르면 신체 구문론으로 특징지어진 표상 모형은 대다수의 동물이 소통하는 중요한 방식이 된다. 예를 들면, 성장한 수컷 늑대는 화해 혹은 지배의 표시로서 엄마 늑대가 자기 새끼에게 사용했던 것과 같은 행동으로 다른 성인 수컷 늑대를 다룬다.

신체 구문론의 응용

신체 구문론은 움직임이 지식을 어떻게 근육 **안으로** 가져오며, 어떻게 그 지식을 **근육에서 이끌어** 내도록 돕는지에 대한 적극적인 연구다. 그것은 '신체의 지혜'에 접근하기 위한 방법이다. 신체 구문론에 따르면 반복되는 신체 움직임의 구조는 특정한 사고 과정을 둘러싼 틀을 형성할 수 있으며 그렇게 함으로써 결론에 영향을 미친다. 운동 지각을 통해 신체와 마음을 하나로 통합시키는 방법인 펠덴크라이스 요법(Feldenkrais Method)을 창시한 생리학자 모쉐 펠덴크라이스(Moshe Feldenkrais)는 그의 저서 『Body and Mature Behavior』(1949)에서 다음과 같이 언급했다.

반복되는 정서적 상태는 항상 신체 태도와 함께 나타난다. 그러므로 개인적으로 복잡한 감정이 해결되면 개인적인 신체 습관도 동시에 해결된다.

삶을 영위하고 미래를 형성하기 위해 우리가 갖는 가장 기본적인 방식은 우리의 신체와 신경계다. 분명 우리의 생각과 꿈의 징후는 결국 어떤 식으로든 우리의 신체나 생리를 통해 나타난다. 우리의 정신적 활동은 우리가 사용하는 단어, 목소리 톤, 얼굴 표정, 신체 자세, 손의 움직임 등을 통해서 세상으로 드러난다. 그리고 우리가 기본적인 삶의 도구로 사용하는 방식은 우리가 취하는 신체 연습과 훈련 유형에 크게 영향을 받는다.

건강하고 창조적인 정신과 육체의 삶은 우리가 이미 다윈의 생각의 길에서 설명한 것처럼 일종의 움직임을 수반한다. 또한 이는 '마차를 타고 여행 가기' 혹은 '맛있는 음식을 먹고 난 후 산책하기'와 같이 움직임의 시간 동안 '최상으로 가장 풍부하게' 솟구치는 음악적 아이디어로 곡을 쓴 모차르트의 사례에서도 볼 수 있다.

신체 구문론 연습

다음의 연습은 저자인 로버트 딜츠와 주디스 디로지어가 자신의 자원을 좀 더 완전하게 발달시키고, 다른 사람들의 자원 상태를 모델링하며, 좀 더 효과적으로 의사소통하고, 문제적 반응과 '난관 상태'를 바꾸기 위해 신체 구문론을 탐색하고 적용하는 방법으로 개발한 방식이다.

연습 1: 자원을 '근육 속으로' 가져오기

이 실습은 특히 상태를 향상시키거나 약화시키는 자원적인 내적 상태와 관련된 특정 움직임의 패턴을 확인하는 데 도움이 된다.

1. 당신의 삶에서 더 많이 갖기를 원하는 자원 상태를 확인한다(창의적인, 자신감 있는, 마음의 중심을 잡고 있는 등).
2. 자원을 충분히 경험하고 사원 상태와 관련된 자발적인 신체 표현을 확인한다

(예: 신체 자세, 호흡 패턴, 신체 움직임, 제스처 등).

3. 이러한 표현의 다양한 측면(예: 질, 속도, 신체 부분들, 행동 순서, 방향 등)에서 '구문론'(혹은 형식)을 변화시킴으로써 신체적 표현의 구성(심층구조)을 탐색한다.

4. 다음 중 무엇이 변화했는지를 주목한다.

　　① 상태를 더 많이 만든다/강화한다.

　　② 상태를 줄인다/약화시킨다.

　　③ 상태를 다른 상태로 바꾼다.

연습 2: 자원적 패턴을 일반화하기

이 연습은 상태와 관련된 움직임의 핵심 패턴을 다른 행동과 활동으로 결합시킴으로써 특정한 내적 상태에 대한 접근을 증진시키는 데 도움을 준다.

세 가지 일반적인 활동 혹은 '거시' 행동(예: 산책하기, 무엇인가를 나르기, 앉아 있기, 글쓰기)을 선택한다.

1. 이전의 연습에서 탐색했던 자원 상태와 관련된 당신의 최상의 신체 표현을 만들기 시작한다.

2. 행동(산책하기, 앉아 있기 등)을 시작하고 가장 자연스러운 방식으로 행동을 맞추고 조절하며 자원에 대한 완전한 경험을 보존하기 위해 자원의 신체적 표현(호흡, 자세, 제스처, 신체 움직임 등)을 적용한다.

연습 3: 자원적 패턴을 적용하기

이 연습에서 당신은 도움이 되는(혹은 도움이 됐던) 상황에 대한 처음의 두 가지 연습에서 탐색한 자원과 관련된 패턴을 가져온다.

1. 이전 연습에서 탐색했던 자원에 좀 더 접근하고 싶어 하는 구체적인 맥락 혹은 상황을 확인한다.

2. 당신이 실제 거기에 있다고 상상하면서 그 상황에 당신 자신을 내적으로 투사

한다. 그 상황에 당신 자신을 놓음으로써 자연스럽게 드러나는 자세, 호흡 패턴, 움직임에 주목한다. 신체적으로 자세, 호흡, 움직임 등을 표현한다.

3. 그 상황과 자연스럽게 연관된 움직임의 패턴을 탐색하는 것으로 자원의 신체적 표현을 혼합하기 시작한다. 무엇이 자세, 호흡, 움직임의 질을 바꾸기 시작하는지 주목한다.

4. 자원의 신체적 표현을 적용하며 그렇게 함으로써 가장 적질하고 우아하게 상황을 통합하고 '맞춘다'.

5. 상황에 대한 당신의 경험을 바꾸거나 풍요롭게 하는 상황으로 자원적 움직임 패턴을 어떻게 가져가는지를 주목한다.

연습 4: 신체 구문론으로 자원 모델링하기

이 연습을 통해 당신은 다른 사람의 자원 상태를 모델링하기 위해 신체 구문론을 사용하는 방법을 탐색할 수 있다.

1. 당신이 좀 더 완전하게 접근하고 싶은 자원 상태(자신감 있는, 쾌활한, 솔직한 등)를 확인한다.

2. 그러한 자원 상태를 쉽게 표현할 수 있는 사람(롤모델)을 찾는다.

3. 자원적 상태에 그 사람을 두기 위해 초대하고 그 상태에 수반되는 자발적 행동(자세, 제스처, 호흡 패턴 등)을 관찰한다.

4. 롤모델의 자원적 상태를 모방한다(예: 당신의 관점에서 혹은 1차 입장에서 가능한 한 정확하게 다른 사람의 움직임 패턴을 재현한다).

5. 이제 자신을 롤모델의 '입장'(2차 입장을 취한다)에 두고 움직임을 반복한다(예: 마치 자신이 다른 사람의 움직임 패턴을 하는 것처럼 행동한다).

6. 관찰자의 관점(3차 입장)에서 자원적 움직임을 반영한다. 자신으로부터, 롤모델로부터, 자원으로부터 무엇을 배웠는가?

7. 당신에게 적절하며 당신을 풍요롭게 해 주는 다른 사람의 자원(심층구조 혹은 표층구조) 양상을 가지고 당신의 관점(1차 입장)으로 돌아온다. 그것을 움직임

으로 표현한다. 전체 패턴을 가지고 할 필요도 없고 롤모델이 한 것처럼 정확하게 할 필요도 없다. 단지 당신을 그 패턴에 맞게 적응시킨다.

연습 5: 자기표현의 범위 확장하기 - 자아 신체 구문론

때때로 우리가 신체 구문론의 외부 표현을 통해서 우리의 내적 자원을 탐색하거나 풍요롭게 하기 시작할 때 처음에는 불성실하거나 '시늉을 하는 것'처럼 느낄 수 있다. 이 연습은 당신의 '자아' 감각을 행동적 표현으로 연결시키도록 도와줌으로써 당신의 표현의 범위를 확장시킬 수 있게 한다.

1. 당신 자신에 대해 탐색했거나 당신이 좀 더 완전하게 표현하고 싶은 다른 사람을 모델링한 자원을 확인한다.

2. 중심이 잡혀 있고 정렬된 방향으로 완전하게 '당신 자신'을 느끼는 내적 상태에 당신을 둔다.

3. 당신이 좀 더 완전하게 경험하고 싶고 표현하고 싶은 자원 상태와 관련된 표현의 신체적 패턴이나 움직임의 질을 다시 떠올리고 행동하기 시작한다. 이러한 움직임에 대한 조직과 구문론(심층구조) 혹은 이에 대한 다른 양상(예: 속도, 신체의 일부, 방향 등)을 바꿈으로써 나타나는 움직임의 질을 탐색한다.

4. 다음 중 무엇이 변화했는지를 주목한다.

   ① 상태를 강화한다 혹은 좀 더 '당신'처럼 느끼게끔 한다.

   ② 상태를 약화시킨다 혹은 훨씬 더 적게 '당신'처럼 느끼게끔 한다.

   ③ 이름 붙일 수 없는 상태로 당신을 옮긴다. 혹은 그 상태를 경험한다(다음의 [그림 2-16]에서 '?'가 표시하는 것처럼).

5. 만약 특정한 움직임이 당신의 상태를 약화시킨다면, 이를 다른 상태로 바꾸거나 자아에 대한 당신의 감각을 줄이고, 원래의 자원 상태와 자아에 대한 감각에 재접근하고 유지하는 데 있어서 어떤 다른 신체적 변화가 당신 신체의 다른 부분을 만드는지를 탐색한다. 예를 들어, 손과 팔로 하는 제스처가 '거짓' 혹은 '불성실'한 것처럼 보인다면 당신의 자세나 호흡으로 조절하거나 또는

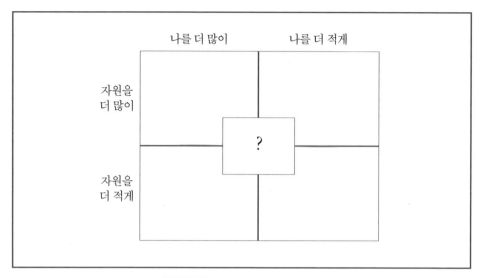

그림 2-16   자기표현 범위 넓히기

좀 더 진실하게 느껴지는 동일한 제스처나 '당신처럼' 만드는 것으로 당신을 조정하라.

연습 6: 신체 구문론을 통한 난관에 빠진 상태 변형하기

무대로 막 나가려고 준비하는 두 명의 배우에 대한 오래된 이야기가 있다. 한 사람은 나이가 많고 경험이 많은 배우이다. 다른 한 사람은 젊고 경험이 부족하다. 젊은 배우가 나이 든 배우에게 다가와 "어휴, 너무 긴장되네요. 속이 '울렁거리는' 것 같아요. 선생님은 수십 년 공연을 하셨는데 지금도 속이 '울렁'거리시나요?"라고 질문했다. 나이 든 배우는 알고 있다는 듯이 미소 지으며, "물론 그렇지. 아직도 공연을 시작하려고 할 때마다 나도 울렁거리긴 하네. 이게 달라질 거라고 생각하지 않네. 젊었을 땐 나 역시 너무 괴로워서 그런 긴장을 없애 보려고 많이 애썼지. 하지만 그런 마음을 없애기보다는 그냥 편하게 받아들이는 것이 더 낫다는 것을 시간이 한참 흐른 후에야 배웠지."라고 대답했다.

이전의 연습을 통해 자원이 충분하지 않고 난관에 빠져 있거나 불안하다고 느끼게끔 만드는 그러한 패턴이 진정으로 당신의 것이 되는 동안 특정한 움직임의 패턴

을 발견했을 수도 있다. 이 연습은 난관에 빠졌거나 자원이 충분하지 않은 내적 상태를 좀 더 자원적인 표현으로 변형하게끔 돕는 방법들이다(예: '속이 울렁거리는' 상태를 어떻게 편하게 받아들이는지를 가르치는 것).

1. 정렬되고 자원이 풍부한 상태에 당신을 두는 데 있어서 저항, 방해, '난관에 빠진' 상태를 경험하게 하는 상황을 확인한다.

2. 기억과 상상력을 사용하여 난관에 빠졌거나 자원이 충분하지 않은 내적 상태의 경험으로 완전하게 들어간다. 난관에 빠진 상태에서 당신을 일반적 혹은 중립적으로 만드는 움직임과 결합된 신체적 패턴을 확인하고 구부린 자세, 호흡의 수축, 어깨나 팔이나 손의 긴장, 손가락질 등과 같이 신체적으로 표현한다.

3. 문제 상황에서 물리적으로 한걸음 물러나지만 난관에 빠진 상태 혹은 자원이 충분하지 않은 상태와 결합된 생리는 유지한다. 내적으로 자신에게 중심을 두고 몇 차례 천천히 반복하며 인식을 강화시키면서 움직임의 구문론과 조직(심층구조)을 탐색한다. 당신에게 있어 움직임에 대한 긍정적 의도를 생각한다. 시도하려는 것은 무엇인가 혹은 성취하고 싶은 것은 무엇인가?

4. 마음속에 이러한 움직임의 긍정적 의도를 유지하면서 좀 더 중심적이고 자원적인 상태로 돌아가게 하는 방법으로 움직임을 완성할 수 있는 방식을 탐색한다. 언제든 당신이 할 수 있는 신체적 표현에 아주 작은 변화를 만든다. 커다란 움직임 혹은 자세나 호흡 등에서의 큰 변화도 피한다. 움직임이나 변화가 미묘할수록 더 좋다.

5. 난관에 봉착한 상태의 신체 표현에서 시작하는 것을 연습하고 새로운 패턴이 '근육 속에서' 느껴질 때까지 몇 번씩 좀 더 중심적이고 자원이 풍부한 상태로 돌아가게 하는 방식을 천천히 심오하게 완성한다.

6. 준비가 되었다고 느껴지면 당신이 이전에 난관에 빠진 상태를 경험했던 상황으로 돌아간다. 당신의 신체와 '신체 마인드'가 직관적으로 반응하게 한다. 당신은 당신의 반응 안에서 자연스럽고 자발적인 변화를 느낀다.

비언어적 의사소통 강화를 위한 신체 구문론 활용하기

신체 언어와 신체 구문론은 언어적 의사소통에 영향을 주고 풍요롭게 하는 강력한 방법이다. 다음의 연습들은 좀 더 생생하면서도 영향력 있는 의사소통 능력을 향상시킬 수 있게 한다.

1. 다른 사람과 명확하고 효과적으로 의사소통하기 위해서 당신에게 중요한 아이디어, 원칙 혹은 메시지를 확인한다. 그 메시지에 대한 간단하고 분명한 언어적 표현을 만든다. 예를 들면, "지식은 근육 속으로 스며들기 전까지는 단지 루머에 불과하다." 혹은 "우리의 인지적 이해를 신체의 지혜로 연결시키는 것이 중요하다."와 같다.
2. 메시지 각각의 핵심 부분에서 단어들과 어울릴 수 있는 제스처 혹은 신체적 표현을 확인한다. 당신이 마임이나 수화로 의사를 전달하는 사람이라고 상상해 본다. 당신이 단어로 말하는 것을 어떻게 신체로 똑같이 전달할 수 있을까?
3. 당신의 비언어적 제스처와 표현을 만드는 동시에 언어적 메시지로 말한다.
   - 예 "지식(손가락으로 머리를 가리킨다)은 근육 속으로(양손을 몸 위에 두고 깊게 호흡한다) 스며들기 전까지는 루머(머리 위에서 손을 흔든다)에 불과하다."
   - 예 "인지적 이해를(양손을 머리 옆에 둔다) 신체의 지혜로(한 손은 배 위에 두고 다른 한 손은 심장 위에 둔 채 깊게 호흡한다) 연결시키는(양손을 함께 꽉 맞잡는다) 것이 중요하다(양손을 가슴 앞에서 서로 맞잡고 깊게 호흡한다)."

비언어적 의사소통 강화를 위한 신체적 은유 탐색하기

1. 다른 사람에게 명확하게 그리고 효과적으로 의사소통하는 데 있어서 당신에게서 중요한 아이디어나 주제를 확인한다.
2. 그러한 아이디어 혹은 주제를 설명하기 위해 도움이 되는 신체적으로 간단한 은유를 확인한다. 예를 들면, 집 짓기, 낚시하기, 요리하기, 울타리치기 등.

3. 아이디어 혹은 주제를 언어적으로 표현하거나 묘사한다. 동시에 신체로 은유를 나타내는 행동을 취한다. 언어적 표현 혹은 설명으로 은유를 언급하거나 묘사하지 않는다.

'신체 프랙털' 포맷

프랙털(fractal)은 부분들을 세분화할 수 있는 복잡한 기하학적인 패턴으로서 각 부분들은 (거의 정확하게) 전체의 더 작은 복사본이라 할 수 있다. 프랙털은 일반적으로 '자기유사성'(각 부분들은 전체와 같은 것으로 보인다)과 범주의 독립성이라는 특징을 가지고 있다(프랙털은 아무리 자세히 보더라도 유사한 모양으로 보인다). '프랙털'이라는 용어는 만델브로 집합의 창안자인 프랑스 수학자 만델브로(Mandelbrot) 박사가 1975년 '쪼개다'라는 의미를 가진 라틴어 프랙투스(*fractus*)를 인용하여 처음으로 만들었다. 프랙털은 일반적으로 모든 크기마다 반복되는 불규칙한 곡선과 형태로 이루어지기 때문에 전통적인 기하학으로는 표현하기가 어려우며 수학에서의 고유한 분야로 발달해 왔다.

시에르핀스키 삼각형(Sierpinski triangle), 코흐 곡선(Koch snowflake), 페아노 곡

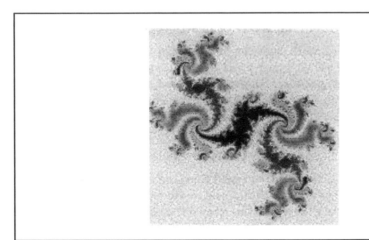

그림 2-17 프랙털 드래곤(The Fractal Dragon)(Benoit B. Mandelbrot/IBM)

선(Peano curve), 만델브로 집합(Mandelbrot set), 로렌츠 어트랙터(Lorenz attractor)처럼 많은 수학적인 구조는 프랙털이다. 또한 프랙털은 구름과 산, 난류와 해안선처럼 단순한 기하학적 형태를 가지고 있지 않은 실제 세상의 여러 사물에서도 나타난다. 또한 프랙털 유형의 방정식은 다양한 '인공 생명' 시뮬레이션을 지원하는 생성 엔진으로 사용된다.

NLP 관점에서 보면, 프랙털은 심층구조의 수준에 있는 단순한 절차를 어떻게 표층구조의 수준에 있는 복잡한 패턴으로 만들어 낼 수 있는가를 보여 주는 좋은 예다. 많은 행동은 신경언어적인 프랙털의 유형으로 고려될 수 있다. 예를 들면, 춤은 일종의 신체 프랙털 유형이다. 다양한 형태의 음악은 청각적 프랙털이다[라벨(Ravel)의 볼레로 혹은 파첼벨(pachelbel)의 Canon in D].

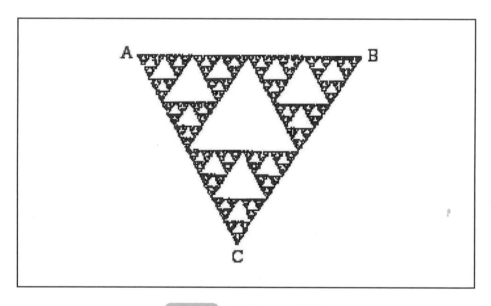

그림 2-18   시에르핀스키 삼각형

다음은 개인의 자원 상태를 향상시키고 창조하기 위해 프랙털의 원칙들을 신체 구문론과 결합시키는 연습이다.

자원 상태를 위한 신체 프랙털 만들기

1. 자원 상태(예: 창의성, 자신감, 집중 등)를 확인하고 개입한다.

2. 이러한 자원 상태에서 되길 원하는 것을 완전하게 '다시 체험'함으로써 신체적 패턴 혹은 자원 상태와 관련된 움직임의 질에 주목한다. 거기에는 어떤 감각이 있는가? 신체의 어느 부분에 있는가? 신체 속의 감각의 움직임에 대한 패턴과 질은 무엇인가?

3. 이러한 움직임에 아주 작은 미묘한 변화를 만드는 데 유념하고, 자원적인 느낌에 대한 당신의 경험이 미치는 영향력을 알아차린다. 이것은 심층구조에 대한 감각을 얻도록 도와줄 것이다.

4. 신체 움직임의 패턴과 질을 신체의 다른 부분으로 옮긴다. 예를 들면, 그 움직임이 당신의 팔이었다면 어깨로 옮긴다. 당신이 필요로 하는 어느 곳이든 자연스러워질 때까지 적용한다. 당신의 다른 신체 부분으로 움직임을 만든 결과로서 자원이 풍부한 상태의 감각을 느낄 수 있다.

5. 자원이 풍부한 움직임을 가능한 한 신체의 다른 많은 부분으로 옮긴다(예: 얼굴, 발, 눈, 호흡, 엉덩이 등). 이러한 방식으로 당신의 모든 신체 부위는 자원으로 살아 넘치게 될 것이다.

S.C.O.R.E. 포맷으로 춤추기

이러한 특정한 연습의 많은 측면은 신체 구문론에 유일한 반면, 신체 구문론의 원리와 사용은 다양한 다른 NLP 기법과 모델에 맞춰 적용될 수 있다. 신체 구문론은 실제로 어떤 변화 과정을 보완하거나 증가시키는 강력한 방법이다.

S.C.O.R.E. 포맷으로 춤추기는 신체 구문론을 적용하는 간단하지만 강력한 예다. 이것은 문제 해결에 있어서 '신체의 지혜'와 직관력을 극대화하기 위해 움직임과 공간적인 유형을 사용하는 방법으로 저자인 주디스 디로지어에 의해 1993년에 개발되었다. S.C.O.R.E. 포맷으로 춤추기는 마음과 신체 관계를 효과적으로 촉진하고 심층구조에 접근하고 동원하며 특정한 원하는 상태를 향해 자기조직화하는 경로를 만들기 위해 NLP S.C.O.R.E. 모델에 신체 구문론의 원리를 결합시킨 것이다.

앞 장에서 설명했듯이 'S.C.O.R.E.'는 증상(Symptoms), 원인(Causes), 결과(Outcomes), 자원(Resources), 효과(Effects)를 의미한다. 이러한 요소는 어떠한 변화 과정을 설명하는 데 필요한 최소한의 정보의 양을 나타낸다.

1. **증상**(Symptoms)은 일반적으로 현재의 문제나 문제 상태에 대한 가장 분명하고 의식적인 측면이다.
2. **원인**(Causes)은 증상을 만들어 내고 유지하는 것을 담당하는 기저에 깔린 요소다. 원인은 보통 그들이 만들어 낸 증상보다 덜 분명하다.
3. **결과**(Outcomes)는 증상의 위치를 이동시킬 특정한 상태 혹은 행동들이다.
4. **자원**(Resources)은 증상의 원인을 제거하고 원하는 결과에 도달하여 이를 유지

시키는 기저에 깔린 요소다(기술, 도구, 신념 등).
5. **효과**(Effects)는 특정한 결과를 성취하는 장기적인 결과다.
  ① 긍정적인 효과는 종종 특정한 결과를 확립하기 위한 원인 혹은 동기다.
  ② 부정적인 효과는 저항 혹은 생태적인 문제를 불러일으킬 수 있다.

S.C.O.R.E. 포맷으로 춤추기는 과거를 표현하는 지점인 첫 번째 단계에 증상의 원인을 두는 것처럼 순서 혹은 '시간선'에 S.C.O.R.E.의 각 요소들을 두는 것을 포함한다. 증상은 현재 혹은 계속 진행되는 시간틀을 나타내는 위치에 둘 수 있다. 원하는 결과는 현재를 지나 그 결과가 성취될 미래의 시간틀을 나타내는 위치에 둔다. 그리고 효과는 결과의 위치를 지나 그 너머의 위치에 둘 수 있다.

신체적 위치를 사용하는 데 있어서 한 가지 이점은 S.C.O.R.E.의 각기 다른 부분을 보다 쉽고 명확하게 구분하고 분리해서 유지할 수 있도록 도움을 준다는 것이다. 또한 명백하게 경험적으로 각 요소들과 관련된 신체 생리적 패턴(자세, 호흡, 움직임 등과 같은)을 탐색할 수 있게 한다.

웹스터 사전에 의하면 춤은 "시간과 공간을 통해 패턴의 흔적과 일련의 자세들을 가지고 시각적인 설계를 창조해 나가려는 일련의 율동적인 움직임이다."로 정의된다. 때때로 춤은 단순한 정서적 표현으로 시작되지만 공간, 연속 행동, 율동을 포함하는 움직임의 패턴을 계획적으로 조직화하는 설계로 발전된다. 특정한 신체적 표현 패턴이 자신만의 스텝과 제스처, 역동으로 구성되어 있을 때 이것이 바로 구체적인 춤이 된다.

S.C.O.R.E.로 춤추기는 문제 해결 과정에서 신체의 지혜와 신체 마인드의 강력한 자원을 불러온다.

S.C.O.R.E. 포맷으로 춤추기 단계
1. 당신이 다루기 원하는 문제 상태나 도전적인 이슈에 대해 생각한다.
2. 문제 상태나 도전적인 이슈와 관련된 원인, 증상, 결과, 원하는 효과의 네 위치를 다음의 그림과 같이 순서대로 펼쳐 놓는다.

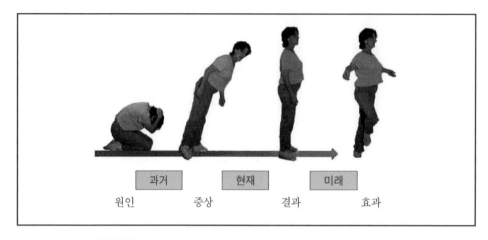

그림 2-19 S.C.O.R.E.로 춤추기 위한 시작점의 신체적 레이아웃

3. 신체 증상의 경험에 신체적으로 들어간다. '표상체계'로서 당신의 신체를 사용한다. 증상을 나타내고 표현하는 움직임의 패턴을 만든다. 또한 움직임을 통해 더욱 완전히 표현하고 확장하기 위해 그 위치에서 당신이 내적 상태를 느끼도록 허용한다.

4. 원인의 공간으로 가기 위해 한걸음 물러난다. 당신을 증상의 원인으로 직관적으로 안내하기 위해 증상과 관련된 움직임과 느낌을 받아들인다. 움직임 속에서 원인을 충분히 표현한다(이러한 움직임의 패턴이 증상에 따른 움직임과 어떻게 연관되어 있는지 확인한다).

5. 신체적으로 옆으로 걸어가면서 당신의 상태를 전환시키고 문제 경험에서 완전히 벗어난다. 결과의 위치로 옮겨서 원하는 상태에 완전히 들어가는 경험을 한다. 움직임을 통해 이러한 상태를 충분히 나타내고 표현한다.

6. 효과의 공간으로 앞을 향해 이동한다. 성취한 결과를 가지고 그 결과를 느낀다. 원하는 효과에 대한 신체적 표상을 충분히 얻기 위해 이 상태에서 특별한 시간을 보낸다.

7. 원인의 지점에서 출발해 전체 순서에 따라 천천히 걷는다. 이때 각각의 위치와 관련된 움직임을 반복한다. 증상과 결과 사이에서 두 공간이 어떻게 신체

와 연결되는지를 직관적으로 알아차리기 위해 아주 천천히 움직인다. 이러한 과정을 몇 번이고 반복하면서 원인부터 효과까지 하나의 지속적인 움직임(춤)이라는 감각을 갖는다.

8. 효과의 위치에 서서 '춤' 순서에 더해 적절한 자원을 나타내는 특정한 움직임을 직관적으로 한다.

9. 원인의 지점에서 출발하면서 그 장소와 관련된 다른 움직임에 자원의 움직임을 포함시킨다. 다른 지점으로 걸어가면서 효과의 공간에 도달할 때까지 다른 움직임에 대해 자원의 움직임을 더한다.

10. 원인, 증상, 결과, 효과를 지나면서 그러한 것들이 일종의 '춤'으로 변형될 때까지 움직임을 반복한다.

가브리엘 로스의 5리듬®

신체 구문론의 가장 순수한 표현 가운데 하나는 리듬이다. 신체에 대해 **리듬**은 '규칙적이고 반복적인 움직임의 패턴'으로 정의될 수 있다. NLP에서 우리는 이와 같이 반복되는 움직임 패턴을 신체의 심층구조로 본다. 여기에서 신체의 심층구조 는 우리의 신체 마인드 속에 있는 다양한 지식과 프로세스의 수준들을 동원시키고 통합시킨다. 다른 리듬들은 기본적인 관계 패턴을 조직하는 신체의 '접근단서'와 '메타프로그램'으로 기능할 수 있다.

대뇌피질의 다양한 뇌파 유형(예: 알파, 베타, 델타, 세타 등)이 우리의 인지 마인드 에 있는 다양한 의식 상태를 가져오는 방식과 유사하게 신체 리듬은 우리의 신체 마인드 속 기능과 다양한 인식 상태를 가져온다.

가브리엘 로스의 5리듬®은 신체 구문론과 리듬을 변형시키는 능력에 관한 좋은 예다. 5리듬®은 에너지가 어떻게 사람들 속에서 그리고 생명 속에서 움직이는가에 대해 가브리엘 로스가 수십 년간 관찰한 결과다. 그녀는 자신의 저서『땀 흘려 기도 하라(Sweat Your Prayers)』(1997)에서 "에너지는 파장 속에서 움직인다. 파장은 패턴 속에서 움직인다. 패턴은 리듬 속에서 움직인다. 인간이란 바로 에너지, 흐름, 파 장, 리듬 이 모든 것이다."라고 언급했다.

그녀는 흐름(flowing), 스타카토(staccato), 혼돈(chaos), 서정(lyrical), 고요 (stillness)의 다섯 가지 리듬이 변화와 변형을 위한 '메타 모델'의 유형을 만든다는 것을 확인했다. 이러한 5리듬®은 보다 큰 패턴이나 **파장**을 형성하는 특정한 순서 속에서 유기적으로 나타나는 에너지의 '원형' 패턴을 표현한 것이다.

5리듬®은 일련의 지도이자 움직임 연습이다. 신체적 경험으로서 신체는 파장의 5리듬®을 통해 움직이는데, **흐름**이라는 리듬으로 시작한다. 이것은 바닥과의 연결을 느끼고 공간을 통해 움직이면서 발에 뿌리를 내리는 것으로 시작한다. 신체는 발을 따라 가며 쉬운 동작으로 계속 움직이기 시작한다. 아무것도 강요하지 않는다. 움직임은 바닥에 기반을 두고 연결되어 있으며 순환된다. 로스는 흐름이 여성의 리듬, 신체와 지구의 리듬이라고 말한다. 만약 우리가 바닥과 연결되지 않거나 중심을 잃는다면 우리는 그림자를 경험하게 된다. 우리는 난관에 봉착하며 생각없이 자동적으로 움직이거나 '바람과 함께 날아가기' 시작한다.

흐름은 우리가 연결과 수용성을 연습하고, 호흡하며, 움직임 속에서 우리의 경험을 '지지하는' 리듬이다. 우리가 우리의 신체와 우리 자신을 연결시킴으로써 우리 자신의 흐름을 받아들일 때 우리는 마치 파장이 만들려고 하는 것과 같은 에너지를 얻게 된다.

우리의 에너지가 현실에 기반을 둔 부드러운 흐름의 리듬을 통해 증가될 때 자연히 두 번째 리듬인 스타카토가 나타난다. 남자다운 심장의 리듬인 **스타카토**에서 파장은 지속적으로 만들어지며, 우리는 우리 자신과 환경과 깊게 연결된 곳에서 힘을

그림 2-20 가브리엘 로스의 5리듬®은 파장의 형태를 따른다.

느낀다. 흐름의 리듬에 대한 지속적인 움직임에서 벗어나 스타카토에서 에너지를 표현하기 위해 우리의 신체는 뚜렷한 형상을 제시한다. 이것은 음의 기운인 흐름과 비교하여 양의 기운이며 조용히 숨 쉬는 것이 아니라 거친 숨을 내뿜게 하는 리듬이다. 스타카토의 중심 형태는 초점, 집중, 몰입, 명확한 경계 설정을 포함하고 있다. 반면에 중심이 없거나 그림자 형태는 경직, 공격, 폭력성이 될 수 있다.

발, 신체, 심장이 스타카토의 리듬 속에서 울림이 만들어질 때 우리의 에너지 수준은 감당하기 어려운 지점에 이르게 된다. 스타카토의 구조는 혼돈의 세 번째 리듬으로 사라지며 이와 유사한 방식으로 파장은 정점에 도달할 때 거세게 휘돌아간다.

혼돈의 리듬 안에 고정된 구조는 우리의 몸과 마음에서 사라지기 때문에 우리는 목과 머리에 손을 놓으며 항복한다. 흐름 속에서 발의 기반을 확고히 뿌리내리고 스타카토에서 발화된 용기와 몰입을 가지고 우리는 안전한 컨테이너를 가진 혼돈에 도달한다. 혼돈은 우리가 오래된 패턴을 놓아 버리는 경험을 하게 한다. 그들의 가로막힌 에너지가 펼쳐질 때 우리는 자유롭게 흐르는 물로 새롭게 씻기는 새로운 경험을 하게 된다. 중심이 잡혀 있지 않은 혼돈의 그림자 측면은 혼란과 무질서, 억압받고 통제 불능의 느낌이다. 반면에 혼돈의 긍정적인 기능은 서정적인 리듬 속에서 우리의 독특한 표현의 자유로 우리 자신을 자유롭게 한다.

서정은 자발적인 창의성의 리듬으로서 진실되고 독특하며 매 순간 살아 있는 모든 것에 대한 표현이다. 그것은 깊이 연결되어 있는 완전한 자유로움이다. 파도는 정점에 도달한 후 거품과 물보라처럼 가볍고 즐거운 것이지만 처음의 세 가지 리듬을 통해 움직임을 경험한 후에야 어떤 형식을 가질 수 있는 것이다. 흐름 속에 기반을 두고 스타카토에 몰입하며 혼돈에서 벗어난 후 서정은 우리가 원래 그대로 예측할 수 없으며 정교하게 살아 있는 경험을 하게 한다. 마치 공기처럼 서정 안에서 우리는 특정한 형태가 없는 것에 의미를 두며 그럼으로써 매 순간 어떠한 식으로든 적절한 형태로 구현할 수 있다. 하지만 만약 우리가 신체에 기반을 두지 않고 우리 자신과 깊게 연결되어 있지 않다면 천박함, 피상적, 도피 등과 같은 서정의 그림자 측면을 경험하게 될 것이다.

서정의 밝음과 자유로움은 마치 파도가 해변에 도달한 것처럼 **고요한** 리듬으로 확장된다. 고요함은 에너지의 부재가 아니라 우리 자신과 우리 자신을 넘어서 양쪽을 모두 연결시키는 형태로 충분한 에너지를 갖는다. 가브리엘 로스는 고요함이란 우리가 우리 자신을 장에 마음을 열 때 나타나는 리듬이라고 언급했다. 우리가 우리의 발과 몸에 기반을 두지 않고 우리의 에너지 자원에 존재하고 연결될 때 고요함의 그림자 측면은 무기력, 분열, 육체로부터 분리되거나 장에서 길을 잃는 것을 의미한다. 중심 잡힌 고요함은 보이지 않는 형태이자 동시에 완전히 나타나는 것이다. 당신은 당신을 둘러싼 더 큰 장과 연결하는 움직이는 중심의 정지점이다.

5리듬®을 연습하는 동안 춤을 추는 사람들은 그들 주변의 공간에 대한 인식을 발달시키며 신체의 여러 부분으로 주의를 움직이게 하는 방식도 학습한다. 그들은 '빈 공간으로 움직인다.'는 사실을 지속적으로 떠올린다. 또한 그들은 공간을 통해 신체의 부분을 움직이는 움직임의 다른 방식을 탐색하여 그들만의 움직임 방식에 대한 목록을 확장시켜 나간다.

수년 전 인간의 움직임에 관한 흥미로운 연구가 있었다. 연구자들은 1시간 동안 영아와 어린이, 성인들이 만들어 내는 독특한(신중하면서도 반복적이지 않은) 움직임의 수를 기록하며 그들을 관찰했다. 연구자들은 1시간 동안 영아들이 약 1,000번 정도의 독특한 움직임을 만들어 내는 것을 발견하였다. 반면 당시 10세 정도였던 어린이들은 300번 정도의 독특한 움직임을 만들어 냈다. 그리고 30대였던 성인들의 경우 1시간 동안 약 100번 정도의 독특한 움직임으로 떨어졌다.

물론 이 연구에서의 시사점 중 하나는 나이가 들수록 우리는 우리의 에너지를 좀 더 보존하고 방향성에 맞추어 우아하게 목적을 가지고 사용한다는 점이다. 하지만 또 다른 시사점은 신체적 표현에 대한 우리의 목록에서 무의식적으로 제한하며 억제하기 시작한다는 것이다.

가브리엘 로스의 가르침처럼 우리가 무대 위에서 리듬을 연습하는 것은 우리의 삶의 다른 곳에서 하는 것에 대한 거울화다. 리듬에 따라 움직이는 것은 우리에게 각각의 리듬 안에 포함된 다른 원리들과의 관계를 가르쳐 준다. 파장의 구조를 인식하면서 움직이는 것은 무의식적 움직임의 패턴을 가져다주고 점진적으로 더 많은 자유, 유연성, 선택을 가져다주는 새로운 패턴을 발달하게 한다. 우리에게 존재하는 신체 패턴에 공간, 부활, 새로운 정보를 가져오는 흐르는 물처럼 작동한다.

가브리엘은 우리에게 "당신은 자유로운 영혼의 소유자가 되기 위해 필수적인 규율을 가지고 있습니까?"라고 질문한다. 움직임의 연습으로서 5리듬®은 새로운 인식, 통찰, 변형 그리고 더 많은 선택을 가져올 수 있는 명확한 구조에 다음의 과정이 어떻게 포함되는가를 우리에게 가르쳐 준다. 5리듬®과 같은 신체 연습은 표현에 있어서 우리의 유연성을 되찾고 우리 자신의 모든 차원에 접근하게끔 돕는다.

가브리엘은 다음과 같이 말했다.

> 흐름 안에서 당신은 당신 자신을 발견한다. 스타카토 안에서 당신은 당신 자신을 정의한다. 혼돈은 당신 자신이 녹아들게 하며 그렇게 함으로써 당신이 발견하고 정의한 자아 안에서 고정되고 경직되지 않게 한다. 서정은 당신의 에너지의 독특한 표현으로 깊이 파고듦으로써 당신이 전념하도록 영감을 불어넣는다. 그리고 고요는 우리를 사로잡는 커다란 에너지 안에서 당신이 사라지게끔 하며 그럼으로써 당신은 다시 한번 전체 과정을 시작할 수 있다.

이러한 각각의 리듬은 다양한 표현의 형태와 춤 그리고 가장 분명한 '신체 구문론'을 가질 수 있다. 그러나 그들은 그에 상응하는 시각적이고 청각적인 표현도 가지고 있다(미술이나 음악처럼). 이것은 다양한 기술의 과정에서 분명해진다.

NLP에서 스위시(Swish) 패턴은 행동에서의 명확한 경계를 만들기 위해 스타카토의 리듬을 명확하게 적용한다. S.C.O.R.E.로 춤추기는 스타카토에서 시작해서(각각의 부분이 처음에는 분리되어 따로 경험된다) 흐름(모든 요소는 일련의 통합된 움직임 안에서 함께 연결된다)이 더해져 서정(자원적/변형적 에너지는 일련의 움직임을 통해 온다)이 되는 하나의 물결과 비슷하다.

변화의 파도 타기

1. 최근 당신의 상태를 나타내는 지점을 만든다. 그 문제 또는 상황에 대한 당신

의 현재 경험 안에 당신 자신을 둔다. 상황에 대해 당신이 보는 것을 보고 들리는 것을 듣고 느끼는 것을 느낀다. 당신의 몸이 당신의 현재 상태를 어떻게 경험하는지에 대한 제스처나 반복적인 움직임, 즉 신체적 표현을 만들어 내도록 둔다.

2. 당신이 원하는 상태를 표현하는 지점으로 몇 단계 나아간다. 그것이 어떨지 당신의 경험 안에 당신 자신을 둔다. 경험에 대해 당신이 보는 것을 보고 들리는 것을 듣고 느끼는 것을 느낀다. 또 당신의 몸이 원하는 상태를 어떻게 경험하는지에 대한 제스처나 반복적인 움직임, 즉 신체적 표현을 만들어 내도록 둔다.

3. 당신의 현재 상태와 원하는 상태의 중간 지점에 각각의 5리듬®(흐름, 스타카토, 혼돈, 서정, 고요함)을 불러올 수 있는 공간을 만든다.

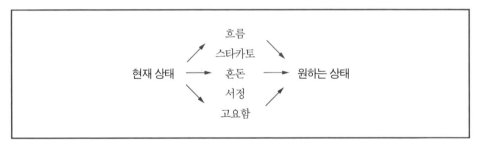

그림 2-21 파장의 형태에 따른 가브리엘 로스의 5리듬®

4. 각각의 5리듬®에 따라 접근해 보자.

① 당신의 현재 상태 지점으로 가서 그 경험과 연관된 제스처나 움직임을 만든다. 나아가 **흐름**의 리듬으로 움직임을 가져온다. 당신의 몸이 당신의 발을 따르게 하며, 현실에 기반을 두고 연결되어 순환되는 지속적이고 단순한 움직임으로 움직이게 한다. 움직임 안에서 현재 상태 경험에 호흡하고 '함께하며' 연결과 수용을 연습한다. 당신이 원하는 상태와 관련된 신체적 표현 안에 들어가는 것으로 마무리한다.

② 당신의 현재 상태 지점으로 돌아가서 그 경험과 관련된 제스처나 움직임을 다시 만든다. 나아가 **스타카토**의 리듬 안으로 움직임을 가져온다. 당신의 발을 바닥에 두고 반복되는 울림을 찾아 당신의 걸음걸이에 대한 힘을 소리 내어 표하고 당신 자신과 환경에 깊게 연결되어 있음을 느낀다. 당신의 심장박동을 느끼고 숨을 내쉬면서 강렬하고 명확하고 뚜렷한 움직임과 제스처를 만든다. 현재 상태 경험 안에 초점을 맞추고, 집중하고, 전념하고, 분명하게 하는 것을 연습한다. 당신이 원하는 상태와 관련된 신체적 표현으로 강하고 자신 있게 들어가는 것으로 마무리한다.

③ 당신의 현재 상태의 지점에서 그 경험과 연관된 제스처나 움직임을 다시 만들기 시작한다. 나아가 **혼돈**의 리듬 안으로 그 움직임을 가져온다. 당신의 발을 견고히 하고 걸음을 좌우로 교차한다. 목과 머리를 편하게 두고 당신의 몸이 마치 흔들거리는 고무로 만들어진 것처럼 움직이게 둔다. 스스로 어떤 긴장이나 경직을 풀고 오래된 패턴에 유연성을 허락한다. 현재 상태의 경험과 관련된 막힌 에너지를 풀어 준다. 당신이 원하는 상태와 관련된 신체적 표현에 혼돈의 느슨함과 해방감을 가져오면서 마무리한다.

④ 당신의 현재 상태 지점과 그 경험과 관련된 신체적 표현에서 시작하면서 앞으로 나아가 **서정**의 가볍고 자유로운 리듬에 그 표현을 가져온다. 자발적 창의성을 탐색하고 그 순간 당신에게 진실되고 독특하며 살아 있는 것이 무엇이든 간에 표현하도록 스스로에게 허락한다. 스스로를 독창적이고 예측할 수 없고 완전히 살아 있는 것이 되도록 한다. 현재 상태 경험을 가볍게 가져오는 데 적절해 보이는 신체적이고 역동적인 형태는 무엇이든 활용한다. 당신이 원하는 상태와 관련된 신체적 표현으로 자유로운 감각의 흐름을 타라.

⑤ 그 경험과 관련된 당신의 현재 상태와 신체적 표현으로 다시 한번 돌아간다. 나아가 **고요함**의 마지막 리듬 안으로 표현을 가져온다. 당신이 현재 상태와 관련된 움직임과 제스처를 만들 때 천천히 유념하여 깊게 호흡하고 이따금 멈추면서 움직인다. 당신 자신과 당신 너머의 더 큰 장에 모두 연

결하는 형태 안에서 에너지의 완전한 존재를 느낀다. 당신을 둘러싼 우주와 연결된 움직이는 중심의 정지점에서 스스로를 경험한다. 당신이 원하는 상태와 연결된 신체적 표현에 부드럽게 도달하게 한다.

5. 당신이 각 리듬으로부터 배운 것을 반영한다.

5리듬®과 S.C.O.R.E.로 춤추기

당신은 S.C.O.R.E.로 춤추면서 변화의 파도 타기를 결합할 수 있다. 증상, 원인, 결과, 효과를 위한 공간을 펼쳐 두고 각각의 위치와 연결된 자발적인 신체적 표현을 탐색하라. 그다음 당신이 그려 놓은 상황을 위한 자원으로 각각의 5리듬®을 하나씩 하나씩 도입하라.

흐름과 함께 시작한다. 당신의 발을 기반으로 두고 유동적으로 계속 움직이기 시작한다. 움직임의 이러한 특질과 원인 위치와 관련된 신체적 표현을 통합하라. 이 리듬이 원인에 대한 당신의 경험에 어떤 유형의 변화와 '차이를 만드는 차이'를 가져오는지 주목하라. 그런 다음 증상의 위치로 이동하여, 증상에 대한 당신의 경험과 관련된 어떠한 신체적 표현으로 흘러가는 특성을 계속해서 가져온다. 또 증상에 당신의 경험이 갖는 영향에 다시 주목하라. 계속해서 결과와 효과의 지점들을 통해 움직이고 이러한 지점들과 관련된 신체적 표현에 대한 흐름의 특성을 가져온다.

변화의 파도 타기와 마찬가지로 원인에서 증상, 결과, 효과로 움직임을 반복하고

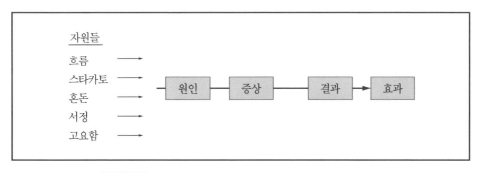

그림 2-22 가브리엘 로스의 5리듬®과 S.C.O.R.E.로 춤추기

각 위치에 연결된 제스처나 움직임으로 5리듬®을 가져온다. S.C.O.R.E.의 단계를 통한 각각의 여정은 새로운 인식을 가져오고 결과와 효과의 방향으로 나아가게끔 박차를 가할 것이다.

당신의 발을 따라가기!

천재들의 모든 진정한 업적처럼 5리듬®은 대중적이며 믿기 어려울 정도로 단순해 보일 수 있다. 지도와 영토로 다른 사람을 인도하는 데 능숙해지는 것은 NLP를 공부하는 것이나 어떠한 수양을 쌓는 것처럼 많은 시간의 헌신적인 연습과 훈련을 필요로 한다. 5리듬®이 일련의 지도들을 기반으로 하는 반면, 학습은 주로 몸 안에서 먼저 발생한다. 신체 마인드의 지능은 인지 마인드를 양성하지만 이는 머리에서 아래로 내려가기보다는 발에서 시작하는(그리고 결코 떠나지 않는) 학습 과정이다.

우리는 당신이 스스로 춤을 추며 '근육 안'에서 이 과정을 경험하길 권유한다. 가브리엘 로스와 그녀의 그룹 '거울들'은 이 리듬에서 춤추기 위한 CD를 만들었다. 이 음악은 5리듬®으로 당신을 안내할 것이다.

뼈대: 2~6 트랙
시작: 1~5 트랙
무아지경(트랜스): 4~8 트랙
부족: 1~5 트랙
제이훔(Jhoom): 1~5 트랙
끝없는 웨이브, vol. 1, 2(가브리엘의 목소리가 흐름을 통해 인도함)

당신은 가브리엘로부터 폭넓은 훈련을 받은 교사들이 이끄는 워크숍이나 과정을 세계 전역에서 찾을 수 있다. 또한 그녀는『엑스터시에 이르는 지도(Maps to Ecstasy)』, 『땀 흘려 기도하라』, 『접촉(Connections)』과 같이 영감을 주는 실용서 세 권을 썼으며 이것은 당신의 훈련과 깊게 연결될 것이다. 그녀의 웹사이트(www.gabrielleroth. com)에서 과목, 강사진, 음악, 책에 대한 정보를 참고하라. 더 많은 과정과 워크숍은

www.movingcenter.com에서 확인할 수 있다.

가브리엘의 5리듬®을 탐색할 때 호흡하면서 현실에 기반을 두고 당신의 발을 따라가는 것을 기억하라!

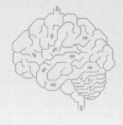

장 마인드

NLP 3세대의 특성을 정의하는 한 가지 방식은 **장**(field) 또는 **장 마인드**(field mind) 개념을 강조하는 것이다. NLP 3세대의 관점에서 '장'은 본질적으로 개인 체계 안의 관계와 상호작용이 만들어 내는 공간 또는 에너지의 유형이다. 장의 이러한 관점에서 가장 중요한 것은 관계 그 자체가 관련된 사람들 간에 만들어지는 '제3의 실체'로서, 이것은 수소와 산소가 결합하여 제3의 실체인 물을 만들어 내는 방식과 유사하다. 이러한 관계는 관련된 사람들의 사고, 감정, 경험을 유지하고, 처리하며, 발달시키는 컨테이너가 된다.

물리학에서 장은 "모든 점에서 확인할 수 있는 가치를 갖는 중력이나 전자기의

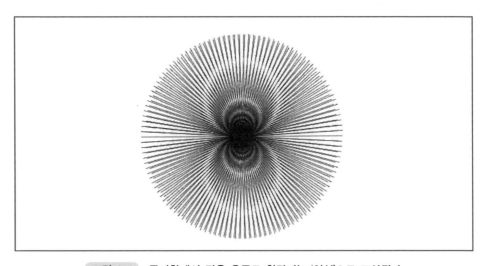

그림 3-1 물리학에서 장은 우주로 확장되는 '역선'으로 표상된다.

힘 혹은 유체압력과 같은 물리적 속성에 의해 특성화되는 공간의 영역"으로 정의된
다. 물리학에서의 장은 폭넓게 흩어져 있는 우주 영역을 통한 에너지의 움직임과
연결된다.

전자기장은 보통 모든 방향으로 무한히 확장되는 '역선(lines of force)'으로 표현
되는데, 이것은 그러한 역선에 의해 만들어진 '장'에 있는 대상에 영향을 미친다. 이
러한 역선의 집합체는 밀도와 강도 그리고 이와 같은 장의 영향을 결정한다.

이것은 매우 제한적이고 한정적인 우주의 영역으로만 존재하는 '입자'의 개념과
는 대조적이다. 장은 입자보다 실재적이지 않으며 '상황' 자체보다는 움직임과의 관
계에서 좀 더 실재적이다. 장은 대상 간의 관계에 의해 생성되는 동시에 대상의 행
동 또는 활동에 영향력을 행사한다. 예를 들면, 중력장은 근본적으로 우주 안의 모
든 대상 안에서 끌어당기는 기능을 한다. 중력의 끌어당기는 힘은 서로를 끌어당기
는 대상 없이는 존재하지 않는다. 또한 두 개의 대상(예: 두 개의 행성) 사이에서 발
생된 중력장은 그 장의 영향권으로 들어오는 다른 대상(예: 우주선)의 행동에 영향
을 미칠 것이다.

물리적 장에 관한 발상은 심리, 경영, 치료, NLP에 (직접적이면서도 은유적인) 중
요한 의미를 갖는다. 최면치료사이자 초기 NLP 연구자인 스티븐 길리건(Stephen
Gilligan, 1997)은 인간 사이에 존재하며 그가 변화와 치유의 근본적이고 필수적인
양상으로 간주한 느껴지는 '관계적 장'에 대해 이야기했다. 독일의 가족치료사 버
트 헬링거(Bert Hellinger, 1996)는 가족 체계의 전체적인 역사 안에서 확장되고 이미
세상을 떠난 가족원들의 영향력을 포함하는 '가족 장'의 개념에 기반을 두고 작업하
였다.

더 큰 체계 혹은 장의 일부가 되는 감각은 거의 모든 인간이 경험하는 공통의 주
관적인 경험이다. 예를 들면, 우리는 종종 우리를 포함하지만 우리보다 더 큰 집단
의 일부가 되는 감각인 '공동체 정신(team spirit)'의 느낌에 대해 이야기한다. 더 큰
집단에 속하는 이러한 경험은 NLP에서 **네 번째 지각적 입장**의 개념 또는 '우리' 입장
을 통해 표현된다(Dilts & DeLozier, 1998). 1차, 2차, 3차 지각적 입장들(나, 타인, 관
찰자)은 상호작용의 '공간'을 정의하는 인간 상호작용 체계에 대한 중요한 관점과

연관이 있다. 관계적 '장' 유형은 그 공간에서 발생하는 관계와 상호작용의 패턴에 의해 만들어진다. 4차 입장은 다른 세 입장을 포함하는 동시에 초월한다. 이러한 '장'의 질은 종종 상호작용에 포함된 개인들 간의 물리적 위치 혹은 '심리지리학'에 의해 만들어지고 반영된다.

그리고 나서 '공동체 정신'과 같은 주관적인 경험은 우리의 신경계와 더 큰 집단 신경계 유형을 형성하는 다른 사람들의 신경계 간의 상호작용으로부터 발생하는 '관계적 장'의 감각느낌에서 비롯된다. 이러한 집단 신경계는 때때로 '집단 마인드' 또는 '집단지능'으로 언급되는 결과를 초래한다. 이 집단 **마인드**는 집단원들의 개별적인 마인드와 상당한 차이가 있는 특성과 지능의 질을 가질 수 있는데, 이는 물이 물을 형성하는 수소와 산소 원자와는 매우 다른 특질을 갖는 것과 유사하다.

프랑스 심리학자 귀스타브 르 봉(Gustave Le Bon, 1895)은 다음과 같이 말했다.

> 심리 집단이 제시하는 가장 놀라운 특징은 다음과 같다. 집단을 구성하는 개인이 누구든지 그들의 삶의 방식이나 직업, 성격 혹은 지능이 얼마나 비슷하든지 비슷하지 않든지 그들이 집단으로 변형되었다는 사실은 그들이 느끼고 생각하며 행동하는 데 있어서 고립된 상태에 있는 각각의 개인이 느끼고 생각하며 행동하는 것과는 많은 차이가 있는 일종의 집단 마인드를 갖게 한다. 개인들이 집단을 만드는 경우를 제외하고는 만들어지지 않는 혹은 그 자체가 행동으로 변형되지 않는 특정한 생각과 느낌들이 있다.

르 봉은 덧붙여서 다음과 같이 말했다.

> 인체를 유지하는 세포는 각각의 세포가 개별적으로 가지고 있는 것과는 매우 다른 특성을 보여 주는 새로운 실체의 재결합을 만드는 것처럼 심리 집단은 잠시 동안 결합된 서로 다른 요소들로 이루어진 임의적 실체다.

작가이자 철학자이며 초월 이론가인 켄 윌버(Ken Wilber)는 이러한 현상을 **홀라키**

(holarchy)라고 명명했다. 홀라키는 연결된 홀론[아서 쾨슬러(Arthur Koestler)의 저술과 그레고리 베이트슨(Gregory Boteson)의 작품의 핵심개념]의 배열이다. 홀론의 개념은 **전체 그 자체로서 그리고 다른 전체의 일부처럼** 모든 독립체와 개념이 이중성을 공유한다는 것을 의미한다. 예를 들면, 유기체 안의 세포는 전체인 동시에 또 다른 유기체 전체의 부분이다. 다른 예로 문자는 스스로 존재하는 실체인 동시에 단어에 포함된 부분이며 문장의 일부이고 단락의 일부이자 문단 등의 일부다.

쿼크(quark, 소립자를 구성하는 기본입자)에서부터 물체로, 에너지로, 아이디어로 모든 것이 이러한 방식으로 검토될 수 있다. 각각의 실체는 그것이 만들어진 홀론을 **포함하며 초월한다.** 이런 점에서 볼 때, 집단적 장은 다른 창조물과 실재에 의해 심지어는 우리의 환경에 의해서도 창조될 수 있다.

그레고리 베이트슨에 의하면 일부 홀라키는 상호 연결과 통합의 적절한 수준에 도달할 때 '마음'의 핵심 특질들을 보여 준다. 그는 적절한 양의 복잡성, 유연성과 피드백을 갖춘 체계는 '자기 조직화' 특성을 나타낸다고 주장했다. 이와 같은 체계는 종종 '그들 자신의 마음'을 갖는 것처럼 보인다.

> 인과관계 순환의 적절한 복잡성과 적절한 에너지 관계를 갖는 사건과 대상의 계속되는 앙상블은 마음의 특징을 분명히 보여 줄 것이다. 비교하고…… '정보를 처리'하며 최적의 항상성 혹은 확실한 변수들의 극대화 중 하나를 향해 필연적으로 자기-수정할 것이다.

체계는 충분한 상호 연결과 피드백과 함께 더 높은 수준의 통합에 도달할 수 있고 자기 조직화의 특성을 드러낼 것이다. NASA의 연구원인 제임스 러브록(James Lovelock, 1979)이 제안한 **가이아 가설**(Gaia hypothesis)이 좋은 예다. 러브록은 "지구의 생물권, 대기권, 대양, 토양을 포함하는 복잡한 실체 그리고 이 행성에서의 삶을 위한 최적의 물리적·화학적 환경을 찾는 피드백이나 인공두뇌 체계를 구성하는 전체"를 묘사하기 위해 (지구의 그리스 여신에게 경의를 표하는) '가이아'라는 용어를 사용했다.

러브록은 지구에서의 생활이 안정적인 지상 기온, 대기 구성, 해양 염도를 유지하기 위해 작동하는 항상성 피드백 체계와 인공두뇌를 제공한다고 언급했다. 예를 들면, 지구에서 생명이 시작된 후로 태양이 제공하는 에너지는 25~30% 증가했지만 지구의 전체 지상 기온은 일정하게 유지되고 있다. 지구의 대기 구성(질소 79%, 산소 20.7%, 이산화탄소 0.03%)은 비록 불안정하지만 변함없이 유지되고 있다. 해양 염도는 아주 오랫동안 약 3.4%로 일정하게 유지되고 있다. 대부분의 세포가 염분의 안정성을 필요로 하고 일반적으로 5% 이상의 값을 허용하지 않기 때문에 염분의 안정성은 중요하다.

러브록은 지구 생물량의 행성 생태계가 행성을 좀 더 살기 적합한 상태로 만드는 것처럼 이것이 변수를 조절하는 증거라고 주장했다.

물리학자인 피터 러셀(Peter Russell)은 이러한 원칙을 『전체적 뇌(The Global Brain』(1983, 1995)의 개념에 적용하고 확장시켰다. 러셀은 소립자에서부터 원자, 분자, 세포, 조직, 나아가 자기주관적 유기체인 더 큰 체계 안에서 단위(홀론)로 이어지는 점진적 집합으로 진화 과정을 인지했다. 더 큰 단위로의 도약은 새로운 자기-조직 패턴을 형성한다.

러셀에 따르면, 지구상의 인구밀도 증가와 통신기술의 급속적인 발전은 인간이 행성의 나머지 부분에 신경계의 유형으로 혹은 '뇌'로서 활동하고 더 높은 통합 수준에 도달하기 위해 잠재적인 상황을 제공한다.* (사람은 뉴런과 같고, 휴대전화, 텔레비전, 라디오, 인터넷 등은 그것들 간의 시냅스 연결과 같다.)

'전체적 뇌'에 대한 러셀의 견해는 그레고리 베이트슨의 주장에 다음과 같이 대답한다.

---

* 역자 주: 러셀은 인류가 네안데르탈인과 크로마뇽인 사이의 변화에 필적할 만한 완전히 새로운 수준의 '의식'과 자기-조직을 획득하기 위한 태세를 갖추고 있을 것이라고 상정한다. 이러한 러셀의 가설을 고려하더라도, 새로운 수준의 통합에 필요한 역치는 클 필요가 없다는 것을 기억하라. 예를 들면, 인간과 침팬지의 DNA는 98% 동일하다.

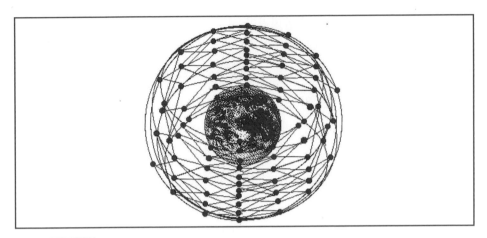

그림 3-2 그레고리 베이트슨은 우리의 개인적 마음을 '전체의 상호 연결된 사회 체계와 행성 생태학'에서 비롯된 '전체 마인드'의 일부라고 상정한다.

개인의 마음은 내재되어 있을 뿐만 아니라 몸에도 있다. 그것은 신체 외부의 경로와 메시지 안에 내재되어 있으며, 여기에는 개인의 마음이 단지 하위체제가 되는 전체 마인드가 있다. 이러한 전체 마인드는 신과 비교할 만하며 아마도 사람이 '신'으로 의미하는 것이지만 여전히 전체의 상호 연결된 사회 체계와 행성 생태학에 내재되어 있다.

베이트슨의 주장은 우리가 개인적 마음보다 더 높은 지능의 네트워크에 다가갈 수 있다는 가능성을 제기한다. 이것은 무당, 치료자, 초심리학자, 영매, 예술가, 전통문화에 종사하는 사람들 그리고 세상의 가장 창조적인 천재들 중 일부의 주관적인 경험에서 인간의 역사를 통해 분명하게 반영되어 온 개념이다. 예를 들면, 로버트 딜츠(Robert Dilts)의 저서 『천재의 전략(Strategies of Genius)』에서 그는 레오나르도 다 빈치부터 아인슈타인, 모차르트, 마이클 잭슨에 이르기까지 역사적으로 잘 알려진 창조적인 천재들의 가장 창조적인 작업과 아이디어가 개인에게서 나온 것이 아니라 개인을 '통해' 비롯되었다고 주장한다. 즉, 모차르트는 자신의 음악적 아이디어에 대해 "어디에서 어떻게 창조적인 아이디어가 나왔는지는 모른다. 나는 그것을 강제로 끄집어낼 수 없다."라고 기록했다. 그러나 그는 이러한 아이디어가 특정한 내적 상태에 있을 때 가장 쉽게 도출되었으며, 이러한 창조적인 과정은 '즐겁고 생생한 꿈 안에서' 펼쳐진다고 언급하였다.

레오나르도 다 빈치는 그의 저서에서 마음속에 "다양한 발명품"을 "자극하고 불러일으키기" 위해 "다양한 얼룩이나 여러 다른 종류의 돌로 얼룩진 벽"을 어떻게 응시했는지를 설명하였다. 레오나르도는 벽에서 "빠르게 움직이는 형상과 이상한 얼굴 표정, 기이한 복장, 무한히 많은 여러 가지"뿐 아니라 "산, 강, 바위, 나무, 평야, 넓은 계곡으로 장식된 서로 다른 풍경"을 볼 수 있었다고 언급했다.

이와 유사하게 알베르트 아인슈타인은 자신의 아이디어와 이론이 특정 형태의 '생각 실험'에서 자발적으로 일어났고, '공리의 어떠한 조작' 혹은 이성적, 인지적 사고 형태는 없어지지 않았다고 주장했다.

이러한 묘사는 개인의 인지적 마음의 한계 그 너머의 창조적 지성에 연결하는 방법을 의미한다. 베이트슨이 언급한 '신'의 개념 외에 그가 언급한 '전체 마인드'는 아마도 밀턴 에릭슨(Milton H. Erickson)의 연구에서 '직관', '창조적 무의식' 혹은 칼 융(Carl Jung)의 연구에서 '집단 무의식'이 의미하는 것일 것이다.

프로이트(Freud)는 무의식을 개인 안에 내재되어 있는 개인적인 것으로 가정했다. 반면에 융은 개인의 무의식을 의식의 더 깊은 보편적 층, 다시 말해 개인의 경험에서 발전된 것이 아니라 인간 정신의 유전적 부분인 **집단 무의식**(collective unconscious) 위에 놓여 있는 것으로 보았다.

융에 의하면, 집단 무의식은 개인의 감정과 행동에 영향을 주는 **원형**(archetype)과 보편적인 사고 형태, 정신적 이미지를 통해 표현된다. 원형의 경험은 종종 지역의 전통 혹은 문화 규칙과 맞지 않는데, 융은 그것을 타고난 투사라고 주장했다. 이러한 융의 관점에서 보자면 갓 태어난 신생아는 백지 상태에 있는 것이 아니라 특정한 원형 패턴과 상징을 인식할 준비가 되어 있는 것이다. 융은 어린이들이 많은 환상을 품는 이유가 그들의 원형적 지식과 이미지에 대한 마음의 연결을 없앨 만큼 충분한 현실을 경험하지 못했기 때문이라고 믿었다.

원형은 다양한 형태의 신화, 동화, 신성한 글, 예술, 문학 심지어 광고에서 역사를 통해 표현되어 왔다. 원형은 꿈과 비전 안에 개인적인 수준에서 나타난다. 플라

톤은 원형을 사고와 경험의 '원소 형태'라는 철학적 용어로 설명했다.

베이트슨이 '전체 마인드'라고 부르는 또 다른 현상에 대해 루퍼트 셸드레이크(Rupert Sheldrake)는 **형태적 장**(morphic fields)이라고 정의했다. 셸드레이크는 배아세포의 발달부터 기도를 통한 치유 그리고 '100번째 원숭이' 현상*에 이르기까지 멀리 떨어져 있는 행동을 수반하는 현상(인구 중 일부의 변화가 어떠한 직접적인 물리적 접촉이 없는 다른 사람들 또는 집단 전체에 변화를 일으키는 상황)을 설명하기 위해 형태장의 아이디어를 제시했다.

셸드레이크의 모델에서 필수적인 것은 **형태 공명**(morphic resonance)의 과정이다. 이것은 장과 이것이 일어나는 데 상응하는 요소(예: 홀론) 간의 피드백 기제다. 개별적 요소 혹은 홀론 간의 유사성 정도가 클수록 더 큰 장에 있는 사고와 행동의 특정 형태에 대한 존재와 힘, 지속성을 만드는 공명도 커진다. 예를 들면, 2003~2004년 미국의 이라크 점령 초기에 아부그라이브 교도소에서 (신체적·심리적·성적 학대, 강간, 남색, 포로의 살인을 포함해) 잔인하게 죄수를 고문한 미군 병사들의 현상을 생각해 보자. 이 군인들에 대한 재판에서 피고측 변호인들은 그들의 특정 클라이언트들이 폭력과 가학적인 행동의 전력이 없고 기본적으로 정상적이고 일반적인 사람들이었다고 증언한 후에 증인을 불러왔다. 어떻게 정상적인 사람이 인간적 공감이나 연민을 전혀 보이지 않는 '비인간적인 괴물'이 될 수 있을까? 이것은 셸드레이크

---

* 역자 주: 100번째 원숭이 현상은 특정한 행동이나 아이디어를 공유한 집단에서 충분한 수의 개체들이 경험한 것이 '임계치'에 이르렀을 때, 그들과 떨어진 곳에 있는 개체들에게서 돌연 획득되는 자연스럽고 신비로운 의식의 도약을 의미한다. 100번째 원숭이 현상의 아이디어는 라이얼 왓슨 박사의 『생명조류(Lifetied)』(1979)에서 나왔는데, 1960년대 일본인 영장류 학자들이 일본 연안의 섬에 사는 짧은 꼬리 원숭이들을 관찰한 연구들에 대해 기술한다. 왓슨에 따르면, 원숭이 한 마리가 다른 원숭이에게 고구마 씻는 법을 가르쳤다. 두 번째 원숭이는 그다음번 원숭이를 가르쳤고 이어서 다른 원숭이는 또 다른 원숭이를 가르쳤다. 이러한 과정은 이전에 한 번도 고구마를 씻은 적이 없었던 그 섬의 모든 원숭이가 고구마를 씻을 때까지 계속됐다. 마침내 '100번째' 원숭이가 고구마 씻는 것을 배웠을 때, 돌연 자연스럽고 신비롭게도 다른 섬의 원숭이들이 고구마를 씻는 원숭이 집단과 신체적 접촉 없이도 고구마를 씻기 시작했다.

이 연구의 과학적 정확도에 관해서는 많은 논란이 있지만, 이러한 형태 공명의 결과로 보이는 현장에 내한 다른 많은 예가 있다. 예를 들면, 지구상 서로 다른 지역에 있는 사람들에게서 특정 생각과 이론들이 동시에 공식화되는 것이다(예: 뉴턴과 라이프니츠가 동시에 발견한 미적분학).

가 제시한 일종의 형태적 장의 유형으로 설명될 수 있는데, 여기에서 폭력은 개인 성향이나 성격과는 반대되는 행동을 하도록 강요받은 미군들 간에 형태 공명을 통해 폭력이 초래되고 영속화된 것으로 보인다.

셀드레이크는 형태 공명의 과정이 안정적인 형태적 장으로 이어지고, 그것은 **동조하기**가 훨씬 쉽다고 설명한다. 예를 들면, 그는 이것이 더 단순한 유기체가 시너지 효과를 내서 더 복잡한 것으로 자기 조직화하는 방법이며, 이 모델이 다윈(Darwin)의 선택과 변화의 진화 과정에 부가하여 진화 과정 그 자체에 대한 또 다른 설명을 가능하게 한다고 주장했다.

그러나 베이트슨이 지적하듯이, "정신적 특성은 전체의 앙상블에 내재되거나 내포되어 있다."는 것을 기억하는 것은 매우 중요하다. 우리가 우리 자신으로부터 분리되거나 더 큰 체계에서 단절되면 거기에 있는 정보에 대한 접근을 잃는다.

아부그라이브 교도소에서 무슨 일이 일어났는지를 이해하는 또 다른 방식은 군인들이 그들의 환경에 스며 있는 불안정하고 단절되며 통합되지 않은 장 안에 갇혀 결국 그들 스스로와의 연결을 잃게 되었다는 것이다.

우리 자신과 우리를 둘러싼 더 큰 장들의 연결에 대한 필요성은 베이트슨이 언급한 전체 마인드와 우리 자신을 연결하거나 재연결하도록 돕는 신경언어 도구를 개발해야 하는 결정적인 이유가 된다. 장과 장 마인드의 다양한 수준에 우리를 오픈하고 연결하는 방법과 과정은 특별한 생태 혹은 변화된 상태 개발, 명상, 트랜스, 심인성 약물 그리고 기도, 노래, 꿈, 시, 춤, 움직임, 신체 구문론, 요가 심지어는 사랑을 만들어 내는 것과 같은 것을 포함한다. 예를 들면, 마이클 딜츠(Michael Dilts)는 NLP와 샤머니즘을 연결하는 샤머니즘 코칭 과정을 연구 중이다(http://www.shamancia.com/). 마이클은 인간 신경계와 장 정보 간의 연결을 생성하는 수단으로 드럼 치기를 사용하면서 사람들이 깊은 수준의 자원과 해결책을 찾는 데 있어서 원형적인 지혜에 접근하도록 돕는다.

장, 정신
그리고 목적

　장과 장 마인드에 대한 개념은 인류 역사를 통해 '영성의' 경험으로 알려져 온 것과 분명하게 연결되어 있다. **영성**(spiritual)이라는 용어는 NLP 3세대가 '큰 체계'의 부분이 되는 주관적인 경험을 일컬을 때 사용되는데, 이는 개인으로서의 우리를 넘어 가족, 공동체, 전체 체계에 이르게 한다. 이러한 경험 수준은 학습의 기본적인 여섯 단계 중 하나이자 로버트 딜츠의 신경 수준 모델에서의 변화로 고려된다. '영성' 수준의 경험은 우리 자신과 우리의 가치, 신념, 사고, 행동 또는 감각에 대한 우리 고유의 이미지를 넘어서는 감각, 즉 더 큰 'S' **그 자체**와 연관이 있다. 이것은 우리를 둘러싼 더 큰 체계 안에 있는 또 다른 **누구** 그리고 또 다른 **것**과의 연결과 관련이 있다. 이러한 경험 수준에서의 변화는 전형적으로 우리의 삶에 의미와 목적을 주는 더 큰 맥락에 '각성(awakening)'의 형태로 온다.

　개인 혹은 문화에 따라 정신에 대한 주관적인 경험은 개인적 '신'이나 신과 정신의 전체 영역, 우주 안의 모든 것을 연결하는 확산된 에너지, 특정 개인과는 상관이 없는 방대한 순서 또는 기폭적인 힘으로 묘사될 수 있으며, 이것은 인간의 삶에서 비롯되고 그 너머에서부터 마음을 움직이는 것이다.

　영성의 경험은 종교에 근간을 두고 있지만 그 자체가 본질적으로 '종교적인' 것은 아니다. 종교는 전형적으로 공유된 영성의 경험과 신념을 중심으로 공동체를 형성하려는 시도에서 비롯된다. 종교는 '정신'에 대한 개인적 경험에서 파생된 것을 사회적으로 반영하거나 드러내기 위한 시도로서 구체적인 신념, 가치, 윤리규범의 제도화를 포함한다.

우리는 장을 만드는 정교하고, 복잡하며, 눈에 보이지 않는 관계를 직접 인식할 수 없기 때문에 우리의 주관적인 표상은 종종 상징적이고 비문자적이다. 전형적인 영성이나 종교적 경험을 드러내는 것은 종종 감각 왜곡 또는 감각 특성의 독특한 조합(또는 종속모형)으로 특징지어진다. 예를 들면, 시각적 이미지가 멀어지면 보통은 작고 어둡고 불분명하게 보인다. 그러나 종교의 '비전'은 때때로 크고, 밝고, 분명한 먼 이미지로 특징지어진다. 마찬가지로 소리나 음성이 멀어지면 더 조용해지고 불분명하다. 그러나 '신'의 목소리는 멀리 있지만 크고 분명하게 표현된다. 또 다른 예로 '내면'의 목소리를 인식하는 많은 사람은 스스로에게 이야기하고 이와 관련된 자신만의 독특한 음색의 질을 들곤 한다. 사람들이 '내면의 목소리'가 이끄는 것을 들을 때 하는 것처럼 자신의 '내면 대화'의 위치 안에서 다른 사람의 목소리를 듣는 것이 일반적인 일은 아니다.

영성 또는 종교적 경험의 또 다른 특징은 사람들이 종종 '공감각' 혹은 감각 경험 간의 공통 부분을 갖는다는 것이다. 다시 말해, 사람들은 무언가를 볼 뿐만 아니라 동시에 듣고 느낀다(음악가가 음악을 '보고' '느낄' 수 있는 것처럼).

그러나 모든 영성 수준의 경험을 통합하는 공통적인 맥락은 그 경험들이 아주 깊은 수준에서 우리 자신을 넘어 무언가의 일부가 되는 우리의 감각과 관련이 있다. 이것은 그레고리 베이트슨이 더 큰 전체 안에서 함께하는 모든 것을 **연결하는 패턴**이라고 일컫는 것에 대한 자각이다. 개인으로서 우리는 이러한 더 큰 체계의 하위체계가 된다. 이 수준에서 우리의 경험은 삶의 목적과 사명에 대한 우리의 감각과 연결되어 있다. 이것은 "누구를 위해, 무엇을 위해 나의 에너지와 행동을 헌신하는가?"라는 질문을 하는 데서 비롯된다.

'비전'과 '사명'을 달성하는 데 있어서 영성의 추구는 가장 큰 인간적 성취 뒤에 있는 동기다. 알베르트 아인슈타인은 그의 물리학 분야의 연구에서 다음과 같이 주장하였다.

나는 신이 이 세상을 어떻게 창조했는지 알고 싶다. 나는 이런저런 요소의 범위에 있는 이런저런 현상에는 관심이 없다. 나는 그의 생각을 알고 싶다. 나머지는 사소한 것들이다.

NLP 3세대의 관점에서 **영성**의 개념은 아인슈타인이 '신의 생각'으로 언급한 것에 비유될 수 있다. 세계의 중요한 지도자들과 천재의 대부분은 자신의 삶과 업적에서 어떤 유형의 영적 인도의 중요성을 인정한다.

장과 정신의 주관적인 경험에 대한 연구

분명 장과 정신의 주관적인 경험은 인간에게 가장 강렬하고 심오한 것 중 하나다. NLP는 주관적인 경험의 구조에 대한 연구로 정의될 수 있으며, 장과 전체 마인드, 영성에 대한 **주관적인 경험 구조의 탐색**은 NLP와 깊은 관련이 있다. 그러나 장과 영성 수준의 경험과 여기에 영향을 미치는 과정들은 NLP에서 비교적 새로운 연구 영역이다. 이 영역의 많은 발전은 저자 로버트 딜츠와 NLP 트레이너인 로버트 맥 도널드에 의해 그들의 작품『도구와 정신(Tools of the Spirit)』(1997)을 통해서 개척되었다. 마찬가지로 여러『NLP 새로운 코딩(NLP New Coding)』(Grinder & DeLozier, 1987)의 분류에 대한 전반적인 목적은 NLP의 초점을 상호작용 내의 특정 요소에서 요소들 간의 상호작용에 대한 더 큰 관계적 장으로 바꾸는 데 있다.

다양한 유형의 장에 대한 인식이 공통적인 주관적 경험임을 확립하기 위해 멀리 볼 필요는 없다. 사람들이 경험하는 장의 세 가지 주요 유형은 다음과 같다.

1. 자신의 신체와 존재에 연관된 개인적 장 또는 '삶의 힘'
2. 자신과 타인 간 또는 집단 내 개인 간의 대인관계 장
3. 점차 확장되는 전체 장 또는 마인드, 여기서 우리 다른 사람들은 개인적 마인드를 뛰어넘는 지능을 지니고 더 큰 전체의 하위체계인 부분이 된다.

이 장을 통해 우리는 장과 장 마인드에 대한 '신경언어프로그래밍' 기제를 확인하고 과정과 절차를 탐색할 것이며, 우리를 치유하고 창조하며 틀 밖에서 생각하게 돕고 더 지혜로운 결정을 내리게 하고 우리의 삶을 더 잘 관리하도록 돕는 장의 더 큰 지각에 접근할 것이다.

장 마인드의
신경생리학적 기제

거울 뉴런

장에 대한 NLP 3세대 개념의 신경학적 기초 중 하나는 **거울 뉴런**(Mirror Neurons) 으로 알려져 있다. 거울 뉴런은 1990년대 초 이탈리아의 파르마 대학교에서 발견되 었다. 지아코모 리졸라티(Giacomo Rizzolatti)라는 신경과학자와 대학원생들은 짧은 꼬리 원숭이 뇌 속의 신경세포에 대한 전기적 활동을 기록했다. 그리고 원숭이의 움직임을 조정하는 데 관여하는 것으로 알려져 있는 전 운동피질 내 개별 뉴런 안 에 매우 얇은 전극을 연결했다.

예상대로 연구진은 원숭이가 물체를 잡기 위해 팔을 움직일 때 전 운동피질의 특 정 신경세포가 지지직거리는 소리를 내며 발화되는 것을 관찰했다.

어느 날 연구팀은 점심시간에 기계를 끄는 것을 깜박했다. 리졸라티의 대학원생 중 한 명이 후식으로 젤라또를 먹기 위해 아이스크림 콘을 가지고 연구실로 돌아왔 다. 그가 아이스크림을 핥자 원숭이가 팔을 움직일 때처럼 원숭이의 뉴런이 발화할 때 나는 지지직거리는 특정한 소리가 갑자기 들렸다. 그가 원숭이를 보았을 때 원 숭이는 아무런 움직임 없이 그를 주시하고 있었다.

그 학생이 콘을 핥을 때마다 원숭이는 가만히 앉아 그저 학생의 행동을 주시하고 있었음에도 불구하고 놀랍게도 모터 활동을 조정하곤 했던 원숭이의 뇌 일부에서 신경세포가 발화했다.

같은 그룹의 연구진은 이전에 땅콩에서도 이와 비슷한 독특한 현상을 발견했었

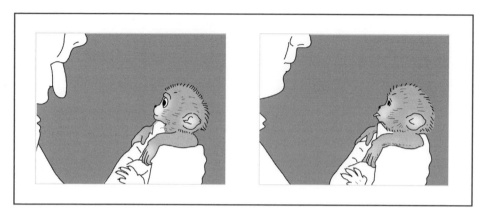

그림 3-3   아기 원숭이가 사람이 혀를 내밀 때 '거울화'하는 모습

다. 원숭이가 스스로 자신의 입에 땅콩을 가져갈 때처럼 사람이나 다른 원숭이가 입에 땅콩을 가져가는 것을 볼 때에도 동일한 뇌 세포가 발화되었다. 그후 과학자들은 원숭이가 땅콩을 까거나 누군가가 땅콩을 까는 소리를 들었을 때 발화되는 세포를 발견했다. 똑같은 현상이 바나나, 건포도와 여러 종류의 다른 사물에서도 나타났다. 그들은 이러한 뇌 세포를 '거울 뉴런'이라고 명명했는데, 이는 원숭이가 다른 개체에서 관찰한 행동을 '거울 보듯이' 똑같이 행동했기 때문이다.

후속 실험은 인간 안에 있는 거울 신경세포의 존재를 확인시켜 주었다. 또한 실험은 세포가 신체 동작을 거울화할 뿐만 아니라 감각과 감정도 반영한다는 것을 추가로 밝혔다. 인간은 원숭이로부터 발견된 것보다 좀 더 민감하고 유연하며 더 진화된 거울 뉴런을 가지고 있었다. 과학자들에 따르면 이러한 사실은 인간의 정교한 사회적 능력의 진화를 반영한다.

인간의 뇌는 단지 다른 사람의 행동뿐 아니라 자신의 의도, 행동의 사회적 의미와 감정을 전달하고 이해하는 데 특성화된 복잡한 거울 뉴런 체계를 가지고 있다.

리졸라티는 "우리는 정교하게 사회적 창조물이 되었다."라고 지적한다. "우리의 생존은 다른 사람의 행동, 의도와 감정을 이해하는 데 달려 있다. 거울 뉴런은 개념적 추론을 통해서가 아니라 직접적인 시뮬레이션을 통해 다른 사람의 마음을 이해할 수 있게 한다. 생각이 아닌 느낌으로."라고 지적했다.

거울 뉴런은 공감과 연민 그리고 NLP에서 2차 입장으로 알려진 것의 기반이 된다(다른 사람의 관점에 우리 자신을 두고 특정 상황이나 상호작용을 어떻게 느끼고 사고하고 경험하는지에 대한 감각을 얻는 능력). 또한 거울 뉴런은 사람들, 특히 어린이가 어떻게 다른 사람이 행동하는 것을 단순히 관찰함으로써 간접적으로 배울 수 있는가를 설명하는 핵심요소가 된다.

그러나 거울 뉴런은 NLP에서 **4차 입장**(집합체의 부분으로서 우리의 경험)으로 일컬어지는 것에 대한 우리의 경험도 잠재적으로 설명할 수 있다. 거울 뉴런을 통해 우리는 문자 그대로 우리가 상호작용하는 사람과 다른 사람의 경험을 공유한다. 이것은 우리가 우리 자신을 초월하지만 우리를 포함하는 집단의 부분으로 경험을 설명하기 위해 '우리'라는 단어를 사용할 때 반영된다. 또 거울 뉴런은 내적 투사 현상과 각인의 기반이 되는 생리학적 기제의 하나다. 이 두 가지 모두 우리가 중요한 타인의 행동과 감정을 내면화하는 과정이다.

거울 뉴런을 통해 다른 사람의 행동, 반응, 감정은 의식적인 결정이나 선택의 필터를 거르지 않고 우리의 신경계에 들어온다. 이것은 우리를 둘러싼 환경 안에서 다른 사람(그리고 존재)의 행동과 에너지를 얻는 방식을 구성한다.

인간 에너지 장

우리가 '장 마인드'라고 일컬어 온 것과 관련이 있는 또 다른 기제는 **인간 에너지 장**(human energy field)이다. 인간의 몸에 있는 세포와 조직의 활성화는 이전부터 피부 표면에 감지할 수 있는 전기장을 발산하는 것으로 알려져 왔다. 이러한 전자 신호는 뇌파(EEG-뇌전도), 피부전도(GSR-전류를 일으키는 피부반응), 미세근육운동(EMG-근전도), 심장박동(ECG-심전도)을 포함한다. 이런 측정 방식은 바이오피드백과 거짓말탐지기 기술을 바탕으로 한다.

그러나 이러한 신호와 관련된 전류는 주변 공간에 상응하는 자기장을 만들어 낸다. 사실 모든 조직과 기관은 특별한 자성의 파동을 만드는 것으로 발견되었으며, 이는 **생체자기장**(biomagnetic fields)으로 알려져 있다. 예를 들어, 초전도자력계

(SQUID magnetometer)와 같은 기계는 인간의 심장으로부터 투사된 생체자기장을 감지하고, 두뇌 활동에 의해 만들어진 머리 주변의 자기장을 측정할 수 있다.

의학의 어떤 영역에서 심전도, 뇌전도와 같은 전형적인 전기 기록은 현재 생체자기 기록에 의해 보완되고 있으며, 이는 **자기심전도**(magnetocardiograms) 및 **전자식 뇌촬영도**(magnetoencephalograms)로 불린다. 사실 몸을 둘러싼 공간에서 자기장을 지도화하는 것은 전형적인 전자계측보다 생리학과 병리학에 대한 좀 더 정확한 정보를 제공할 수 있다.

이런 생체자기장은 신체 세포와 기관의 활동을 반영할 뿐만 아니라 그들의 기능에도 영향을 미칠 수 있다. 연구가 보여 주듯이 뉴런은 자기장의 영향하에서 발화 특성을 바꾼다.

인간 에너지 장의 영향에 대한 한 연구에서 캘리포니아 **하트매스 연구소**(HeartMath Institute)의 연구자들은 심장에 의한 역동적 소통과 관련된 연구를 했는데 그들은 이것을 **심전자기소통**(cardioelectromagnetic communication)이라 언급했다. 이 연구 (McCraty, Atkinson, & Tiller, 1999)는 심장이 만들어 낸 전자기장이 다른 기관에 의해 받아들여진 정보를 전달할 수도 있다는 가능성을 제시한다.

하트매스 연구소의 연구진에 의하면, 심장은 인간의 신체에서 가장 강력한 전자

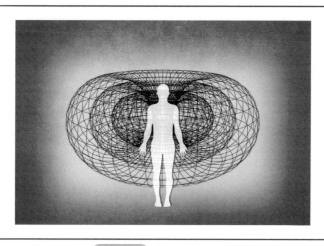

그림 3-4 심장의 전자기장

기 에너지의 발전기이며 신체 기관 중 가장 큰 리드미컬한 자기장을 만든다. 심장의 자기장은 두뇌가 만들어 낸 전자기 활동보다 진폭이 약 60배 정도 크다. 이 장은 전자기 형태로 측정되며 신체 표면의 어디에서나 감지될 수 있다. 뿐만 아니라 심장이 만들어 내는 자기장은 뇌에서 만들어지는 장보다 5,000배나 더 크다. 이러한 장은 신체의 모든 세포를 감쌀 뿐만 아니라 우리 주변 영역의 모든 방향으로 확장된다. 심장의 장은 우리 몸에서 몇 미터 떨어진 거리에서도 측정될 수 있다.

하트매스 연구소의 연구는 심장이 만들어 낸 전자신호들이 우리 주변의 다른 사람에게 영향을 미치는 능력을 가지고 있다고 지적한다. 그들의 데이터는 피험자들이 몇 미터 떨어져 있을 때에도 한 사람의 뇌전도 알파 파장과 다른 사람의 심전도 신호 사이에서 동기화가 발생할 수 있음을 보여 준다. 다시 말해, 두 사람이 의사소통할 수 있는 정도의 거리에 있을 때 한 사람의 심장에서 발생하는 전자기 신호는 다른 사람의 두뇌 리듬에 영향을 줄 수 있다.

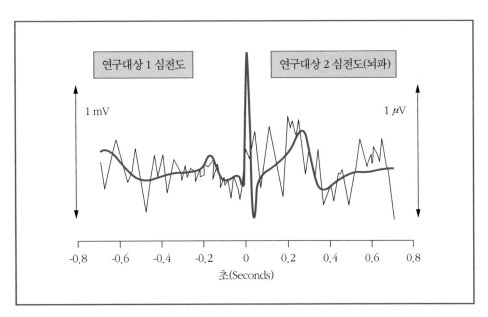

그림 3-5 한 사람의 심장박동(심전도)이 다른 사람의 뇌파(뇌전도)에 겹쳐져 있음을 보여 주는 하트매스의 그래프

또한 하트매스 연구소는 개인이 내적 정신생리학 상태에서의 기능을 안정시키고 조정(생리학적 '일관성')할 때 그들 주변의 미묘한 전자기 신호에 더 민감해진다는 것을 발견했다.

이러한 결과는 심장전자기 소통이 사람들 사이의 정보 교환의 근원이 될 수 있으며, 이러한 교류는 우리의 감정적 상태와 내적 과정에 영향을 받는다는 것을 제시한다. 이러한 현상은 루퍼트 셸드레이크가 정의한 '형태공명론(morphic resonance)'으로 표현될 수 있다.

다른 연구는 병리학이 몸의 생체자기장을 바꾼다는 것을 보여 준다. 몇몇 연구원들은 신체적 증상이 나타나기 전에 신체의 에너지장에서 질병이 감지될 수 있다고 제시했으며, 어떤 질병은 에너지장을 바꿈으로써 예방될 수 있다고 주장한다.

이러한 연구는 생체자기장과 같은 기제를 통해 사람들 사이의 미묘하고 계속적인 의사소통의 역동적 형태에 대한 생리학적 기반을 밝힌다. 몸과 두뇌의 신경세포를 연결하는 시냅스와 마찬가지로 생체자기장은 더 큰 가상의 신경계에서 우리가 다른 사람들과 그리고 다른 기관들과 연결하는 역동적 시냅스로서 작동할 것이다.

인간 에너지 장 현상과 함께 거울 뉴런 활동의 조합은 우리가 어떻게 장 마인드의 자원에 접근하고 활용할 수 있는가를 이해하기 위한 풍부한 기반을 제공한다. 다음에서 우리는 개인적 장과 대인관계적 장에 대해 그리고 궁극적으로는 베이트슨이 '전체 마인드'라고 부르는 확장된 장으로 당신의 연결을 심화시킬 수 있는 연습을 살펴보고 기법을 탐색할 것이다.

장 마인드 탐색하기

다음을 읽고 시도할 때 우리가 탐색하는 것은 반드시 객관적 현실에 관한 것이 아님을 기억하자. 이것은 당신의 주관적인 경험과 세상에 대한 개인적 지도를 풍부하게 하는 데 목적이 있다. 당신의 경험이 '객관적 현실'에서 증명될 수 있는지 아닌지는 경험이 당신에게 가져올 풍부한 자원의 질에 비해 중요하지 않다. NLP의 모든 과정의 궁극적인 척도는 이것이 어떤 방식으로 당신에게 유용한지 아닌지에 대한 것이다.

장, 장 마인드, '영적' 수준 과정의 현상과 관련된 수많은 신념체계가 있다. 이러한 신념체계는 이러한 현상에 대한 직접적이고 주관적인 경험에 필수적인 것은 아니며 때로는 우리의 경험을 왜곡시키거나 오염시키기까지 할 것이다. 경험에 대한 신념과 이야기에 사로잡혀 우리 몸에 신체적으로 중심을 두지 않거나 연결되지 않거나 기반을 두지 않는다면 장 현상 혹은 경험 안에서 우리는 문제점이나 '감추어진' 면을 놓칠 수 있다.

NLP 3세대에 따르면 몸과 신체적 지능은 장 인식과 장 마인드의 통로가 된다. 우리가 가장 직접적으로 장을 아는 것은 몸을 통해서다. 의식적인 인지 마인드는 주로 의식적인 목적의 직선적 논리를 통해 작동한다. NLP 3세대에서의 핵심은 신체적인 중심(몸으로 되돌아오는)에 집중하고 장을 여는 능력이다. 이것은 자아(ego)의 인지 구조를 포함하며 초월하는 것(예: 인지 구조의 틀 밖에서 얻는 것)을 가능하게 한다.

그러므로 이 과정의 첫 번째 단계는 (이전 장에서 다룬 내용을 통합하는) 신체 마인드에 집중하고 연결하는 몇 가지 유형을 포함한다.

당신의 '장' 느끼기

여기에서의 첫 번째 연습은 당신의 개인적 에너지 장에 대한 인식을 고쳐시키고 근본적인 자원을 강화하고 사용하기 위해 당신 주변의 더 큰 장('전체 마인드')에 어떻게 연결할 수 있는지를 인식하도록 돕는 데 목적이 있다.

1. 자신을 신체적으로 집중시키고 몸 안에 완전히 존재하게 한다. 당신의 두 손을 마주 비벼 따뜻하고 민감하게 만든다.

2. 두 손바닥을 마주보게 놓고 거의 맞닿게 한다. 손 안에 존재하는 것을 알아차리면서 손바닥 사이에서 몸의 에너지를 느낄 수 있도록 민감해지게 한다. 당신은 따뜻함, 얼얼함, 미묘한 압력과 같은 것으로 이를 경험할 것이다.

3. 두 손을 3~4인치(8~10cm) 정도로 떨어뜨린다. 손을 계속 알아차리면서 두 손 사이에 있는 에너지 장을 느껴 본다. 손이 거의 맞닿아 있을 때와는 다른 느낌이 드는가? 인지적 사고 과정, 특히 당신의 내면 대화를 줄이는 것이 신체 장의 미묘한 역동을 더 잘 조절하게끔 한다는 것을 기억한다. 두 손을 조금 가까이 그리고 멀리 움직이는 것은 당신이 이러한 장을 더 잘 느낄 수 있게 한다.

4. 계속해서 두 손을 10인치(25cm) 정도 될 때까지 벌려 본다. 손을 계속 알아차리면서 두 손 사이에 있는 에너지 장을 느낀다. 이러한 장의 특성에 주목한다. 이전의 간격과 비교하면 어떠한가?

5. 팔이 완전히 펼쳐질 때까지 두 손의 간격을 넓힌다. 당신의 몸에 집중하고 손 안의 존재감과 알아차림을 유지하면서 손 사이가 멀어짐에 따른 에너지 장을 느껴 보자. 손 사이의 장의 성질과 손이 멀어짐에 따라 그것이 어떻게 변하는지를 계속해서 주목한다.

6. 팔을 쭉 편 상태에서 당신의 손과 팔로 마치 누군가를 끌어안는 것 같은 자세를 취한다. 끌어안는 감각을 느낄 수 있다면 당신의 몸에서 발산되는 에너지

장에 주목한다. 당신의 손등과 팔 바깥쪽에서 어떠한 에너지 감각이 인지될 것이다.

7. 팔을 완전히 펼치고 손바닥이 몸 바깥쪽을 향하게 한다. 당신을 둘러싼 공간으로 장을 늘리는 감각을 얼마나 멀리까지 느낄 수 있는지 주목한다.

8. 당신을 둘러싼 더 큰 장에 연결되어 있는 감각으로부터 어떤 자원(고요함, 내적 평화 혹은 지혜)을 가져올지 생각하면서 넓게 끌어안는 자세로 팔과 손을 되돌린다. 당신의 장 안에서 풍부함과 풍요로움의 감각이 증가하는 것을 인식한다.

9. 당신의 손과 몸 사이에 있는 장이 풍부하고 풍요롭게 증가하는 것을 계속해서 느끼면서 당신의 몸 쪽으로 손을 천천히 가져온다.

10. 한쪽 손 위에 다른 쪽 손을 올려 두고, 개인적 에너지 장과 당신 주변의 더 큰 장 사이의 연결을 통해 당신이 가져온 자원을 받기에 가장 적절하다고 느끼는 신체 부분에 손을 놓으면서 마무리한다.

마무리할 때 이러한 종류의 경험이 당신에게 얼마나 편안했는지를 성찰해 본다. 이러한 장 현상을 주관적으로 인식하는 것이 당신에게 얼마나 자연스러웠는가?

당신은 어떤 방해를 경험했는가? 때때로 당신은 제한된 신념이나 중요한 내적 사고와 마주할 것이다. 이 점에 대해 인식하는 것은 유용할 수 있으며 당신은 거기에 대한 선택권을 가지고 있음을 확신할 수 있을 것이다.

다른 모든 기술과 마찬가지로 당신의 장을 인식하고 더 큰 장을 연결시키는 기본적인 능력에 대한 당신의 재능은 연습을 통해 향상될 것이다. 이 과정이 유용하거나 언젠가 유용할 수 있다고 생각한다면 일종의 명상처럼 일정한 간격을 두고 반복할 것을 권장한다. 아리스토텔레스는 "우리는 우리가 반복적으로 하는 일이다. 그렇다면 탁월함은 행위가 아니라 습관이다."라고 지적했다.

마음의 중심을 통해 연결하기
다음의 방식은 수소 원자와 산소 원자가 결합하여 물이라는 제3의 실체를 만들어 내는 방법과 마찬가지로 '대인관계' 장을 창조하고 경험하기 위해 다른 사람과 함께 당신의 개인적 장에 어떻게 연결할 수 있는지를 탐색하는 데 그 목적이 있다.

이러한 과정의 핵심은 먼저 자기 자신을 기반으로 두고 연결하는 능력에 있다. 변혁적 스승 리처드 모스(Richard Moss)는 **우리 자신과 다른 사람들 간의 거리는 우리 자신 안에서의 거리와 같다**고 말한다. 이것은 우리 주변의 다른 사람과 세상에 대한 관계가 우리 자신과의 관계에 대한 거울이라는 의미다. 그러므로 우리 자신과의 관계는 다른 사람과 외부 세계에 대한 우리의 관계에서 드러나는 것을 바탕으로 만들어진다.

모스에 의하면, 두 사람이 그들 자신과 각각 연결되어 있고 각기 다르게 존재할 때 나타나는 자연스러운 감정은 연민, 공감, 서로에 대한 진정한 관심, 자발성, 진실성과 기쁨이다. 이러한 느낌은 모든 효과적인 인간관계와 사회관계의 기반이 된다.

1. 파트너와 마주보고 선다. 눈을 감고 당신의 '중심'에 대한 감각을 느끼기 위해 몸 내부에 집중한다. 당신의 몸에 대한 자각과 존재의 감각을 가지고 당신의 중심에 대한 느낌과 완전하게 연결한다.

2. 당신 자신 안의 중심을 느끼고 존재한다고 느낄 때 손을 다른 손 위에 올려 두고 가장 신체적이고 개인적인 중심이라고 느끼는 신체 부위에 둔다.

3. 당신의 중심에 대한 감각느낌에 접촉하면서 눈을 뜨고 파트너의 눈을 바라본다. 당신이 이것을 할 수 있고 내면의 중심에 연결되었다는 감각을 확신할 때, 오른손을 들어 올려 파트너를 향해 뻗으며 '앵커'한다. 부드럽게 악수하는 것처럼 서로의 오른손을 잡는다. 오른손을 통해 파트너와 연결된 감각을 느껴본다.

4. 파트너의 손을 부드럽게 내려놓고 당신의 중심 뒤에 양손을 두고 다시 눈을 감으면서 자신에게 집중한다.

5. 당신의 몸 안의 인식과 존재감을 느끼면서 이번에는 당신 몸의 장 또는 공간의 '중심점'으로 당신의 중심을 인식하기 시작한다.

6. 당신이 이를 할 수 있을 때, 몸에서 손을 천천히 부드럽게 떼어내기 시작한다. 당신의 존재와 인식의 장 또는 에너지가 손과 몸 사이에서 나타나 몸 주변의 공간으로 확장되는 것을 느낀다. 또 이러한 공간 혹은 장의 중심점으로 당신의 중심을 인식한다.

7. 손이 몸에서 점점 더 멀어지도록 천천히 움직이는데 몸에서 손이 움직인 거리까지 장 혹은 공간의 중심점으로 당신의 중심 감각을 유지한다.

8. 팔과 손이 몸에서 완전히 펼쳐질 때까지 당신의 장 혹은 공간에 대한 감각을 계속해서 넓혀 나간다. 이 광활한 공간 혹은 장의 중심점으로 당신의 중심을 느낀다.

9. 다시 눈을 뜨고 파트너의 눈을 바라보면서 자신 안의 중심점에 대한 느낌을 유지한다. 마치 가볍게 악수하는 것처럼 서로를 향해 왼손을 내밀고 서로의 손을 잡는다. 왼손을 통해 파트너와 연결된 감각을 느껴 본다. 이러한 연결감이 서로의 오른손을 잡았을 때 느꼈던 것과 어떤 차이가 있는지에 주목한다.

10. 서로의 손을 놓고 열린 자세로 돌아간다. 그다음 팔의 긴장을 풀고 몸의 측면에 팔을 붙인다.

11. 몸을 돌리고 팔과 다리를 흔드는 것처럼 약간 움직여서 자세를 바꾼다.

12. 다시 파트너를 마주본다. 서로의 눈을 들여다보고 동시에 같이 숨을 내쉬며 두 손을 뻗는다. 마치 오른손과 왼손을 동시에 악수하는 것처럼 당신의 오른손으로 파트너의 오른손을 잡고 왼손으로 파트너의 왼손을 잡는다. 동시에 중심을 경험하는 두 가지 방법의 존재에 주목한다.

13. 이 과정에서 파트너와 연결된 풍부한 감각을 느낀다. 이러한 연결에서 자연스럽게 나타나는 느낌은 무엇인가? 이러한 연결이 만들어 내는 '제3의 실체'의 질은 무엇인가? 이 연결을 통해 파트너에게 축복이나 선물을 조용히 보내 본다. 그다음 부드럽게 파트너의 손을 놓고 서로 포옹한다.

마치고 나면 이러한 유형의 경험이 당신에게 얼마나 편안했는지 혹은 얼마나 도전적이었는지를 성찰해 본다. 당신은 당신의 연결에 의해 만들어진 '제3의 실체' 또는 장을 느낄 수 있었는가?

두려움이나 취약함이라든가 불편한 다른 사람의 시선과 같은 어떠한 방해가 있었는가? 만약 그랬다면 당신이 더 많은 선택을 할 수 있다는 것과 관련된 방해와 제한된 신념 혹은 결정적인 내적 사고가 있는가?

만약 이러한 수준의 연결이 유용하거나 매력적이라고 생각한다면, 모든 단계를 정식으로 거치지 않고도 이것을 만들어 낼 수 있다. 때때로 스스로에게 초점을 두고 다른 사람과 연결하기 위한 목적을 갖는 것은 이러한 유형의 대인관계 장에 대한 주관적인 경험을 만들어 낼 것이다.

역동적 거울화

루퍼트 셸드레이크의 **형태공명론** 개념에 따르면 개인들(혹은 홀론들) 간의 유사성의 정도가 클수록 공명의 수준도 커진다. 이것은 차례로 그 안에 있는 형태적 장의 질을 풍부하게 한다.

이 연습은 서로의 개인적 장에 대한 질과 강도의 수준을 맞춤으로써 '역동적 거울화'를 통해 당신과 다른 사람 간의 형태적 장의 질을 높이는 데 목적이 있다. 이것은 당신 안에 있는 대인관계 장에서 생성된 공명의 범위를 증진시킨다.

1. 스스로에게 집중하고 당신의 몸 안에서 완전히 존재해 보자. 손을 따뜻하고 민감하게 만들기 위해 손을 마주 문지른다.
2. 파트너와 마주보고 서서 양손을 들고 손바닥이 파트너의 손바닥과 거의 마주 닿을 정도로 서로를 향하게 한다. 당신의 손에 알아차림을 두고 당신의 손과 파트너의 손 사이의 에너지 장을 민감하게 인식한다. 이 에너지 장을 통해 파트너와의 연결감을 느껴 본다.
3. 파트너와 함께 손이 약 4인치(8~10cm) 정도 벌어질 때까지 손을 떨어뜨린다. 당신의 손에 알아차림을 그대로 둔 채 당신의 손과 파트너의 손 사이의 에너지 장을 느낄 수 있을 때까지 파트너에 대한 당신의 감각을 늘려 나간다. 당신의 손을 서로 아주 가까이했다 떨어뜨리는 것은 이러한 장의 감각을 더 잘 느

끼게끔 도와줄 것이다. 장의 질에 주목한다. 이전의 거리에서 당신이 경험한 것과 어떻게 비슷하고 어떻게 다른가? 이러한 장을 통해 파트너와 연결된 느낌을 유지한다.

4. 당신의 손이 10인치(25cm) 정도 떨어질 때까지 파트너로부터 천천히 뒤로 물러난다. 당신의 손에 인식을 유지하면서 이 거리에서 당신의 손과 파트너의 손 사이의 에너지 장과 당신의 연결을 느껴 본다. 이 거리에서 당신의 상호적 장의 질에 주목하라. 다른 둘과 비교해서 어떻게 다른가?

5. 당신의 손이 다른 손을 마주보게 두고 장을 통한 연결감과 당신 사이의 장을 느끼면서 파트너로부터 천천히 뒤로 물러난다. 할 수 있는 한 손을 멀리 떨어뜨리고 당신의 손 사이에서 느껴지는 장을 통해 당신의 연결을 느낀다.

6. 당신의 손과 파트너의 손 사이에 있는 장을 느끼면서 당신의 두 손이 다시 거의 닿을 때까지 천천히 움직인다. 그다음 두 손이 부드럽게 신체적 접촉을 하게끔 한다.

7. 두 손이 앞뒤로 약간 움직일 정도로 서로의 다른 손에 압력을 가하며 손을 민다.

8. 파트너의 손에서 느껴지는 압력의 양이 완전히 동일하게 거울화될 때까지 서로의 손에 가하는 압력을 조정한다. 당신과 파트너의 손은 모두 완전하게 정지된다. 손 사이의 압력과 에너지를 일치된 감각으로 바꾸고 여기에 따라오는 연결의 감각이 증진되는 것을 느껴 본다.

9. 파트너와 함께 손이 거의 맞닿을 때까지 당신의 손을 다시 옮기고 손 사이에 있는 살아 있는 장을 느껴 본다. 당신이 파트너의 손에서 느껴지는 만큼의 동일한 양의 에너지를 다시 거울화한다고 느낄 때까지 당신의 손과 파트너의 손을 마주하고 선다. 다시 여기에서 오는 상호 연결의 감각이 증가함에 주목한다.

10. 각각의 연속적인 거리에서 손 사이의 장을 통해 서로의 에너지를 거울화하는 과정을 추가하여 3~5단계의 연습 과정을 반복한다.

11. 다시 두 손이 거의 닿을 때까지 당신과 파트너의 손 사이의 장 안에서 느껴

지는 에너지를 거울화하며 천천히 서로를 향해 다가간다. 그다음 당신의 손이 부드럽게 신체 접촉을 하도록 허용하고 파트너로부터 느껴지는 물리적 압력을 다시 거울화한다. 당신과 파트너 사이의 연결의 강도를 느껴 본다.

12. 준비가 되면 당신은 파트너의 손과 연결을 풀고 서로 포옹할 수 있다.

이것을 연습하는 것이 당신에게 얼마나 편안한지 혹은 도전적인지를 다시 성찰해 본다. 이러한 연습과 경험은 때로 우리가 다른 사람의 에너지에 우리 자신을 친밀하게 오픈할 때 상처받기 쉬운 감각을 만들어 낼 수 있다. 특히 그들의 에너지가 지나치게 강렬하거나 통합되지 않거나 또는 방해받는다면 도전적일 수 있다. 누군가 '눈빛만으로 사람을 죽일 수 있다면' 혹은 '눈으로 표창을 던지는 사람'과 같은 표현을 사용한다면 이것은 역동적 '공격'에 대한 묘사다. 장 마인드를 여는 데 있어서의 핵심과제는 어떻게 이러한 '공격'을 능숙하게 받아내고 긍정적으로 다루는가다.

다른 사람의 장을 열기 위해서는 안전감과 신뢰감을 갖는 것이 중요하다. 장 마인드에 대한 경험을 안전하게 발전시키기 위해 학습할 수 있는 가장 중요한 자원 중 하나는 우리의 동료 스티븐 길리건(2009)이 '세컨드 스킨'이라고 언급한 것을 만드는 것이다.

'세컨드 스킨' 만들기

세컨드 스킨(second skin)은 중요한 지식과 정보로부터 우리를 단절시키지 않으면서 우리 주변의 여러 장에서 오는 잠재적인 방해로부터 우리를 보호하는 일종의 역동적 단열제이다.

여기에서 '스킨'이라는 비유는 매우 중요하다. 장벽 또는 '갑옷'과 달리 피부는 **수용적이면서 선택적**이다. 이것은 당신을 노출시키지 않으면서도 지나치게 취약하거나 연약하지 않게끔 한다. 이것을 성취하는 것은 너무 부드럽지도 너무 어렵지도 않은 균형 잡힌 에너지 장을 필요로 한다. '세컨드 스킨' 현상은 당신의 에너지가 너무 약해서 다른 사람을 지배하거나 억누르지 않고도 안전하게 확신을 가지고 당신을 오픈하게 한다.

피부는 모공을 가지고 있는 일종의 막으로 막 외부와 내부 사이를 통과하는 에너지, 물질, 정보의 흐름을 걸러 준다. 길리건이 세컨드 스킨이라고 부르는 것은 한편으로는 우리 자신의 에너지가 내부에 얼마나 많이 담겨 있는지 그리고 세상으로 얼마나 많이 흘러 나가는지를 결정한다. 또 다른 면에서 세컨드 스킨은 접촉을 통해 외부 세상과 우리를 연결할 뿐만 아니라 외부 에너지의 영향을 조절하고 어떤 양상이 허락되는지를 걸러 냄으로써 영향을 미친다.

다음의 과정은 건강하고 탄력적인 역동적 '스킨'을 주관적으로 만들어 내는 데 도움이 되며 다른 사람과 상호작용을 할 때 당신을 위한 자원이 될 수 있다.

1. 어딘가에 걸려 있다고 느끼거나 부정적인 에너지, 폭력적인 상황처럼 장애가 되는 장 또는 '그림자' 장에 의해 당신이 압도되거나 사라지거나 공격을 받는 관계적 맥락을 확인한다(예: 두려움, 공격성, 슬픔, 우울, 피로 등). 이것이 어떤 특정 행동 내용이나 표현과 연결되어야 하는 것은 아니다. 그것은 당신이 그 맥락에서 선택한 감각일 수 있다.

2. 당신이 지금 그곳에 있다고 상상하고 보이는 것을 보고, 들리는 것을 듣고, 느끼는 것을 느끼면서 당신 앞에 놓인 장소를 선택하고 거기에 들어가서 그 상황에 자신을 둔다. 이것이 주관적으로 무엇과 같은지 내부 목록을 만든다. 당신은 이러한 부정적인 에너지의 영향을 어떻게 경험하는가? 당신은 어떻게 느끼는가? 당신의 사고에 무슨 일이 발생하는가?

3. 상황에서 멀리 나와 그 상태를 벗어난다. 자신에게 집중하고 스스로를 기반으로 두고 몸 안에서 완전하게 존재해 본다. 손을 따뜻하고 민감하게 만들기 위해 두 손을 맞대고 문지른다.

4. 두 손을 마주보게 하고 거의 닿을 정도로 가까이 한다. 손으로 존재와 의식을 가져오고 손바닥 사이에 몸의 살아 있는 에너지를 느낄 수 있도록 민감하게 한다. 당신의 근원적인 중심부에서 만들어 내는 에너지를 상상한다. 팔을 움직이면서 중심으로부터 그리고 손을 통한 에너지를 상상한다. 손 사이의 공간에서 이 에너지의 존재를 느껴 본다.

5. 손이 약 3~4인치(8~10cm) 정도 떨어질 때까지 점점 멀리 가져간다. 손에 인식을 두고 이 거리에서 양손 사이의 에너지 장을 계속 느껴 본다. 손을 조금씩 멀어지도록 떨어뜨리면 이러한 장의 감각이 더 잘 느껴질 것이다. (참고: 현재 상태를 유지하고 몸 안에 머무른다. 당신의 마음이 떠돌아다니거나 현재 상태를 떠나면 장을 느낄 수 없다.)

6. 당신의 중심에서 만들어진 장의 존재를 계속 느끼면서 천천히 손과 팔이 마치 누군가를 껴안는 것과 같은 자세를 취하게 만든다. 당신의 중심과 몸에서 뿜어져 나오는 에너지 장을 받아들이려는 감각을 느낄 수 있다면 여기에 집중한다. 손등과 팔의 바깥쪽의(당신의 포옹 바깥쪽으로) 어떠한 역동적 감각을 인식한다.

7. 손과 팔에 이러한 장의 감각을 유지한 채 '세컨드 스킨'을 만들고 다듬기 시작한다. 여기에서 스킨이라는 은유는 중요하다. 이것은 갑옷이나 힘에 대한 장이 아니다. 스킨은 연결과 선택을 동시에 할 수 있게 한다. 당신 몸의 피부는 내부 장기를 섬세하게 보호하며 당신의 환경과 익숙한 방식으로 당신을 연결한다. 이러한 역동적 스킨 역시 장에서 동일한 역할을 할 것이다. 당신이 가장 취약하다고 느끼는 부분(심장, 위장, 목 등)에 세컨드 스킨이 있음을 확신하도록 충분한 시간을 갖는다. 세컨드 스킨의 존재를 분명하게 느낄 때, 당신이 움직임에 따라 당신과 결합된 세컨드 스킨을 이동시키기 위한 몇 가지 단계가 있다. [참고: 도움이 된다면 또 다른 표상체계를 추가할 수 있다(예: 피부를 에너지 장이나 빛의 특정 색상으로 시각화하는 것)].

8. 세컨드 스킨의 존재를 강하게 느끼면서 이제 방해받는 상황의 지점으로 들어간다. 안전과 선택 그리고 당신을 둘러싼 환경과의 연결감을 모두 느껴 본다. 문제의 맥락과 상황을 다시 경험할 때 어떻게 다른지 주목해 보자.

9. 다음은 세컨드 스킨 안의 상황에 있다고 상상하면서 속도를 조절한다.

이러한 과정으로 누군가를 안내한다면 스스로를 중심에 두고 당신이 파트너를 이끌면서 당신의 손으로 장을 만든다. 당신이 하려는 것을 설명하고 보여 줄 때, 당신의 손으로 형태를 만들며 다시 거울화함으로써 파트너의 세컨드 스킨을 강화할 수 있다.

그러나 이를 실행할 때 코치로서 당신이 파트너의 '세컨드 스킨'에 당신의 어떠한 자질이나 에너지도 밀어넣지 않으려고 노력하는 것이 중요하다. 당신의 역할은 그저 관찰하거나 파트너의 세컨드 스킨이 위치한 지점에서 당신 손의 움직임으로 형상화하는 과정을 통해 거울화하면서 파트너 안에 있는 세컨드 스킨의 존재를 인정하고 지지하는 것이다.

생성적 장 만들기

우리가 자신에 기반을 두고 타인과 적절히 연결될 때, 대인관계 장은 우리에게 매우 강력한 자원이 될 수 있다. 우리는 타인과의 상호작용을 통해 '생성적 장'을 만드는 원형적 지식과 에너지를 발견하고 강화한다.

생성적 장은 그 장을 형성하는 개인에게서 혹은 개인들 간 상호작용 안에서 새롭고 주목할 만하며 전례 없는 어떤 것을 이끌어 내거나 표현할 수 있게 하는 장이다. 르 봉(Le Bon)은 집단 안에 있는 사람들의 참여 없이는 "형성되지 않거나 행동으로 변환되지 않는 특정 아이디어와 감정이 있다."고 하였다. 다시 말해, 우리는 오직 타인과의 관계와 상호작용을 통해서만 발견하여 발달시킬 수 있는 자원과 잠재 능력 그리고 행동을 가지고 있다는 것이다.

이것은 우리 신체의 물리적 구조를 형성하고 있는 DNA의 역동과 유사하다. 유전자는 주변에 있는 다른 분자들과의 상호작용에 의해 활성화(즉, '작동되거나' 혹은 '작동되지 않게')된다. 유전자는 발현될 수도 있고 발현되지 않을 수도 있는 우리의 잠재력을 나타낸다. 어떤 유전적 소인을 가지고 있다는 사실은 반드시 그 소인이 실제로 발현되거나 제대로 발현되는 것을 의미하지는 않는다. 이것은 그 유전자를 둘러싼 환경과의 상호작용에 의해 결정된다.

인간의 언어 능력을 예로 들어 보자. 흔히 언어 능력은 타고난 것이라 여긴다. 다시 말해, 언어는 다른 사람들과의 상호작용을 통해 자연적이고 자발적으로 발생한다는 것이다. 이 지구상의 모든 인간은 어떠한 형태로든 음성언어를 가지고 있다. 그러나 이런 타고난 (원형의) 능력이 나타나고 개발되어 언어로 표현되기 위해서는 반드시 타인과의 상호작용이 필요하다. 언어는 두 사람 혹은 그 이상의 사람들이 함께 생활할 때 자연스럽게 생기는 것으로 보인다. 하지만 타인과 고립되어 있는 사람에게는 나타나지 않는다.

그리스 역사학자인 헤로도투스는 어쩌면 역사상 최초라 할 수 있는 심리학 실험에서 이집트의 파라오 프사메티쿠스 1세(프삼티크)가 언어의 기원을 발견하기 위해 양치기에게 갓 태어난 아기 두 명을 주고 어떻게 했는지를 자세히 설명하고 있다. 양치기는 두 명의 아기를 먹이고 돌보라는 지시와 아이들이 자라는 동안 아이들에게 말을 걸면 안 된다는 명령을 받았다. 이 발상은 아이들이 언어를 스스로 발달시켜 나가는지를 알아보기 위한 것이었으며, 만약 그렇다면 그것이 어떤 언어가 될 것인지를 확인하기 위한 것이었다. 이는, 그들이 하는 첫 번째 말이 인류의 뿌리언어일 것이라는 가정이었다.

아이들은 정말 자연스럽게 스스로 말하기 시작했다. 한 아이가 팔을 뻗으며 '베코스(becos)'라고 외쳤고 양치기는 그 단어가 프리지아어라고 추정했다. 그 말은 프리지아어로 '빵(bread)'이라는 단어의 소리였기 때문이다. (그 결과 그들은 프리지아인들이 이집트인들보다 더 오래된 민족이고 프리지아어가 인류 최초의 언어라고 결론 내렸다.)

하지만 두 이집트 아기들의 사례에서 보이는 자연적인 언어 발달은 고립되었다고 보고된 아동이거나 늑대 또는 다른 동물들에 의해 길러진 소위 '야생아'에게서는 일어나지 않았다. 실제로 야생아들은 전형적으로 똑바로 서서 걷는 것이 어렵고 주변의 인간 활동에 대해서는 전혀 관심이 없는 것으로 보인다. 그들은 때로 정신적으로 손상된 것처럼 보이며 특정 연령이 지나서 발견된 경우에는 인간의 언어를 배우는 데 거의 극복할 수 없는 어려움을 겪는다.

거울 뉴런에 관한 흥미로운 예시처럼 야생아는 자신을 길러 준 동물의 특성을 따르는 경향이 있다. 최근의 사례(2007년 12월)로 러시아 중부에서 늑대 한 무리와 함께 살아왔던 아이가 발견되었다. 그 소년은 늑대와 같은 전형적인 행동과 반응을 보였으며 어떠한 인간의 언어도 말하지 못하였다.*

------

* 역자 주: 이러한 관점에서, 헤로도투스가 설명한 이집트 아이들이 발음한 것으로 추정되는 'becos'

이러한 관찰을 통해 직립보행과 음성언어를 사용하는 것과 같은 인간의 기본적인 능력과 자질도 활성화되기 위해서는 '형태 공명(morphic resonance)'(아마도 거울뉴런을 통한)이 요구되며, 이것이 만들어지는 데는 타인과의 관계와 상호작용이 필요하다는 결론을 내릴 수 있다. 다시 말해, 언어는 개인 안에 타고나는 것이 아니라 개인들 사이의 장에 내재된 것이라 할 수 있다.

말콤 글래드웰(Malcolm Gladwell)은 그의 책 『아웃라이어(Outliers)』(2008)에서 뛰어나고 성공적인 개인들의 업적과 업무수행은 각 개인들이 가지고 있는 내적 기질 못지않게 그들이 처한 환경과 사회적 맥락에 의해 이루어진다고 언급하고 있다. 글래드웰은 성공은 개인이 지닌 지적 능력, 야망 그리고 민첩하고 열성적인 업무수행 이상의 것을 필요로 한다고 주장한다. 그는 "우리가 서로를 위해 하나의 공동체로서, 사회로서 행하는 것이 우리 자신을 위해서 일하는 것만큼이나 중요하다."라고 결론 내리고 있다. 예를 들어, 만약 알베르트 아인슈타인이 어렸을 때 고립되었거나 늑대들에 의해 길러졌다면 그는 분명히 자신만의 고유한 천재성을 계발하고 발현하지 못했을 것이다.

아인슈타인 자신도 다음과 같이 말했다.

개인이 태어나면서부터 홀로 버려진다면 그의 생각과 감정은 우리가 이해하기 힘들 정도로 원시적이고 야수와 같은 상태에 남아 있을 것이다. 개인은 그의 개성 때문이 아니라 그의 영육적 존재를 요람에서 무덤까지 인도하는 거대한 인간 사회의 한 구성원으로서 의미를 갖는다.

공동체에서 한 사람의 가치는 개인의 감정, 사고, 행동들이 얼마나 동료들의 이익 증진에 기여하고 있는지에 달려 있다. 이 문제에 어떤 입장을 취하느냐에 따라 우리는 그 사람을 좋거나 나쁘다고 평가한다. 이는 언뜻 보기에 우리가 한 사람에 대해 평가하는 것이 전적으로 그가 가진 사회적 자질에 달려 있는 것처럼 보인다.

하지만 그러한 태도는 잘못된 것일 수 있다. 우리가 사회로부터 받는 물질적, 정

라는 말이 양의 울음소리와 아주 유사한 소리를 나타낸다는 사실을 되돌아보는 것은 흥미롭다.

신적, 도덕적인 모든 귀중한 것을 수많은 세대를 거쳐 특정한 창의적인 개인으로 거슬러 올라갈 수 있다는 것은 명백하다. 불의 사용, 식용작물 경작 그리고 증기엔진은 각기 한 사람에 의해 발견되었다.

　　오직 개인만이 생각할 수 있고, 그에 따라 사회를 위한 새로운 가치를 창조할 수 있다. 아니, 심지어 공동체의 삶이 따르는 새로운 도덕 기준을 세우기까지 한다. 창조적이고 독립적으로 사고하며 판단하는 개인이 없는 사회의 성장은 공동체의 자양분 없이 개인의 인격을 계발하는 것만큼이나 생각할 수 없는 일이다.

그러므로 우리는 타인과의 상호작용을 통해 스스로 성장하고 발전한다. 한번은 어느 코칭 클라이언트가 저자 중 한 사람에게 "저는 선생님 옆에 있을 때의 저를 좋아합니다."라고 말했다. 이처럼 어떤 사람들 옆에 있다는 것이 혼자라면 없었을 에너지와 자질을 어떻게 우리 안에서 불러올 수 있는지를 우리 모두는 분명 경험해 보았을 것이다. 사랑에 빠지는 것이 그 대표적인 예다.

우리가 워크숍과 세미나에서 자주 보여 주는 교훈적이고 감명적인 뮤직비디오가 있는데, 이는 생성적 장의 현상을 매우 아름답게 묘사하고 있다. 그 비디오는 뉴에이지 음악가 야니(Yanni)가 아크로폴리스에서 연주한 콘서트 녹화본을 일부 편집한 것이다. 그 편집본은 두 명의 바이올리니스트의 짧은 즉흥연주곡인데, 한 명은 재즈음악에 기반을 둔 흑인 여성이고 다른 한 명은 클래식 음악을 공부한 중동계 남성이다. 두 연주가가 교대로 즉흥적인 듀엣 연주를 할 때 그들 사이에 긍정적이고 창조적인 라포(rapport)가 있음은 명백하며, 그것은 함께 연주하면서 서로의 음악에 귀를 기울임으로써 보여 주는 신체적인 열정과 즐거움에서 드러난다. 그들은 서로에게서 방금 들었던 악상과 선율을 조합하여 새롭고 창의적인 방향으로 악상을 전개하며 공연을 이어간다.

두 연주가는 최선을 다하였고, 그 결과 그들이 각자 홀로 연주했더라면 결코 두 사람 중 누구의 마음에도 일어나지 않을 영감을 불러일으킬 정도로 서로를 향상시키는 감동적인 연주를 완성했다. 분명 그 결과는 단지 고난도의 악기연주 기술로 인한 것만은 아니었다. 그것은 연주가 각자의 몸에 내재하는 신체적 에너지와 그 둘 사이에 형성된 생성적 장의 기능이다.

공유 자원('우리-자원') 발달시키기

작가이자 인문학자 모리스 버만(Morris Berman)은 **"우주의 에너지는 우주 본체에서 유래하며 그 본체들 간의 장으로 생성된다."** 라고 주장하였다. 다음 연습의 목적은 우리가 '생성적 장'이라고 정의한 것을 통해 어떻게 에너지를 방출하고 동력화해서 창조적으로 활용할 수 있는지를 탐색하는 데 있다.

앞서 인용한 두 명의 연주가의 예처럼 이 과정은 파트너와의 상호작용을 통해 서로 자원이 풍부한 상태와 창의적 표현을 이끌어 내고 더 확장하는 것을 포함한다. 그러나 다음의 연습에서는 음악적 언어 대신에 신체 구문론, 즉 신체언어로 작업할 것이다.

단계는 다음과 같다.

1. 파트너와 함께 조화와 균형, 생성성이 집중되어 있는 자원이 풍부한 상태로 들어가 보자. 이 상태의 긍정적 에너지를 당신의 몸속에서 느껴 본다. 당신의 파트너를 포함하면서, 그 장이 가진 특징이나 두 사람 사이에 있는 '제3의 실제'를 감각으로 느낄 수 있도록 알아차림(awareness)을 확장한다.
2. 파트너와의 연결을 통해 어떤 자원이 충만한 느낌이나 내적인 상태가 자연스럽게 나타나는지를 살펴본다. 두 사람(A와 B) 모두 자신의 자원 상태에 대한 현재의 감각느낌을 신체동작으로 표현한다.
3. A는 B에게 자신의 움직임을 보여 준다. B는 자신의 '거울 뉴런'이 A의 신체적 표현과 그에 수반되는 에너지를 받아들이도록 하며 A를 관찰한다. 그러고 나서 B도 자신의 행동을 A에게 보여 준다. 마찬가지로 A도 자신의 '거울 뉴런'이 B의 신체적 표현과 그에 수반되는 에너지를 받아들이도록 하면서 B를 관찰한다.
4. A는 B와 함께 만들어 유지하고 있는 장에 집중하면서 B가 가진 자원에 대한 신체동작의 일부를 반영하고 B의 신체 구문론을 확장하거나 추가하여 새로

운 움직임을 자연스럽게 불러일으킨다. 이 새로운 동작은 B의 신체구문에 더해지거나 확장된다.

5. B는 A와 함께 만들어 유지하고 있는 생성적 장에 집중하면서 A의 새로운 신체동작의 일부를 거울처럼 반영하고 그 동작에 더 추가하거나 확장한 새로운 움직임이 자연스럽게 일어나게 한다.

6. 이어서 A는 B의 새로운 신체동작의 일부분을 반영하고 추가하거나 확장하는 새로운 움직임을 자연스럽게 불러일으킨다.

7. 이러한 과정을 여러 차례 반복하고 난 뒤 A와 B는 그들과 연결된 에너지 또는 '장(field)'을 느끼면서 그리고 그들 사이에 만들어진 생성적 장의 고유한 특성을 표현하는 신체동작을 찾으면서 동시에 몸을 움직이기 시작한다.

8. [선택] 만약 이 연습을 집단에서 한다면 각각의 한 쌍은 또 다른 한 쌍을 찾아서 이 과정을 반복할 수 있다. 이때 7단계에서 두 사람이 함께 만들었던 신체동작을 사용한다. 그리고 나서 전체 집단의 공통된 신체동작을 찾아내기까지 4인조 형식 등으로 구성하여 함께 이 과정을 계속 반복한다.

이 연습은 대인관계 장의 생성 능력을 확실히 경험할 수 있게 할 것이다. 우리가 세미나와 워크숍에서 이 연습을 할 때 참가자들 사이에서 에너지와 연결의 느낌은 항상 극적으로 증가했다.

생성적 협력

  생성적 장이라는 현상은 '생성적 협력'이라 부르는 창의적 수행 상태를 만들어 내기 위해 집단이나 팀으로 쉽게 확장될 수 있다. 집단과 팀 안에서 타인과 함께 일하는 것은 점점 더 보편화되고 있으며 현대사회의 일과 생활에서 중요한 부분이다. 수행력이 높은 집단과 팀은 '**집단 지능**'의 특성을 보인다. **생성적 협력**은 효과적인 협동성과 집단 지능의 결실로 알려져 있다. 생성적 협력은 부분들의 총합보다 훨씬 더 큰 하나의 전체를 만들어 내기 위해 같은 방향으로 정렬되고 조직화된 방식으로 생각하면서 행동하는 팀, 집단, 조직 사람들의 능력과 관련이 있다.

  협력(Collaboration)은 말 그대로 '함께 일하기'를 의미한다. 사람들이 함께 일하며 협력하는 데는 많은 방법이 있다. 그중에 어떤 방법은 다른 것보다 더 효과적이다. 실제로 집단의 수행은 세 가지 유형으로 나눌 수 있다.

1. **수행력이 저조한** 집단이나 팀인 경우, 전체로서 만들어 낸 그 집단의 수행이나 결과물이 실제로는 개인들이 독자적으로 일했을 때 만들어 내는 결과물보다 **적다.**
2. **수행력이 평균**인 집단이나 팀인 경우, 전체로서 만들어 낸 그 집단의 수행이나 결과물은 개인이 독자적으로 일했을 때 만들어 내는 결과물과 거의 **같다.**
3. **수행력이 높은** 집단이나 팀인 경우, 전체로서 만들어 낸 그 집단의 수행이나 결과물은 개인이 독자적으로 일했을 때 만들어 내는 결과물보다 훨씬 **크다.** 이것이 바로 생성적 협력의 결과다.

수행력이 저조한 집단이나 팀은 효과적으로 협업할 수 있는 역량이 본질적으로 부족하다고 말할 수 있다. 그러한 집단이나 팀에 속한 개인들은 함께 일하는 데 실패하고 있을 뿐만 아니라 심지어 그들의 상호작용이 그들 개인의 업무를 효과적으로 수행하는 능력을 실제로 방해하고 있다('퇴행적 협력' 혹은 '손실이 더 큰' 상호작용의 유형).

수행력이 평균인 집단은 기본수준의 협력을 이루었다고 볼 수 있다. **기본적 협력**은 한 집단에 속한 개인들이 함께 일하여 특정한 목표점에 도달하는 것을 의미한다. 기본적 협력을 위해 사람들은 타인과 어느 정도의 라포(rapport)를 형성하고 효과적으로 의사소통하면서 다른 파트너나 구성원과의 협력 속에서 그들에게 요구되는 업무를 각자 수행하는 것이 필요하다. 기본적 협력의 목표는 개인 기여도 총합과 동일한 결과를 산출하기 위한 요구 수준에 맞춰 수행하는 것이다. 기본적 협력은 집단 구성원들이 가이드로서, 코치로서, 때로는 선생님으로서 서로를 지원하는 것을 필요로 한다.

생성적 협력은 함께 일하는 사람들이 개별적인 집단 구성원의 능력을 넘어서는 새롭고 놀라운 것을 만들어 내고 생성하는 것을 포함한다. 생성적 협력을 통해 개인은 자신의 능력을 최대한 발휘하고 자신이 가지고 있었지만 미처 알지 못했던 자원을 발견하고 이용할 수 있다. 그들은 서로에게서 새로운 아이디어와 자원을 이끌어 낸다. 따라서 하나의 전체로서 그 집단의 성과나 결과물은 개인 각자가 일해서 얻는 결과물보다 훨씬 더 **크다**.

유명한 거대 다국적 통신회사와 관련된 다음의 사례를 살펴보자. 이 회사는 업계에서 경쟁력을 유지하기 위해 고군분투하고 있었으며, 통신업계 주력시장을 점유하기 위한 상품을 개발해야 한다는 것을 알고 있었다. 그 상황이 너무 위급해서 회사는 신제품을 만들기 위해 1,000명으로 구성된 팀을 꾸렸다. 하지만 놀랍고 당황스럽게도 경쟁사 중 하나가 그들보다 더 나은 제품을(시장에서 그들을 완전히 제압하면서) 더 짧은 시간에 훨씬 더 적은 비용으로 만들 수 있었다는 것이 밝혀졌다. 게다가 단지 20명으로 구성된 팀이 해냈다는 것이다!

물론 그 거대 통신회사가 던진 가장 큰 의문점은 "어떻게 20명으로 1,000명을 완전히 능가할 수 있는가?"였다. 그러한 차이를 만드는 것은 우리가 '생성적 협력'을 위한 능력이라고 부르는 것이다. 1,000명의 팀이 어떤 방식으로 함께 일했는지를 살펴보았더니 그들은 타인과 격리된 채 주로 '사일로*' 속에서 작업했던 것으로 밝혀졌다. 팀원들은 단순히 그들을 기계나 컴퓨터 소프트웨어 프로그램의 기본 부품으로 여기는 프로젝트 리더가 할당한 업무만을 수행하였던 것이다.

반면에 20명으로 구성된 집단은 지속적으로 의사소통과 상호작용을 하면서 최선을 다해 '상자 밖'에서 생각하기 위해 함께 도전하고 서로를 자극하고 지원하였다. '생성적 협력'은 사람들이 새로운 방식으로 앞을 향해 나아가고 전례가 없던 무언가를 만들어 내기 위해 서로를 자극하고 지원하는 기능을 한다. 이것은 구성원들이 신뢰와 상호 존중을 기반으로 강력한 생성적 장을 만들어 내는 비전, 다중관점, 수용 능력을 공유하는 데서 비롯된다. 더불어 구성원들이 멘토, 후원자 그리고 '일깨우는 자(awakener)'로서 서로를 지원하는 능력도 포함한다.

우리가 지적해 온 바와 같이 이러한 유형의 생성적 협력은 개인들의 지식과 노하우를 결합하여 더 큰 집단 지능과 창의성을 산출하는 집단 마인드나 집단 지능의 발달이라는 결과를 가져온다. 그러나 이는 다른 파트너와 집단 구성원이 없다면 불가능한 일이다. 이러한 과정은 두 개의 수소원자가 하나의 산소원자와 결합하여 새로운 '제3의 실체'인 물을 만들어 내는 과정과 유사하다.

물을 만들어 내기 위해서 산소는 반드시 완전한 산소여야 하며 수소는 반드시 수소의 형태를 유지해야 한다. 철학자 켄 윌버는 물이 만들어지는 것으로 표현된 새로운 관계는 두 개체를 '아우르고 초월하며' 두 개체 모두를 포함하지만 동시에 완전히 새로운 것을 만든다고 하였다.

여기에 적용되는 중요한 원칙은 생성적 협력을 위해 개인이 가진 특성과 개인적 이익, 열정이 반드시 필요하다는 점이다. "팀(team) 안에 'I(나)'는 없다."라고 회자되어 왔는데 아마도 기본적 협력에서는 그럴지언정 생성적 협력에서는 그렇지 않다['생성적(generative)'과 '협력(collaboration)'이라는 두 단어 모두에 'i(나)'라는 문자가 하

─────────

* 역자 주: 조직의 부서들이 다른 부서와 소통하지 않고 내부의 이익만을 추구하는 부서 간 이기주의 현상.

나 있다). 생성적 협력을 만들기 위해 사람들은 반드시 자신에게 단단히 뿌리내리고 신체적으로 자신의 고유한 에너지와 자원들에 집중하고 개인적으로 자신의 비전이 현실이 되는 것을 보는 데 열의가 있어야 한다. 사람들이 '팀의 이익을 위해 그들의 개인적 이익을 희생'할 때 팀은 그 자체로 집단 구성원들의 충만한 열정, 창의성 그리고 에너지를 잃게 된다. 예를 들어, 기본적 협력에서 6~7명으로 구성된 한 집단이 함께 모여 특정 프로젝트와 관련해 하나의 합의를 이루고 이를 완성하기 위해 함께 일한다면 그들의 상호작용을 합한 결과로 하나의 프로젝트를 산출할 것이다. 여기에 생성적 협력의 원칙들을 적용해 보면 6~7명으로 구성된 집단은 적어도 6~7개의 프로젝트들을 만들어 낼 것이며, 그에 더해 프로젝트 간에 가능한 몇 개의 시너지도 낼 수 있을 것이다.

미국 건국의 아버지 토마스 제퍼슨(Thomas Jefferson)은 "만일 두 사람이 함께 모여 1달러를 교환한다면 두 사람 모두 1달러를 가지고 갈 것이다. 하지만 두 사람이 함께 모여 하나의 아이디어를 교환한다면 그들은 모두 적어도 두 개의 아이디어를 가지고 가게 될 것이다."라고 말했다. 실제로 그들은 함께 나눈 아이디어들의 조합과 시너지로 인해 아마 훨씬 더 많은 것을 가지고 돌아갔을 수도 있다. 생성적 협력은 이러한 발상에 관한 경제학 유형의 좋은 예다.

생성적 협력의 역동성을 이해하는 좋은 은유로 비눗방울의 상호작용을 들 수 있다. 여기에서 비눗방울 한 개는 특정한 비전이나 아이디어 하나를 의미한다. 기본적 협력에서 모든 파트너나 팀 구성원들은 하나의 비눗방울을 만들기 위해 함께 일

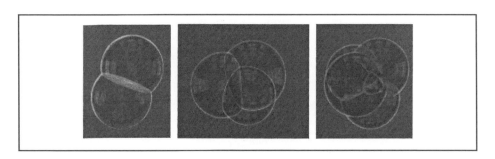

그림 3-6 더 큰 하나의 전체를 만들기 위해 여러 개의 비눗방들이 합쳐지는 것처럼 생성적 협력은 상호 보완적인 비전과 아이디어의 통합을 필요로 한다.

한다. 생성적 협력은 각각의 집단 구성원들이 자신만의 비눗방울을 만들고, 그 후 자신이 만든 비눗방울이 다른 집단 구성원들이 만든 비눗방울들과 어떻게 결합하는지를 알아차리는 것까지 포함한다.

현대사회의 수많은 성공적인 발전과 성취들은 한 사람의 비전이 만든 결과가 아니라 여러 다양한 비전과 아이디어들이 합쳐진 결과다.

인터넷의 발명이 좋은 예다. 인터넷의 근원은 1969년에 아르파넷(Arpanet)으로 시작되었는데, 이는 군용 네트워크 구조를 개발하는 것과 함께 희소한 대형 컴퓨터 자원들을 가장 경제적이고 효율적으로 이용하기 위한 미 국방부 연구 프로젝트였다. 대학교, 연구실 그리고 방위업체들은 '사람들' 사이에서 의사소통의 매개체로서 인터넷이 가진 잠재성을 즉각 발견하였고 꾸준하게 증가하는 회선들을 연결시켰다. 1980년대와 1990년대 초 인터넷 백본(LAN선)이 완전히 상업화되기까지 점점 더 많은 기존의 정부 네트워크들이 주요 원격통신업체들에게 판매되었다. 1994년에 주류 컴퓨터 사용자들이 인터넷을 알게 되었으며 하이퍼텍스트와 월드와이드웹(World Wide Web)이라는 다중매체 기능에 매료되었다. 오늘날 전 세계적으로 확장된 인터넷은 이 지구상에 있는 사람들이 사용하는 통신기술을 통합하는 주요한 기

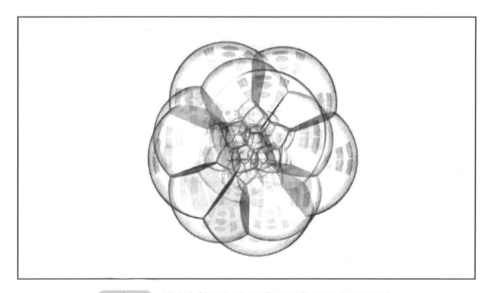

그림 3-7   생성적 협력의 결과물은 독특한 집단적 비전이다.

술이 되고 있다.

그러나 아르파넷의 초기 개발자들 중 한 명은 "그 당시에 아무도 인터넷에 대한 비전이 없었다. 그 당시에는 누구도 오늘날처럼 발달된 **인터넷**을 예상하지 못했다." 라고 지적하였다.

기업가 돈 피켄스(Don Pickens)는 이 관점을 반영하여 "비전이 있는 리더십이란 단순히 하나의 비전을 가지고 있는 것이 아니라 그 비전을 다른 비전들과 엮는 것 이다."라고 주장한다.

생성적 '컨테이너' 만들기

다음의 연습은 생성적 협력을 위한 조건을 어떻게 형성하는지 탐색하기 위한 것이다. 그 과정에서 **컨테이너**(그 집단이나 팀 구성원 사이의 관계 또는 장)와 **내용**(집단이나 팀이 제기하는 비전, 아이디어, 이슈들)을 구분하는 것은 중요하다.

생성적 협력에 필수적인 것은 신뢰, 상호 존중 그리고 각각의 집단 구성원들이 지닌 고유한 자원들과 공헌에 대한 인식을 기반으로 하는 관계적 '컨테이너'의 형성이다. 이것은 NLP 3세대에서 '물적 영적 후원(sponsorship)'이라고 알려져 있다.

변혁적 스승인 리처드 모스*는 "우리가 자신이나 타인에게 줄 수 있는 가장 큰 선물은 우리가 가지고 있는 주의집중이라는 자질이다."라고 주장한다. 여기서 말하는 **물적 영적 후원**이란 타인에게서 긍정적인 자질들과 잠재력을 찾아내어 느껴서 알고 지지하는 것을 포함한다. 집단 안에서 상호 후원을 장려하는 한 가지 방법은 동료 집단원에 대해 지각하여 좋다고 생각되는 것을 찾아내서 인정하는 연습을 하는 것이다.

다음의 과정은 NLP 트레이너인 로버트 맥도널드에 의해 처음으로 개발되었다. 이 과정은 서로에 대해 감각으로 느끼고 진심으로 좋아하는 것에 주의를 둠으로써 서로를 후원할 수 있게 격려한다.

----

* 역자 주: 변혁을 위한 '존재의 만다라(Mandara of Being)' 모델과 방법론으로 대표된다.

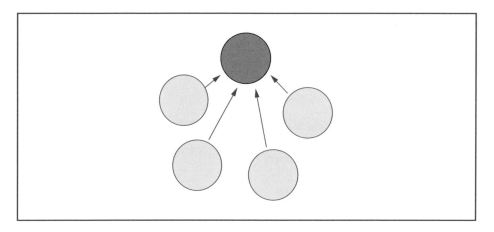

그림 3-8 집단의 각 구성원은 자원해서 집단의 초점이 된다.

집단원은 돌아가며 A가 되고 나머지 집단원은 그 사람(A)에게 집중한다. 각 사람들은 집중받기 위한 준비가 되었다고 느낄 때에 자발적으로 지원하는 것이 중요하다.

A의 왼쪽부터 시작하여 시계방향으로 돌아가면서 각자 A에 대해 보고(또는 관찰한) 좋은 점 한 가지를 이야기하고, A에 대해 감각을 통해 느껴서 좋은 점에 대해 언급한다. '보는 것(seeing)'은 타인의 행동을 있는 그대로 감각에 기초해서 관찰한 것들을 기반으로 한다. '감각을 통해 느끼는 것(sensing)'은 타인의 본질에 대해 좀 더 깊게 신체적으로, 직감적으로 느끼는 인상을 말한다.

각각의 집단원은 다음의 형식을 사용한다.

"나는 ＿＿＿＿＿＿＿＿한 것을 봅니다. 그리고 나는 그것을 좋아합니다."
"나는 ＿＿＿＿＿＿＿＿한 것을 느낍니다. 그리고 나는 그것을 좋아합니다."

집단의 모든 사람이 A가 될 기회를 가지고 다른 집단원 모두로부터 이러한 코멘트를 들을 때까지 이 과정을 반복한다.

이 연습을 할 때 다른 사람이 자신을 이렇게 내적으로 깊이 관찰한다는 것이 많은 사람에게 상처받을 수 있다는 느낌을 유발할 수 있다는 것을 기억하는 것이 중요하다. 따라서 집단원들이 이 과정을 시작할 때 튼튼한 '세컨드 스킨'으로 몸을 감싸고 자신의 중심을 잘 잡고 있다고 확신하는 것이 중요하다.

이 과정이 제대로 진행되면 비록 이전에 서로에 대해 깊은 친밀감이 없었더라도 이 연습을 통해 집단원 간에 빠르고 깊은 신뢰와 결속을 경험할 수 있다.

집단 장 확장하기

생성적 협력의 핵심 원리는 각 개인이 가지고 있는 특별한 에너지와 자원을 집단으로 더 많이 가져올수록 집단은 더 많은 이익을 얻게 된다는 것이다. 이와 마찬가지로 집단이 개인에게서 이끌어 내는 자원이 많을수록 개인과 집단 모두는 더 많은 이익을 얻게 될 것이다.

다음 연습은 개인과 전체 집단 간에 긍정적 피드백 고리를 만들어 지원하는 것을 돕기 위해 고안된 것이다.

개인으로서,

1. 당신이 기여해서 집단에 가져오고 싶고 집단이 당신에게서 보다 더 많은 자원을 이끌어 내도록 하고 싶은 자원이 충만한 상태를 확인한다.
2. 당신 자신이 그 상태에 완전히 머무를 수 있게 한다. 그 상태의 에너지를 느끼고 그것을 신체동작으로 표현한다(신체 구문론). 그리고 그 상태를 정의할 수 있는 단어나 이름을 붙인다. 그 이름은 문자 그대로일 수도 있고(예: '확신' '유머' '지혜' '관대함' 등), 상징이거나 은유일 수도 있다(예: '별빛' '깊은 뿌리' '빛나는 푸른 에너지' 등).

집단으로서,

3. 집단의 각 구성원은 한 명씩 자신이 그룹의 장으로 가져오고 싶은 상태와 에너지를 표현하고 보여 준다. 그때 구성원은 "나의 (자원 상태/에너지)를 보세

요."라고 말하며 초대한다.

4. 집단의 나머지 사람들은 초대하는 사람을 찬찬히 관찰하고 그 사람이 표현하는 신체 구문론을 따라하면서 '2차 입장'으로 이동한다. 집단원들이 초대자의 특별한 상태와 에너지를 느낄 때 그들은 자신의 1차 입장의 관점으로 돌아가서 "나는 당신의 (자원 상태/에너지)를 봅니다."라고 말한다.

5. 그때 초대자는 "저를 보세요."라고 한다.

6. 집단원들은 각자 개인의 심층에 있는 존재(그의 '상위 입장')를 오감을 통해 느끼고, "당신을 봅니다."라고 말한다.

7. 집단원들은 각자 두 가지 초대["나의 (자원 상태/에너지)를 보세요."와 "나를 보세요."]를 하고, 나머지 사람들이 인지할 때까지 그 과정을 반복한다.

8. 집단원들이 각자 자신의 자원을 보여 주고 후원을 받고 나면 모든 집단원이 다 같이 동시에 그들의 고유한 자원 동작들을 만들기 시작한다. 그러고는 집단원 전체가 다 함께 구성원 각자의 동작을 점진적으로 바꾸며 조화롭게 섞어서 하나의 '집단 자원' 동작으로 만든다. 이것은 공유된 '4차 입장'의 유형을 만들 것이다.

일단 집단의 장에서 '컨테이너'가 형성되고 확장되면 집단원들이 '집단 지능'을 사용할 수 있게 된다. 이를 실행하는 강력한 방법은 '인터비전'이라 부르는 과정을 통해서다.

인터비전

생성적 장이 풍부하다는 것은 사람들이 세상에 대한 다른 지도, 다른 배경, 다른 자원과 다른 관점을 가지고 있다는 사실에서 비롯된다. 이러한 차이가 한데 모여 서로를 보완할 때 생성적 협력의 기반을 효과적으로 형성할 수 있다. **인터비전**(intervision)의 과정은 한 집단을 구성하는 사람들의 다양한 비전과 아이디어 그리고 관점들 사이의 시너지와 건설적 오버랩을 촉진하는 방법이다.

'슈퍼비전'에는 사람들 간의 암시적 위계 관계가 존재하며 슈퍼바이저는 사람들에게 '정확한 지도'를 제공한다. 그러나 '인터비전'에서는 사람들은 동료이고 정확한 지도는 없다고 가정한다. 또한 '비전'이란 말에는 중요한 암시가 들어 있다. 인터비전 과정의 목표 중 하나는 집단 맥락에 시각적이고 상징적인 사고 전략을 적용하는 것이다.

인터비전의 주요 이점은 우리의 아이디어와 비전을 표현하고 개념화하는 방식이 주는 영향과 관련이 있다. 한 개인의 비전이나 아이디어를 보고 다른 사람이 그것을 다시 표현하는 방식은 자동적으로 다른 구성원의 지각력을 향상시키는 데 도움을 준다. 이러한 이유로 충분히 넓은 다양성을 확보하기 위해, 인터비전 과정은 적어도 네 명으로 구성된 집단에서 잘 진행된다.

인터비전의 또 다른 중요한 측면은 집단의 각 구성원들이 타인들의 비전과 아이디어에서 영감을 받는다는 것이다. 집단원들의 관계에서 인터비전 과정의 목표는 각 개인이 "이것이 저의 미래입니다. 당신이 도와주실 수 있을까요?"라는 입장을 취하며 자신의 비전을 타인들과 공유하는 것이다. 그리고 "제가 기여할 수 있는 당신의 비전은 무엇인가요?"라고 묻는다.

전형적인 인터비전 형식에서 구성원 각각은 차례대로 돌아가며 다른 구성원들에게 자신의 비전, 아이디어나 상황을 되도록 짧고 간결한 형식으로 소개한다. 다른 구성원들은 이것을 경청하면서 발표자의 말과 아이디어에서 감동과 영감을 받게 된다.

발표가 끝나면 구성원들은 자신이 받아들이고 이해한 것 그리고 자신들에게 영감을 준 것에 대한 견해를 바탕으로 상징이나 은유의 그림을 그린다. 그것은 도표나 스케치가 될 수도 있다. 예를 들어, 어떤 사람은 나무나 풍경을 그렸을 수 있다. 또 다른 사람은 단지 직사각형, 원, 별과 같은 상징들을 그릴 수도 있고 그 상징들을 선과 화살표로 연결시킬 수도 있다. 확실한 것은 다른 구성원들이 발표자가 설명한 것과 똑같은 방식으로 묘사하지는 않을 것이라는 점이다. 모든 사람은 그 영토에 대하여 각자 다른 지도를 갖게 될 것이다.

그림을 그릴 때 각 개인은 다른 사람이 그리는 것을 보지 않고 각자 개별적으로 자신의 표상적인 지도를 만든다. 발표자를 포함한 각 구성원은 발표자의 비전, 아이디어나 상황이 자신에게 영감을 준 것을 바탕으로 각자 자신만의 그림을 그린다. 그다음 구성원들은 대가를 바라지 않고 발표자에게 제공할 수 있는 자원이 무엇인지를 생각한다. 이런 경우에 '자원'이란 구성원이 발표자에게 도움을 줄 수 있는 것으로 발표자가 자신의 비전이나 아이디어를 더 잘 나타낼 수 있도록 돕는 것이다. 자원의 예로는 서적, 기사, 웹사이트 그리고 도움이 될 만한 사람이나 조직체의 연락처 등이 있다. 또한 자원은 당신의 경험에서 나온 제안, 조언이나 지침의 형태가 될 수도 있다. 중요한 것은 이러한 자원은 발표자에게 어떤 대가도 요구하지 않고 제공할 수 있는 것이어야 한다는 점이다.

일단 구성원들이 그림을 그리고 자신이 제공할 수 있는 자원에 대해 생각하고 나서 각자 자신이 그린 것을 설명하고 다음의 형식에 따라 도움을 준다.

1. "이것은 당신의 아이디어 또는 비전을 제가 그린 것입니다……."(필요하다면 간략히 그 그림을 설명한다.)
2. "당신의 비전이 저에게 불러일으킨 것은 ……입니다."(발표자의 말이나 아이디어가 당신 안에 일으킨 감각이나 아이디어, 새로운 관점 등을 나눈다.)
3. "당신의 아이디어나 비전을 실행하는 데 도움이 될 만한 것으로, 제가 아낌없이 줄 수 있는 자원은 ……입니다."

끝으로 발표자는 자신의 비전 또는 아이디어의 지도가 어떻게 확장되었는지에 관해 집단에 피드백을 준다.

만일 시간이 된다면, 집단에서 구성원의 비전들이 중복되는 부분이나 공통된 영역을 나타내는 스케치나 그림을 그려 볼 수도 있다.

'전체 마인드'에 접근하기

앞서 언급했듯이 생성적 장은 개인들 간의 상호작용 너머로 더 확장될 수 있다. 생성적 장은 베이트슨이 언급했던 자연환경, 지구의 생태, 집단 무의식 내에 있는 '전체 마인드'와 우리의 상호작용을 통해 발생할 수도 있다. 다음의 연습은 우리 주위에 존재하는 '전체 장'의 지능을 활용하기 위해 마련된 절차들을 제시한다.

적극적 꿈꾸기

'적극적 꿈꾸기'는 '알지 못함(not knowing)'의 상태를 통해 전체 장에서 정보를 얻는 훈련법이다. 적극적 꿈꾸기는 어느 미국 인디언 부족에게서 영감을 받아 만든 과정이다. 이것은 잠을 자거나 공상에 빠져 있는 동안 성취하려는 의도를 설정한다. 그 의도는 답을 얻고, 문제를 해결하고 결정을 내리고 더 많은 정보를 얻고 어떤 것을 더 잘 이해하기 위한 것이 될 수 있다. 의도는 특정한 목표나 결과라기보다는 좀 더 일반적인 용어로 언급된다. 예를 들어, 어떤 사람은 "나의 의도는 안전하게 생태학적으로 보낼 수 있는 것에 대해 꿈꾸려는 것이다."라고 말할 수 있을 것이다. 이러한 의도는 무의식적인 과정으로 안내하는 여과장치나 지침서의 역할을 한다.

답변은 문자 그대로이거나 상징적일 수 있다. 어떤 사람은 다음 날 아침 잠에서 깨어 "5년 전에 끝난 관계에 대해 여태 가슴속에 묻어 왔던 분노를 이제는 놓아 줄 때가 되었구나."라고 깨달을 수도 있다. 또 어떤 사람은 산책 중에 나무에서 떨어지는 나뭇잎들에 대한 환상을 보고 있는 자신을 발견할 수도 있을 것이다. 그 사람은 나뭇잎이 상징하는 것에 대해서는 모르더라도 더 가벼워지고 편안한 것을 느꼈을 수 있다.

상징을 살펴보는 한 방법은 상징과 동일한 '2차 입장'이 되어 보는 것인데, 예를 들면 나뭇잎이나 나무가 되었다고 상상하는 것이다. 번갈아 자신의 입장과 관찰자의 입장이 되어 보면 그 상징과 자신의 원래 의도와의 관계를 탐색할 수 있을 것이다.

적극적 꿈꾸기 연습

적극적 꿈꾸기 탐색을 위해 다음의 연습을 한다.

1. 자신의 몸에 중심을 두고, 자신을 둘러싼 전체 장으로 의식을 연다(당신의 장 느끼기 그리고 마음의 중심을 통해 연결하기에 관한 연습 참고). 당신 마음 뒤편에 '의도'를 둔다. 예를 들면, 당신이 내리고 있는 결정, 해결하고 있는 문제, 더 창의적으로 생각하고 싶은 것, 더 많은 정보를 얻고 싶은 사안이 여기에 해당된다.

2. '알지 못함'의 상태 혹은 '외부 집중(up-time)'의 상태를 만든다.
   ① 주변부 시각[중심시각(foveal)이나 더 집중된 상태와 대조적인]으로 전환한다.
   ② 외부의 소리에(모든 내부 대화를 차단하고) 청각을 집중한다.
   ③ 이완된 생리 상태(과도한 정서적 혹은 신체적 긴장이 없는 상태)로 들어간다.

3. 이러한 상태로 10분 동안 걷는다. 걸으면서 '당신의 눈에 갑자기 띄거나' 당신의 관심이나 주의를 끄는 곳에(이것은 나무, 풀, 바람소리, 새소리 등) 주목한다.

4. 이런 현상이 저절로 나타나면(하나 이상이 있을 수도 있다), 각각의 상징이나 사물에 대한 2차 입장을 취한다. 사물 또는 상징이 가진 특성은 무엇인가? 예를 들어, 만약 당신이 나무라면 당신이 가진 속성(attributes)은 어떤 것일까? 아마도 시간이 변할 것이고, 사물들과 사람이 움직이는 속도가 달라질 수도 있으며, (나무가 된) 당신은 꼭대기에서는 움직여도 아래는 바닥에 고정되어 있는

등의 속성을 띠게 될 것이다.

5. 사물이나 상징에 대해 2차 입장을 취해서 당신이 발견한 지식과 특성을 모두 가지고, 당신의 원래 의도와 관련해 3차 입장 또는 메타 입장을 만든다. 당신의 원래 의도와 관련하여 얻은 새로운 정보나 자료 또는 당신이 이해한 것들을 탐색한다.

'장' 바라보기

알베르트 아인슈타인은 "우리의 생각은 문제를 만들어 내는 것과 같은 방식으로 생각해서는 풀 수 없는 문제를 만든다."라고 주장했다. 정규 교육의 대부분은 의식적인 인지 마인드의 기능을 적용하는 방향으로 지향된 단계와 방법에 초점을 두고 있다. 그러나 중요한 삶의 도전과제와 결정에 있어서 많은 부분은 의식적인 인지 마인드가 보여 주는 이성적이고 선형적인 논리를 통해서는 해결할 수 없다. 이것은 자주 우리를 '어찌할 바를 모르는 지경'에 이르게 하는 '교착상태(impass)'로 이끈다.

웹스터 사전은 **교착상태**를 "진전이 불가능한 궁지나 상태"라고 정의하고 있다. 다음 연습은 당신이 자신의 삶과 직업 혹은 대인관계 속에서 '교착상태'에 다다른 영역을 통과하여 장 마인드에 있는 지능과 연결하는 것을 도와준다.

장 마인드에 접근하는 것은 우리가 자신의 인지적 제약점들을 담고 있는 상자 밖으로 나올 수 있게 해 준다. 세계적으로 유명한 창의적인 천재와 위대한 사상가들은 모두 자신의 자아와 이성적 지능의 한계점을 포함하면서 초월하는 수준의 지능에 자신을 연결하는 방법과 훈련의 중요성을 인정하고 있다.

'**장 바라보기**'는 표현되는 특정 내용이나 조건과 상반되는 상황의 더 깊은 구조에 초점을 맞추는 것을 포함한다. 앞서 언급했던 것처럼 장 역동은 우리가 그것을 완전하게 인식하기에는 너무 복잡하고 미묘하다. 그 장을 구성하는 복잡하고 보이지 않는 관계들을 직접적으로 인식하지 못하기 때문에 그 관계들을 주관적으로 묘사하는 것은 대체로 상징적이고 비문자적이다.

1. 당신이 교착상태에 처했던 경험을 확인하고 그와 연결된 물리적 위치를 선택한다. 가능한 한 완전히 그 경험에 개입하여 당신이 선택한 물리적 위치로 들어간다.

2. 물리적 위치로부터 빠져나와 관찰자 입장으로 들어간다. 당신 자신에게 집중하며 장을 향해 당신을 연다. 눈을 감은 채 장에 있는 당신의 중심을 보고 있다고 상상하거나 체계에 영향을 미치는 에너지의 역동을 보고 있다고 상상한다. 그 상상에 대한 상징적 이미지를 떠올린다.

3. 당신이 원하는 상태를 떠올리고 그것에 개입할 수 있는 다른 물리적 위치를 선택한다. 중심이 잡힌 상태를 유지하며 그 위치로 들어가서 당신이 원하는 상태를 느껴 본다. 장 또는 상태의 에너지 역동에 집중한다. 그에 대한 상징적 이미지를 떠올린다.

4. 관찰자 입장으로 돌아간다. 자신을 중심에 놓고 '교착상태'와 '원하는 상태' 두 개의 상징을 모두 포함하며 초월하는 전체적 장을 연다. 눈을 감은 채 당신의 중심을 꿰뚫어 보는 것을 상상한다. 어떤 자원이 '교착상태'를 '원하는 상태'로 변형되게 하는지를 알아내기 위한 의도를 세운다. 그 상황에 대해 논리적이거나 이성적으로 생각하지 않는다. 상징적 이미지가 자연스레 나타나도록 한다. 당신은 알아차림을 통해 이러한 이미지를 계속 유지하면서 그 이미지를 자원의 감각느낌으로 당신 몸 안으로 가져와서 동작이나 제스처를 통해 신체적으로 표현한다.

5. 이전 단계에서 나타났던 상징적 이미지와 신체적 표현을 취하면서 교착상태의 위치로 다시 들어가고 전체 장에서 이 위치로 자원을 충분히 가져올 때 상황이 어떻게 달라지는지를 경험한다.

6. 그런 다음 자원의 상징적 이미지와 신체적 표현을 가지고 원하는 상태로 이동한다. 당신이 전체 장에서 이 위치로 자원을 충분히 가져올 때 무엇이 강화되고 깊어지며 확장되는지 주목한다.

7. 마지막으로, 자원의 상징적 이미지와 신체적 표현을 가져오면서 교착상태와 원하는 상태의 중간 위치에 선다. 다시 한번 당신이 전체 장에서 이 위치로 자원을

충분히 가져올 때 무엇이 강화되고, 무엇이 확장되거나 변형되는지에 주목한다.

옳고 그른 모든 관념 저 너머에 들판이 있네. 거기서 나는 그대를 만나리. 그 풀밭 위에 내 영혼을 누이면, 세상은 이루 말할 수 없이 충만해지리니. 관념, 언어, 심지어 '서로'라는 말조차 더 이상 의미가 없네.

– 루미(Rumi)

very high제4장
차세대 NLP 적용하기

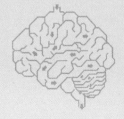

차세대 NLP 적용하기

NLP 3세대의 응용 프로그램은 우리가 가진 **인지, 신체, 장**의 세 가지 마인드 모두를 결합하여 사용한다. 이러한 세 가지 지능의 원천을 통합할 때 우리는 보다 쉽고 정밀하게 다양한 유형의 활동과 노력(결과)을 성취하는 뛰어난 능력을 가지게 된다. 동시에 더 심오하고 복잡한 문제를 해결할 수 있으며 세 가지 지능 중 어느 하나만으로는 도달할 수 없는 결과를 얻을 수 있다. 그러므로 NLP 3세대 과정은 단순하면서 동시에 심도 있는 혁신이 가능하다는 특성을 지니고 있다.

NLP 3세대의 연습과 기법들은 **우리의 중심에서 우리는 본질적으로 생성적인 존재라는 것, 해결의 씨앗은 모든 문제 속에 담겨 있다는 것** 그리고 우리가 자원의 더 큰 장 안에 문제의 원천을 수용함으로써 해결책을 유기적으로 펼치기 위한 공간을 만드는 방법을 배울 수 있다는 것에 대한 인식에 기초하고 있다.

NLP 3세대 관점에서 보면 우리 인생에서 위기, 성장, 변화의 순간들은 보통 진화(evolution)와 '각성(awakening)'의 필요에 의해 수반된다. 이러한 것들이 **생성적 변화**의 산물이다. '생성한다'는 것은 **새로운 것을 만들어 낸다**는 의미다. 따라서 생성적 과정은 확장과 성장을 촉진하는 과정이다.

진정으로 새로운 것을 만들어 낸다는 것은 '**표층구조**'뿐만 아니라 '**심층구조**'에서 일어나는 변화를 포함한다. 물리학 법칙, 생물의 DNA, 컴퓨터의 기계코드나 운영체계, 조직의 핵심 가치와 임무 같은 **심층구조**는 다양한 구체적 표층구조를 통해 표현되는 기본적인 형태다. 예를 들면, 생물학적으로 종의 진화론적 변화는 환경 안에서 상호작용하고 변화에 적응할 때 발생한다. 이런 적응과 변화가 종의 심충구조(DNA)를 바꿀 때 종의 형태에 새로운 발달과 발현이 생겨난다. 즉, 변형(metamorphosis)이 일어난다. 이런 생성적 변화의 목적은 그 종이 미래에 더 적합할 수 있게 돕는 것이다.

미래를 위한 적합성

모든 체계의 생존과 성공을 위한 핵심 기준은 **미래를 위한 적합성**이다. 즉, 체계가 지속 가능하고 건강한 미래 상태를 향해 효과적으로 변화하고 이동해서 적응할 수 있는 정도를 의미한다. 미래를 위한 적합성은 개인, 집단 또는 조직이 취약한 신호를 감지하고 행동을 조정하여 제약을 처리하고, 위험을 성공적으로 방지 또는 해결하며, 예기치 않은 상황이나 자연발생적인 기회를 활용하는 능력을 포함한다. 이에 대해 아서 클라크(Arthur C. Clarke)는 매우 호소력 있게 "미래는 결코 예전과 같지 않다."라고 피력하고 있다.

'1온스의 예방은 1파운드의 치료 가치가 있다.'는 오랜 속담이 있다. 자원이 사전에 개발되어 적소에 있을 때 개인, 집단, 조직은 불필요한 문제들을 해결하려고 경쟁하는 대신 도전에 적절히 대응할 수 있다. 미래를 위한 적합성은 우리가 미처 상상하거나 예기치 못한 미래의 도전과 기회에 대비하는 것을 포함한다.

따라서 생성적 변화 능력은 미래를 위한 적합성의 핵심 측면이다. 현재의 특정한 문제를 해결하거나 특정한 성과에 도달하기 위해 생성적 과정을 사용하더라도 그 과정이 특정한 문제나 목표와 관련해서 적용되거나 개발될 필요는 없다. 생성적 과정은 해결책을 만들기 위해 필요한 자원이 이미 모든 체계 영역 내에 어떤 형태로든 존재한다는 전제를 기반으로 한다. 그러한 자원들은 잠재된 능력을 발견하여 활용하고 강화하는 것을 돕는 전략과 도구를 통해 발휘될 수 있다. 이러한 의미에서 '생성적' 과정은 이미 존재하고 있는 것으로부터 더 많은 것을 만들어 낸다.

변화를 위한 생성적 기법은 사람들이 보다 체계적이고 유기적인 방식으로 문제를 해결하고 목표를 성취하도록 한다. 새로운 자원이 발견되어 활용되고 개발되면 그러한 자원에 의해 해결될 준비가 된 문제들이 자연스럽게 나타나고 별다른 노력 없이 해결된다.

그러므로 생성적 변화는 본질적으로 자원의 발견, 창조, 확장, 강화 및 정교화에 관한 것이다. 이것은 자원의 '심층구조'를 찾아 그 자원이 아직 적용되지 않은 다른 많은 맥락 속에서 발현되는 것을 용이하게 한다. 생성적 변화는 휴면 자원을 찾아내어 그것을 활성화시켜 보다 더 쓸모있고 '입체적'인 것으로 만드는 것을 의미한다. 이는 새로운 가능성을 향해 진화적인 방식으로 기능할 수 있는 더 높은 수준의 절차를 개발하는 데 집중하는 것이다.

생존 전략

진화와 생성적 변화의 반대는 생존 전략으로의 회귀다. 그 이름이 암시하듯 생존 전략이란 우리의 신체적 혹은 심리적 생존이 위협받는다고 인식할 때 활성화된다. 이것은 우리가 다른 모든 동물들과 공유하고 있는 가장 심층적인 프로그래밍의 일부다. 모든 생명체는 반드시 어떤 형태로든 생존 전략을 개발한다.

기본적인 생존 전략은 **투쟁**(공격), **도망**(회피), **정지**(마비) 또는 **항복**(굴복)이다. 생존 전략은 보통 아주 어린 나이에 형성되는 것으로 대개의 경우 심층에 존재하는 무의식적인 내적 패턴들이다. 이것은 우리의 핵심적인 프로그래밍의 일부분을 형성하여, 우리의 삶과 관계를 다루는 방법을 구체화하는 근본적인 메타프로그램으로 기능한다.

이러한 기본 전략은 우리 일상에서 다양한 형태로 나타나는데, 예를 들면 저항하기, 물러서거나 순응하기, 움츠리기, 작고 눈에 보이지 않으려고 노력하기, 멍해지기, 감정에서 분리되기, 수동적이 되기, 타인을 유혹하기, 모든 수단을 동원하여 자신의 입장을 고수하기 등이 있다. '생존'은 많은 경우 물리적 생존을 넘어서 우리 정체성과 개인 인격의 통합성, 주요 신념과 가치 그리고 우리가 심혈을 기울인 역할과 관계를 유지하고 지키는 것까지 포함한다.

다른 행동처럼 생존 전략도 다양한 가능성을 가지고 상황적 맥락에 따라 유연하게 적용하는 것이 가장 효과적이다. 대부분의 생존 전략에서 만나는 도전은 두려움에 휘둘리게 되는 것인데 극단적인 두려움은 우리로 하여금 연결을 끊고, 하던 것을 중단하게 하며, 움츠러들게 만든다. 이것은 우리를 부적절하게 행동하게 하고 실제로 상황을 더 악화시켜 결국 어떤 식으로든 우리 자신을 훨씬 더 위험한 상황에 밀어넣게 만드는 역설적인 결과를 초래한다.

대개의 생존 전략은 존재하는 것을 보존하고 위험에 노출되는 것을 피하기 위해 고안된다. 그러므로 생존 전략은 생성적이지 않다. 즉, 이것은 변혁, 성장, 또는 변화를 장려하지 않는다. 두려움으로 인해 생존 전략이 과도하게 적용될 때 생존 전략은 우리를 제한하기 시작하며 우리를 무기력한 상태에 잡아 둔다. 여기에 생존과 성장의 중요한 차이가 있다.

생존 전략은 우리가 변화나 미지의 영역에 직면할 때, 특히 현 구조가 붕괴되거나 손실될 가능성이 있을 때 자연스럽게 나온다. 이런 식으로 생존 전략은 진화와 생성적 변화를 보완하거나 방해할 수 있다. 성장과 진화는 분명히 생존(즉, 계속해서 존재)을 수반하지만 그러기 위해서는 우리를 방해하는 생존 전략에서 길을 잃지 않아야 한다. 이는 오직 의식과 알아차림이 확장될 때만 가능하다. 따라서 새로운 가능성을 포함하기 위한 우리의 옵션을 확장시키면서 주기적으로 생존 전략을 검토하고 보강하며 업데이트하는 것이 중요하다.

생존 전략을 알고 다루며 업데이트하는 것은 생성적 변화의 핵심기술이다. 생존 전략은 우리 실존에 깊이 관여하고 있으며 매우 중요하기 때문에 생존 전략을 변경하는 것은 단순히 피상적으로 조정하는 문제가 아니다. 생존 전략을 업데이트하는 것은 주요한 삶의 상황을 검토하여 각자의 수준에서 자신의 경험으로 새로운 자원을 가져오는 것을 의미한다.

생성적 변화 촉진하기

시대에 뒤떨어진 생존 전략을 초월하고 개인적 진화와 '각성'을 이루기 위해 우리가 누구인지, 세상에서 가능한 것이 무엇인지에 관한 우리의 정신적 지도는 더 확장되어야 하며 완전히 새로운 방식으로 낡은 한계점을 인식해야 한다. 이를 위해서 인류학자이자 체계이론가인 그레고리 베이트슨(Gregory Bateson)이 말한 4차 학습(개인이나 종 안에 이전에 존재하지 않았던 '완전히 새로운' 것의 창조) 수준에서 배우면서 낡은 사고방식을 깨고 '상자 밖으로 나오는 것'이 필요하다. 그러한 생성적 의식

(generative consciousness)은 반드시 우리가 이전에 지니고 있던 지식과 알아차림을 모두 **포함**하고 **확장**시켜야 한다.

　진정한 생성성은 종종 그 자리에 지나치게 경직되어 있는 현 구조의 붕괴를 요구한다. 이러한 붕괴로 인해 보다 원시적이며 통합되지 않은 상태로 회귀하게 되어 우리는 자신의 '그림자'(우리가 싫어하고 회피하고자 하는 행동과 특징들)와 새로운 자원(전에 인식하지 못했거나 활용된 적이 없는) 모두에 직접 접촉하게 된다. 만일 우리가 우리 자신에게 중심을 두고 이런 모든 표현을 담고 있는 알아차림의 전체 장에 연결될 수 있다면 우리는 생성적 상태의 확장, 재조직 그리고 더 큰 통합을 이룰 수 있을 것이다. 이를 통해 우리는 방대하게 향상된 수행수준을 얻게 된다.

적응 주기

생성적 변화와 모든 수준의 학습의 토대는 적응 능력이다. 생태학자이자 환경과
학자 홀링(C. S. Holling, 1979, 1986)은 체계 변화에 대한 일반 모델을 발전시켰고 이
모델은 ① 성장, ② 보존, ③ 붕괴, ④ 재조직의 네 단계로 구성된 **적응 주기**를 제시
한다.

생태계 역학 비교연구에서 비롯된 이 모델은 적응, 회복탄력성, 진화 이면에 있
는 체계 역학에 대한 포괄적인 견해를 제시하면서 성장과 보존뿐만 아니라 파괴와
재조직 과정에 중점을 둔다.

생태계 발달에 관한 전통적 견해는 다음의 두 가지 주요한 기능의 결과다. ① 자
원들의 급속한 증가와 개발이 강조되는 성장과 확장, ② 자원의 축적, 저장, 절약적
인 이용이 강조되는 보존과 균형이다.

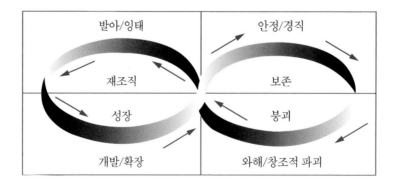

그림 4-1 홀링의 적응 주기는 생태계 변화의 단계를 보여 준다.

장 또는 생태학에서 성장 단계에서 성공하는 종들은 'R-전략가'로 알려져 있다. R-전략가는 무서열 경쟁(scramble competition)에서 성공하는(1등이 승리하는) 환경 속에서 광범위한 분산 능력과 급속한 성장을 하는 것이 특징이다.

보존 단계에서 성공하는 사람들은 'K-전략가'라고 한다. K-전략가는 자원을 보존하고 느린 성장 속도를 보이며 우열을 겨루는 경쟁(contest competition)을 선호하는 환경(상대보다 더 오래 생존하는 사람이 승리하는 환경)에서 번성하는 경향이 있다.*

홀링에 따르면 두 개의 추가 기능이 적응 주기의 핵심이다. 첫째, 붕괴 또는 경제학자 조지프 슘페터(Joseph Schumpeter)가 창조적 파괴라고 명명한 이 단계는 빽빽하게 담아두었던 자원 축적물이 갑자기 '와해될 때' 발생한다(예를 들면, 생태계 안의 산불, 가뭄, 해충 또는 과도한 자원 소모로 인한 결과일 수 있다).

둘째, 재조직 단계는 일반적으로 이러한 붕괴 혹은 와해 기간 이후에 이어진다. 이 시기가 되면 체계의 경계와 내부적 연결은 약하고 불안정해진다. 그렇게 느슨한 경계를 가진 체계는 자원과 참가자를 쉽게 잃거나 얻을 수 있다. 이 기간 동안 체계는 작은 투입물(소위 '나비 효과')에 의해 쉽게 재조직될 수 있으며 기회주의적인 개체나 유기체의 일시적인 출현 및 확장은 흔한 일이다. 이 기간 동안 우연한 사건에 의해 체계의 미래 조직이 만들어질 수 있고 어떤 체계는 새로운 형태의 구조로 변형될 수도 있다.

바로 이 단계에서 새롭거나 변형된 유기체나 개체가 나타나며 결국 생태계를 지배하게 된다. 새로운 개체나 요소는 체계 내에서 이전에 억압되었던 잠재력이 성장하면서 나타날 수도 있고 미개척 영역에서 발아되고 축적된 것이거나 주변 체계에서 옮겨 온 것에서 발생할 수도 있다. 획기적인 혁신 가능성이 증진되는 것도 바로 이 단계다.

성장 단계가 다시 시작되면서 경쟁 과정(무서열 경쟁과 우열을 겨루는 경쟁 모두)은 소수의 종들이 지배하도록 만든다. 이러한 상황에서 나온 새로운 체계는 이전 조직

---

* 역자 주: 생태계 이론에서 R은 인구의 순간 성장률을 나타낸다. K는 '운반 능력' 또는 최대 지속 가능한 인구 크기를 의미한다.

에서의 양상을 복제할 수도 있고 완전히 새로운 것이 될 수도 있다. 내적 통합과 통제력의 결핍은 그 새로운 조직이 어떤 유형의 형태를 취할 것인지 정확하게 예측하기 어렵게 한다.

또한 성장 단계는 자원을 새롭게 축적한다. 이것은 차례대로 다음의 붕괴와 재조직 주기 농안 나타날 개체의 새로운 종과 다른 유형의 생태계에 대한 잠재력을 증진시킨다.

적응 주기에서 생성적 단계는 후자의 두 단계인데 다루기가 매우 어렵다. 그 과정의 일반적 단계는 ① **경직성**과 **침체**를 통해, ② **붕괴**와 **퇴행**으로, ③ **새로운 자원을 발견하고 추가하여**, ④ **더 큰 하나의 전체로 재조직하는 것**으로 진행되는데 이는 다음의 기본적인 단계를 포함한다.

1. **해체하기**
2. **강화하기**
3. **재구성하기**

개인 수준에서 이를 달성하기 위해 NLP 3세대 훈련과 과정은 다음과 같은 기본 구조를 적용한다.

1. 자신의 몸 그리고 지금 이 순간에 뿌리를 내리고 중심을 잡은 자원이 풍부한 상태에서 시작한다.
2. 문제가 되는 경험이나 패턴을 확인하고 그것을 생생하게 그려 본다.
3. 문제가 되는 경험이나 패턴에 개입되어 있는 현재 '신경-언어' 프로그램 구조에 대해 새롭게 알아차림을 확장한다.
4. 그 프로그램의 영향에서 벗어나, 문제가 되는 경험이나 패턴을 포함하고 넘어서는 더 큰 알아차림의 상태에 중심을 두고 뿌리내린 상태로 들어간다(단순히 문제 상태의 양극단이나 반대로 가는 것이 아니라). 이것은 마치 아인슈타인이 "문제를 만들어 내는 것과 같은 방식으로 생각해서는 문제를 해결할 수 없

다.”라고 말했던 것과 같은 상황이다.

5. 그 프로그램을 보다 큰 맥락이나 체계의 일부로 간주하고 맥락이나 체계 안에서 긍정적 의도를 확인한다.

6. 문제가 되는 경험이나 패턴에 개입된 영역보다 더 큰(저변에 그리고 그 너머에) 가능성과 자원의 장을 연결한다. 이것은 그 순간에 가능한 한 당신 자신의 최고 버전이 되도록 하는 세 가지 지능(인지, 신체, 장 지능) 모두에 접속하여 일치된 방향으로 정렬하는 것으로 달성된다.

7. 새로운 자원을 가진 더 큰 알아차림의 틀 안에서 현재의 경험이나 패턴 그리고 그것을 만들어 내고 강화시키는 프로그램을 유지한다.

8. 현재의 프로그램이나 패턴을 포함하고 넘어서서, 이를 더 큰 전체의 기능적인 부분으로 통합하는 새로운 선택이 나타나게 한다.

이 장에서는 NLP 3세대가 생성적 변화를 촉진하는 데 활용할 수 있는 몇 가지 응용 프로그램을 탐구할 것이다.

- 불확실성, 취약성 그리고 어려운 감정에 직면하여 이 자리에 뿌리를 내리고 이 순간에 머물기 위한 훈련하기
- 판단하지 않고 우리 자신과 타인의 잘못을 수용하고 유지하는 능력을 개발하기
- 기대하지 않고 잠재력을 위한 공간을 인식하고 만드는 것을 학습하기
- 우리 자신과 다른 사람들을 연결하는 수준을 심화하고 정렬하기
- ‘4차 입장’ 및 ‘장’에 대한 알아차림을 확장하기

선택

'선택'이란 개념은 (모든 세대) 모든 NLP 과정의 기본이며 생성적 변화의 토대다. 웹스터 사전은 선택을 "자유 의지와 판단 연습을 통해 여러 대안 중에서 고르는" 능력이라고 정의한다. 선택하는 능력은 자유, 지능, 성공의 필수 구성요소다. NLP에서 선택할 수 있는 능력은 인간 진화의 핵심이다. 즉, 진화의 과정은 삶에서 점점 더 많은 선택을 하는 과정이다.

NLP의 공동 설립자 리처드 밴들러(Richard Bandler)와 존 그린더(John Grinder)가 『마법의 구조 I권(The Structure of Magic Volume I)』(1975)에서 지적한 바와 같이 자신이 처한 상황에 제대로 대처하지 못하는 사람들과 그와 반대로 효율적으로 대처하는 사람들 간의 차이는 그들이 세상를 바라보는 내적 지도에서 자신에게 유용하다고 여겨지는 것을 선택하는 기능에 있다.

> 창의적으로 반응하고 효과적으로 대처하는 사람들은…… 자신의 상황에 대한 풍부한 표상이나 모델을 가지고 자기 행동을 선택할 때 넓은 범위의 옵션을 지각하는 사람들이다. 다른 사람들은 선택의 여지가 거의 없고 이 모든 것이 별로 매력적이지 않다고 경험한다. ……우리가 발견한 것은 세상이 너무 제한적이거나 선택의 여지가 없는 것이 아니라 사람들이 세상에 대해 만든 모델에서 유용하지 않기 때문에 그들에게 열려 있는 옵션과 가능성을 보지 않고 차단해 버리는 것이다.

따라서 '대안'과 '선택' 사이에 미묘하지만 중요한 차이가 있다는 것을 명심해야 한다. **대안**은 사용자에게 부차적인 것이다. **선택**은 그 사람의 지도(한 사람이 '자유의지'와 '판단'을 통해 접근할 수 있는 것들)의 일부가 된 대안이다. 한 개인에게 많은 옵션이나 대안이 주어질 수 있지만 실제로는 선택의 여지가 없다. 선택과 판단에는 가장 적절한 옵션을 내적으로 선발하고 추구할 수 있는 역량과 맥락상 단서가 포함되는 것이다.

또한 선택은 '생태학'의 개념과 밀접하게 결합되어 있다. NLP 기본 전제 중 하나는 사람들은 자신이 할 수 있는 최선의 선택을 한다는 것이다. 즉, 어떤 행동이 아무리 '악하거나' '미치거나' '기괴하게' 보이더라도, 그 당시 그 사람의 능력과 세상 모델을 볼 때 그 사람에게는 최선의 선택이었다는 것이다. NLP는 어떤 맥락에서 하는 모든 행동이 잠재적으로 유용하거나 필수적이라고 본다. 심지어 분노, 좌절, 질투, 혼란 등도 일부 상황에서는 적절하고 생태적인 선택이 될 수 있다.

따라서 NLP에서는 선택을 줄이지 않고 추가하는 것이 중요하다. NLP의 기본 가정은 어떤 사람에게 진정으로 더 나은 선택이 있을 경우 그 사람은 자동적으로 그것을 고른다는 것이다. 관건은 그 사람의 역량과 상황에 비추어 진정으로 '더 나은' 선택을 찾는 일이다.

또한 NLP에서는 개인이 원하지 않거나 문제가 되는 반응 외에 하나 이상의 다른 대안을 갖는 것이 중요하다고 생각한다. 또 "하나의 선택은 절대로 선택이 아니다. 두 개의 선택은 딜레마다. 그 사람이 세 가지 가능성을 가질 때까지는 사실상 합리적으로 선택할 수 있다고 말할 수 없다."고 언급한다. NLP의 역할 중 하나는 점점 더 많은 선택을 생성해 내는 능력을 끊임없이 만들어 내서 사람들에게 제공하는 것이다.

선택은 양보다는 질적일 수 있다. '더 많은' 선택이나 '다른' 선택을 하기보다는 상황이나 사건에 접근하거나 경험하는 질을 선택할 수 있다. 예를 들면, '품위' '일치성' 또는 특정한 '관심의 초점'을 가지고 상황에 접근하는 것은 '질적'인 선택이 될 수 있으며 그것은 그 상황이 어떻게 인지되고 어떻게 의미를 부여받는지에 영향을 끼친다. 양적 선택은 전형적으로 행동과 능력의 수준이며 반대로 질적 선택은 신념, 가치, 정체성의 수준이다.

알아차림: 선택의 근거

선택과 생성적 변화는 알아차림의 확장을 통해 가능해진다. 알아차림은 본래 변혁적이다. 변혁적 스승인 리처드 모스(Richard Moss)가 지적한 것처럼 **당신이 알아차릴 수 있다면 그것이 무엇이든 알아차리는 대상을 넘어 알아차리는 주체인 당신 안에 그 무엇이 있는 것이다.** 이런 방식으로 알아차림으로써 당신은 자동적으로 알아차리는 대상을 넘어서게 된다. 예를 들면, 만일 내가 그 신념을 알아차린다면 그 신념이 아니라 신념을 알아차리고 있는 '내'가 있는 것이다. 만일 내가 알아차리지 못한다면 그 신념은 마치 자동조종장치처럼 주도권을 잡게 된다. 나는 그것에 대해 아무런 선택권이 없다.

하나의 예를 들어 보자. NLP 초기에 저자 로버트 딜츠(Robert Dilts)는 어떤 특정한 결정을 내리는 것을 힘들어하는 내담자와 이야기하고 있었다. 로버트는 내담자의 결정에 방해를 주는 것으로 보이는 내면의 목소리와 결합된 많은 행동 단서에 주목했다. 그래서 로버트는 "당신은 이 결정에 대해 혼잣말을 하나요?"라고 물었다. 내담자는 낮은 목소리로 "내가 혼잣말을 한다고?"라고 따라 말한 후, "아니요. 그렇지 않아요. 저는 혼잣말을 하지 않습니다."라고 대답했다. 이에 조금 놀란 로버트는 계속해서 "확실합니까?"라고 물었다. 내담자는 다시 낮은 목소리로 "확실합니까?"라고 따라 말한 뒤, "네, 확실합니다."라고 대답했다. 로버트는 "제 말은, 제가 당신에게 질문하면 당신은 그걸 혼잣말로 따라하느냐는 것입니다."라고 말했다. 그러자 남자는 "나한테 한 질문을 내가 반복해서 따라한다고?"라고 혼잣말을 했다. 그리고 나서 "아뇨, 전 그러지 않습니다."라고 대답했다.

분명 그는 자신의 내적 처리 과정을 전혀 알아차리지 못하고 있었다. 그 결과 그는 내적 처리 과정에 대한 선택의 여지가 없었다. 마침내 로버트가 내담자에게 자기대화 패턴을 깨닫게 하자 그는 "아." 하고 깜짝 놀라며 "그게 내면의 목소리인가요? 전 그게 바로 현실이라고 생각했어요."라고 말했다.

이와 같은 역동은 '신경언어프로그래밍'의 많은 부분에서 일어난다. 우리는 자주 우리의 세상에 대한 내적 경험과 지도들이 만들어지는 과정을 알아차리지 못하며, 이는 그것과 관련해서 우리가 선택할 수 있는 범위를 크게 제한한다. 그 결과 우리는 '자동조종장치'가 지배하는 많은 시간을 보낸다. 이것이 반드시 문제가 되는 것은 아니지만 이러한 프로그램이 더 이상 우리를 위해 사용되지 않는다면 문제가 될 수 있으며, 이것은 미래를 위한 우리의 적합성을 방해할 수 있다.

무의식 프로그래밍과 생각 바이러스

이와 같은 과정은 실험 집단에 '프로그래밍'을 하는 것으로 일어날 수 있다. 다음 실험을 생각해 보자. 이 과정은 다섯 마리 원숭이를 넣은 우리와 특별히 장치한 냉수 시스템을 준비하는 것으로 시작된다. 실험자들은 우리 안에 한 개의 바나나를 줄에 매달아 놓고 그 아래에 계단을 설치한다. 얼마 지나지 않아 원숭이 한 마리가 계단으로 가서 바나나를 향해 기어오르기 시작할 것이다. 그러나 그 원숭이가 계단에 손을 대자마자 바로 냉수 시스템이 가동되어 우리 안에 있는 **모든** 원숭이가 찬물 세례를 받는다. 잠시 후, 또 다른 원숭이가 계단에 손을 대려고 시도하자 모든 원숭이가 찬물 세례를 받는 같은 결과가 일어난다. 곧 원숭이들은 서로 연계하여 그들 중 어느 하나가 계단으로 향하려고 하면 나머지 원숭이들이 필요하다면 물리적 힘을 사용해서라도 그를 저지할 것이다. 결국 원숭이들은 완전히 계단을 피하게끔 학습된다.

그때 실험자는 냉수 시스템의 가동을 중단한다. 하지만 원숭이들은 계속 그 계단을 피하기 때문에 결코 이 사실을 알아내지 못한다(영토는 변했지만 그들의 지도는 바뀌지 않았다!).

우리에서 원숭이 한 마리를 꺼내고 다른 원숭이로 교체하면 상황은 훨씬 더 흥미로워진다. 새로 온 원숭이가 바나나를 보고 계단을 오르고 싶어 한다. 새로 온 원숭이가 계단으로 다가가자 놀랍게도 나머지 원숭이들이 모두 돌진하여 제지한다. 새로 온 원숭이가 계단을 오르려고 애를 쓰면 쓸수록 나머지 원숭이들은 더욱 거세게 제지한다. 몇 번의 시도 후에 새로 온 원숭이는 계단을 오르려고 하면 공격받는다는 것을 학습한다.

그다음 원래 우리에 있던 원숭이들 중에서 또 한 마리를 꺼내고 두 번째 새로운 원숭이로 교체한다. 두 번째 원숭이도 계단을 향해 가지만 역시 집단에 의해 제지된다. 먼저 교체되어 온 원숭이도 열성적으로 다른 원숭이들과 합세한다("만약 내가 계단에 가서 바나나를 얻을 수 없다면 너도 안 돼!"라고 하듯이). 결국에는 두 번째로 교체된 원숭이 역시 계단과 바나나가 '금기'라는 것을 배운다. 다음으로 원래 우리에 있던 세 번째 원숭이가 새로운 원숭이로 교체된다. 세 번째로 교체된 원숭이가 계단을 향해 이동할 때 역시 다른 모든 원숭이에 의해 제지된다. 그 신참을 가로막는 네 마리 원숭이 중 두 마리는 왜 그들이 계단을 오르는 게 허용되지 않는지 모른다(그들은 찬물 세례를 받은 적이 없었다). 그 두 마리는 다른 원숭이들이 자신에게 했던 방법을 그대로 따라서 반영하고 있는 것이다.

마침내, 원래 우리에 있던 네 번째와 다섯 번째 원숭이가 교체된다. 이제 찬물 세례를 받았던 원숭이들은 모두 우리에서 나갔고 냉수 시스템은 한참 동안 꺼져 있다. 그럼에도 불구하고 새로운 집단의 원숭이들 중 어떤 녀석도 계단으로 접근하지 않는다. 왜 그럴까? 왜냐하면 '그게 늘 있어 왔던 방식이기' 때문이다.

이것이 '생각 바이러스'가 만들어지는 예다. **생각 바이러스**란 원래 그것이 형성된 경험에서 분리된 제한된 신념이다. 첫 번째 원숭이 집단에서 "너는 바나나를 얻으러 계단으로 가면 안 된다."는 신념은 그들 중 한 마리가 시도했을 때 모두가 물세례를 받은 불편한 개인적인 경험을 바탕으로 했다. 그러나 두 번째 집단은 그런 경험이 전혀 없었다. 그 원숭이들은 사회적 맥락에서 "너는 바나나를 얻으러 계단으로 가면 안 된다."라고 배웠던 것이다.

다른 실험에서『붉은털 원숭이 사이에 학습된 특정 반응의 문화적 습득(Cultural acquisition of a specific learned response among rhesus monkeys)』(Stephenson, G. R.,

1967) 연구진은 성숙한 붉은털 원숭이 수컷과 암컷에게 앞의 실험에서와 같은 불편한 결과를 이용하여 특정 대상물에 손을 대는 것을 회피하도록 훈련시켰다. 그런 다음에 연구진은 한 우리 안에 그 대상물에 대해 전혀 모르는 훈련되지 않은 원숭이, 그 원숭이와 동일한 연령과 성별을 가진 훈련된 원숭이 그리고 회피하도록 훈련된 대상물을 함께 넣었다. 실제로 한 사례에서 사전에 훈련된 수컷은 아무것도 모르는 그의 파트너를 그들이 상호작용하는 기간 내내 그 대상물로부터 멀리 끌고 간 것으로 나타났다. 더욱 흥미로운 것은 다른 사례에서도 훈련된 원숭이들은 훈련되지 않은 원숭이가 대상물에 접근할 때 그 대상물을 피하도록 채근하면서 '무서운 자세를 취하고 위협적인 얼굴 표정'을 드러낸 것으로 나타났다. 훈련된 수컷과 짝이 되어 본 경험이 있는 훈련되지 않은 수컷들 대부분은 나중에 혼자 그 대상물과 우리 안에 남았을 때도 그 대상물을 완전히 회피했다. 그러나 훈련된 원숭이들과 교류가 없었던 원숭이들이 그 대상물에 대해 보이는 관심은 우리 안의 다른 물건에 대한 관심과 차이가 없었다.

이 실험은 이런 유형의 '프로그램'이 행동(즉, 훈련된 원숭이가 대상물로부터 파트너를 멀리 끌고 가는 것)을 통해 직접적으로 전달될 수도 있고 또는 거울 뉴런을 통해(훈련된 원숭이가 자신의 파트너가 대상물에 다가갈 때 위협하는 표정과 무서운 자세를 드러내는 경우처럼) 전달될 수 있음을 보여 준다. 그 결과 신념은 어떠한 신체적 접촉 없이도 원숭이들이 상호작용하는 '장'을 통해 획득되고 전달된다는 것이다. 특히 어린 나이에 거울 뉴런을 통해 우리 자신이 얼마나 많은 프로그래밍을 어떻게 획득하게 되었는지를 생각해 보는 것은 흥미롭다.

이러한 신념이나 '생각 바이러스'는 여러 가지 이유 때문에 변경이나 수정이 어려울 수 있다. 그것은 회피와 관련 있기 때문이다. 조건이 바뀔 때(예를 들면, 첫 번째 실험에서 냉수 시스템이 꺼졌을 때)조차 원래 있던 집단은 그것을 발견하기가 쉽지 않다. 그들은 위험을 무릅쓰고 시험해 보려고 하지 않기 때문이다. 두 번째 집단에게는 또 다른 이유가 있다. 그 신념이 행동의 불편한 결과를 직접 경험해서 얻은 것이 아니기 때문에 외부 조건이 바뀐다 해도 그 신념은 자동적으로 업데이트되지 않는다. 만일 첫 번째 실험에서 원래 있던 원숭이 집단이 냉수 시스템이 꺼져 있다는 것을 알아낸다면 그들은 조심스럽게 다시 계단으로 다가갈 것이다. 하지만 두 번째 집단의 경우, 처음에 물은 피해야 할 이유가 아니었다. 그것은 그저 '해서는 안 되는 것'이었다.

이런 상황에 새로운 알아차림과 새로운 선택을 가져오는 것은 중요한 (그리고 공농의) 도전이며 우리는 그것을 다루는 몇 가지 방법을 이 장에서 보여 줄 것이다.

차세대 NLP 코칭

차세대 NLP가 주로 적용되는 틀은 코칭이다. 이는 1970년대 NLP의 기원 이후 등장하여 엄청난 성장을 이룬 영역이다. NLP의 고유한 형식과 기법들 중 많은 것은 심리치료의 틀 안에서 개발되었다. 코칭은 심리치료보다 훨씬 넓은 범위의 일상적 문제를 해결하며 개인뿐만 아니라 집단이나 조직에도 적용될 수 있다.

일반적으로 **코칭**은 개인과 팀이 자기 능력을 최대한 끌어내어 수행할 수 있도록 돕는 과정이다. 그 과정은 사람들의 강점을 끌어내고 개인적 장애와 한계를 넘어 최고 기록을 달성하게 하며 팀원으로서 보다 효율적으로 기능하도록 촉진한다. 따라서 효율적 코칭을 위해 일과 관계 모두에 비중을 두는 것이 필요하다.

코칭은 특정 목표들을 정의하고 성취하는 데 집중하면서 생성적 변화를 강조한다. 코칭 방법론은 문제 지향적이 아니라 결과 지향적이다. 그 방법론은 문제나 과거의 갈등을 해소하는 것과는 대조적으로 생각과 행동을 위한 새로운 전략 개발을 촉진하는 매우 해결 중심적인 경향이 있다. 문제 해결이나 치료를 통한 변화는 상담과 치료요법에 더 관련되어 있다.

흥미롭게도 '코치(coach)'라는 용어는 고급 사륜마차, 수레 그리고 마차들이 만들어졌던 **코치**(Kocs)라는 헝가리의 작은 마을의 이름에서 유래된 것이다. 코치(Kocs)는 비엔나와 부다페스트 사이를 흐르는 다뉴브 강변의 주요 도로에 위치한 마을이다. 이 도시에서는 울퉁불퉁한 도로 위로 두 명 이상의 사람들을 편안하게 수송할 수 있는 튼튼하고 빠른 운송수단이 필요했다. 이처럼 여러 말이 끄는 가장 좋은 수레들 중 하나(끈으로 된 서스펜션 장치가 있는 가볍고 적당히 편안한 네 개의 바퀴가 달

그림 4-2 코치는 원래 현재 상태에서 원하는 상태로 사람들을 실어 나르는 운송수단이었다.

린 승객 수송용 마차)를 헝가리어로 **코치세키**(kocsiszekér), 문자 그대로 '코치(Kocs)에서 만든 마차'라고 부른다. 이 마차는 작으면서도 정교하고 튼튼해서 15세기와 16세기의 유럽 전역에 그 디자인이 널리 퍼졌다. 비엔나 사람들은 이 마차를 헝가리 마을의 이름을 따서 **쿠츠**(Kutsche)라고 불렀다. 파리에서는 그 오스트리아 말을 **코쉬**(coche), 로마에서는 **코키오**(cocchio)라고 하였다. 마침내 그 운송수단이 영국에 등장했고 **코치**(coach)라고 불렸다. 그러므로 **코치**는 원래 '사륜마차나 마차'를 의미했다. 오늘날에도 '객차(coach)'를 타고 철로나 항로로 여행한다고 하는 경우 이런 의미를 담고 있다. '코치'는 말 그대로 출발 장소에서 원하는 장소까지 개인이나 단체를 실어 나르는 운송수단이다.

교육적 의미에서 코칭의 개념은 지도교사가 시험을 통해 학생들에게 '전달'하거나 '운반'한다는 개념에서 파생되었다. 교육적 코치는 '개인 지도 교사' '연주자 또는 연주자 집단을 지도하거나 훈련시키는 사람' 혹은 '선수들에게 경쟁적인 스포츠의 기본을 교육하고 팀의 전략을 지시하는 사람'이라고 정의된다. 코치가 되는 과정은 '(교육과 강의를 함으로써) 집중적으로 훈련시키는' 것으로 규정된다.

스포츠에서 코치는 선수들이 훈련하는 동안 함께하고 관찰하면서 그들이 최고의 성과를 낼 수 있도록 격려와 피드백을 제공한다. 예를 들면, 조정 코치는 선수 옆을 따라 움직이는 보트를 탄다. 코치는 선수들을 지켜보며 "앞 사람의 무릎을 주시해라." "가슴을 펴고 양 어깨를 강하고 부드럽게 유지해라."와 같은 말을 하며 선수들

그림 4-3　스포츠 코치는 격려와 피드백을 주면서 선수들을 관찰한다.

에게 개인으로서 그리고 한 팀으로서 그들이 수행하는 다양한 측면을 주시하도록
지시한다.

　따라서 코칭은 개인이나 집단이 기대하는 가장 효율적이고 효과적인 **경로**를 따
라 **현재 상태**에서 **원하는** 상태로 이동할 수 있도록 운송수단을 제공하는 것이다. 이
여정을 달성하기 위해서는 핵심 **자원**을 확인하여 적소에 채워야 하고, 잠재적 **장애
물**은 확인하여 적절히 처리해야 한다. [그림 4-4]의 도식으로 기본적인 코칭 과정
을 요약할 수 있다.

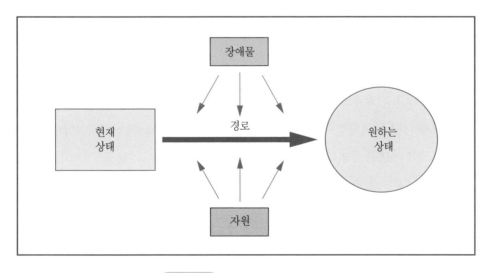

그림 4-4　일반 코칭 과정의 도식

NLP 모든 세대의 기술과 도구는 특별히 효과적인 코칭을 촉진하는 데 적합하게 맞춰져 있다. 잘 구성된 목표에 맞춘 NLP의 초점, 탁월한 수행자를 모델링하는 NLP의 기본 그리고 우수성을 촉진하기 위해 단계별 과정을 만드는 NLP의 능력은 NLP를 모든 유형의 코치들을 위한 중요하고 강력한 자원이 되게 한다.

효과적인 코칭을 지원하는 일반적인 NLP의 기술, 도구, 기법은 목적과 잘 구성된 성과 세우기, 내적 상태 관리하기, 다양한 지각적 입장 취하기, 우수한 순간 식별하기, 자원을 아우르는 지도 만들기, 양질의 피드백 제공하기를 포함한다.

대문자 'C'와 소문자 'c' 코칭

역사적으로 코칭은 주로 특정한 행동 수행을 개선하는 데 초점을 맞추어 왔다. 이런 유형의 효과적인 코치(예를 들면, '발성코치' '행동코치' '야구코치')는 한 사람의 행동을 관찰하여 구체적 맥락과 상황에서 어떻게 개선할 수 있는지에 대한 방법과 안내를 제공한다. 이는 주의 깊은 관찰과 피드백을 통해 그 사람의 행동 능력의 발전을 장려하는 것을 포함한다.

그러나 생성적 변화를 증진시키는 코칭은 다양한 수준의 지원이 필요하며 여기에는 행동, 능력, 신념, 가치 그리고 정체성에 이르기까지 다양하다. 우리는 이런 유형의 코칭을 대문자 'C' 코칭이라 말한다[『코치에서 일깨우는 자까지(From Coach to Awakener)』(R. Dilts, 2003)].

소문자 'c' 코칭은 행동 수준에 더 초점을 두고 있다. 그것은 다른 사람이 특정한 행동을 수행하고 개선할 수 있도록 돕는 과정을 말한다. 원래 소문자 'c' 코칭 방법은 자원과 능력을 의식적으로 깨닫고 의식적 능력의 발달을 촉진시키는 스포츠 훈련 모델에서 파생된 것이다.

대문자 'C' 코칭 혹은 생성적 코칭은 사람들이 효과적으로 다양한 수준에서 성과를 이루도록 돕는 것을 포함한다. 이것은 정체성과 가치를 강화하고 꿈과 목표를 현실화하는 데 집중하면서 생성적 변화를 강조한다. 여기에는 소문자 'c' 코칭의 기술뿐만 아니라 훨씬 더 많은 기술이 포함된다.

대문자 'C' 코칭은 본질적으로 '일깨우는 자(awakener)'가 되는 것이다. 타인을 일

깨우는 것은 알아차림을 확장하고 비전, 미션, 정신의 수준에서 성장할 수 있도록 그들을 지원하는 것을 뜻한다. 일깨우는 자는 타인에게 그 사람이 속해 있는 전체 체계에서 목적, 자아 그리고 역할에 대한 이해와 알아차림의 최대치를 이끌어 내는 맥락과 경험을 제공함으로써 그 자신의 최고 버전이 되도록 지원한다.

만약 당신이 여전히 잠들어 있는 상태라면 다른 사람을 깨울 수 없다는 것은 자명하다. 그러므로 일깨우는 자의 첫 번째 과제는 일어나서 깨어 있는 상태로 있는 것이다. 일깨우는 자는 자기 자신의 인격의 통합과 일치성을 통해 타인을 '각성시킨다(awakens)'. 일깨우는 자는 자신의 비전과 사명에 완벽하게 접촉한 상태가 되어 다른 사람들로 하여금 그들의 비전과 사명에 닿을 수 있게 한다. 다시 말해, 우리가 우리 자신의 최고 버전이 됨으로써 일깨우는 자가 되는 것이다.

코칭과 '내부게임'

지난 20년에 걸쳐 코칭의 성장은 오늘날의 도전적이고 변화하는 세상에서 성공하기 위해 필요한 것은 무엇인지에 대한 새로운 인식을 가져왔다. 그동안의 주된 학습 중 하나는 사람들이 그들의 '내부게임'을 발전시킬 수 있도록 돕는 것이 최상의 능력을 발휘하는 데 필수적이라는 것이다.

어떤 활동이든 **외부게임**을 숙달하는 것은 그 활동의 행동적인 측면과 환경적인 측면을 효과적으로 관리하기 위해 필요한 능력을 향상시키는 것과 관계가 있다. 스포츠에서는 경기를 하고 장비(테니스 라켓, 스키, 공, 배트, 장갑 등)를 사용하는 것과 관련된 신체적인 요소들을 의미한다. 비즈니스 환경에서는 중요한 과업을 완수하고 시장에서 효과적으로 경쟁하기 위해 필요한 도구를 적용하고 절차를 시행하는 것과 관련이 있다.

내부게임은 자신이 하고 있는 행동에 대한 내면의 정신적, 정서적 접근과 관계가 있다. 이것은 마음가짐, 자기 자신과 팀에 대한 믿음, 효과적으로 집중하는 능력, 실수와 압박감을 처리하는 방법 등을 포함한다. 내부게임의 개념은 티모시 갤웨이(Timothy Gallwey, 1974, 2000)에 의해 창시되었으며, 사람들이 다양한 스포츠(테니스, 골프, 스키 등), 음악, 비즈니스 및 경영 훈련을 하는 것에 탁월한 성과를 내는 것을 돕기 위한 방법으로 사용되었다.

갤웨이에 의하면,

모든 인간의 노력에는 두 개의 약속된 경기장, 즉 외부 경기장과 내부 경기장이 있다. 외부게임은 외부적인 목표를 달성하기 위해 외부의 장애물을 극복하는 것으로 외부 경기장에서 펼쳐진다. 내부게임은 플레이어의 내면에서 일어나며 두려움, 자기 의심, 집중력 저하, 제한적 관념 또는 제한적 가정과 같은 내적 장애물에 대항하는 것이다. 내부게임은 개인이나 팀이 그들의 잠재력을 최대로 발휘하는 것을 방해하는 스스로 만들어 낸 장애물을 극복하는 것이다.

과거 하버드 대학교 테니스부 주장이었던 갤웨이는 1970년대에 명상 기법을 훈련하기 시작했다. 그는 이 훈련이 자연스럽게 테니스 실력을 향상시키고 인지 능력과 집중력을 강화시켜 준다는 것을 발견했다. 갤웨이의 내부게임 훈련은 개인이 비평가적 자기 관찰(non-judgmental self-observation)을 사용하는 특정 원리에 기반을 두고 있다. 이러한 방법으로 인지 능력을 향상시킴으로써 그 사람의 신체는 최고의 능력을 발휘하기 위해 자동적으로 조정하고 바로잡을 것이다.

외부게임과 내부게임이 협력할 때 소위 '몰입 상태에서 경험하기(playing in the zone)'라고 일컬어지는, 인위적 노력이 없는 탁월한 상태로 흘러간다. 집중과 몰입 **상태**에 있다는 것을 알려 주는 지표는 다음과 같다.

- 불안이나 자기 의심은 없이 자신감을 느끼는 상태
- 실패에 대한 두려움이 없는 상태 혹은 목표를 달성하는 것에 대한 자의식
- 훌륭하고 뛰어나게 수행하는 것에 대한 집중
- '겸손한 권위'의 감각ㅡ오만함이 없는 자신감
- 이완되고 준비된 신체 상태와 여유 있는 마음에 집중된 상태
- 고민하거나 애쓰지 않고 나타나는 능력

이와 반대되는 상태인 불안, 자신감 결여, 에너지 부족, 두려움, 스트레스, 정신적 마비는 수행의 여러 영역에서 많은 어려움과 도전을 유발한다. 다시 말해, **사람들의 마음속에 있는 제약이 그들의 능력을 제한**하는 것이다.

어떤 분야에서든지 성공은 마음과 몸을 함께 사용하는 것을 필요로 한다. 일을

잘 수행하기 위해 정신적으로 그리고 정서적으로 자신을 준비하는 것이 내부게임의 핵심이다. NLP 3세대의 관점에서 보면 내부게임을 숙달하는 것은 우리의 세 가지 마인드로부터 지능을 동원하고 연합시키는 것이다.

'허드슨 강의 기적' 사례

내부게임을 완전히 익히는 것에 대한 중요성은 2009년 1월 15일에 있었던 소위 '허드슨 강의 기적'이라 불리는 기장과 승무원들의 사례에서 볼 수 있다. US 항공사의 항공기1549는 철새 떼와 충돌하면서 엔진 두 개가 모두 멈췄고 뉴욕시의 허드슨 강에 불시착해야 했다. 기장과 승무원들의 평정심과 집중력 덕분에 승객 155명 모두 비행기 밖으로 안전하게 탈출했고 근처 선박에 의해 구조되었다.

뜻밖의 극한 위기 상황에서도 체슬리 설렌버거(Chesley Sullenberger) 기장이 평정심을 유지하고 자신의 탁월함의 영역에 머무를 수 있었던 덕분에 성공적으로 허드슨 강에 비상착륙을 할 수 있었다. 철새 떼와 충돌하여 두 개의 엔진이 모두 꺼진 상태로 강에 불시착하기까지는 고작 3분의 시간밖에 없었다. 기장은 승객 전원을 대피시킨 후 기내를 두 바퀴 돌며 남아 있는 사람이 없는지 확인한 후 가장 마지막으로 빠져나왔다.

위기 상황에서 그의 침착하고 차분한 대응은 널리 찬사를 받았지만 그 상황은 설렌버거에게도 결코 쉬운 일은 아니었다. 사실 그는 인생의 내부게임을 해야만 했다. 그가 탁월함의 내부 영역에 머물러 있지 않았거나 패닉에 빠졌거나 생존 전략의 하나인 투쟁(fight), 도망(flight), 정지(freeze) 사이에서 방황했다면 분명 많은 사람이 생명을 잃었을 것이다. 이 놀라운 이야기에서 '차이를 만드는 차이'는 아마도 자신의 내부 상태를 잘 다스리는 기장의 능력이었을 것이다.

비행기가 강을 향해 활공했을 당시의 내면의 감정에 대해 질문하자 그는 "외부는 침착했고 내면은 혼란스러웠다."라고 말했다. 설렌버거는 이보다 더 긴장됐던 적은 없었지만 평정심을 유지할 수 있었다고 했다. 기장은 착륙 직전 자신의 감정 상태는 그동안 한번도 경험해 보지 못한 '굉장히 끔찍하고 가슴이 철렁 내려앉고 바닥으로 떨어지는 기분'이었다고 설명했다. 그럼에도 불구하고 설렌버거는 탁월함의 영역에 머무를 수 있었고 항공 역사상 가장 성공적인 비상착륙이라 불리는 일을 해냈다.

내적 혼란이 존재하는 상황에서 평정심에 대한 설렌버거의 설명은 힘든 감정을 '안아주는' 능력이라 말할 수 있다. 우리가 격렬한 내면의 반응을 안아줄 수 있을 때 그 반응을 뛰어넘는 거대한 내부 상태에서 그 감정과 함께할 수 있고 그 자리에 그대로 있을 수 있다. 그 감정에 빠져 있거나, 대항하여 맞서거나, 통제하려 애쓰는 대신에 그 자리에서 오히려 자원으로 이용할 수도 있다.

항공기1549와 같은 '기적'을 이루는 것은 인지, 신체, 장의 세 가지 마인드에 대한 지능을 활성화시키고 정렬시키는 것을 필요로 한다. 비록 방법이 '근육 속에' 충분히 내재되어 있지 않더라도 인지적 방법과 지능은 항공기를 능숙하게 조종하는데 필수적이다. 신체적인 요소 또한 중심에 있으며 침착하게 열린 내부게임과 몰입 상태에 연결되어 있다는 것을 알 수 있다. 장 요소들은 신뢰와 탁월함의 집단 영역을 형성하기 위해 팀의 집단 지능과 능력을 자극하고 조직화할 수 있는 것과 관련이 있다.

리더십과 협동작업 그리고 거울 뉴런의 영향에 대한 흥미로운 실례로서 설렌버거는 자신이 침착할 수 있었던 이유 중 하나가 승무원들이 차분하고 침착했기 때문이라고 주장했다. 그러나 승무원들은 기장이 자신감에 차 있었고 상황을 조절하고 있다고 확신했기 때문에 침착할 수 있었다고 주장했다. 마찬가지로 승객들은 기장과 승무원들의 태도가 그들을 침착하게 했다고 전했다. 동시에 승무원들은 승객들의 침착함과 협조 덕분에 차분함을 유지할 수 있었다며 승객들에게 감사를 표했다.

비슷한 현상이 2001년 9월 11일의 재앙에서 생존한 사람들에 의해 전해지고 있다. 그 상황 속에서 침착하고 집중된 상태를 유지하며 서로 그 상태를 유지할 수 있도록 도와준 덕에 쌍둥이 빌딩에 있던 많은 사람이 패닉에 빠지지 않고 수많은 계단을 내려와 빌딩 밖으로 안전하게 나올 수 있었으며, 그 비참한 사건에 더 많은 인명 손실을 가져오는 것을 상당히 감소시킬 수 있었다. 이러한 상호 지지는 사람들이 각자 그들의 탁월함의 영역에 머무를 수 있도록 서로의 능력을 강화시키는 장의 한 유형을 만든다. 이것은 앞서 언급된 원숭이 실험(회피의 생각 바이러스를 만드는 주요 원숭이 집단에서 학습된 두려움)의 효과에 대한 긍정적인 측면을 잘 보여 주고 있다.

훈련의 중요성

몰입의 영역에 머무르고 세 가지 마인드를 통합하는 능력을 갖기 위해서는 물론 많은 준비와 훈련이 필요하다. 기장 설렌버거가 "이 기적을 바라보는 한 가지 방법은 제가 지난 42년 동안 교육과 훈련을 통해 조금씩 규칙적으로 경험을 저축해 왔다고 할 수 있습니다. 그리고 지난 1월 15일 잔고가 충분했기에 엄청난 거액을 인출할 수 있었습니다."라고 말한 것과 같다.

고대 그리스 철학자 아리스토텔레스는 "현재의 우리는 우리가 반복적으로 하는 행동의 결과다. 따라서 탁월함은 행동이 아니라 습관이다."라고 주장했다. 말콤 글래드웰(Malcolm Gladwell)의 저서 『아웃라이어(Outliers: The story of success)』(2008)에서 그는 '1만 시간의 법칙'에 대해 여러 차례 언급했다. 글래드웰은 전문 지식과 전문가 수행에 대해 연구한 심리학자 앤더스 에릭슨(Anders Ericsson, 2006)에 의해 발표된 연구를 인용하여 어느 분야에서든 성공하기 위한 열쇠는 1만 시간의 훈련이 관건이라고 주장했다.

'아웃라이어'는 평범한 경험을 벗어난 어떤 것 또는 어떤 현상에 대해 설명하는 과학적 용어다. 글래드웰의 책에서 그는 아웃라이어인 사람들, 즉 보통 사람들의 범주를 뛰어넘어 성공을 거둔 특출한 사람들에게 초점을 맞춘다. 글래드웰은 그런 업적을 달성하기 위해서는 훈련이라는 형태의 막대한 시간 투자가 필요하다고 주장한다. 그는 비틀스(The Beatles), 빌 게이츠(Bill Gates), 로버트 오펜하이머(Robert Oppenheimer) 등 다양한 사람의 예를 들면서 그들이 성공의 서막으로 '1만 시간의 법칙'을 어떻게 충족시켰는지 보여 준다. 예를 들면, 비틀스는 독일 함부르크에서 1960년부터 1964년까지 1,200번 이상의 라이브 공연을 통해 1만 시간 이상의 연주를 하며 1만 시간의 법칙을 충족시켰다. 글래드웰은 비틀스가 공연을 하며 보낸 그 모든 시간이 그들의 재능을 발달시켰고 "그래서 그들이 독일 함부르크에서 영국으로 돌아왔을 때 '그들은 그 누구도 범접할 수 없는 연주를 했다. 그것이 그들을 만들었다.'"라고 주장한다.

빌 게이츠는 그가 13세였던 1968년에 한 고등학교에서 컴퓨터를 사용할 수 있는 기회를 얻었고 1만 시간을 프로그래밍하는 데 보내며 1만 시간의 법칙을 충족시켰다. 인터뷰에서 게이츠는 그 당시 흔치 않았던 컴퓨터에 지속적으로 접근할 수 있었던 특별한 기회가 성공을 거두는 데 도움이 됐다고 말했다.

1만 시간이 엄청난 시간(일주일에 20시간씩 10년 동안)인 것 같지만 진정한 발전과 변화를 추구한다면 가치 있는 투자다. 우리의 동료이자 친구인 린 콘웰(Lynne Conwell)은 "당신이 훈련한 것이 당신을 만든다."라고 말한다.

또한 1만 시간의 훈련이 기본적인 수준이나 어느 정도 괜찮은 수준에 이르기 위해서 요구되는 것은 아니라는 점을 언급하는 것은 중요하다. 우리는 훨씬 짧은 시간 안에 그런대로 만족스러운 수준에 도달할 수도 있다. 이런 방식의 훈련은 단순히 아무 생각 없이 기계적으로 반복하는 것이 아니라는 것을 기억해 두는 것이 좋겠다. 따분하고 지루한 활동이라기보다 프랙털(fractal)이 형성되는 상호작용 과정과 같은 것이다.

뿐만 아니라 다양한 종류의 '심리 연습'을 통해 기술의 습득을 가속화할 수 있다는 것을 보여 주는 논문이 늘어나고 있다. 자기최면과 같은 다른 방법론들은 우리가 잠을 자는 동안에도 심리 연습을 할 가능성을 창조할 수 있다(이렇게 해서 잠재적으로 1만 시간에 도달하기 위해 걸리는 총 시간이 단축될 수 있다).

그러나 어느 분야에서든지 뛰어난 능력과 탁월함을 발휘하기 위한 토대는 훈련으로부터 시작한다는 것이 핵심이다. 신체 훈련은 외부게임의 기술을 쌓는 것이고 게임을 하는 동안 그 기술들을 의식적으로 생각하지 않아도 되게끔 '근육에 각인(muscle memory)'시키는 것이다. 마찬가지로 내부게임을 향상시키는 데 도움을 주는 심리 운동과 신체 운동이 있다.

몰입 상태 유지 훈련하기: COACHing 대 CRASHing

상황은 항상 변하고 있지만 늘 진보하고 있는 것은 아니다. 예를 들면, 과도기와 전환기에는 잘 알지 못하고 익숙하지 않은 것을 마주하는 두려움을 만나고 상실감과 싸우며 자신이 약하다는 느낌과 같은 여러 가지 도전이 생길 것이다. 이런 상황은 우리를 전혀 도움이 되지 않는 생존 전략, 즉 공격, 회피 또는 경직(투쟁, 도망, 정지와도 같음)으로 빠뜨릴 수 있다. 결과적으로 일시적인 퇴보, 무기력함, 양가감정, 내려놓기 힘듦, 혼란과 갈등을 야기할 수 있다.

이럴 때 우리는 CRASH라는 단어 안에 있는 글자로 요약될 수 있는 막다른 상태에 빠질 수 있다.

- Contraction: 위축
- Reaction: 반응
- Analysis: 분석
- Separation: 분리
- Hurt: 마음의 상처

변화를 통해 발전하기 위해서는 유연성, 안전성, 균형성, 연결성 그리고 내려놓는 능력과 같은 자질을 기르는 것이 중요하다. 이것은 중심을 잡고 탁월함의 영역에 머무르며 자아의 범위 밖에 있는 무언가와의 연결에서부터 온다. 이 과정은 우리가 COACH 상태라고 부르는 것으로 특정짓는다.

- <u>C</u>entered: 중심 잡힘
- <u>O</u>pen: 열려 있음
- <u>A</u>ttending with Awareness: 알아차림에 주의집중
- <u>C</u>onnected: 연결됨
- <u>H</u>olding: 안아주기

COACH 상태는 이 책에서 탐색해 온 신체, 인지, 장의 세 가지 마인드에 대한 일관성 및 일치 상태를 나타낸다.

특히 도전과 변화에 직면했을 때 최상의 상태로 COACH 상태(탁월함의 영역)에 머무르기 위해서는 자신의 능력을 창조하고 강화하는 것을 도와주는 훈련을 하는 것이 중요하다. 삶이 순조롭게 진행될 때는 균형을 유지하기가 쉽지만 격변의 시기에 평정을 유지하기 위해서는 이러한 자질이 근육에 각인될 때까지 발달시켜야만 한다. 변화에 대비하는 것은 풍부한 자원을 가지고 그 시기를 헤쳐 나갈 수 있도록 준비하기 위한 지속적인 훈련을 필요로 한다.

NLP 초창기 세대는 기법에 가장 큰 주안점을 두는 경향이 있었다. NLP 3세대는 미래를 위한 적합성과 생성적 변화의 핵심 부분으로 훈련의 중요성에 초점을 맞추고 있다.

몰입 영역 찾기

다음의 실습은 처음에 우리의 동료인 존 웰우드(John Welwood)[『깨달음의 심리학(Toward a Psychology of Awakening)』의 저자]로부터 학습했으며 간단하지만 심오한 내부게임 훈련에 바탕을 두고 있다. 원래는 명상 훈련의 한 부분으로 그의 아내 제니퍼(Jennifer)에 의해 개발되었다.

우리는 COACH 상태의 모든 요소를 포함시키기 위해 이 실습을 약간 조정하고 수정하였다. 이 실습의 목적은 신체 마인드에서부터 인지 마인드, 장 마인드까지 지능의 세 가지 유형 모두에 접근하고 일치시키는 것이다. 곧 알게 되겠지만 이 실습은 앞에서 설명한 수많은 구성과 훈련을 통합하고 있다.

1. 편안한 자세로 앉거나 서서 두 발을 바닥에 닿게 하고 척추는 긴장을 푼 상태로 똑바로 세워 '수직축을 만든다.' 호흡이 규칙적인지, 복식호흡을 하고 있는지 체크한다(짧고 빠른 흉식호흡은 스트레스 상태에 있음을 나타낸다).

2. 발바닥에 집중한다(즉, '마음'을 발에 둔다). 발바닥에서 감각의 세계를 인식한다. 발꿈치, 발가락, 발바닥의 아치 그리고 발볼의 표면을 느껴 본다.

3. 발의 물리적 부피(3차원 공간)를 느껴 보기 위해 의식을 확장한다. 그리고 나서 의식을 다리의 아래쪽부터 점차 무릎, 허벅지, 골반, 엉덩이 쪽으로 이동시킨다. 배 중심부를 인식하고 깊게 숨을 들이쉰 후에 자기 자신에게 "나는 여기에 있어." "나는 여기에 존재하고 있어." "나는 중심이 잡혀 있어."라고 말한다.

4. 계속해서 하반신에 의식을 두고 점차 명치, 척추, 폐, 갈비뼈 그리고 가슴으로 확장한다. 가슴 위쪽의 중심부에 주의를 집중하고 호흡한 뒤 "나는 열린 사람이야." "이제부터 시작이야."라고 말한다.

5. 이제 의식을 어깨부터 팔 위쪽, 팔꿈치, 팔 아래쪽, 손목, 손 그리고 손가락으로 확장하고 다시 목, 목구멍 그리고 얼굴로 이동한다. 머리에 있는 모든 감각기관(눈, 코, 입, 귀, 혀)도 꼭 포함시켜야 한다. 그다음 두개골, 뇌, 눈 뒤쪽에 위치한 머리의 중심부로 의식을 가져온다. 머리 중심부에 숨을 불어넣는다는 생각으로 호흡하며 산소와 에너지를 들여오고 "나는 깨어 있어." "나는 인식하고 있어." "나는 또렷하고 분명히 깨어 있어."라고 말한다.

6. 발부터 시작해 세 중심부(배, 가슴, 머리)를 포함하여 몸에서 계속되는 신체적 감각과 접촉하고 당신의 아래쪽 모든 공간을 인식하며 지구의 중심으로 들어간다. 당신 위의 모든 공간과 왼쪽의 모든 공간, 오른쪽의 모든 공간, 뒤쪽의 모든 공간, 앞쪽의 모든 공간을 인식한다. 당신의 발과 배, 가슴, 머리의 중심부에 환경과 장이 깊이 연결되어 있음을 느껴 본다. 당신 내부와 주변의 장에 마련된 방대한 자원을 인식하고 "나는 이 모든 것과 연결되어 있어."라고 말한다.

7. 이 상태에서 당신은 두려움, 분노, 슬픔 등 불안감을 주는 에너지뿐만 아니라

활용 가능한 모든 자원, 강점, 지능과 지혜를 가질 수 있다. "어떤 일이 일어나더라도 다룰 준비가 되어 있어."라고 자신에게 말함으로써 이러한 능력을 확인한다.

몰입 영역인 COACH 상태를 훈련하는 것은 '허드슨 강의 기적' 사례에서 기장 설렌버거가 극도의 공포 속에서 두려움을 다룰 수 있었던 것처럼 침착하고 명확한 상태에서 더 많은 경험을 할 수 있게 한다.

한 예로, 이 책의 저자인 로버트 딜츠가 메이저 국제은행의 부은행장인 한 남자를 코칭하고 있을 때였다. 수년 동안 그는 많은 시간과 에너지와 감정을 들여 큰 프로젝트를 책임져 왔다. 그러나 최고 경영진에서 그 프로젝트에 대한 변경을 추진하였고 그는 그것이 잘못된 방향으로 가고 있으며 자신의 가치관하고도 맞지 않음을 느꼈다. 이윽고 프로젝트를 다시 정상 궤도로 돌려 놓기 위해 경영진과 회의를 해야 하는 시점에 도달했다. 몇 가지 핵심적인 조정을 하지 않는다면 그는 회사를 떠날 수밖에 없다고 느꼈을 것이다.

사실 그의 처지는 위태로웠고 직장 생활에서 '내부게임을 할' 필요가 있었다. 그는 이전에 경영진 앞에 설 때마다 항상 고군분투했었다. 그의 표현에 따르자면 분위기가 너무 '무거워서' 긴장감, 위축감, 압박감을 느꼈으며 쉽게 의견을 표출할 수 없었다고 했다. 로버트는 그에게 몰입 영역을 찾게 하고 거기에 몰두하는 훈련을 코칭했고 그는 자신감을 찾아 경영진 앞에서도 침착할 수 있었으며 명료하고 설득력 있고 카리스마 있는 발표를 할 수 있었다. 결과적으로 그는 프로젝트와 그의 진실성, 궁극적으로는 그의 자리까지 보전할 수 있었다.

사과 주스의 교훈

불교 승려이자 선생님, 시인, 평화운동가로 알려진 틱낫한(Thich Nhat Hanh)의 재미있고 교훈적인 이야기 중 이와 같은 훈련의 이점이 잘 드러나는 이야기가 있다. 그는 베트남 전쟁 당시 프랑스로 이민을 간 한 스님에 대해 이야기한다. 프랑스에 사는 동안 그 스님은 분쟁이 있는 다른 나라에서 온 사람들을 도왔는데 부모들이 새로운 삶의 기반을 마련하기 위해 일하는 동안 그들의 자녀들을 돌보는 일을 했다.

어느 날 스님은 한 무리의 어린아이들을 돌보고 있었다. 어느 정도 놀고 나니 아이들이 마실 것을 달라며 스님에게 왔다. 스님에게는 집에서 만든 사과 주스 한 병이 있었다. 낭연히 그 주스는 바닥에 많은 침전물이 가라앉아 있었다.

스님은 아이들을 위해 다섯 잔에 사과 주스를 따랐다. 한 어린 소녀가 마지막에 따른 잔을 가졌고 그 잔에는 가장 많은 사과 침전물이 있었다. 주스가 탁한 것을 보고는 그 소녀는 결국 주스를 마시지 않고 다시 친구들과 놀러 나갔다.

얼마 후에 소녀는 목이 말라 마실 것을 얻기 위해 집으로 돌아왔다. 싱크대로 가서 물을 마시려고 수도꼭지를 틀려고 했지만 그러기에는 키가 너무 작아서 물을 틀 수가 없었다. 스님이 소녀를 발견하고는 무엇을 하려는 것인지 물었다. 어린 소녀는 너무 목이 말라 마실 것이 필요하다고 대답했다.

스님은 전에 두고 간 그 사과 주스를 마셔 보지 않겠냐고 제안했다. 그는 소녀를 위해 주스를 남겨 두었었다. 어린 소녀는 다시 "아니요."라고 말하려다가 주스 잔이 맑아진 것을 알아차렸다. 놀란 소녀는 그것이 다른 사과 주스일 거라고 생각했다. 스님이 그것은 이전과 같은 사과 주스라고 말해 주었고 잔이 가만히 놓여 있는 동안 침전물이 잔의 바닥으로 가라앉았기 때문에 자연히 맑아졌다고 알려 주었다.

어린 소녀는 사과 주스를 마시고는 그동안 마셔 본 사과 주스 중에 가장 맛있었다고 했다. 소녀는 스님을 바라보며 "스님, 그럼 사과 주스가 명상을 했다는 말이에요?"라고 질문했다. 미소를 지으며 스님이 대답하기를 정확하게 말하자면 사과 주스가 명상을 하고 있었던 것은 아니지만 우리는 이 사과 주스로부터 어떻게 중심을 잡고 안정되고 맑아지는지 배울 수 있다고 말했다.

우리는 이 이야기에서 COACH 상태를 주스 잔에 비유할 수 있다. 그 잔에는 달콤한 주스와 별 매력이 없는 침전물 둘 다 담겨 있다. 주스는 우리의 통찰력과 자원으로 볼 수 있고, 침전물은 복잡하고 힘들고 불쾌한 감정과 기운(두려움, 좌절감, 화 등)들로 볼 수 있다. 평온하고 침착한 상태에서 그 둘을 모두 보듬는 행위는 복잡하고 방해하는 감정을 진정시키고 그 고유의 분명한 맛만 살아나게 한다(침전물에 가장 가까운 과즙이 가장 풍미가 좋다).

마음을 비우고, 차분하게 하고, 더 광범위한 장에 연결하는 법을 배울 수 있다면 우리는 훨씬 더 풍부한 자원을 갖게 될 것이다. 불교에서는 이것을 구름과 하늘, 그 들 아래에 있는 땅과의 관계를 통해 설명한다. 만약 나를 구름과 동일시한다면 변 화하고 혼란스럽고 폭풍우 같은 내 경험들 속으로 빠져 버릴 수 있다. 그러나 내가 구름 아래의 땅에 중심을 잡고 구름 너머 하늘의 장에 열려 있다면 구름이나 내 생 각과 감정들이 거기에 동요되지 않고 내 의식에서 빠져나가게 할 수 있다. 내가 경 험한 '구름'들을 제거하려 들거나 그 안에 빠져 있거나 맞서 싸우거나 통제하려 애 쓰기보다는 모든 구름을 인지할 수 있고, 빠져나가도록 둘 수도 있고, 인식이 열려 있는 장에서 보듬어 줄 수 있다.

현존의 힘

효과적인 코칭 관계를 위한 핵심적인 성공 요인은 현존감이다. 메리암 웹스터 사 전에서는 현존을 "연기자가 관객과 친밀한 관계를 이룰 수 있도록 하는 균형성 및 효과성의 질"이라고 정의한다. 코치, 트레이너, 매니저 그리고 모든 부류의 전문적 인 의사소통가에게 균형 잡히고, 효과적이며, 상호 교류하는 사람들과의 친밀한 관 계를 형성할 수 있는 능력은 중요한 자원이다.

앞에서 말한 정의로 보면 균형감과 유대감은 현존할 수 있는 능력 그리고 자신 및 주변 사람들과의 관계에서 중심을 잡을 수 있는 능력(COACH 상태)에서 비롯된 다. 현존감은 생동감, 유대감, 창의감, 만족감, 몰입감과 관련이 있다. 현존하지 않 을 때 그리고 자신 및 다른 사람들로부터 단절되어 있을 때에는 공허함, 통제불능 감, 소원함과 부재함을 느낄 수 있다.

거울 뉴런과 생체자기장의 현상에서 설명하는 것처럼 우리의 물리적 실재와 내 적 상태는 우리가 신체적으로나 언어적으로 직접적인 관계를 하든 말든 상호작용 을 하고 있는 사람들에게 긍정적 또는 부정적으로 강력한 영향을 끼칠 수 있다. US 항공사의 항공기1549의 기장과 승무원들이 승객들에게 미쳤던 차분한 영향력은 현존감과 COACH 상태의 긍정적인 영향을 보여 주는 사례다. 부정적으로 조건화된 원숭이들에게 나타난 두려움의 반응이 조건화되지 않은 동료 원숭이들에 미치는 힘은 위축 및 공포가 주도하는 현존감이 어떻게 부정적인 영향을 끼칠 수 있는가를 보여 주는 예다.

따라서 우리의 현존감의 질은 삶을 즐기고 생산적으로 협력하며 다른 사람의 성장과 변화에 기여하는 우리의 능력에 있어서 '차이를 만드는 차이'라고 할 수 있다. 사람들이 그들 자신과 연결되어 있고 서로 함께 있을 때 생기는 자연스러운 감정은 연민, 공감, 서로에 대한 진실된 관심, 자발성, 진실성, 기쁨이다. 이런 감정은 모든 효과적인 업무 관계 및 사적인 관계를 위한 기본이 된다.

COACHing 컨테이너 만들기

NLP 3세대 관점에서 보면 COACH 상태는 현재 상태에서 원하는 상태로 이동하는 동안에 우리가 가진 모든 자원의 원천에 연결되도록 도와준다. 또한 항공기1549의 기장 설렌버거의 경우에서 극적으로 나타난 것처럼 원하는 상태로 이동하는 여정 중에 발생할 수 있는 방해요소들을 처리할 수 있도록 도와준다.

승무원들에게 끼친 설렌버거의 영향과 설렌버거에게 끼친 승무원들의 영향의 사례와 마찬가지로 우리가 우리 자신의 COACH 상태에 깊이 뿌리를 내리는 것은 다른 사람들을 위한 자원이 될 수 있다. 이것이 **코칭 관계**의 핵심이다. 코치로서 다른 사람들이 그들의 현재 상태로부터 원하는 상태로 나아가는 동안 그들을 지지하는 주된 방법 중 하나는 우리가 우리의 COACH 상태에 기반을 두는 것이다. 그리고 사람들이 한 걸음씩 나아가고 방해물에 맞서고 발전하기 위해 고군분투하는 동안 그들 또한 그들의 COACH 상태에 머무를 수 있도록 도와주는 것이다. 그렇게 할 때 우리는 우리 자신과 다른 사람들 사이에서 서로 최고의 기량을 이끌어 낼 수 있는 자원의 장을 만들게 된다. 한 회사의 간부는 그의 코치에게 "저는 당신 옆에 있을 때의 저를 좋아합니다."라고 말했다.

우리는 이 특별한 관계와 장을 **COACHing 컨테이너**라고 한다. 강력하고 풍성한 COACHing 컨테이너를 만드는 것은 도전적이고 변화하는 시기를 보내고 있는 사람들을 지원하고 그들과 동행하는 데 필수적이다.

COACHing 컨테이너는 안아 주는 환경의 한 형태다. 심리학자 도널드 위니컷 (Donald Winnicott)은 한 아이가 양육자에 의해 육체적, 정서적, 심리적으로 보살핌을 받는 방식에서 안아주는 환경의 개념을 개발하였다. 아이의 행동, 감정, 반응하는 방식은 영아기에는 주 양육자에 의해 유지되고 반응되며, 어린 시절은 이후의 삶에서의 아이의 행동, 감정, 반응에 대한 관계를 형성한다.

발달심리학은 안아주는 환경의 의미를 우리 생애에서 어느 시점에서든지 우리를 둘러싸고 있는 사람들, 장소들, 도구들, 의식들을 설명하기 위해 확장시켰다. 코칭에서 긍정적인 안아주기 환경은 사람들이 그들 자신과 조직에 어떤 일이 일어나고 있는지 말할 수 있는 '안전한 공간'을 만든다. 그것은 그들이 마주하고 있는 도전, 논의되어야 하는 주제, 추론을 명확히 하는 것에 관해 다른 사람에게 열린 태도로 반영할 수 있는 공간이며, 자원을 찾는 영역이다. 좋은 안아주기 환경은 삶을 살기 위해 필요한 안전을 제공하고, 성장하기 위해서 위험을 감수하도록 용기를 준다. 열악한 안아주기 환경은 인생의 도전들에 충분치 않은 도움을 주고 성장을 저하시키며 반응적 행동을 유발한다.

긍정적인 안아주기 환경에서는 자신이 가진 자원과 해결책을 찾을 수 있으며, 매우 도전적인 상황(허드슨 강의 기적에서 기장과 승무원, 승객들의 경우처럼)에서도 최고의 능력을 발휘할 수 있다. 그러므로 COACH 상태의 영역에 머무를 수 있다는 것은 사람들이 창의력과 풍부한 자원에 연결되어 자신의 해결책을 찾을 수 있는 힘을 갖도록 하는 긍정적인 안아주기 환경을 만드는 것을 의미한다.

다음의 간단한 실습은 COACH 상태의 우수성을 코칭 대화로 가져오는 것을 연습하는 방법이다. 이 연습의 목적은 코치와 코치를 받는 내담자 모두 자신의 최고의 버전에서 상호작용하는 것을 확실히 하고 그러한 상호작용을 최대한 활용하기 위함이다. 운동선수들이 시합이나 훈련을 하는 동안 최상의 능력을 발휘할 수 있도록 준비운동을 하듯이 COACHing 컨테이너는 참여자들이 코칭의 상호작용 안에서 함께 최상의 것을 얻도록 준비시킨다.

시작하기 전에 COACHing 컨테이너의 각 요소를 상기시키기 위한 비언어적 신호를 설정하는 것이 좋다.

• 중심 잡기

- 호흡하기(열림)
- 속도 늦추기(자각과 주의집중)
- 잠시 멈추기(연결)
- 긴장 풀기(안아주기)

이러한 신호의 목적은 상호작용을 하는 동안 내담자가 최상의 영역 내에 머무를 수 있도록 코치가 상기시켜 주는 것을 돕기 위함이다. 예를 들면, **호흡**은 가능성, 자원 및 새로운 아이디어에 열려 있도록 도와준다. **속도를 늦추는 것**은 말하는 동안 우리가 말하고 생각하고 있다는 것을 분명하게 인식하게 하고 '자동조종장치'처럼 아무 생각 없이 말하거나 습관적인 신경언어프로그래밍, 내면의 '순환식 테이프(tape-loops)' 및 이야기 속에서 길을 잃지 않도록 하는 데 도움이 된다. **잠시 멈추는 것**은 우리 자신과 연결하는 기회를 주고 말하고 있는 것이나 생각하고 있는 것과 삶의 의미를 연관짓게 한다. **긴장을 풀면** 대화로 인해 생겨나는 생각이나 반응이 무엇이든 간에 더 위대하고 풍부한 자원의 상태에서 보다 쉽게 다룰 수 있다. 이것은 현재에 머무를 수 있게 하고 자연적으로 생겨나는 더 큰 자각과 움직임을 위한 충분한 공간을 만들게 한다.

이러한 신호들은 단순한 형태로 대화의 흐름을 방해하지 않으면서 내담자가 최상의 영역으로 되돌아갈 수 있도록 신호를 주는 데 지장이 없는 제스처여야 한다. 코치가 사용할 제스처는 내담자가 정하는 것이 더 좋다.

준비가 되면 다음의 과정으로 시작한다.

1. 이완된 상태에서 나란히 균형 잡힌 자세로 마주보고 앉거나 선다.
2. 의식을 몸과 호흡에 두고 현재에 존재한다(이것을 잘하기 위한 방법 중 하나는 앞서 설명한 몰입 영역 찾기 훈련을 하는 것이다).
3. 시선을 마주친 상태로 다음을 교대로 선언한다.
   나는 여기에 존재합니다. 나는 중심이 잡혀 있습니다.
   나는 열려 있습니다.

나는 인식하고 있습니다. 나는 깨어 있고 집중하고 있고 또렷합니다.

나는 내 자신과 당신 그리고 우리 안에 내재되어 있고

주변에 있는 자원들의 장(Field)에 연결되어 있습니다.

나는 내 안에서와 우리의 상호작용의 공간에서 발생하는 것들을

최상의 내 안에서 다룰 준비기 되어 있습니다.

현존감과 진실성을 가지고 이 과정을 마치면 상호작용에 참여한 사람들 간의 강력하고도 깊이 있는 신뢰감 및 자원이 풍부한 감각느낌을 만들어 낼 것이다. 이것이 우리가 장 또는 '컨테이너'라고 부르는 것이다. 이 컨테이너는 이후의 대화를 위한 안아 주는 환경을 형성한다.

CRASH에서
COACH 상태로의 변화

COACHing 컨테이너가 확립되었으면 내담자가 자신의 현재 상태와 원하는 상태 그리고 모든 자원에 접근해서 두 가지 상태의 경로를 곰곰이 생각해 보는 것을 시작할 수 있다. 여러 측면에서 이것은 코칭의 핵심이다. 조정 코치가 팀이 최상의 능력을 발휘할 수 있도록 동행하여 격려해 주고 피드백을 제공하는 것처럼 경영 상담 코치나 인생 상담 코치는 사람들이 삶의 도전에 맞서는 것을 준비할 때 함께 동행하면서 그들이 COACH 상태를 유지할 수 있도록 도와준다.

1. 코치를 받는 내담자는 위축되고, 반응적이고, 지나치게 분석적이고, 자원으로부터 분리되고, 불쾌하거나 상처가 되는 감정에 빠지는 문제적 상태나 상황과 같은 CRASH 경험 또는 CRASH 패턴에 대해 자세히 말한다.

2. 코치는 자신과 내담자가 COACH 상태를 유지하고 장 또는 컨테이너의 우수성을 유지하기 위해 필요에 따라 '중심 잡기' '호흡하기' '속도 늦추기' '잠시 멈추기' '긴장 풀기'를 하도록 신호를 준다.

3. 코치는 내담자에게 맥락과 상황 안에서 원하는 상태에 대해 설명해 달라고 한다. 코치는 다시 자신과 내담자가 모두 COACH 상태의 영역에 머무르기 위해 필요에 따라 신호를 준다.

4. 내담자는 맥락과 상황 안에서 원하는 상태를 성취하기 위해 자신이 가지고 있는 내적 자원들에 대해 깊이 생각해 본다. 코치는 다시 자신과 내담자가 COACH 상태의 영역에 머무르도록 필요에 따라 신호를 준다.

이런 방식으로 현존감과 목적을 가지고 지원할 때 내담자는 코치의 중재나 개입 없이도 자신의 해결책을 찾을 수 있다. 밀턴 에릭슨(Milton Erickson)은 "당신은 제가 외부로부터 추측할 수 있는 것보다 당신에게 무엇이 적절한지 훨씬 더 많이 알고 있습니다."라고 말하곤 했다.

과정의 마지막에는 특정한 해결책을 논의하거나 분석하기보다는 이 과정을 마친 후에 자연스럽게 떠오르는 상징이나 은유에 대해 나눌 수 있다.

코치와 내담자는 서로에 대한 감사의 표현으로 비언어적 제스처를 교환하며 상호작용을 끝내도 좋다. 또한 이 제스처는 상호작용의 결과물로 그들이 각각 가져갈 자원의 앵커 역할을 한다. 이런 의식은 뮤지컬이나 연극을 마칠 때와 비슷하게 구두점을 찍는 하나의 형태다. 이런 방법으로 자각과 연결은 이 과정의 처음부터 끝까지 계속된다.

원형 에너지를
COACHing 컨테이너로 가져오기

강력한 COACHing 컨테이너가 확립되었으면 부가적인 자원들을 '원형 에너지'의 형태로 도입할 수 있다. 우리의 친구이자 동료인 스티븐 길리건(Stephen Gilligan, 2009)에 의하면 생성적 변화를 위해서는 **강력한 힘**(강점, 기세, 내공), **부드러움**(온화함, 개방성, 관대함), **놀이성**(유머, 유연성, 창의성)과 같은 세 가지 기본적인 **원형 에너지**가 있다.

이러한 에너지들은 모든 인간(그리고 대부분의 포유동물)이 지니고 있으며 후천적으로 배울 필요가 없기 때문에 **원형적**이라고 불린다. 그것들은 "선천적으로 인간에게 내재되어 있고" 우리의 신체적 지능 중 핵심 부분으로 여러 세대를 통해 진화해 왔다. 갓난아기였을 때부터 우리는 어떤 식으로든 이러한 에너지를 표현할 수 있었다. 배가 고프거나 불편할 때 아기는 우는 방식으로 먹여 달라거나 보살펴 달라는 것을 표현하며 그 나름의 강력한 힘을 보여 준다. 또한 아기들은 자연스럽게 부드러움과 사랑과 유대감을 보여 준다. 더불어 영아에게 노는 방법을 가르쳐 줄 필요가 없다는 것 또한 분명하다. 웃음과 창의성은 일생 동안 우리와 함께하는 어린 시절이 얼마나 좋았는지를 규정한다.

각각의 원형 에너지는 삶의 도전과 기회를 효과적으로 처리하기 위해 우리를 지원하는 데 목적이 있다. 강력한 힘은 경계를 설정하고 헌신하기 위해 필요하다. 어떤 중요한 일을 감당하려면 열렬하게 헌신할 수 있어야 한다(깊이 몰두하는 집중을 말한다. 그것은 무사의 에너지다).

부드러움은 다른 사람들과 관계를 맺고 감정을 가지고 성장하고 치유하기 위해 필요한 보살핌을 효과적으로 주고받는 데 요구된다. 삶에 있어 어떤 어려운 도전에 직면하면 부드러움에 연결될 필요가 있다. 그것은 당신이 영향을 주고 받으며, 위로하고, 진정시키고 진정되고, 공감하고 감성을 느끼는 것 등을 가능하게 한다. 그것은 어머니와 치유자의 에너지다.

놀이성은 새로운 시각을 발견하고 창의력을 발휘하며 유동성을 갖는 데 필요하다. 유머와 놀이성은 고정관념에서 벗어나 어떤 사물이나 현상을 다방면으로 느낄 수 있게끔 한다. 지나치게 진지할 때 우리는 융통성 없이 하나의 특정한 관점이나 시각에만 매달리게 될 수 있다. 놀이성과 유머는 변화를 주고 느슨하게 해서 움직일 수 있게 하며 새로운 가능성을 위한 공간을 만들도록 돕는다. 그것은 전환자의 에너지다. 우리는 코칭 과정 중에 종종 내담자가 웃거나 미소 짓기 시작하는 전환점이 있다는 것을 관찰해 왔다. 그것은 일종의 깨달음의 웃음이다. 이러한 전환이 일어날 때, 새로운 자각과 의식의 확장이 웃음으로 발산된다. 이것이 웃음이 치유력이 있다고 여겨지는 이유 중 하나다.

이들 각각의 에너지가 원형적이며 학습될 필요가 없는 것이라고는 하지만 에너지가 활용되고 표출되는 방식은 내부게임의 핵심이자 기술의 문제다. 또한 우리는 이러한 에너지와의 접촉을 끊거나 억제할 수도 있다. 모든 심층구조와 마찬가지로 각각의 원형적 패턴에는 그림자 측면과 자원이 되는 측면이 있다.

긍정적인 또는 중심 잡힌 강력한 힘은 우리가 그것을 보듬어 줄 수 있고 COACH 상태에서 우리 자신을 표현할 수 있을 때 나타난다. 이 상태로부터 강력한 힘은 여전히 중심을 가지고 있으며 다른 자원들과 접촉함으로써 통합될 수 있고 균형 잡힐 수 있다. 그것은 결단력, 명확성, 강점, 용기, 헌신, 경계, 계략과 유혹을 간과하는 능력, 자기 자신과 다른 사람들의 생명을 보호하는 형태로 나타난다. 우리가 CRASH 상태일 때 동일한 에너지가 긴장, 위축, 반작용이 된다. 부드러움과 유머 없이 중심이 잡혀 있지 않고 통제되지 않은 강력한 힘은 난폭하고 공격성을 띤다.

마찬가지로 부드러움의 긍정적 표현은 상냥함, 평온함, 다정함, 관대함 등의 모습으로 나타난다. 그러나 부드러움의 에너지 안에서 자기 자신을 잃어버리면 지나치게 부드럽고 감상적이 될 수 있다. 부드러움의 그림자 측면은 약함, 모호한 경계,

의존성 등이다.

긍정적인 형태의 놀이성은 우리를 편안하게 하며 기쁨에 넘치고, 유동적이고, 고정관념에서 벗어나도록 도와준다. 중심이 잡혀 있지 않고 근거가 없는 놀이성은 강력한 힘이나 부드러움으로부터 분리되고 냉소적이 되고 천박해지고 무책임해지며 속임수가 될 수 있다.

삶의 도전과 기회를 효과적으로 다루기 위해서는 이 세 가지 원형 에너지에 모두 연결되어야 한다. 이 에너지들을 빨강, 파랑, 노랑의 3원색으로 생각해 보자. 우리는 이 3원색을 다양한 비율로 섞어서 무한한 표현을 창조할 수 있다.

때때로 잃어버린 원형 에너지를 어떤 상황으로 가져오면 그 상황을 극적으로 전환시킬 수 있다. NLP를 공부해 오던 한 여성 경찰과 관련된 다음의 예를 살펴보자.

대도시의 한 험악한 동네에서 근무 중이던 그녀는 지역 주민에게 발생한 가정폭력 사건을 담당하라는 긴급 호출을 받았다. 아파트에 다다르자 그녀는 최고의 경계태세를 취했다. 사실상 경찰에게는 이런 상황이 강도나 살인 현장 사건보다도 더 큰 신체적 위험이 따르기 때문이다. 사람들, 특히 중심이 잡혀 있지 않고 CRASH 상태의 화난 사람들은 그들의 집안일에 경찰이 개입하는 것을 원하지 않는다.

그녀가 사건 현장에 가까이 가 보니 아파트 내에서 고함 소리와 우는 소리가 들렸다. 한 남자가 화난 목소리로 시끄럽게 소리 지르고 있었다. 공포에 질린 여자의 비명소리와 여러 가지 물건이 깨지는 소리도 들을 수 있었다. 그때 갑자기 텔레비전이 아파트 앞 창문을 뚫고 나와 그녀 앞으로 떨어져 산산조각이 났다. 동시에 비명은 더 악화되었다. 그녀는 급히 현관문으로 가서 남자와 여자의 주의를 끌기 위해 있는 힘껏 문을 두들겼다. 잠시 후에 아파트 안에서 한 격분한 남자가 "대체 웬 놈이야?!" 하고 소리쳤다.

그녀는 도전적인 순간에도 최상의 영역에 있는 법을 훈련하며 많은 시간을 보냈기 때문에 재빨리 COACH 상태로 들어가 가능성들의 장을 열었다. 그러고는 바닥에 떨어져 심하게 망가진 텔레비전을 보며 "텔레비전 수리공입니다!"라고 대답했다.

아파트 안에 적어도 30초간의 침묵이 흐른 뒤 남자는 별안간 웃음을 터뜨렸다.

잠시 후 그는 문을 열었고 아무런 물리적 충돌이나 폭력 없이 개입할 수 있었다. 그녀는 그 두 마디가 상황을 처리하는 데 어떤 육탄전보다 유용했다고 말했다.

원형 에너지의 영향에 관한 탐구

길리건에 의하면 이와 같은 세 가지 힘의 균형을 유지하고 당신의 '중심'을 통해 그것을 '인간화'시키는 것이 필요하다. 다음의 실습은 도전적인 상황에서 각각의 원형 에너지와 그것의 결합을 어떻게 긍정적인 형태로 가져오는가에 대한 연습이다. 이것은 특정 상황에서 가장 적절하면서도 최대의 이점을 경험하기 위해 COACH 상태와 COACHing 컨테이너를 표현하고 그 에너지에 접근하는 것을 포함한다.

1. 코치는 자원이 풍부한 COACHing 컨테이너를 만들기 위해 자기 자신과 내담자를 COACH 상태로 안내한다.

2. 내담자는 '현재 상태'를 나타내는 공간으로 들어가서 본의 아니게 위축되고, 반응적이고, 지나치게 분석적이고, 자원으로부터 분리되고, 불쾌하거나 상처가 되는 감정에 빠져 버리는 문제적 상태나 상황과 같은 CRASH 경험이나 패턴에 대해 자세히 이야기한다. 내담자는 경험에 빠져들어 가지 않으면서 자신이 보는 것을 보고, 듣는 것을 듣고, 느끼는 것을 느끼는 식으로 최대한 다시 경험한다. 이러한 방식으로 내담자는 현재의 반응에 대한 자각심을 높이고 그 상황에서 유용하다고 파악되는 대안들을 인식한다.

3. 내담자는 공간을 이동해 COACH 상태로 돌아온다.

4. 코치의 도움을 받아 내담자는 강력한 힘에서부터 시작한다. 각각의 원형 에너지의 긍정적인 표현을 CRASH 상태로 가져오는 효과를 살펴본다.

   • COACH 상태를 유지하고, 피코치자는 다음 중 한 가지 방법을 통해 그 에너지에 접근한다.

     – 인생에서 그 에너지의 긍정적이고 자원이 풍부하게 드러나는 것을 강력히 경험했던 순간으로부터 **참조 경험**을 찾아 재경험한다.

     – 그 에너지의 자원이 풍부하게 드러나는 **긍정적인 롤모델**을 찾는다. 예를

들면, 그 에너지의 긍정적 또는 중심 잡힌 형태를 지속적으로 표현할 수 있는 사람을 말한다. 그리고 롤모델의 에너지를 표현하는 방식에 대한 감각느낌을 느껴 보기 위해 그 사람의 입장(2차 입장)이 되어 본다.

- 상상력을 발휘하여 당신이 그 에너지의 중심적이고 자원이 풍부한 표현에 '**마치**' 들어가 있는 것처럼 행동한다.
- 그 에너지의 긍정적인 표현을 위한 **상징**을 찾고 그 상징을 몸 안으로 가져와서 그 에너지에 대한 감각느낌을 만들어 낸다.

• 원형 에너지의 긍정적인 표현에 연결한 후 내담자는 CRASH 공간으로 돌아와서 CRASH 상황으로 원형 에너지를 가져온다. 내담자는 에너지가 그 상황의 경험을 어떻게 전환시키는지 알아차리고 어떤 새로운 선택이 있는지 인지한다.

• 그리고 내담자는 COACH 상태의 공간으로 돌아와서 부드러움과 놀이성의

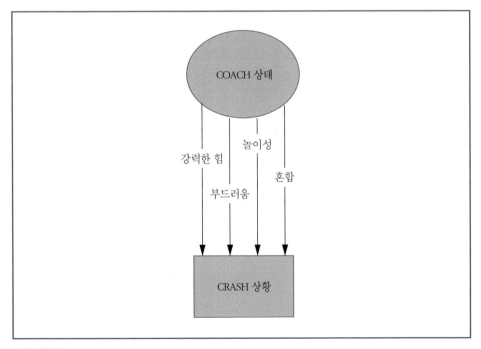

그림 4-5 원형 에너지의 긍정적 형태를 도전적인 상황으로 가져오는 것은 반응과 행동에 대한 새로운 선택을 생성해 내는 것을 도와준다.

에너지를 위해 이 과정을 반복한다.

5. 각각의 원형 에너지의 효과를 살펴본 후에 내담자는 세 가지 원형 에너지를 동시에 연결하고 그것들이 서로 섞이도록 한 후 CRASH 공간으로 다시 들어간다. 내담자는 그 에너지가 상황에 대한 인식을 어떻게 변환시키며 가능한 새로운 선택은 무엇인지 주목한다.

힘든 감정 안아주기

　　내부게임을 훈련하기 위한 핵심 요소는 우리 삶의 상황이 초래할 수 있는 힘든 감정을 인지하고 변환하는 능력이다. 우리가 자원이 없는 상태로 CRASH될지 혹은 COACH 상태의 영역에 머무를지를 결정하는 주된 요소는 힘든 감정을 안아주는 능력에 있다. 힘든 감정은 분노, 비통함, 좌절감, 공황 상태, 불안함처럼 원형 에너지의 중심 잡혀 있지 않은 형태이거나 그림자 형태다.

　　변혁적 스승인 리처드 모스는 **우리 자신과 다른 사람의 거리는 엄밀히 말하면 우리 자신과 우리 자신 사이의 거리**라고 지적한다. 이것은 우리가 다른 사람들 및 주변 세계와 관계하는 방식이 우리가 우리 자신과 어떻게 관계하는지를 반영한다는 점을 시사한다. 다른 사람들 및 외부 세계와의 관계는 자신과의 근본적인 관계에서 나온다. 이와 같은 자신과 자신의 관계는 종종 우리가 자기 자신을 어떻게 만나고, 수용하고, 지키고 사랑해야 하는지를 알지 못하는 감정에 의해 제한된다.

　　가족치료사 버지니아 사티어(Virginia Satir)는 종종 내담자에게 두 가지 질문을 했다. 첫 번째는 "기분이 어떠신가요?"였다. 내담자는 질문에 대한 대답으로 화가 난다거나, 슬프다거나, 두렵다거나, 죄의식을 느낀다거나 또는 다른 힘든 감정에 대해 말할 것이다. 그러고 나면 버지니아는 "그런 감정을 느끼는 것에 대해서는 어떤 기분이 들죠?"라고 두 번째 질문을 한다. 이 두 번째 질문에 대한 대답은 상당히 중요하며, 첫 번째 질문에 대한 대답의 의미와 영향력에 대해 많은 것을 알려 준다. 만약 어떤 사람이 화가 나는 감정에 대해 담담하고 호기심이 든다면 그 사람이 화가 나는 감정에 대해 죄의식을 느끼거나 좌절감을 느끼는 것과는 꽤 차이가 있다.

이러한 2차 감정은 1차 감정 또는 전체 감정을 안아주고 현존할 수 있게 하는 용이성과 질을 결정한다.

기장 체슬리 설렌버거가 엔진이 꺼진 상태로 허드슨 강으로 활공하면서 "내면은 혼란스러웠으나 외부는 침착했다."라고 자신의 감정을 묘사한 것은 힘든 감정을 안아줄 수 있었던 아주 좋은 예다.

'안아주기'는 안고 있는 주체와 안겨 있는 대상의 관계인 두 사람 사이의 관계를 의미한다. 이 관계를 이해하기 위해 상상할 수 있는 상징적인 이미지는 어머니가 아기를 안고 있는 모습이다. 여기에서 아기는 우리가 경험하는 것에 대한 1차적 신체느낌, 감각, 반응을 상징한다. 어머니는 이 1차적인 반응에 대한 우리의 신경계의 반응을 상징한다.

만약 아기가 울고 있는데 어머니는 긴장이 된다거나 화가 난다거나 불안해진다면 아기는 더 괴로움을 느낄 가능성이 있다. 그러나 만약 어머니가 편안한 상태에서 아기를 안아줄 수 있다면 아기는 그 상태에 현존함으로 (거울 뉴런을 통해) 진정될 수 있고 불편함에서 자연스럽게 벗어날 수 있다.

이와 같은 역동은 우리의 감정과 관계에서도 나타난다. 우리가 두려워하거나 거부하거나 대항할 때 위축, 반응, 단절감, 불쾌감의 정도는 증가한다. 계속 언급해 왔듯이 "당신이 기피하는 것은 좀처럼 당신 곁을 떠나지 않는다." 우리가 중심 잡혀 있고, 열려 있고, 자각하고 있으며, 연결된 상태로 이런 감정을 확인하고 안아줄 수 있을 때 그것들은 더 이상 '문제'가 되지 않으며 그러한 감정의 에너지를 내보내거나 오히려 더 풍부한 자원으로 변환시킬 수 있다.

힘든 감정을 안아 주는 데 도움이 되는 자질은 다음과 같다.

- 비반응성
- 감정 그대로의 무조건적인 수용
- 감정에 대한 어떤 것도 바꾸려는 의도가 없음
- 인내, 서두르지 않음
- 감정에 대한 변함없는 관심

- 모든 것이 있는 그대로 좋고, 감정에는 긍정적 의도와 목적이 있다는 믿음
- 자신보다 더 광범위한 장에 안겨 있다는 느낌
- 감정에 대한 따뜻한 마음
- 감정에 대한 비간섭적 호기심

또한 버지니아 사티어가 증명한 것처럼 힘든 감정에 도움이 되지 않는 기분이나 태도를 찾고 받아들이는 것이 유용하다. 이렇게 할 때 힘든 감정에 대한 기분은 더 광범위하고 자원이 풍부한 깨달음의 차원에서 다뤄지고 초월되고 포함될 수 있다. 힘든 감정에 대한 반응은 다음을 포함할 수 있다.

- 감정이 사라지길 원함
- 감정이 변하길 원함
- 감정을 분석하거나 설명함
- 감정과 동일시함(감정에 몰두함)

코치로서 2차 감정도 1차 감정만큼 문제의 일부라는 것을 깨닫는 것은 중요하다. 이를 인식하지 못하면 1차 감정을 제거하기 위해 우리 자신을 2차 감정에 맞춰 배열할지도 모른다. 감정과 함께하는 법을 모른다면 우리는 어떻게 해서라도 그 감정이 사라지길 원한다.

요약하자면 어려움에 처한 아기처럼 우리의 힘든 감정은 다른 어떤 것보다도 보살핌을 필요로 한다. 이 보살핌을 통해 그 감정은 위축된 상태와 분리감에서 편안한 유대감으로 전환된다. 따라서 힘든 감정을 제거하는 것이 문제가 아니라 오히려 그 감정을 전환할 수 있도록 어떠한 방식으로 관계를 맺는 것이 중요하다. 그렇게 할 때 힘든 감정의 에너지가 삶의 흐름 속으로 다시 방출된다. 그리고 이전에 힘든 감정과 마주하는 것을 피하는 데 썼던 에너지를 되찾고 우리가 더욱더 현실에 충실할 수 있도록 해 준다.

다음의 연습은 당신을 현재로부터 분리시킬 수 있는 힘든 감정을 안아 주고 현재

에 머무르기 위해 필요한 자원을 발견하고 적용할 수 있게끔 돕는다.

1. 안아 줄 수 없는 힘든 감정을 경험하게 하는 도전적인 상황 또는 최상의 영역에서 벗어나 CRASH 상태로 빠지게 하는 상황을 찾아본다. 거기에서의 감정과 감각을 경험하고 당신의 신체가 그것을 표현하도록 한다. 그 감정을 바꾸거나 분석하거나 설명하려는 시도 없이 그저 감정과 감각을 확인하고 인식한다.

2. 당신이 힘든 감정을 경험했던 공간으로부터 한 걸음 물러나서 그 감정을 경험하고 있는 당신을 생각해 본다. 힘든 감정에 대해 어떻게 느끼는가? 그 감정들을 느끼는 당신에 대해 어떤 기분이 드는가? 그러한 감정들을 느낄 때 당신과 그 감정들과의 관계는 어떠한가? 1차 감정에 대해 여러 가지 감정이 들지도 모른다(수치심, 죄의식, 절망, 분노, 무력함 등). 이전의 단계에서처럼 그러한 감정들을 판단하거나 바꾸려 하지 않고 그저 감정과 감각을 확인하고 인식한다.

3. 이제 세 번째 공간으로 물러나서 뒤로 돌아 몸을 움직여 보고 팔과 다리를 흔들어 보는 등 당신의 상태를 전환시킨다. 중심 잡혀 있고 열려 있고 깨어 있고(COACH 상태) 당신보다 더 광범위한 장에 연결되어 있는 자원이 풍부한 상태로 들어가기 위해 필요한 시간을 충분히 갖는다. 보다 애정을 가지고 존중하며 풍부한 자원을 가지고 2차 감정을 안아주기 위해 당신을 도와줄 자원(예: 신뢰, 수용, 호기심, 힘, 사랑 등)은 어떤 것이 있는가? 더 광범위한 장에 마음을 열어 자원에 대해 생각해 보지 않고도 그 자원들을 얻도록 한다. 그 장에서 무엇이 나타나는지 주목한다. 이것은 이미지, 상징, 느낌, 동작 등의 형태로 나올 수 있다.

4. 장에서 나온 자원들을 당신의 실재, 몸 안으로 완전히 가져온다(필요하다면 이런 자원에 대한 참조 경험들을 찾고 가능한 한 완전하게 그것들을 재경험하여 이 과정을 용이하게 할 수 있다). 이런 자원들을 나타내는 상징, 제스처 또는 동작(신체 구문론)을 찾고 그것들을 현재 당신의 몸으로 가져온다. 이 자원들의 에너

지가 당신을 통하여 당신 주변의 장에서 장 안으로 완전히 흐르게 한다.

5. 자원 그리고 관련된 상징이 당신의 몸과 의식 안에서 완전히 존재하는 상태로 두 번째 공간(1차 감정에 대한 감정)으로 돌아온다. 어떤 것도 변화시키려 하지 않는다. 자원의 더 광범위한 장 안에서 두 번째 공간과 관련된 감정과 반응들을 유지한다. 당신이 얻은 자원과 관련된 제스처나 동작을 만든다. 2차 감정을 향한 당신의 인식과 태도가 어떻게 전환되는지를 주목한다.

6. 이제 원래의 힘든 감정이 있었던 공간으로 들어가 당신이 찾은 자원을 가져온다. 다시 한번 그 어떤 것도 변화시키려 하지 않는다. 자원의 더 광범위한 장 안에서 힘든 감정과 반응을 유지한다. 당신이 얻은 자원과 관련된 제스처나 동작을 만든다. 이제 그 힘든 감정에 대해 어떤 기분이 드는가? 그 힘든 감정을 안아주는 당신의 능력에 어떤 변화가 생겼는가?

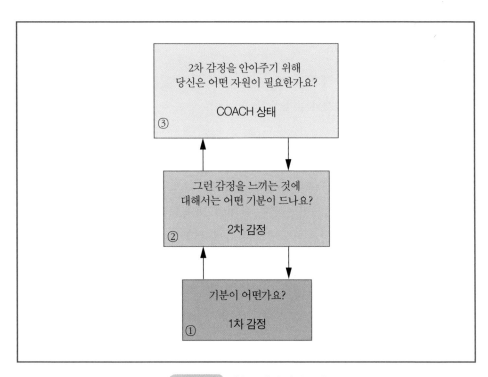

그림 4-6 힘든 감정 안아주기

신념의 장벽과
신념의 다리

힘든 감정을 안아주는 것과 마찬가지로 제한적 신념과 '생각 바이러스'를 확인하고 안아주고 변형시키는 것 또한 가능하다. 이것은 다음과 같이 해 볼 수 있다.

- 자원의 더 광범위한 장 안에서 중심을 잡고 유지하기
- 제한적 신념과 생각 바이러스를 만들어 내는 신경언어프로그래밍의 구조에 대한 인식 증진시키기
- 긍정적 의도 또는 목적 찾기
- 다른 신념 및 프로그램과 통합하기

신념은 우리의 삶에 강력한 영향을 미친다. 그것은 인지 회로와 신체 회로의 통합에서 발생하는 신경언어프로그래밍의 전형적인 본보기다. 또한 앞에서 언급했던 원숭이 실험에서 보여 주었듯이 신념은 관계의 장을 통해 전달되고 유지된다. NLP에서 신념은 변화와 배움의 가장 본질적인 차원 중 하나로 간주되며, NLP 심층구조의 핵심요소 중 하나다. 그것은 여러 방식으로 표층구조를 만들고 형성한다. 신념은 사건이 의미를 부여받는 방법을 결정하고, 동기와 문화의 핵심에 존재한다. 우리의 신념과 가치는 특정한 능력과 행동을 억제하거나 지원하는 강화(동기와 허가)를 제공한다.

예를 들면, 어떤 사람이 무엇인가를 정말로 할 수 있다고 믿는다면 그것을 해낼 것이고 만일 그가 어떤 것을 하는 것이 불가능하다고 믿는다면 아무리 할 수 있다

고 말해도 설득시킬 수 없다는 것이 일반적인 관념이다. 신념의 힘은 100명의 암 '생존자들'(10년 이상 그들의 증상을 개선시켜 온 환자들)이 암을 이겨 내기 위해 무엇을 해 왔는지에 대해 인터뷰를 했던 한 계몽적인 연구에서 입증되었다. 그 인터뷰는 어떤 특정 치료법이 다른 치료법보다 더 효과적이라고 주목할 만한 것은 없었음을 보여 주었다. 어떤 사람들은 일반적인 화학 요법과 방사선 치료를 받았고, 몇몇은 식이요법을 했으며, 또 어떤 사람들은 심리학적 접근 방법에 집중했고, 또 다른 사람들은 아무것도 하지 않았다. 그리고 어떤 사람들은 영적인 경로를 따랐다. 모든 그룹의 유일한 공통점은 그들 모두가 자신이 선택한 치료법이 효과적으로 작용할 것이라고 믿었던 것이다.

플라세보 효과와 같은 현상이나 앞의 연구에서 보여 준 것과 같이 신념은 자기 충족적 능력을 가지고 있다. 그러나 신념은 '양날의 검'이다. 제한적 신념은 힘을 북돋아 주는 신념(empowering belief)만큼 끈질기고 많은 영향을 미칠 수 있다. 어느 정신과 의사에게 치료를 받던 한 환자에 대한 이야기가 있다. 환자는 자신이 시체라고 주장하며 먹지도 않고 자신을 돌보지도 않으려 했다. 의사는 그가 시체가 아니라는 것을 납득시키기 위해 그와 논쟁하며 수많은 시간을 보냈다. 마침내 의사는 환자에게 시체도 피가 나는지 물어봤다. 환자는 "신체 기능이 다 멈췄는데 당연히 시체에서는 피가 나지 않죠."라고 대답했다. 의사는 그렇다면 한번 실험을 해 보지 않겠냐고 설득했다. 의사는 핀으로 환자를 조심스럽게 찔러 피가 나는지 살펴보자고 했다. 환자는 어찌 되었건 결국 자신은 '시체'라고 생각했기 때문에 동의했다. 의사는 침으로 환자의 피부를 조심스럽게 찔렀고 당연히 피가 나기 시작했다. 환자는 놀라고 충격에 빠진 표정으로 숨을 내쉬며 말했다. **"정말 뜻밖이네요. 시체도 피를 흘리는군요!"**

이 이야기에서 볼 수 있듯이 신념은 논리의 일반적인 법칙이나 합리적 사고로는 바꾸기 어려운 것으로 악명 높다. 게다가 가장 영향력 있는 신념은 종종('생각 바이러스'와 마찬가지로) 우리의 의식 밖에 있다. 예를 들면, 앞서 언급했던 동료 원숭이들 안에서 신념이 조건화된 원숭이의 경우를 생각해 보자. 원숭이들은 단순히 특정 사물에 대한 동료 원숭이의 반응만을 보고 그 사물이 위험하다고 믿었다. 이것은 신념이 직접적인 의사소통과 신체적 상호작용을 통해서뿐만 아니라 관계의 장을 통해서도 전달되고 지속된다는 것을 보여 준다.

신념의 힘은 다음의 실험 연구에서 볼 수 있듯이 관계의 장을 통해 전달된다. 평균 지능을 가진 아이들로 이루어진 한 그룹을 무작위로 두 그룹으로 나누었다. 두 그룹 중 한 그룹을 맡은 교사에게는 아이들이 '영재'라고 알려 주었다. 나머지 한 그룹의 교사에게는 아이들이 '학습부진아'라고 알려 주었다. 1년 후에 두 그룹은 다시 지능검사를 받았다. 놀랄 것도 없이 임의로 '영재'라고 했던 그룹의 대부분은 이전에 받았던 지능지수보다 높게 나왔고, '학습부진아'라고 했던 그룹의 대부분은 전보다 지능지수가 더 낮게 나왔다! 학생들에 대한 교사의 신념이 그들의 학습 능력에 영향을 끼친 것으로 보인다.

결론적으로, 우리는 제한적 신념을 바꾸는 과정을 호랑이 스튜 요리법에 비유할 수 있다('1단계, 호랑이를 잡는다.'). 다음에 제시할 내부게임 실습에서 우리는 '호랑이를 잡는' 방법에 대해 살펴볼 텐데 호랑이를 죽이는 대신 고양이로 바뀌게 할 것이다. 그 신념에 들어 있던 에너지는 해방되고 전환된다. 다음의 과정은 우리의 자원과 우리 자신 그리고 다른 사람들과의 연결에 있어 장벽을 만드는 신념을 발견하고 전환시키는 방법을 제공한다.

1. 보다 완전히 현존하면서 자신과 다른 사람들에게 연결되어야 하지만 무의식적으로 위축되고 반응적이고 지나치게 분석적이고 자원으로부터 분리되며 불쾌하거나 상처가 되는 감정에 빠져 버리는 도전적인 상황(즉, CRASH 상태에 빠지게 되는 상황)을 생각해 본다. 그 상황에 대한 물리적 공간을 만들고 그 안으로 들어간다. 지금 경험하고 있는 것처럼 그 상황을 경험한다.

2. 거기에서 나와 새로운 공간으로 들어가고, COACH 상태로 완전히 돌아온다. 그 상황에 대해 원하는 상태를 규정한다. 어떻게 생각하고 느끼고 반응하기를 원하는가? 이와 같은 원하는 상태를 가능한 한 완전히 몸으로 체험한다.

3. 원하는 상태의 감각느낌에 집중하면서 도전적인 상황을 나타내는 공간으로 천천히 걸어가기 시작한다. 당신의 생리현상과 신체 감각에 주의를 기울이고

당신을 자원이 풍부한 상태에서 내보내거나 방해하거나 약화시키기 시작하는 어떤 변화 또는 위축을 느끼면(장벽을 느끼면) 바로 멈춘다. 멈춰서 그 감각에 의식을 두고 "그 상황에서 자원이 풍부한 상태가 되고 완전히 연결되는 것을 가로막는 감각들과 연결된 신념은 무엇인가?"라는 질문에 대해 탐색한다. 신념을 찾는 동안 머릿속으로 들어가서 그것을 알아내려고 하는 대신 당신의 몸과 위축된 감각에 주목한다. 신념의 장벽을 찾는 대로 그 신념이 주는 긍정적 의도와 목적을 살펴보고 인식한다.

4. 신념의 장벽을 찾았으면, 당신이 완전히 중심을 잡고 있고 현존하고 있으며 자원이 풍부하다고 느낄 수 있는 COACH 상태의 공간으로 다시 돌아간다. 자신에게 "신념의 장벽에 대해 발견한 것을 고려해 볼 때, 그 상황 안에서 자원이 풍부한 상태에 머무르고 연결되기 위해 필요한 신념은 무엇인가?" "그 상황과 환경에서 나를 COACH 상태에 있게 하는 '신념의 다리'는 무엇인가?"라고 질문해 보자. 생각하거나 분석하지 않고 답을 얻기 위해 더 광범위한 장에 자신을 연다. 장으로부터 무엇이 발생하는지 주목한다. 그것을 반복하고 당신의 신체에 일어나는 감각느낌을 경험함으로써 신념을 '신경언어학적으로 프로그램'한다. 당신의 신체 중 신념을 가지고 있어야 할 곳은 어디인가? 그

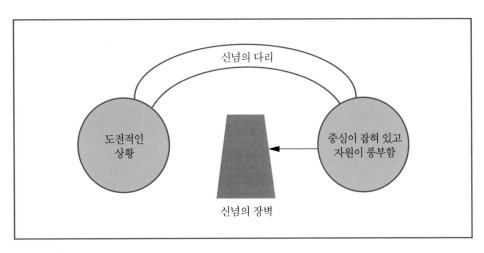

그림 4-7 '신념의 다리'를 만드는 것은 자신 및 다른 사람들과의 연결을 방해하는 '신념의 장벽'을 극복하도록 도와준다.

신념의 다리를 표현하는 제스처나 동작(신체 구문론)을 만든다.

5. 현존하고 중심 잡힌 상태로 당신의 신체, 마음, 머리에 있는 신념의 다리와 연관된 신념을 갖는다. 신념에 집중한 채 제스처를 사용하면서 다시 도전적인 상황의 공간으로 돌아간다. 상황에 대한 당신의 경험이 어떻게 바뀌는지 주목한다. 신념의 현존을 통해 당신의 신경계 안에서 가능해진 것은 무엇인가?

NLP를 활용한 **신념**에 대한 작업을 좀 더 살펴보고 싶다면 다음의 서적을 참고하라.

- *Beliefs: Pathways to Health and Well-Being*(Dilts, Hallbom, & Smith, 1990), *Changing Beliefs With NLP*(Dilts, 1990)
- *From Coach to Awakener*(Dilts, 2003)
- *The Encyclopedia of Systemic NLP and NLP New Coding*(Dilts & DeLozier, 2000)

전이의 원형 작업

　신념의 문제와 힘든 감정은 전이의 시기(적응 주기의 여러 단계에 수반되는 것과 같은)에 가장 빈번히 발생한다. 일반적으로 사람들이 감당하기에 가장 어려운 전이 단계는 붕괴 또는 창조적 파괴(creative destruction)의 단계다. 이 단계는 일반적으로 가장 큰 혼란과 격변을 가져온다.

　원형적으로 이 단계는 무언가 거대하고 많이 알려져 있지 않으며 잠재적으로 위험한 것을 나타내는 '용'의 상징으로 묘사된다. 인류의 인생 경로에서 일반적인 '용'들은 사춘기, 갱년기, 노령, 진로 변경, 은퇴, 사랑하는 사람의 죽음, 상실, 질병 그리고 다른 주요한 삶의 변화를 맞이하는 것과 같은 문제들을 포함한다. 그런 변화가 발생할 때 우리는 보통 부정, 당황, 좌절, 분노, 결단, 수용 등 일상적인 또는 원형적인 반응이나 대응을 한다. 이러한 각각의 반응이나 대응은 전이 또는 용과의 특정한 관계를 만들어 낸다.

　캐롤 피어슨(Carol Pearson, 1992)은 기이하고 위험한 용과 우리의 관계 간의 여러 단계를 상징하는 파괴적인 과도기에 맞춘 일련의 원형에 대해 규정했다.

- 순수주의자(용이 존재하는 것을 알지 못한다.)
- 고아(용에 의해 압도당하거나 파괴된다.)
- 이타주의자(용에게 박해당한다.)
- 방랑자(용을 피한다.)
- 전사(용과 싸운다.)

• 마법사(용을 받아들이고 변형시킨다.)

모든 원형 에너지와 마찬가지로 이러한 상징적인 역할에서 나타나는 각각의 특성은 재능과 그림자의 양면을 가지고 있다.

• **순수주의자**의 재능: 낙천성, 순수성, 천진난만함이다. 그림자는 속기 쉬움, 미숙함, 연약함이다.
• **고아**의 재능: 연민과 떨쳐 버리는 능력을 가지고 온다. 그림자는 무력감과 절망감이다.
• **이타주의자**의 재능: 자기희생감과 정의감을 포함한다. 그림자는 피해, 비판, 그리고 수동적 공격성을 만들어 낸다.
• **방랑자**의 재능: 여유, 자유, 발견이다. 그림자는 회피와 부인을 가져온다.
• **전사**와 관련된 재능: 결단력, 용기, 명확함이다. 그림자는 공격성, 폭력성, 특정한 관점의 강요를 포함한다.
• **마법사**의 재능: 수용적 태도, 창의성, 지혜와 관련이 있다. 그림자는 조작, 속임수, 착각의 형태로 나타난다.

변화에 효과적으로 대응하는 데 핵심은 용과의 관계를 통해 각 원형이 가져다주는 재능과 자원에 접근하고 그것을 활용하는 것이다. 용이 이런 자원들의 장에 있을 때 그것은 변형된다. 문제는 기회로 바뀌고 상처는 배움과 성장의 근원이 된다. 우리에게 일어난 가장 최악의 일은 생애 최고의 순간이 된다.

우리는 COACH 상태에 각 원형의 재능을 연결함으로써 그 재능을 가져오며 이렇게 함으로써 각 대응에 있어서 중심적이고 통합된 버전을 만들어 낸다.

다음의 실습은 격변과 전이의 시기를 자원이 풍부한 상태로 직면시키는 방법으로서 공간적 분류, 신체 구문론 그리고 피어슨의 원형을 통한 장 마인드에 연결하는 차세대 NLP 과정을 결합한 것이다.

1. 용을 규정한다. 당신이 직면하고 있는 과도기적 문제를 확인한다. 이것은 전이에 관련된 배경이나 환경의 핵심 요소들을 포함할 수 있다. 예를 들면, 타인의 반응이나 변화를 둘러싸고 있는 상황에 관한 문제의 세부 사항 같은 것이다.

2. 용을 위한 공간적인 위치를 정하고 원 안에서 용을 둘러싼 각각의 원형, A. 순수주의자, B. 고아, C. 이타주의자, D. 방랑자, E. 전사, F. 마법사를 공간적으로 분류한다. 원 밖으로 COACH 상태를 위한 공간도 만든다(메타 입장).

3. 순수주의자를 나타내는 공간에서 시작하여 원형과 관련된 태도, 에너지, 자세, 동작(신체 구문론)을 취하며 차례로 각 전이의 원형을 탐험한다. 용과 함께 각 원형이 가지고 있는 관계 유형을 경험한다. 각 관계 유형이 가지고 오는 재능과 그림자를 모두 인지한다.

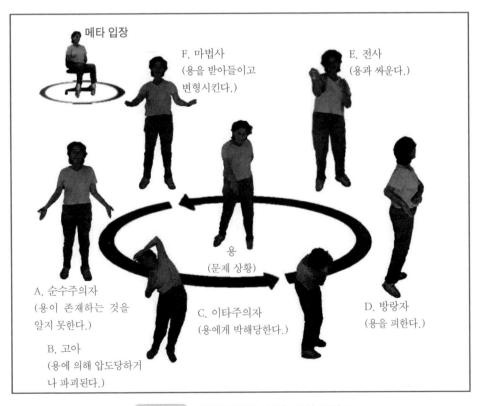

그림 4-8 전이의 원형 실습을 위한 배치도

4. 각 원형의 모든 순서를 마쳤으면 메타 입장으로 이동해서 가능한 한 완전히 COACH 상태로 들어간다. 당신의 최상의 영역에 연결하고 더 광범위한 장 마인드의 지혜에 마음을 연다.

5. 이 상태를 당신의 신체에 유지한 채, 다시 각각의 원형을 순환하면서 용과의 관계에서 원형들이 가져다주는 배움과 자원, 재능을 얻고 있는지 경험하고 확실히 한다. 이것을 COACH 상태에 연결함으로 생성된 원형의 긍정적 버전과 관련된 자세, 제스처, 동작(신체 구문론)을 탐색한다. 당신이 용과의 관계에 있어서 지금 있어야 할 곳이 어디인지 생각해 보고 가장 적절하다고 느끼는 공간으로 돌아오면서 이 과정을 마친다. 이제 전이의 전체 주기에서 당신이 어디에 있는지 자각하며 이것을 할 수 있다는 것을 인지한다.

6. 메타 입장의 COACH 상태로 돌아와 이 실습에서 당신이 발견하고 배운 것이 무엇인지 깊이 생각해 본다.

이 과정에 대한 자세한 정보는 다음의 책을 참고하라.

- *The Hero's Journey: A Voyage of Self-Discovery*(Gilligan & Dilts, 2009).
- *The Encyclopedia of Systemic NLP and NLP New Coding*(Dilts & DeLozier, 2000).

결론: 자아와 영혼

　　이 책 안에서 우리가 보여 줄 수 있는 마지막 단계에 이르렀다. 그러나 어떻게 보면 이것은 차세대 NLP에 관한 연구의 시작에 불과하다. 지면 관계상 여기에 포함시키지 못한 많은 과정과 기법이 있고 앞으로 나올 더욱더 많은 것이 있다. 예를 들면, NLP 새로운 세대의 원리와 실습을 적용할 수 있는 주요 분야 중 하나는 정체성 코칭이다. 정체성 차원과 관련된 문제와 변화는 대문자 'C' 코칭의 가장 핵심이다. 이 흥미로운 분야에 대해서는 곧 발간될 책 『정체성 수준에서의 코칭(Coaching at the Identity Level)』에서 자세히 다룰 예정이다.

　　정체성 코칭의 기반은 '정체성'을 상호 보완적인 두 가지 측면(자아와 영혼)의 구성으로 보는 데서 비롯된다. 정신분석학에 의하면, 자아는 "의식과 무의식 사이를 중재하는 정신세계의 일부이고 현실 검증과 개인적 정체감을 책임진다." 따라서 자아는 개인적 관점에서 현실을 인지하는 능력인 분리된 자아라는 느낌의 발달 및 보존과 관계가 있다.

　　환경 차원에서 자아는 위험과 제약 그리고 단기 이득과 즐거움의 추구에 초점을 맞추는 경향이 있다. 그 결과로 행동 차원에서 자아는 외부 조건에 더 반응적인 경향이 있다. 자아와 관련된 능력은 일반적으로 분석, 전략과 같이 인지 지능과 연관되어 있다. 신념과 가치의 차원에서 자아는 안전, 보안, 승인, 통제, 성공, 자기 이득에 중점을 둔다. 정체성 차원에서 자아는 우리의 사회적 역할과 우리가 어떤 사람이어야 한다거나 또는 어떤 사람이 될 필요가 있다고 느끼는 것과 관련이 있다. 영적 또는 목적의 차원에서 자아는 생존, 인정, 우리 자신이 만들기 원하는 삶과 같은 우리의 포부에서 기원한다.

NLP 관점에서 자아는 인지적으로 구성된 지도 또는 '자아'의 모델 그리고 자연적인 발달 과정이라고 할 수 있다. 그러나 자아와 관련된 '자신'과 '현실'에 대한 개념은 사회적 규범, 문화적 가치, 가족 유형과 같은 외부 환경에 의해 영향을 받는다. 모든 지도나 모델이 그렇듯이 필연적으로 삭제, 왜곡, 일반화의 과정을 거쳐 형성된다. 이런 왜곡이 우리 자신(우리의 영혼 또는 본질)의 잠재력과 실제 영토에서 너무 동떨어지면 그것은 자아의 '그림자'를 만들 수 있다. 건강하지 못한 자아의 특징은 자아 팽창(자부심, 오만함, 자만심, 나르시시즘, 자기 심취) 혹은 자기 경시(자기 판단, 의기소침, 자기 비평, 자아 존중감과 자신감 부족 등)의 형태를 취한다. 이런 것들은 우리가 지나치게 탐욕과 공포, 생존 전략(투쟁, 도망, 정지)에 사로잡히게 만든다.

영혼은 우리가 함께 세상으로 들어가고 우리를 통해 세상으로 들어오는 독특한 생명력, 본질 또는 에너지다. 예를 들면, 갓난아기라면 아직 자아가 없지만 정체성의 기초가 되는 독특한 에너지와 본성을 가지고 있다. 이 에너지는 우리의 몸과 우리 주변의 광범위한 장과의 상호작용을 통해 표현된다. 영혼은 활동적인 '심층구조'이기 때문에 어떤 특정한 것과도 연관되어 있지 않다. 그러므로 사회, 문화, 가족과 같은 영향력을 토대로 구성되어 있지 않다. 그러나 그것은 광범위한 장에 공헌하는 형태로 나타난다. 따라서 영혼은 대상화되거나 분리된 자아라기보다 자신과 하나 됨을 드러내는 표현이다.

환경 차원에서 영혼은 표현과 성장을 위한 기회에 초점을 맞추는 경향이 있다. 그 결과, 행동 차원에서 자아는 외부 조건에 더 적극적인 반응을 보인다. 영혼과 연관된 능력은 일반적으로 지각, 에너지 관리, 감성 지능에 관련된 것이다. 신념과 가치의 차원에서 영혼은 서비스, 공헌, 관계, 존재, 확장, 깨우침과 같은 내적 동기에 중점을 둔다. 정체성 차원에서 영혼은 우리가 만들고 싶은 세상에 대한 비전과 관계가 있다.

따라서 자아가 우리 경험의 '내용'과 관련이 있다면 영혼은 그 내용을 담는 '그릇'과 관련이 있다고 할 수 있다. 마찬가지로 자아는 분석을 통해 작동하는데 영혼은 인식을 통해 작동한다. 기적 수업(Course In Miracle)처럼 어떤 훈련법은 세상에 두려움과 사랑이라는 두 가지 근본적인 힘이 있다고 주장한다. 이 관점에서 보면, 자아는 주로 모든 종류의 두려움에서 발생하고 영혼은 주로 모든 사랑의 표현들로부터 발생한다고 볼 수 있다. 분명 이 두 가지 측면 모두 우리가 건강하고 성공적인 삶을 살기 위해 꼭 필요하다.

우리의 몸(신체 마인드)과 지능(인지 마인드)이 삶이라는 음악(장)에 반응하는 두 명의 춤을 추는 사람들처럼 연결될 때, 영혼은 표현의 전달 수단을 갖게 되고 우리는 더 큰 기쁨과 강화된 직관력을 가지고 더욱 살아 있음을 느끼며 세상에서 살 때 훨씬 편안함을 느낄 것이다. 두 가지 힘(자아와 영혼, 비전과 포부)이 함께할 때 카리스마, 열정, 현존함은 자연스럽게 나타난다. 최적의 수행력은 자아가 영혼을 위해 일할 때 나온다.

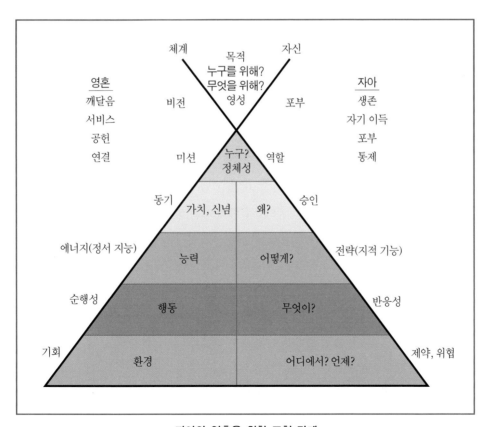

자아와 영혼을 위한 표현 단계

가장 강력한 동기는 우리의 비전과 사명, 포부, 가치를 결합하고 연합한 것이다. 자아와 영혼이 연합하지 못하고 우리의 포부가 사명이나 비전과 상충될 때 갈등과 투쟁을 유발한다. 자아 이득을 위해 '영혼을 판다.'면 단기적으로는 성공할 수 있을지 몰라도 장기적으로는 위기에 치닫게 된다. 우리의 포부가 오만함 또는 '이상화된 자아'를 만들고, 우리가 자신의 또 다른 부분들을 거부하고 억제하기 시작하면 '그림자'가 나타날 수 있다.

자아와 영혼 사이의 역동적 관계를 이해하고 그 둘 사이에서 균형을 이루어 내는 것은 차세대 NLP 및 정체성 코칭의 핵심 분야다.

자아와 영혼 사이의 역동적 관계는 회사나 조직과 비슷한 방식으로 작동한다. 회사의 자아는 생존과 경제적 이익('최종 결산 결과'), 투자 수익률에 관심 있는 소유주와 주주들로 이루어져 있다. 이것은 조직과 구성원들의 수행 능력 수준과 실태에 관한 그들의 포부에 의해 반영된다. 조직의 영혼은 고객을 위해 제공하는 가치와 더 광범위한 사회적, 물리적 환경이다. 이것은 체계에 관한 조직 및 구성원의 사명과 조직의 비전, 독특한 공헌에 의해 창조된다.

건강하게 번창하는 조직에서는 이런 힘들이 균형 잡혀 있고 연합되어 있다. 회사의 리더들이 이 연합을 성취할 수 있는 방법은 곧 발간될 로버트 딜츠(Robert Dilts)와 그의 남동생 존 딜츠(John Dilts)가 쓴 『성공 요인 모델링하기(Success Factor Modeling)』라는 책에서 다뤄진다. 성공 요인 모델링하기(Success Factor Modeling™)는 성장을 촉진하고 개인과 팀 그리고 조직에 강력한 영향을 주는 데 필수적이고 결정적인 성공 요인들을 확인하고 전달하는 방법이자, 기회를 만들고 인식하고 활용하는 데 최대로 준비되도록 돕는 방법으로서 두 형제(로버트 딜츠와 존 딜츠)에 의해 개발되었다. '성공 요인 모델링하기'는 성공한 비즈니스, 프로젝트, 계획들을 조사하고 뛰어난 능력을 가진 개인 및 팀의 행동을 관찰함으로써 사람들과 조직이 성공의 유산을 만들어 낸 요인을 수량화하고 미래로 그것을 확장하는 데 필수적인 현황을 인식하도록 돕는다.

지금까지의 차세대 NLP에 대한 여정이 즐거웠기를 바란다. 지금까지 그래 온 것처럼 앞으로도 계속 비전, 사명, 포부, 역할에 대한 깊은 인식, 유연성, 자신감 등의 목표에 도달하는 데 이 책이 효과적인 길잡이와 안내서가 되기를 진심으로 바란다. 보다시피 이제 시작일 뿐이다. 더 많은 것이 기다리고 있다!

후기

　　광범위한 NLP 분야는 앞으로도 계속 진화하고 발전할 것이다. 신경언어프로그 래밍의 원리와 기술에 대해 더 자세히 탐구하기를 원한다면 탁월함, 전략, 기술을 적용하고 더 발전시키기 위한 또 다른 자원과 도구들을 이 페이지를 통해 살펴보길 바란다.

　　NLP University는 양질의 NLP 기술의 기초 및 고급 교육 과정을 제공하는 기관이 며, 건강, 비즈니스 및 조직, 창의성 그리고 학습 분야에서 NLP의 새로운 모델과 적 용에 대한 발전을 촉진하고 있다. 매년 여름 NLP University는 산타크루즈에 위치 한 캘리포니아대학교 산타크루즈 캠퍼스(University of California at Santa Cruz)에서 주거 프로그램을 제공하며, 비즈니스 상담 및 코칭과 관련된 과정을 포함해 NLP의 기술에 관한 교육 과정을 실시한다.

　　자세한 정보는 테레사 엡스타인(Teresa Epstein)에게 연락하길 바란다.

NLP University

P.O. Box 1112

Ben Lomond, California 95005

Phone: (831) 336-3457

Fax: (831) 336-5854

E-Mail: Teresanlp@aol.com

Homepage: http://www.nlpu.com

또한 NLP University에서 제공하는 프로그램 외에도 국제적으로 NLP와 관련된 다양한 주제와 자아 계발 및 직업 개발에 대한 세미나와 특별 프로그램이 진행되고 있다.

프로그램 스케줄에 대한 자세한 정보는 NLP University 웹사이트를 참고하거나 다음의 이메일 주소로 문의하길 바란다.

http://www.nlpu.com

E-Mail: rdilts@nlpu.com

우리는 그동안 수많은 책을 출간하였고, NLP의 원리와 탁월함에 기반을 둔 오디오 녹음자료 및 컴퓨터 소프트웨어를 개발했다.

그 예로 로버트(Robert)는 천재의 전략 모델링: *Vision to Action, Imagineering Strategy and Journey to Genius Adventure*에 대한 여러 소프트웨어 도구를 제작했다. 또한 모차르트, 월트 디즈니, 레오나르도 다빈치와 같은 천재들의 창의적 사고 과정에 대해 설명하는 오디오 녹음자료도 만들었다.

NLP와 관련된 상품과 자료들에 대한 정보는 다음의 연락처로 문의하길 바란다.

Journey to Genius

P.O. Box 67448

Scotts Valley, CA 95067-7448

Phone: (831) 438-8314

Fax: (831) 438-8571

E-Mail: info@journeytogenius.com

Homepage: http://www.journeytogenius.com

참고문헌

Andreas, S. and Andreas, C., *Change Your Mind*, Real People Press, Moab, UT, 1987.

Andreas, C. and Andreas, S., *Heart of the Mind*, Real People Press, Moab, UT, 1989.

Andreas, C. and Andreas, T., *Core Transformation*, Real People Press, Moab, UT, 1994.

Aristotle, *On the Soul, Britannica Great Books,* Encyclopedia Britannica Inc., Chicago, Ill., 1979.

Aristotle, *Physics, Britannica Great Books,* Encyclopedia Britannica Inc., Chicago, Ill., 1979.

Armour, A., and Ardell, J., (Ed.), *Basic and Clinical Neurocardiology*, Oxford University Press, New York, NY, 2004.

Bandler, R. and Grinder, J., *The Structure of Magic Vol. I & II,* Science and Behavior Books, Palo Alto, CA, 1975, 1976.

Bandler, R. and Grinder, J., *Patterns of the Hypnotic Techniques of Milton H. Erickson, M.D., Vol. I & II*, Meta Publications, Capitola, CA, 1975, 1977.

Bandler, R., *Using Your Brain*, Real People Press, Moab, UT, 1984.

Bandler, R., *Time for a Change*, Meta Publications, Capitola, CA, 1993.

Bateson, G., *Steps To an Ecology of Mind*, Ballantine Books, New York, NY, 1972.

Bateson, G., *Mind and Nature*, E. P. Dutton, New York, NY, 1979.

Bateson, G. and Bateson, M. C., *Angels Fear: Towards an Epistemology of the Sacred*, Bantam Books, New York, N.Y., 1988.

Bateson, G., *A Sacred Unity*, HarperCollins Publishers, New York, NY, 1991.

Berman, M., *Coming to our Senses*, Simon and Schuster, New York, NY, 1989.

Childre, D. and Martin, H., *The HeartMath Solution*, HarperCollins Publishers, New York, NY, 2000.

Chomsky, N., *Syntactic Structures*, Mouton, The Hague, The Netherlands, 1957.

Chomsky, N., *Aspects of the Theory of Syntax*, The M.I.T. Press, Cambridge, MA, 1965.

Chomsky, N., *Language and Mind*, Harcourt Brace Jovanovich, Inc., New York, NY, 1968.

Darwin, C., *The Origin of Species*, Mentor Books, New York, NY, 1958.

DeLozier, J. and Grinder, J., *Turtles All The Way Down: Prerequisites to Personal Genius*, Metamorphous Press, Portland, OR, 1987.

Dilts, R., Grinder, J., Bandler, R., DeLozier, J., *Neuro-Linguistic Programming: The Study of the Structure of Subjective Experience, Volume I*, Meta Publications, Capitola, CA, 1980.

Dilts, R., *Roots of Neuro-Linguistic Programming: A reference guide to the technology of NLP*, Meta Publications, Capitola, CA, 1983.

Dilts, R., *Changing Belief Systems With NLP*, Meta Publications, Capitola, CA, 1990.

Dilts, R., Hallbom, T. and Smith, S., *Beliefs: Pathways to Health & Well-Being*, Metamorphous Press, Portland, OR, 1990.

Dilts, R. with Bonissone, G., *Skills for the Future*, Meta Publications, Capitola, CA, 1993.

Dilts, R., *Strategies of Genius Vols I, II & III*, Meta Publications, Capitola, CA, 1994-1995.

Dilts, R., *Visionary Leadership*, Meta Publications, Capitola, CA, 1996.

Dilts, R., *Time Lines*, Anchor Point, October, 1997.

Dilts, R. and McDonald, R., *Tools of the Spirit*, Meta Publications, Capitola, CA, 1997.

Dilts, R. and DeLozier, J., *Darwin's Thinking Path*, Anchor Point, February, 1997.

Dilts, R., *Modeling With NLP*, Meta Publications, Capitola, CA, 1998.

Dilts, R. and DeLozier, J., *The Evolution of Perceptual Positions*, Anchor Point, September, 1998.

Dilts, R., *Sleight of Mouth: The Magic of Conversational Belief Change*, Meta Publications, Capitola, CA, 1999.

Dilts, R. and DeLozier, J., *The Encyclopedia of Systemic NLP and NLP New Coding*, NLP University Press, Santa Cruz, CA, 2000.

Dilts, R., *From Coach to Awakener,* Meta Publications, Capitola, CA, 2003.

Einstein, A., *Out of My Later Years,* The Citadel Press, Secaucus, NJ, 1956.

Epstein, D., *The 12 Stages of Healing,* New World Library, Novato, CA, 1994.

Erickson, Milton H., *The Collected Papers of Milton H. Erickson Vol. IV*, Irvington Publishers Inc., New York, NY, 1980.

Ericsson, A.K., Charness, N., Feltovich, P., Hoffman, R.R., *Cambridge handbook on expertise and expert performance*, Cambridge University Press, Cambridge, UK, 2006.

Feldenkrais, M., *Awareness Through Movement*, Penguin Books, New York, NY, 1977.

Feldenkrais, M., *Body and Mature Behavior*, International Universities Press, New York, NY, 1981.

Freud, S., *An Autobiographical Study*, W. W. Norton & Company, Inc., New York, NY, 1964.

Gendlin, E., *Focusing*, Bantam Books, New York, NY, 1982.

Gershon, M., *The Second Brain: The Scientific Basis of Gut Instinct and a Groundbreaking New Understanding of Nervous Disorders of the Stomach and Intestines*, HarperCollins Publishers, New York, NY, 1999.

Gilligan, S., *The Courage to Love*, W. W. Norton & Co., New York, NY, 1997.

Gilligan, S. and Simon, D. (Ed.), *Walking in Two Worlds: The Relational Self in Theory, Practice and Community*, Zeig Tucker Publishers, Phoenix, AZ, 2004.

Gilligan, S. and Dilts, R., *The Hero's Journey: A Voyage of Self-Discovery,* Crowne House Publishers, London, 2009.

Gladwell, M., *Outliers: The Story of Success*, Back Bay Books, Little, Brown and Company, New York, NY, 2008.

Goleman, D., *The Multiple Personality Puzzle, New York Times*, June, 2, 1985.

Gallwey, T., *The Inner Game of Tennis*, Random House, New York, NY, 1974.

Gallwey, T., *The Inner Game of Work: Focus, Learning, Pleasure and Mobility in the Workplace*, Random House Trade Paperbacks, New York, NY, 2000.

Haley, J., *Uncommon Therapy: The Psychiatric Techniques of Milton H. Erickson M.D.*, W. W. Norton & Company, Inc., New York, NY, 1973.

Holling, C. S., *Adaptive environmental assessment and management*, John Wiley & Sons, London, 1978.

Holling, C. S., Gunderson, L. (Ed.), *Panarchy: understanding transformations in human and natural systems*, Island Press, Washington DC, 2002.

James, T. and Woodsmall, W., *Time Line Therapy and the Basis of Personality*, Meta Publications, Capitola, CA, 1987.

James, W., *Principles of Psychology, Britannica Great Books*, Encyclopedia Britannica Inc., Chicago, Ill., 1890.

Jung, C. G., *Memories, Dreams and Reflections*, Vintage Books, New York, NY, 1965.

Jung, C. G., *Psyche and Symbol*, Princeton University Press, Princeton, NJ, 1991.

Koestler, A., *The Act of Creation*, Hutchinson, London, 1964.

Korzybski, A., *Science and Sanity*, The International Non-Aristotelian Library Publishing Company, Lakeville, CT, 1980.

Laird, J. E., Rosenbloom, P. and Newell, A., *Chunking in SOAR; The Anatomy of a General Learning Mechanism, Machine Learning*, 1:11-46, 1986.

Laird, J. E., Rosenbloom, P. and Newell, A., *SOAR: An Architecture for General Intelligence, Artificial Intelligence*, 33:1-64, 1987.

Le Bon, G., *The Crowd: A Study of the Popular Mind*, Digireads.com Publishing, 2008 (1895).

Lovelock, J., *Gaia: A New Look at Life on Earth*, Oxford University Press, New York, NY, 1979.

Moss, R., *The Second Miracle*, Celestial Arts, Berkeley, CA, 1995.

Moss, R., *The Mandala of Being: Discovering the Power of Awareness,* New World Library, Novato, CA, 2007.

Pearsal, P., *The Heart's Code*, Crown Archetype, New York NY, 1998.

Pearson, C., *Awakening The Heroes Within*, HarperCollins Publishers, San Francisco, CA, 1991.

Rizzolatti, G., Craighero, L., *The Mirror-Neuron System, Annual Review of Neuroscience 27*: 169-192, 2004.

Roth, G., *Maps to Ecstasy*, Nataraj Publishing, Mill Valley, CA, 1989.

Roth, G., *Sweat Your Prayers*, Penguin Putnam, Inc., New York, NY, 1997.

Roth, G., *Connections*, Jeremy P. Tarcher/Penguin, 2004.

Russell, P., *The Global Brain Awakens*, Global Brain, Inc., Palo Alto, CA, 1995.

Schilpp, P., *Albert Einstein, Philosopher-Scientist,* Northwestern University Press, Evanston, Ill., 1949.

Sheldrake, R., *A New Science of Life: The Hypothesis of Formative Causation,* Park Street Press, South Paris, ME, 2008 (1981).

Sheldrake, R., *The Presence of the Past: Morphic Resonance and the Habits of Nature*, Park Street Press, South Paris, ME, 2008 (1988).

Stephenson, G. R., *Cultural acquisition of a specific learned response among rhesus monkeys, in Progress in Primatology*, (Starek, D., Schneider, R. and Kuhn, H.J.,

Eds.), pp. 279-288, Fischer, Stuttgart, 1967.

Waldrop, M., *Toward a Unifying Theory of Cognition, Science,* Vol. 241, July, 1988.

Watson, L., *Lifetide*, Hodder & Stoughton Ltd., London, 1979.

Whitehead, A. N. and Russell, B., *Principia Mathematica*, 1910.

Wilber, K., *A Brief History of Everything,* Shambhala, Boston, MA, 1996.

찾아보기

〈내용〉

|저자 소개|

로버트 딜츠(Robert Dilts)는 NLP(신경언어프로그래밍) 분야의 주 개발자이며 동시에 NLP 분야에서 저자, 코치, 트레이너, 컨설턴트로서 세계적인 명성을 얻고 있다. 그는 NLP가 개발될 당시 NLP의 공동 설립자인 존 그린더(John Grinder), 리처드 밴들러(Richard Bandler)와 함께 작업을 하였고, 의학박사인 밀턴 에릭슨(Milton H. Erikson)과 그레고리 베이트슨(Gregory Bateson)과도 함께 개별적으로 연구하였다. 로버트 딜츠는 NLP를 교육, 창의성, 건강, 리더십, 신념 체계에 적용하였고, 'NLP 3세대'를 개발하는 데 앞장섰다.

로버트 딜츠는 NLP 분야의 기본서로 알려진 『NLP I』(1980)의 주 저자이다. 그는 『NLP로 신념 체계 바꾸기(Changing Belief Systems with NLP)』, 『신념: 건강과 웰빙으로 가는 길(Beliefs: Pathways to Health and Well Being)』, 『영적 도구(Tools of the Spirit)』와 『코치에서 어웨이크너로(From Coach to Awakener)』 등 NLP에 관한 많은 책을 집필 또는 공동 집필해 오고 있다.

주디스 드로지어(Judith DeLozier)는 1975년 이후부터 NLP 훈련 프로그램의 트레이너, 공동 개발자, 설계자이다. 그녀는 로버트 딜츠, 존 그린더 그리고 리처드 밴들러와 함께 『NLP I』(1980)의 공동 저자다. 밀턴 에릭슨의 제자인 주디스는 트랜스 상태(trance states)와 은유(metaphors)를 개발하고 이를 이용하기 위해 밀턴 에릭슨의 트래킹 전략(tracking strategy)을 본보기로 삼았다. 이 작업은 그녀가 존 그린더, 리처드 밴들러와 공동 집필한 책, 『밀턴 에릭슨의 최면 기법의 패턴 2권(Patterns of the Hypnotic Techniques of Milton H. Erickson, M.D. Vol. II, 1976)』에 설명되어 있다.

존 그린더와 공동으로 집필한 저서, 『제일 밑에 있는 거북이: 개인의 천재성에 대한 전제조건(Turtles All the Way Down: Prerequisites to Personal Genius, 1987)』에서 그녀는 NLP와 문화, 공동체, 예술, 미학 그리고 인식론 사이의 상호관계를 탐구하였다. 그 결과, NLP에 대해 보다 더 체계적이고 연관성 있는 접근을 촉진시킨 'NLP 뉴 코딩(NLP New Coding)'을 개발하였고, 그레고리 베이트슨의 연구에 대한 관심을 다시 불러일으켰다. 주디스는 NLP를 비교문화 기술 개발에 적용시키는 것을 선도하며, NLP를 초월문화적 역량의 분야로 가져오는 것을 주관하고 있다.

드보라 베이컨 딜츠(Deborah Bacon Dilts)는 정신통합이론, 이완치료(Relaxation Therapy)와 리처드 모스의 변형과 정신적 활동 분야의 트레이너이다. 그녀는 가브리엘 로스의 5리듬(Gabrielle Roth's 5 Rhythms®)을 가르치며 홀로트로픽 호흡작업(Holotropic Breathwork™)에 기반을 둔 자아초월적 신체-심리치료(transpersonal body-psycho therapy) 접근법인 아쿠아니마(Aquanima)를 배우고 있다.

드보라는『스웨트롯지 의식-삶과 연결하기(The sweat-lodge ritual-connecting with life)』『연결하는 대지(The earth-place of connection)』『가브리엘 로스의 5리듬®(Gabrielle Roth's 5 Rhythms®)』을 포함해 프랑스어로 기재된 수많은 논문의 저자이며, 자기초월 심리치료법에 대해 쓴 책에서 리처드 모스의 존재의 만다라(Richard Moss' Mandala of Being™)에 관한 부분의 저자다. 그녀의 연구는 주로 몸과 정신의 연결 그리고 자각하는 관계(conscious relationship)에 대해 초점을 두고 있다. 2005년 이후부터 남편인 로버트 딜츠와 함께 NLP에 몸의 움직임과 자기초월적 접근방법을 접목시킨 프로그램을 개발해 왔다.

| 역자 소개 |

전경숙
NLP Trainer (NLPU)
미국 월튼대학교 심리상담학 박사
현 한국NLP아카데미 원장
    한국NLP전문가협회 이사장

이재연
NLP Master Trainer (NLPU)
제주대학교 교육학 박사수료
현 한국NLP상담학회 이사
    제주대학교 교육과학연구소 특별연구원

이찬종
NLP Master Trainer (NLPU)
한국외국어대학교 언어학 박사
현 한국NLP상담학회 부회장
    이원커뮤니케이션 대표

권익철
NLP Master Trainer (NLPU)
동의대학교 평생교육학 박사수료
현 한국NLP상담학회 이사
    권NLP스피치리더십센터 대표

김마리아

NLP Trainer (NLPU)

한남대학교 교육학 박사

현 한국NLP상담학회 이사

    한남대학교 객원교수

박재진

NLP Trainer(NLPU)

숭실대학교 교육학 박사

한국NLP상담학회 인적자원개발분과 위원

현 (주)한독 역량개발팀장

안성자

NLP Trainer (NLPU)

미국 Rider University 응용심리학 석사

장경생

NLP Trainer (NLPU)

상지대학교 경영학 박사

현 한국NLP상담학회 이사

    진영리더스경영연구소 대표

조석제

NLP Trainer (NLPU)

서울기독대학교 기독상담학 박사

현 한국NLP상담학회 회장

    전주대학교 상담대학원 객원교수

한혜영

국제공인 NLP trainer (NLPU)

아주대학교 평생교육 및 HRD 박사수료

현 한국NLP상담학회 이사

    HoldYou EduCoach 대표

NLP II : 넥스트 제너레이션

-주관적 경험 구조의 확장-

(NLP II: The Next Generation)

2019년 9월 10일 1판 1쇄 인쇄
2019년 9월 20일 1판 1쇄 발행

지은이 • Robert Dilts · Judith DeLozier · Deborah Bacon Dilts
옮긴이 • 전경숙 · 이찬종 · 이재연 · 권익철 · 김마리아 ·
　　　　박재진 · 안성자 · 장경생 · 조석제 · 한혜영
펴낸이 • 김진환
펴낸곳 • (주) **학지사**
　　　　04031 서울특별시 마포구 양화로 15길 20 마인드월드빌딩
대표전화 • 02)330-5114　　　　팩스 • 02)324-2345
등록번호 • 제313-2006-000265호

홈페이지 • http://www.hakjisa.co.kr
페이스북 • https://www.facebook.com/hakjisa

ISBN 978-89-997-1925-7 93180

정가 18,000원

이 도서의 국립중앙도서관 출판시도서목록(CIP)은 서지정보유통지
원시스템 홈페이지(http://seoji.nl.go.kr)와 국가자료공동목록시스템
(http://www.nl.go.kr/kolisnet)에서 이용하실 수 있습니다.
(CIP 제어번호: CIP2019023109)

출판 · 교육 · 미디어기업 **학지사**

간호보건의학출판 **학지사메디컬** www.hakjisamd.co.kr
심리검사연구소 **인싸이트** www.inpsyt.co.kr
학술논문서비스 **뉴논문** www.newnonmun.com
원격교육연수원 **카운피아** www.counpia.com